바울

Paulus

바울

권터 보른캄 지음 _ 허혁 옮김

이화여자대학교출판부

옮긴이의 말

이 책은 보른캄(G. Bornkamm)의 『바울(*Paulus*)』을 1969년 판에 의거 번역한 것을 타이센(G. Theißen)이 문헌을 보충한 1993년도 7판으로 다시 개정한 것이다.

보른캄(1905-1990)은 마르부르크, 튀빙겐, 베를린, 브레슬라우대학에서 수학했으며, 불트만, 하이데거, 리츠만 교수에게서 신학 및 철학을 공부하고, 쾨니히스베르크대학의 강사가 되었으나 이른바 고백교회에 소속됨으로써 나치 정권에 의해 대학에서 추방된 이래 여러 도시에서 종전까지 목사를 역임했다. 1945년에 괴팅겐대학의 신약학 교수로 다시 대학에 온 후 1949년부터 은퇴하기까지 하이델베르크대학에서 봉직했다.

그의 중요한 저서로는 바울 연구 논문인 『율법의 마지막(*Das Ende des Gesetzen*)』을 1952년에, 예수 연구인 『나사렛 예수(*Jesus von Nasareth*)』를 1959년에, 마태복음서 연구인 『마태의 전승과 해석(*Überlieferung u. Auslegung in Matthäusevangelium*)』을 1960년에 출판했으며, 별도로 논문집 『역사와 신앙(*Geschichte u. Glaube*)』 I, II권이 1968년과 1969년에 나왔다.

그 중에서도 그의 예수전은 불트만(R. Bultmann)의 『예수』가 1923년에 나온 후 1956년, 그러니까 거의 25년 만에 처음으로 나왔고, 불트만의 예수전과는 다른 스타일의 성공적 예수전이라는 점에서 그를 일약 세계 신학계의 유명 인사로 만들었다. 전자가 예수의 인품이나 행적 같은 것은 찾을 수 없다는 것으로 그 전의 수많은 예수전 스타일을 일거에 무너뜨리고 오로지 예수의 교훈만으로 독특한 획기적인 예수전을 썼으며, 신학계는 놀라움으로 그것을 받아들이면서도 어딘가 아쉬움을 씻을 수 없었고, 이 아쉬움을 채워 줄 예수전을 기대하던 시기에 보른캄은 예수의 행적과 활동 무대의 분위기 등을 살리면서도 자신의 은사인 불트만의 예수 이해에 금이 가지 않도록, 다시 말하면 근세 자유주의 신학의 예수전에 되돌아가지 않으면서 예수의 사상을 살렸다는 점에서 크게 환영을 받았었다.

바울의 경우는 예수의 경우와 같이 그의 활동과 내력을 알 수 없다고 할 정도로 자료가 빈약하지 않다. 간접 자료인 사도행전도 그에 관한 많은 것을 말해 주지만 그 자신의 글들도 자신의 내력에 관해, 그리스도인이 되기 전 자신의 일들, 그리스도인이 된 경위, 그리스도인이 되고 난 후 선교사로서의 활동, 사상과 그 발전 과정, 내적인 갈등에 이르기까지 자세히 말해 준다. 바울은 원 그리스도 교회의 그리스도인의 모습을 외적으로, 내적으로 생기 있게 자신을 통해 전해 주는 유일한 인물이다. 보른캄은 이 자료에 힘입어 역시 자신의 예수전 서술 방법으로 생애와 사상을 긴밀히 연결시켜 바울의 신학을 생동하게 할 수 있었다.

그 중에서도 근자에 그리스도교 내부와 주변에서 성행하는 사회주의 '예수 이해' 와 반(反)바울 및 바울 묵살 자세에 대해 예수를 바울에 의해 이해해야 한다는 입장을 고수하며 예수와 바울 사이의 괴리를 막으려고 무던히 노력한 것은 이 책에서 특기할 만한 것이다. 그 밖에 사도행전의 바울상과 바울 자신의 글에 의해 바울 사이의 차이를 엄격한 자료 검토에 의해 분명히 하려고 한 것도 높이 살 만하다. 사도행전의 바울밖에 알지 못하는 우리 교계에 일대 관심사가 될 수 있을 것이다.

이 번역은 이미 오래 전에 착수했었다. 그러나 이 일 저 일에 쫓겨 지금에야 세상에 내어 놓게 되었다. 그 동안에 여러 가지로 격려해 주신 선배와 동료 여러분에게 감사를 드린다.

허 혁

머리말

이 책은 독자—아마 현대적인 연구에 익숙해 있는 신학도보다는 '평신도'—에게 어느 정도 부담을 줄 것이다. 물론 이 책은 평신도도 염두에 두고 있다. 독자는 이 책에서 무엇보다도 옛부터 사도행전에서 나온 교회 전통에 익숙한 것은 별로 발견하지 못할 것이다. 이 책 서론 부분에서 설명한 이유로 사도행전을 최소한 적게 그리고 비판을 가하며 사용했다. 바울 서신들을 평가할 때도 이 책은 여러 곳에서 생소한 방법을 취하고 있다. 더욱이 바울의 신학을 함께 생각하고 숙고하는 데는 많은 각오와 인내가 요구된다. 어쨌든 어떤 사상가도 바울의 기질과 신분을 실제의 그것보다 더 쉽게 설명할 수는 없을 것이다. 나는 그를 소개할 뿐 아니라 독자를 이 물음과 인식 과정에 참여시키려고 노력했다.

바울의 신학에는 많은 주제와 사상들이 아주 심하게 서로 얽혀 있기 때문에 독자는 제시된 주제들에서 언제나 개별 사상군들이 유감없이 다 취급되었기를 기대하면 안 된다. 이 사상군들은 더 넓은 연관성들과 다른 주제들을 다룰 때 거듭 정확히 검토될 것이다.

이 책의 성격과 한정된 지면 때문에 경우마다 서로 다른 해석들과 판단들이 그 찬반 양론에서 면밀하게 토론될 수 없었다. 내가 얼마나 다른 사람들의 연구―분명하게 이름을 소개하지 않은 사람들의 것들도―에 의존하고 있으며, 나 자신의 이해와 판단을 형성하는 데 옛 연구 및 근래의 것과의 비판적인 대결에서도 얼마나 많은 도움을 받았는가를 전문가는 여기저기서 찾아볼 수 있을 것이다. 학파에 속하지 않은 사람은 잘되었건 못되었건 그들의 모든 입장에 동조해야 한다는 데서 면제된 것을 다행스럽게 생각할 것이다.

하이델베르크, 1969년 5월
권터 보른캄

4판에 부쳐

특별히 홀로코스트 방영이 가져다 준 특별하고 유익한 영향 때문에 오랫동안 침묵해 온 그리스도교와 유대교의 대화가 지난 연간에 새롭게 시작되었고, 기대했던 바대로 바울의 생애와 활동, 그리고 사상 또한 새로운 방식으로 관심의 초점이 되었다. 그럼에도 불구하고 나는 특히 로마서를 이해하는 데 스탕달(Krister Stendahl)의 「유대인과 이방인 사이의 바울」(1976)이라는 사소한 차이라고 보기 어려운 상이한 논문 때문에 이 책 4판을 변경시켜야 할 이유를 찾지 못했다. 그러나 나는 이 책이 좀더 예리하고 좀더 비판적인 주의를 기울여 연구되어야 하고 또한 절실하게 공개적인 대화가 장차 이루어지는 데 기여하길 바란다. 부버(Martin Buber)의 아름다운 말처럼 "언급되지 않은 것"—또는 적어도 새롭게 말하는 것—에 대해서는 어느 누구도 시비를 걸 수 없는 것처럼 바울의 소식 역시 우선은 여기에 속한다.

하이델베르크, 1979년 11월

권터 보른캄

차례

제2부 소식과 신학

ITALIEN
Rom
Puteoli
Via Appia
Brindisi
ADRIA
DALMATIEN
ILLYRIEN
Axios
MACEDONIEN
Beroea
Thessalonich
Philippi
Via Egnatia
THRAKIEN
Hebros
Byzanz
SCHWARZES MEER
BITHYNIEN
Sangarios
Halys
EPIRUS
THESSALIEN
ÄGAIS
Troas
Lesbos
Chios
Samos
Naxos
Kos
Rhodos
MYSIEN
Pergamon
Thyatira
Sardes
Smyrna
Philadelphia
Hierapolis
Ephesus
Tralles
Magnesia
Laodicea
Milet
KARIEN
PHRYGIEN
GALATIEN
KAPPADOKIEN
ARMENIEN
Euphrat
Antiochia
Ikonium
LYKAONIEN
Lystra
Derbe
Perge
LYCIEN
Patara
Myra
KILIKIEN
Tarsos
Seleukia
Antiochia
SYRIEN
Sizilien
Malta
ACHAIA
Korinth
Kenchreae
Athen
Kreta
Cypern
Salamis
MITTELMEER
Sidon
Tyrus
Damaskus
PHÖNIKIEN
ABILENE
GALILÄA
ULATHA
BATANÄA
Ptolemais
Caesarea
Pella
SAMARIA
Sebaste
Joppe
Gerdsa
Lydda
Jerusalem
Totes Meer
JUDÄA
IDUMÄA
NABATÄA
ARABIEN
Petra
Cyrene
AFRIKA
Alexandria
ÄGYPTEN

연대표

바울의 연대기를 추정할 수 있는 확실한 근거는 세네카의 형제인 총독 갈리오(L. J.Galio)에 대한 언급(행 18, 12)에서 밝혀질 뿐인데, 그의 아가야 총독 재직 연대는 델피(Delphi) 시에서 발견된 비문에 따르면 51년 봄에서 52년 봄(52~53년은 가능성이 희박하다)으로 추정된다. 이와 관련된 그 밖의 모든 연대 설정은 사도행전과 바울 서신들에서 찾아볼 수 있는 불완전한, 여하간 부정확한 시기 보도들에 의해 이 시기를 기점으로 한 전후 관계로 정립될 수밖에 없다. 여기저기서 개별적인 것이 그 나름으로 한 역할을 한다. 다음 연대표는 게오르기(D.Georgi, *Die Geschichte der Kollekte des Paulus für Jerusalem*, 1965, S. 91-96; 여기에 광범위한 문헌 소개가 있다)가 최근 바울의 연대기에 대해 면밀하게 검토한 결과들과 대체로 일치한다. 이 연대표는 몇몇 중요한 시기들에 한정한다. 이 책에 서술된 그 밖의 사건들은 이 시기들 사이에 배열해 넣을 수 있을 것이다.

예수의 십자가 처형: 30년쯤

바울의 출생 연도: 알 수 없음(아마 세기 전환 시점)

회심과 소명: 32년쯤

사도 회의: 48(49?)년

고린도의 바울: 18개월; 49~50년 겨울부터 51년 여름까지

에베소의 바울: 약 2년 반; 아마 52년부터 55년까지

마게도냐와 아가야에서의 마지막 체류: 아마 55~56년 겨울

예루살렘 여행과 체포: 56년 봄

잡혀서 로마로 압송: 아마 58년

로마에서 2년간 수감: 아마 58년부터 60년까지

네로 치하에서 순교: 아마 60년

서론

바울 서신에 나타난 바울과 사도행전에 나타난 바울

바울처럼 그 역사가 뚜렷하면서도 어두움에 싸여 있는 인물은 초대 그리스도교에 다시 없다. 다른 많은 인물들에 관해서는, 설사 그들이 예수의 가장 가까운 제자들일지라도 우리에게 알려진 것이 별로 없고 우리는 고작해야 그들의 이름과 그들의 역사에서 몇몇 사건을 알고 있을 뿐이다. 그 밖의 대부분의 인물들은 애써 전설들이 이를 밝히려고 노력했지만, 완전히 어두움에 묻혀 있다. 더욱이 예수의 모습을 밝히려는 역사가는 바울의 경우보다 더 어려운 처지에 놓여 있다. 예수는 문서 자료를 하나도 남기지 않았기 때문이다. 우리가 그에 관해서 아는 것은 복음서들을 통해서인데, 이는 부활한 이후 교회의 구전 전승에 소급되는 것이고, 그 교회의 신앙 증언 속에 깊이 묻혀 있어서, 역사적 보도와 처음 그리스도인들의 신앙 진술을 확실하게 구별할 수 없는 경우가 많다. 그러므로 역사적 예수에 관한 우리의 지식은 언제나 불확실하고 결함투성이다.

바울에 대한 사료들은 풍부하고 그 종류도 다양하다. 가장 중요한 사료들은 그 자신의 서신들인데, 교회는 많은 그의 서신들을 신약성서에 보존하고 있다. 신약성서 정경 27개 문헌 중 바울의 이름으로 되어 있는 것이 13개에 이른다. 물론 그 중에 몇몇은 바울 자신의 것이 아니라 후세에 비로소 그의 서신을 모방해, 사도의 유산을 보존하기 위해 혹은 자기 자신에게 사도적인 권위를 부여하기 위해 사도의 이름으로 기록된 것임이 현대의 비판학적 연구에 의해 판정되었다. 개개 서신들의 순수성에 대한 찬반의 이유들은 여기서 상세히 검토될 수는 없다(이에 대해서는 보설 I을 참조하라). 여기서는 순수한 것으로 간주되는 바울 서신들을 열거하는 것으로 족할 것이다. 경우마다 확증된 것은 아닐지라도 추측할 수 있는 한 그 서신들이 기록된 시간적인 서열에 따라 열거하면 데살로니가전서, 고린도 교회에 보낸 사도의 서신들(이것들은 아마 그의 포괄적이고, 오랫동안 계속된 고린도 교회와의 교신의 수집물일 수 있다.), 갈라디아서, 빌립보서, 빌레몬서, 그리고 마지막으로 로마 사람들에게 보낸 중요한 편지이다. 이 모든 서신에 관해서는 바울의 역사를 서술하는 과정에서 다시 언급할 것이다. 대다수의 학자들과 같이 우리가 오늘날 제2 바울 서신, 즉 그의 이름으로 기록된 서신들에 귀속시키는 것으로는 이른바 목회 서신들, 즉 편지 형식을 취해 디모데와 디도에게 보낸 목회직과 교회의 질서를 위한 지침서들, 그리고 많은 논란을 불러일으킨 골로새서와 에베소서, 그 밖에 데살로니가후서도 있다. 이렇게 비판적으로 가려내도 여하간 신빙성 있는 문서 자료의 매우 중요한 자원은 그대로 남는다. 이것들은 바울과 그의 소식을 우리가 직접 이해하게 해 주고, 그의 활동과 투쟁, 그의 성공과 실패, 그의 경험들과 사상들의 아주 생생한 모습(像)을 제공하며, 동시에 우리에게 초대 그리스도교 역사를 비할 데 없이 분명하게 밝혀 준다. 1세기 50년대에 기록된 이 서신들은 제1급의 역사 자료이다. 아니 가장 오래되고 역사적으로 가장 신빙성 있는 초대 그리스도교의 문서들로서 예수의 선포와 역사를 전하는 복음서들보다도 몇십 년 가량 더 옛것이다.

그의 소식과 신학을 위해서뿐 아니라, 우리가 이 책에서 먼저 다루어야 할 그의 역사를 위해서도 바울의 서신들은 으뜸가는 표준적 사료이고, 우리가 다른 곳에서 얻을 수 있는 그에 관한 보도는 모두 이 사료에 의해 평가되어야 할 것이다. 그의 서신들은 물론 자서전이 아니고—사도에게 위탁된 일을 위해 기록된 편지들이다; 그 자신의 인물됨은 이 일 뒤에 가리워져 있다. 더구나 이 서신들은 상황과 결부되어 있으며, 모두 한정된 시기에, 즉 그의 활동이 절정에 달해 있기도 했지만 이미 마지막이 가까웠던 그의 생애 마지막 단계에 생긴 것들이다. 그러므로 처음부터 그것들에서 그의 생애의 모든 시기에 관한 일률적인 보도들을 기대할 수는 없다. 그의 역사의 많은 부분들은 이 서신들에서 밝혀질 수 없고 상당수의 개별적인 것들은 단지 그때그때의 암시들을 통해서 밝혀지기도 한다.

이런 사료의 결핍은 신약성서가 우리에게 제공하는 제2의 중요 사료인 사도행전(*Acta* Apostolorum 라틴어 정경)에 의해 보정(補正)될 것으로 생각된다. 신약성서에 수록된 가장 큰 이 책은, 누가복음서를 저술한 동일 저자에 의해 씌어졌는데 저자는 이미 역사서에 부친 서문(행 1, 1 이하)에서 분명하게 이 책을 누가복음서와 결부시키고 있으며, 이 책의 반 이상은 특별히 바울의 활동과 운명을 다루는 데 할애되었다. 그러므로 사도의 역사를 위해서는 근본적으로는 사도행전을, 이에 반해 그의 교훈을 위해서라면 서신들을 당연히 중요시하는 것은 놀랄 일이 아니다. 그 결과로 익숙한 교회 전승의 바울의 모습은 주로 사도행전에 의해 새겨진 것이다.

오늘날 우리는 새로운 연구에 힘입어 이 전통적인 관례를 더 이상 따를 수 없게 되었다. 누가의 역사서는 우선 그 자신의 시대, 사도 후(後) 시대의 문서로 이해되어야 한다는 사실이 분명하게 증명됨으로써 이 관례의 정당성은 흔들리게 되었다. 이 시대 그리고 이 시대를 위해 누가는 기록했는데, 이 때는 빨라야 1세기 말쯤, 그러므로 바울 서신들이 저술된 후 40년 이상 경과한 때였다. 이것은 우리의 관념상 비교적 짧은 시간적 거리이지만 더 중요한 것은 사도행전의 시대가 바울 서신에서 풍부하게 증명되고 있는 사정들과 사건들, 초기의 분쟁들과 논쟁적인 견해들과는 이미 상당한 거리를 두고 있다는 점이다. 이런 문제들은 사도행전 저작 시대에 와서 거의 극복되고 해결되고 잊혀졌으며, 아직도 기억에 남아 있는 것은 대개 정확하지 않은 것들뿐이고 더러는 전승에서 은폐되어 있었다. 구원의 소식, 그리스도교 신앙, 교회, 세상과 교회의 관계에 관한 이해는 여러 관점에서 새로운 물음들, 견해들, 그리고 과제들로 인해 크게 증대되었다.

바로 이 바울에 대해서 사도행전이 큰 관심을 기울인 것은 확실히 우연이 아니다. 그 저자와 그 시대의 입장은 바울 없이는 생각될 수 없었을 것이다. 누가는 그리스인이며 이교도에서 개종한 그리스도인으로서 그의 작품을 쓰고 있다. 그리스도 소식은 한때 많은 논란을 불러일으켰고 굳게 지켜진 경계, 즉 특권을 가진 구원의 민족인 유대인과 이방인 사이의 경계를 이미 오래 전에 그리고 결정적으로 허물어 버렸다. 교회는 로마제국에 속한 많은 민족 속에 전파되어 있었다. 사도행전의 마지막 부분을 보면, 바울은 로마제국의 수도에서 "방해를 받지 않고(행 28, 31) 복음을 설교했다고 씌어 있다. 누가는 바울에 의해 준비된 토대 위에 서 있다. 그의 책은, 설사 변조되고 단순화되었을지라도, 바울 사상의 갖가지 여운을 남겨주고 있다. 그럼에도 불구하고 이 토대를 준비한 긴장에 찬 과정은 끝나고 서신들 중에서 우리가 볼 수 있는 이 토대가 이루어진 성립의 역사는 이미 과거의 것으로 되어 있음을 도처에서 인식할 수 있다. 사도행전 중, 바울적인 어조가 메아리치는 곳에서도 "둘이 같은 것을 말하면 그것은 이미 같은 것이 아니다"라는 옛 명제가 적용된다. 회고해 보는 역사와 미래를 향해 아직 열려 있고 앞으로 결정되어야 할 역사는 무조건 같은 것일 수 없다. 사도행전과 순수한 바울 자신의 서신들의 비교에서 드러나는 것은, 자신의 흐름에서 많은 것을 가라앉히고 새로운 샘과 지류로부터 새로운 것을 자신 안에 수용한 강물과 비슷한 것이다.

혹자는 이런 주장들에 반대해 누가는 분명히 역사가로서 또 오랫동안 바울과 함께 일하고 함께 여행했던 자로서(몬 24: 골 4, 14; 딤후 4, 11), 따라서 자신이 보도한 것의 신빙성을 보증하는 목격자로서 그의 작품을 기술하고 있다고 말할 것이다. 그러나 이 이의(異議)에는 이렇게 반박할 수 있다. 즉 사도행전 자체는 그 저자의 이름을 어디서도 말한 일이 없고, 2세기 말 이래 비로소 확립된 교회적 전통은 최근의 연구가 보여 주는 바와 같이 이를 반대하는 유력한 근거들을 가지고 있다는 것이다. 그러나 설사 그 전통이 옳다고 하더라도 사도행전의 역사적 가치에 대한 이처럼 단순한 결론들은—오늘에 와서는 거의 이의가 없는 것같이—여하간 지지받지 못한다. 물론 누가—우리는 복잡성을 피하기 위해 전통적으로 그의 이름을 계속 사용한다—는 역사가로서, 그러나 현대적인 역사 서술의 의미에서가 아니라 고대적인 의미에서의 역사가로서 기록했다. 랑케(Reopold von Ranke)가 표현한 바와 같이 우리에게 익숙한 유명한 기본 명제, 즉 역사가는 "단순히 본래 있었던 대로 말해야 한다"라는 명제는 결코 고대의 역사 서술에 적용될 수 없다. 고대에는 설화자의 글 쓰는 기법에 전혀 다른 활동의 여지가 있었다. 이 설화자는 역사가로서 특수한 서술 방법을 사용했는데, 이 방법은 현대 역사가가 사용해서는 안 되는 방법이다. 이들의 저술 작업은 전승을 단순히 전해 줄 뿐 아니라 재현시키며, 사건들의 현상을 눈에 보이듯이 해 주며 예증적인 장면들과 모습들로 꾸미고 해석하며, 잡다한 것을 하나의 통째로 결부시키면서 사건의 '방향의 의미'(M. Dibelius)를 밝혀내는 것같이 진행된다. 이 경우 그가 어떤 방법으로든 자신이 가진 전승들을 개작했다는 사실에는 이론의 여지가 없다. 여기에서 현대 역사 서술에서 비로소 발전된 자료에 대한 비판적인 검토 및 선별 방법과 원칙들을 사용하지는 않았다. 그러나 어떤 경우에도 역사적 사실들의 단순한 정확성이 이들에게 적용된 규범이 된 것은 아니다.

이 확인들이 누가에게도 해당된다는 사실은 별로 학문적인 예비 지식 없이 그의 작품을 읽는 독자도, 이 책 각 부분들의 중첩과 차이에 주의를 기울이면 확인할 수 있을 것이다. 이런 중첩과 차이들은 이야기의 역사적 가치에 대한 물음에 종합적으로 대답할 수 없음을 곧 보여 준다. 날짜, 인명, 지명에 관한 짤막하고 연결성이 없는 보도들—특히 바울의 여행에 관한 보도들—외에 교회들의 성장과 삶에 대한 과도기적이고 연결된 틀에 박힌 상황 설명들이 있다. 그런가 하면 주도적인 주제들 밑에 조형적으로 꾸며 그린 큰 장면들도 있는데, 이 주제들은 그리스도교적 증인들의 이적(異蹟) 능력, 개인들의 치유와 회심, 이방인의 우상 숭배와 미신에 대한 그리스도 소식의 우월성, 적(敵)의 법정 앞에 선 증인들의 확고부동함, 신의 능력에 의한 그들의 보호 같은 것들을 서술하고 있다. 이 책 전체에서 특별히 눈에 띄는 요소는 수많은—더러는 방대한—연설들, 즉 유대인들 혹은 이방인들, 어떤 민중들 혹은 지배자들 앞에서 그리스도교 소식의 기본 진리들을 전개하는 연설들이다. 이 연설들은 24회에 걸쳐 책 전체의 거의 3분의 1을 차지하는데, 실제로 행해진 연설의 기록들(Protokolle)이나 초록(抄錄)들이 아니라, 사도행전 저자에 의해 작성되어 그의 작품의 정점과 전환점에 삽입되었다는 것, 더욱이 그때그때 연설자들—바울이든, 베드로든 혹은 다른 사람이든—의 개인적인 차이에 관심을 두지 않고 있다는 것은, 이 서술 방법을 특히 즐겨 사용한 고대 역사서의 풍부한 자료에 비추어 볼 때, 오늘날은 이미 의심할 수 없게 되었다. 작품 형성에서의 이 모든 방법들과 가능성들에서 누가는 그 시대의 의미에서 '역사가'임이 증명되며, 그러므로 역설적으로 들리겠지만, 바로 이 점에서 최소한 직접적인 증인이 아니라 다만 이차적인 보고자에 해당될 수 있다(M.Dibelius).

누가의 입장과 서술 방법을 염두에 두면, 바울과 그의 역사의 상(像)이 그 서신들에 제시된 것에 비해 상당히 달라졌음을 이해할 수 있다. 사도행전에서는 처음부터 교회가 애당초 이방 세계를 목표로 하고 일치단결해 살고 있는 신자들의 단체, 열두 사도로 대표되는 예루살렘 모교회에서 지도를 받고, 그리스도의 부활 승천 이래 성령이 권세를 가지고 통일적으로 지배하는 단체로 묘사된다. 구약성서의 약속들은 교회에서 성취되었으며, 불신적인 유대인들의 박탈당한 구원사적 유산은 교회에 양도되었다.

그러므로 교회는 그의 주님의 약속(행 1, 8)에 따라 온갖 반항과 박해에 완강히 대항하면서 예루살렘으로부터 모든 이방 세계로 끊임없이 힘차게 퍼져 나갔다. 설사 심하게 단순화되고 이상화되었을지라도 이 전체상에 바울적인 유산이 보존되어 있음은 쉽게 알 수 있으며, 또한 역사적 · 신학적으로 현저한 차이들이 있음도 분명하다. 이들은 서로 얽히고 연관되어—세부적인 것은 나중에 설명되겠지만—주변적인 문제가 아니라 근본적인 문제를 안고 있다. 여기서는 특별히 눈에 띄며 전체를 특징짓는 몇몇 부분적인 표현들을 지적함으로써 족할 것이다. 누가는 그리스도인이며 선교사인 바울을 묘사할 때 아직도 바리새주의에 의해 대표되고, 이제는 예수의 부활에 의해 실증된, 죽은 자의 부활에 대한 믿음과 선조들의 율법에 충실히 머물러 있는 확실한 바리새인임을 강조하는 반면, 유대인들은 예수를 배척함과 동시에 그들의 가장 고유한 거룩한 전통들을 배신하는 결과를 가져왔다(비교. 가령 행 26, 2 이하)는 것이다. 실제의 바울은 전혀 다르다. 특히 빌립보서에서 분명히 밝힌 대로 바울은 율법을 행함으로써 의(義)를 얻으려는 그의 옛 바리새적인 열심을 버렸고, 오직 그리스도에 대한 신앙에서 오는 구원을 얻기 위해 그것을 '해로운 것', '배설물'로 여겼다(빌 3, 5 이하). 물론 이 분명한 차이 때문에 사도행전은 원시적이고 유대주의적인 경향을 띤 것이라는 결론을 내려서는 안 된다. 사도행전의 견해들이 가능하게 된 것은 율법의 타당성 문제를 둘러싼 유대교와 그리스도교 사이의 투쟁이 조정되고, 율법이 옛 편협한 제한성으로부터 해방되어 지금은 영원히 타당하고 보편적인 신의 질서로 이해되었기 때문이다. 사도행전이 바울에게 사도의 지위와 이름을 거부하고 이 칭호를 단지 열두 제자에게만 한정시킨 사실은 적지 아니 주목을 끈다. 이것은 물론 바울의 위치를 격하시키려는 의도에서 온 것이 아니다. 그러나 여기서 분명히 볼 수 있는 것은 교회와 사도직의 이해가 근본적으로 변했다는 사실이다. 사도행전에서의 사도직은 바울 자신의 경우와 당시 지상의 예수에게 소급되며, 그의 옛 동행자이고 목격자인 열두 제자에게 한정된, 합법적인 전통을 보증하는 기관(Institution)으로 이해되었는데, 이것은 항상 모교회인 예루살렘에 결부되어 있다. 이에 반해 바울은 사도가 아님은 물론이고, 단지 예루살렘에 의해 승인된 위대한 이방 민족의 선교사이다. 바울 서신들이 보도하고 있는 대로 역사적으로 바울이 그가 세운 대부분의 교회에서 사도로 인정받으려고 그의 적들과 더불어, 좀더 확실하게 말하면 예루살렘의 권위자들과 더불어 얼마나 많이 싸워야 했던가를 감안할 때, 서신들과 사도행전 사이의 이런 차이가 무엇을 뜻하는가도 알아낼 수 있다. 그 결과 누가는 바울과 예루살렘 사이의 역사적 관계에 대해서도, 특히 갈라디아서와 로마서가 우리에게 알려 주는 것과는 다르게 서술하고 있다. 이런 차이의 다른 예들로는 누가가 완전히 도외시한, 유대교도 및 열광자들과 사도 사이의 충돌, 또는 바울에게 그리스도인됨 자체의 이해 및 자기 이해를 위해 결정적이었던 그의 십자가 소식(Kreuzesbotschaft)의 의미가 있다; 이 소식은 이미 사도행전에서 아무런 역할도 못하고, 오히려 승리를 축하하는 증인들의 모습으로 대치되었다. 종말론과 다른 신학적인 물음에 대해서도 같은 것을 말할 수 있을 것이다.

위에 열거된 차이점들이 사도행전 자체의 역사적 가치를 문제시하는 것은 결코 아니다. 누가가 신빙성 있는 많은 보도들을 개작했음은 분명하다. 그러나 바울에 관해 서술할 때 이 보도들을 등한히 할 수는 없다. 이런 신빙성 있는 보도들을 가장 확실하게 찾아낼 수 있는 곳은, 보도들을 분명히 전설적으로 수식했거나 이 책의 경향 또는 이 저자의 문필가적 기술로 확인되는 곳 이외의 부분이다. 이것은 대부분의 경우 별로 눈에 띄지 않고, 쉽게 지나쳐 버리는 부분이다. 누가가 그의 보도들을 어디서 얻었는지는 유감스럽게도 전혀 밝혀지지 않았다. 이 물음에는 단지 추측으로 대답할 수 있을 뿐이다. 그가 그의 복음서를 쓰기 위해 문헌적 표본이라고 말한 (눅 1, 1-4) 것과 같은 부류의 것을, 사도행전을 저술할 때에는 가지고 있지 않았음이 확실하다; 이 분야에서는 누가가 처음으로 시도한 사람이었다. 그는 많은 고대의 다른 역사가들처럼 바울이 세운 가장 중요한 교회들을 두루 살펴보았거나 다른 사람들에게서 당시 유포되어 있는 바울의 역사에 관한 지식을 얻었을 가능성은 있다. 본문의 몇 구절은 문체적으로나 내용적으로 간접 증거라는 이유에서 누가가 이미 누군가에게서 유래되어 항상 인용되는 문서로 확정된 기록들을 이용했을 수 있음을 시사해 준다. 전체적으로 볼 때 이 책은 역시 포괄적이고 연관성 있는 문서 복합체일 수는 없을 것이다. 오랫동안 학자들은 이 작품의 특정 구절들을 이러한 포괄적인 문서 사료에 속하는 것으로 주장해 왔는데, 이 사료의 설화는 3인칭이 갑자기 1인칭 복수로 바뀌었으며, 직접 바울과 함께 여행한 사람이 말하는 것같이 보인다(16, 10-17 ; 20, 5-15 ; 21, 1-18 ; 27, 1-28, 16). 그러나 여기서도 사용된 사료를 위한 확실한 증거를 찾아낼 수는 없다. 왜냐하면 이 책 전체와 비교할 때, 위에서 지적한 문체의 특수성 외에는 낱말과 설화 방식에서 어떤 특수성도 드러나지 않기 때문이다. 또한 이 '우리'라는 말이 나타나는 부분을 구분짓는 것도 불확실하다. 특히 고대 역사서의 유사형들이 증명하는 바에 의하면, 이러한 인칭의 교체도 생생한 서술을 할 때 흔히 사용되던 문학 방식이었다. 그러므로 '우리 사료(Wir-Quelle)'가 있었다는 가설보다 훨씬 더 쉽게 납득할 수 있는 추측, 즉 간략하게 기록된 '여행 일지(Itinerars)'를 곳곳에 사용했다는 추측으로 대치한 것(M. Dibelius)은 옳다. 우리는 단지 그 흔적만을 밝힐 수 있지만 이 여행 일지에, 사료로서의 좀더 큰 가치를 부여해야 할 것이다. 이것은 여러 곳에서 믿을 수 있는 구전(口傳)으로 혹은 문서로 고정된 전승의 분명한 흔적을 확인할 수 없다는 것을 뜻하는 것은 아니다. 그러나 사료 문제에서는 지금까지도 여러 가지 측면에서 확증된 결론에 이르지 못했고 또 앞으로도 이르지 못할 것이다.

특히 주목할 점은 누가의 작품 전체의 어느 한 구절에서도 사도 자신의 서신을 알았거나 사용한 흔적을 볼 수 없다는 것이다. 우리는 이것으로 미루어 사도행전이 성립되던 시대에는 광범위하게 교회 영역들에 유포되어 있던 대표적인 바울 서신 수집록이 아직 없었다는 결론을 내릴 수밖에 없다. 물론 개개 서신들은 이미 일찍부터 이웃 교회들 사이에 교환되고 있었다. 고대 교회의 다른 저술가들이 분명하게 지적하고 있는 수집록의 확실한 흔적이 매우 산발적으로 나타나다가, 1세기 90년대부터는 점점 증가된다. 사도행전이 아직 서신들을 모르고 있는 것같이 보일지라도, 사도행전 역시 대략 이 시대에 생긴 것으로 볼 수 있다. 이 책에 앞서 저술, 완결되어 있던 누가복음서 — 이것은 70년 이후에 저술된 세 공관복음서들 중 마지막 것인데 — 가 80년대에 기록된 것이 확실하기 때문에 이 연대를 가장 근거 있는 것으로 보아야 할 것이다.

그것이 비록 개략적인 것일지라도 사도행전의 비판적 분석에서 이미 밝혀지는 것은 이 제2의 바울 사료가 단순히 우리에게 주어진 사료(바울 서신들)의 토대를 확대시켜 주고 확고하게 해 줄 뿐 아니라 그것에 특별히 어려운 문제점들을 제기하기도 한다는 것이다. 이 문제점들 때문에 우리는, 사도행전과 서신들을 세밀히 검토하지 않고 혼용하는, 오랫동안 일반적으로 행해 온 방법을 버려야 하고, 사도행전을 인용할 때에는 극히 조심해야 한다. 이것이 무비판적이고 전통에 익숙해진 성서 독자에게는 기이하게 생각되고, 흔히 보수적인 학자들에게는 지나치게 보일지라도 피할 수 없을 것이다. 아무튼 사도행전을 바울의 역사를 위한 의심 없는 근거로 보고, 서신들은 다만 그때그때 적절한 보충 자료나 설명 자료로 사도행전에 예속시키거나 서신들에서 드러나는 결함들을 아무런 검토 없이 사도행전의 좀더 풍부하고 유창한 보도들로 메우는 것, 다른 말로 하면 한 사료가 침묵하고 있는 곳에 다른 사료의 것을 무비판적으로 보충하는 것이 불가능하다는 점은 분명하다. 흔히 통용되는 이 종합 방법의 문제점을 분명히 밝힌 것은 현대 연구의 공헌이다. 이렇게 종합하고 조화시키는 일은 필연적으로 역사적 바울상의 윤곽을 명확하지 않게 만들고 그의 소식과 활동의 역사적 · 신학적인 문제성들을 평범화시킴으로써 그 참된 이해를 손상시켰다. 바라건대 우리의 비판적인 신중함은 그의 소식과 신학이자 그의 역사의 문서 자료이기도 한 바울 서신들 자체에 대한 확실한 신뢰를 표현하는 다른 측면으로서만 입증되는 것이다.

사도의 문서적 유산이 오직 서신들뿐이라는 사실은 역사적인 우연일 뿐 아니라 중요한 내용상의 의미를 가지고 있다. 바울은 수십 년 뒤에 나온 마가복음서 기자와 다른 사람들이 행한 것같이, 가령 어떤 복음서를 써서 나사렛 예수의 역사를 전할 생각을 가졌었다고 말한 적이 한번도 없다. 또한 그는, 가령 우리가 그와 동시대의 유대인인 알렉산드리아의 필로(Philo)와 고대 그리스도교의 문필가들에게서 보는 바와 같은, 구약성서의 개별 문헌들에 대한 주석서를 쓰거나 고대 교회 이후 많이 선을 보인 교회 제도에 관한 것, 신학적인 논문, 교리 지침서를 저술하려고 생각했다고 볼 수도 없다. 쉽게 일종의 교리서로 불릴 수 있었고, 흔히 그런 것으로 간주되었던 로마서조차도 그런 분류에는 적합하지 않은 것이다. 그리고 이 사실에 대한 근거들은 쉽게 찾을 수 있다. 바울은 선교적인 실천가이지 저술가가 아니었다. ―물론 이렇게 보는 것을 전혀 부당한 것이라고 할 수는 없다― 그렇다고 해서 그는 본래 신학자가 아니라 사자(使者)요 설교자이며 곧 올 것으로 기대된 그리스도의 재림까지 그의 강력한 선교 계획을 실천하려고 노력했으며, 구체적인 과제들이나 문제들 또는 투쟁들에 몰리면서 살았을 뿐이라고 말하는 것은 물론 옳지 않다. 그렇다면 그가 어떻게 신학적인 명상과 집필을 위해 시간을 낼 수 있었겠는가? 이 설명은 정당하게 이해한 것과 잘못 이해한 것을 무질서하게 뒤섞어 놓고, 완전히 오류로 이끄는 결과를 가져올 뿐이다. 흔히 말하는 '실천'과 '이론'이라는 대립―이 경우에는 삶과 신학의 대립인데―은 바울에게는 전혀 무의미하다. 그러나 이 설명은 무엇보다도 사도가 오직 서신들로써만 자신의 견해를 밝혔다는 사실이 바로 그의 신학적인 사고의 내용 및 특유성과 얼마나 밀접하게 관련되어 있는가를 식별할 수 없게 만든다.

오늘날의 독자들은 교회적인 관습과 예배에서의 빈번한 사용으로 인해 그의 서신들이 실제로는 편지라는 사실을 전혀 혹은 충분히 의식하고 있지 않다. 교회에서 이 서신들은 언제나 낭독과 기도에 사용하는 거룩한 본문일 뿐이다. 물론 이것들은 사사로운 편지가 아니고 그의 교회들의 여러 회중을 위해 기록한 것이고, 예배 시간에 회중 앞에서 낭독하라는 것이며(살전 5, 27), 이것은 또 예배 시작과 마지막에 의전문(儀典文)으로 또 기도와 축복의 말로도 사용된다. 그러나 이것들이 순수한 편지라는 사실에는 변함이 없다. 이것들은 경건한 격언들의 수집도, 종교적인 명상록도, 고대 이후의 문학사에서 많은 예를 찾아볼 수 있는, 편지 형식을 취한 문예 작품도 아니다. 모든 순수한 편지처럼, 이것들도 특정한 기회에, 그 때를 위해, 구체적인 동기에서, 특정한 사람들에게 쓴 것이다. 이런 의미에서 이것들은 그때그때 필요에 따라, 아니 그때그때의 곤경에서 나온 글이다. 필자 자신은 이 편지를 임시변통으로, 헤어져 있어서 당장은 이룰 수 없는—이미 불가능하게 되었거나 아직은 가능치 않은—만남에 대한 불충분한 대안으로 생각했다. 바울은 여러 번 이런 뜻을 표명하고, 당시 그를 교회로부터 떨어져 있게 하고 편지를 쓸 수밖에 없도록 한 불행한 상황에 대해 불평을 털어놓고 있다(살전 2, 17-18 ; 롬 15, 22 이하).

물론 떠나 있을 수밖에 없는 상황과 편지를 써야 한다는 침착한 정신 상태에 힘입어 필자의 사상은 깊이와 설득력을 가지게 되었고, 그의 말은 순간순간 임기응변으로 대처해야 하는 구술(口述)에서는 도달하기 어려운 형태를 얻었다는 것도 그의 서신들에서 분명해지는 경우가 적지 않다. 고린도에 있는 바울의 적들은 이 사실을 잘 알고 있기 때문에 교회에서 바울을 대적할 때 "그의 편지들은 무게가 있고 힘이 있으나 그를 직접 대해 보면 약하고, 말하는 것도 졸렬하다"(고후 10, 1.10 ; 11, 6)고 선동했다. 물론 이 악평은 방자하고 열광적인 연설의 척도에서 온 것이다. 그들은 광신자들을 옹호했지만 바울은 단호하게 배척했다(고전 2, 3 이하). 어쨌든 그의 선교 활동의 성과는 그의 설교가 무엇을 전했는가를 보여 준다. 그럼에도 불구하고 흔히 그의 편지들이 그의 구술적인 말보다 더 강한 영향을 주었다고 보는 것이 옳을 것이다. 그러나 처음에 말한 대로, 편지로 진술하는 것은 불가피한 대응책이고 바울이 경험한 대로 직접적인 해후의 가능성을 염두에 두었기 때문에 편지로 진술하는 것을 주저했다는 사실은 타당하다.

오늘날 우리가 거의 2천 년 후에 살면서도, 즉 설사 오랜 역사적인 거리를 가지고 있기 때문에 이미 모든 진술들과 암시들을 당장 이해할 수는 없게 되었고, 그 당시에는 직접 이해할 수 있었던 것을 대부분 짐작할 수밖에 없을지라도 사도와 그의 교회들 사이의 교신에 참여할 수 있는 것은, 우선은 짐스럽고 우연하게 보이는, 바로 이 상황의 덕이다. 전승된 옛 시대의 서신들 중에서 흔히 볼 수 있는 어떤 진술의 모호성은, 당시의 상황들과 문제들, 특정한 사람들 그리고 무엇보다도 서신의 필자 자신과 친숙하고, 그와 같은 사상 및 표상 세계에 속하는 첫 독자들이 진술 내용을 곧장 이해했었다는 것을 말해 주는 표지일 뿐이다. 그러므로 전승된 문서들에 대한 시간적 거리는 존중되어야지 성급하게 제거될 수 없는 것이다. 이것은 누구나 그런 사료의 연구를 통해 아는 바와 같이 편지들이 직접 친숙하게 경험하게도 한다는 것을 부인하는 것은 아니다. 상투어나 판에 박은 것 같은 미사여구에 파묻히지 않고 그 편지들에서 자신을 스스로 표현할 줄 아는 필자들에 의해 기록된 편지들이라면 — 이것은 바울에게 가장 적절히 해당되는 말이다 — 이것들은 다른 어떤 종류의 문서도 할 수 없는, 이 사람 자신을 정확히 말해 주는 증거물이 된다. 우리는 흡사 그의 숨결 같은 것을 느낄 뿐 아니라 그의 편지들을 받은 사람들이 우리에게 친근해지는 것도 느낀다. 이렇게 우리는 수백 년을 뛰어넘어서 스스로 그 옛 해후의 증인들, 아니 그 대화의 첫 상대자들이 되어, 함께 그 말을 듣고 질문을 받고 부름을 받는다. 여기에 서술된, 일반적으로 잘 알려진 경험들을 바울 서신에 관련시켜 알아보는 것도 좋은 일일 것이다.

그러나 이것으로 바울 서신들의 특수한 성격이 모두 밝혀진 것은 아니다. 왜냐하면 그것들의 개인적이며 상황과 결부된 표현에도 불구하고, 이미 말한 바와 같이, 바울 서신들은 역시 필자로 보나 수신자 또는 그 내용으로 보나 순수한 사신(私信)과는 아주 다른 것들이기 때문이다. 사도의 사명, 그리스도 소식에 대한 그의 책임과 정열, 그리고 사적으로 그와 친숙한 어떤 개인이 아니라 그에게 위탁된 교회들이 그의 서신들의 원래적인 성격을 규정지었다.

이 사도의 선교 사업의 일환으로 생겼고, 멀리 떨어져 있으면서 이 일을 계속하려는 의도에서 기록된 바울의 이 서신들은 초대 그리스도교 문헌들 중에서 가장 오래된 유형이 되었는데, 고전 문학들 중에서 이것에 비교될 만한 것이 없다. 그것들의 특징은 그것들이 아직도 '생생한 복음의 말(viva vox evangelii)', 즉 구두(口頭)로 선포된, 신앙에서 듣고 순종할 것을 목표로 한, 추상적이며 이론적으로 사변적이지 않고 언제나 그 말을 듣는 자들의 삶의 현실을 결정하는 요소로서 연관되는 그리스도 소식의 '생생한 소리'에 아주 가깝다는 것이다. 바울은 이 초대 그리스도교적인 편지의 유형을 통신의 수단으로 삼았는데, 이 점에서 흔히 이 편지 형식을 모방하는 일이 있었으나 아직 한 사람도 성공하지는 못한 모범형이다. 그는 여기에서 헬레니즘 세계의 편지 서식에서 고정되고 전래된 전통적인 편지 형식들을 사용했다. 이것은 편지 서두의 인사에서, 감사의 말과 중보 기도의 요구, 마지막 인사와 축원에서 특히 분명히 나타난다. 그러나 그는 그의 편지의 목적에 따라 이 형식들을 여러 번 바꾸기도 했다. 그는 자기 자신을 부름받은 사도이며 예수 그리스도의 종으로서, 그의 동역자들을 공동 발신인으로서(그러나 이로써 이들이 이 편지들의 공동 필자라고 추론할 수는 없는) 소개하거나, 인사와 감사의 말, 중보 기도에서 교회들에게 영적인 성격을 부여하며, 일반적으로 통용되던 사적인 행운을 위한 축원을—이것은 근동적 · 유대적인 편지들에서—알려진 구원의 약속 "은혜와 구원이 너희와 함께 있을지어다"로 대치하는 등의 방식으로 변형시켰다. 또한 길이와 내용에 따라 아주 상이한 위에 언급한 편지 단락들은 얼마나 바울이 고정된 편지 형식을 개인적으로 변조시켰는가를 보여 준다. 여기에서 우리는 그가 외적인 형식을 사용했을 뿐 아니라 사상들과 말이 사건 내용에 따라 규정된 어떤 내적인 질서에 일치하고 있음을 보게 된다. 그러나 무엇보다도 그의 서신들 중에서 긴 중요 부분들은 그 배열상 재래적인 편지 형식들을 벗어나고 있다. 그것들은 오히려 전혀 다른 문체 형식들, 즉 설교, 신학적인 논증, 권고, 의전적인 표현들(신앙 고백, 찬양, 송가, 축복, 저주문 등)에 일치한다. 이 서신들이 다른 교회들에 계속 전해졌다는 것(골 4, 16)과 비교적 일찍 이루어진 이 서신들의 수집, 더욱이 그것들이 후기에 원용된 것은 이 사정에서 미루어 볼 때 잘 이해된다. 이 서신들의 특유성은 이것들이 강력한 영향력을 행사한 것과 초대 그리스도교적인 문헌 중에서 편지 유형이 우위를 차지하게 된 것도 이해할 수 있게 한다. 교회의 서신들에 바울의 이름을 선택해서 사용한 것같이, 편지들을 다른 사도들의 이름에 예속시키기도 했는데, 이것은 그 편지들에 합당한 권위를 보증해 주려는 것이었다.

바울 서신들은 그 내용과 필자의 인품이 불가분의 통일을 이루고 있다는 점에서 초기와 후기 교회의 다른 많은 교육적인 문서들 및 목회 서신들과 구별된다. 오늘날의 독자는 물론 여러 모로 이질감을 느낄 것이나 경솔하게 잘못 이해해서는 안 된다. 그러나 독자는 또한 여기에 얼마나 영(靈)의 힘과 마음의 힘이 하나가 되어 있고 자주 경탄할 수밖에 없는 훌륭한 언어로 표현되어 있는가를 알게 될 것이다. 여기에 구사된 언어는 어렵고 심오하고 지나치게 과장된 경우도 드물지 않다; 그 말투는 기회를 잘 포착해서 변화하는데, 간청하는 듯하고 온화하며, 강경하고 냉혹하기도 하다. 그러나 항상 부과된 사명과 소식에 의해 규제되고, 그 주인의 손에 잡혀 있는 도구에 불과한, 한 사람의 도구로서 역할을 한다. 단 한번도 그가 말하는 내용이 공허한 형식으로 굳어 버리고, 그 자신은 경건한 직업인이 되거나 그 말을 듣는 자들이 단순한 설교의 대상자로 되는 곳은 없다. 바울 서신을 연구하는 자는 항상 새롭게 이 인상에 자신을 내맡기는 데 주저하지 말아야 할 것이다. 우리가 용이하게 이런 태도를 취할 수 없는 것은 그의 세계와 우리의 세계 사이에 있는 거리 때문만이 아니라, 오랫동안 습성에 따라 분명히 이해하지도 못하고 교회적 전통의 테두리 안에서, 다른 말로 하면 마치 수의(壽衣)처럼 수백 년 이래 성서 본문을 차곡차곡 덮어둔 거룩한 먼지층 속에서, 늘 사도의 사상들과 말들을 사용해 온 데도 그 이유가 있다.

우리는 사도의 서신들이 보여 주는 상호 모순된 두 가지 인상—우리를 끌어들이는 직접적인 친근감과 우리가 그것들을 읽을 때 적지 않게 느끼는 생소한 거리감—에 관해 말한 것으로 이미 그의 인물됨의 특수성에 접하게 되었다. 이처럼 모순된 인상을 받게 되는 것은 결코 그의 서신들의 집필 연대가 역사적으로 거리를 가지고 있다는 사실에만 그 원인이 있는 것은 아니다. 좀더 본질적인 것은 바울이 한 몸에 지니고 있던 극단적인 긴장들과 대립들인데 이는 초대 그리스도 교회의 어느 누구도 그렇지 못했던 것이었다. 이것들이 그에 관해 완전하게 말하려는 모든 시도들을 좌절시킨다: 율법에 충실한 유대인이고 그리스도의 적이었던 그가 바로 이 주님의 노예이며 경건치 않은 자들을 받아들이는 의인론의 선포자가 되었고, 사도들 중에서는 "달이 차지 못해서 난 자"(고전 15, 8)였다. 그러나 그는 동시에 이렇게도 말할 수 있었다: "그러나 나의 나된 것은 하나님의 은혜로 된 것이니 그의 은혜는 내게서 헛되지 않았다"(고전 15, 10). 인간적인 것에 이르기까지 그의 인품은 수수께끼에 차 있다. 우리가 그의 서신들 중 몇 구절에서 알 수 있는 바와 같이 그는 병을 앓고 있는—그 자신의 말에 의하면 '육체에 가시'가 있고 '사탄의 사자에게 얻어맞는'—사람이었다. 그의 거듭된 기도에도 불구하고, 치유되지 않는 고통으로 고생하는 자였다(고후 12, 7 이하). 이 병을 의학적으로 정확히 진단하려는 시도들은 아직도 확실한 결론에 도달하지 못하고 말았다. 왜냐하면 바울이 사용한 표현들은 분명히 비유적인 것으로 생각되며, 병은 어떤 종류의 것이든 악마적인 세력에 의해 생긴다는 고대의 통속적인 견해가 엿보이기 때문이다. 여하간 병들고 허약한 이 사람이 상상할 수도 없는 육체적인 고통을 참을 수 있었다(비교. 고후 11, 23 이하). 10년이 채 안 되는 기간에 그에게 함께 부과된 다른 모든 일을 하면서 여러 번 극히 어려운 조건 속에서 로마제국의 동반부를 구석구석 여행했고 소아시아, 마게도냐, 그리스 땅에 생동하는 교회들을 세웠으며, 로마와 서방으로는 스페인에 이르기까지를 그의 전도 여행 계획 속에 넣었다. 더욱이 그의 소식의 사상들은 비교할 수 없는, 오늘날까지도 도달하지 못할 정도의 차원에 속해 있다. 구석구석까지 무게 있는 사상으로 가득 차 있는 그의 서신들에서 많은 사람이 숨도 못 쉬고, 그의 소식에 참여하는 많은 사람이 마치 가파르고 구름으로 뒤덮인 산봉우리들로 빽빽이 들어찬 산중을 현기증에 사로잡힌 채 여행하는 자같이, 어떻게 따라가야 할지, 어떻게 해서 끝까지 견디어 낼지 모르는 느낌을 가지게 되는 것도 이상한 일이 아니다.

이미 초대 그리스도교에서 바울은 문제의 인물이었다. 존경도 사랑도 받았으나 경원을 당하기도 미움을 받기도 했다. 그가 교회에서 존경을 받았다고는 해도 그리스도교는 여전히 바로 이 사도의 소식과는 전혀 다른 근원에서 살았고 또 살고 있다는 것을 잊어서는 안 된다. 사람들은 그에게 대단치 않은 성인의 지위를 부여하고 교의학적 항목들 가운데서 확실하지만 그러나 별로 영향력이 없는 위치를 그의 옛 혁명적인 가르침에 주었을 뿐이다. 그러나 사화산 같은 바울의 복음이 다시 폭발할 때마다 교회는 그 자신에게 위대한 순간과 유익한 혁명을 경험했다는 것 또한 사실이다. 그의 영향력은 이미 2세기의 극단적인 바울주의자 마르시온(Marcion)의 운동에서 여러 면으로 나타났다. 바울을 인증(引證)으로 내세워—물론 바울을 올바로 이해하지 못했지만—이 이단적인 반교회의 창시자는 신·구약성서에서 신과 그의 계시의 통일성 자체를 문제삼고 창조와 구원을 이원론적으로 분리시키면서, 구약에서의 '알려진' 의(義)의 신과 그리스도 안에서 계시되는 '알려지지 않은' 자비의 신을 구별했다. 이와 동시에 교회는 스스로 투쟁에 나서게 되었고 사도의 유산을 얻기 위해 새로운 노력을 기울이게 되었다. 이처럼 자기 것으로 만드는 일이 부분적으로밖에는 또는 상당한 변조 없이는 도달될 수 없음을 부인할 수는 물론 없을 것이다. 교회적인 권위를 갖게 된 것은 언제나 부드럽게 다듬어진 바울뿐이었다. 더욱이 바울과 그의 신학에 의해 유발된 강하고 혁명적인 영향들은 교회사에 나타난 다른 인물들과 운동들에서도 볼 수 있다. 아우구스티누스(Aurelius Augustinus)의 신학은 바울의 새로운 발견 없이 생각될 수 없고, 무엇보다도 루터(Martin Luther)와 칼뱅(Jean Calvin)에 의한 종교개혁적인 인식들의 폭발과 수세기 후에 영국에서 일어난 웨슬리(John Wesley)의 운동도 바울 없이 생각할 수 없다. 끝으로 기억해 두어야 할 것은 이른바 변증법적인 신학—이 신학 없이 독일국가 사회주의(Nationalsozialismus: Nazi)의 무신성(無神性)과 미신에 대한 교회의 투쟁은 생각할 수 없었을 것이다—이 바르트(Karl Barth)에 의한 생동적인 새로운 로마서 해석과 함께 시작되었다는 것이다. 그러나 우리의 시대에까지 교회의 극단에서 계속되고 있는 강한 반바울적인 운동도 언급하지 않을 수 없다. 교회는 자기 울타리 안에서, 예수의 말에 의하면, 예언자들에게 화려한 묘비를 세워 주는, 내용이 텅 빈 열심과 언제든지 결합할 수 있었다. 그러나 오늘날까지도 끊임없이 바울에 대해 문제를 제기하고 불평을 하는 사람들도 있다는 것을 말하지 않을 수 없다. 그들의 주장에 의하면, 바울은 예수의 복음에 이르는 길을 막았다는 것이고, 그를 그리스도교의 파괴자라고까지 지칭한다(비교. 이 책 마지막 장).

사료들, 특히 바울의 편지들에 대한 검토에서 이미 그 자신이 경험하고 그의 말과 활동에 의해 야기된 그의 역사, 그리고 그의 소식과 신학이 얼마나 영속적이고 철저한 상관 관계에 있는가 하는 것이 드러났다. 그러므로 그의 전기를 이야기하는 사람은 언제나 그의 신학에 관해서도 말해야 한다. 그리고 그 반대 이론도 타당하다: 그의 신학을 고찰할 때는 언제나 그 자신과 그의 교회를 도외시할 수 없다. 그렇다고 해서 바울과 그의 교회가 그의 신학에 대한 고찰에서 부수적인 위치를 차지하고, 그의 신학이 가령 그의 개인적인 생애의 우연한 혹은 필연적인 산물로 이해될 수 있다는 것은 아니다. 이것은 그의 신학의 결정적인 중요성을 오해하게 되는 위험한 결과를 초래할 것이고, 바울의 전기만을 쓰려고 하는 역사가는 끊임없이 다음 사실을 기억해야 할 것이다. 즉 사도 자신은 그가 위임받았다고 의식한 그 일을 그 자신이나 그의 생애의 상황보다 더 중요한 것으로 생각했다는 것이다. 그러나 여기에서 성급하게 그의 신학의 개요를 찾고, 그 신학에 앞서 전기적인 서론만을 서술하는 것도 역시 옳은 길일 수 없다. 그의 역사가 단지 행복한 혹은 불행한 운명의 연속만은 아니었던 것과 같이, 그의 신학도 보편적이고 무시간적인 사상들과 종교적 경험들의 체계가 아니기 때문이다. 그의 신앙의 인식들이 그에게 그의 역사적인 도정(道程)을 미리 보여 주었다는 것과 그 자신은 그의 역사의 경험들을 아주 박력 있게, 독자적으로, 아니 자주 임의대로 개작했다는 것은 철두철미 그의 특유성에 속하는 것이다.

이 책에서는 먼저 바울의 역사를 추구하고, 다음에 비로소 이 책의 본래적인 주제인 바울 신학의 내용적인 연관성들을 다루겠지만, 필자의 의도는 양자의 통일성을 인식케 하려는 것이다.

제1부

생애와 활동

제1장

출생과 주변. 회심 이전의 바울

바울은 엄격한 디아스포라(Diaspora: 이방 지역에 살고 있는 유대인들) 가정에서 태어났다. 그는 서기 시작과 함께 다소 시에서 출생했고(행: 21, 39 ; 22, 3), 그곳은 로마 지배하에 있던 길리기아 지방의 수도였다. 다소 시는 지중해에서 멀지 않은 타우루스 산맥 기슭, 높은 고갯길을 지나 소아시아 지방에서 수리아 지방에 이르는 국도변에 위치하고 있다. 오늘날은 중요치 않은 곳으로 변했지만 교통과 상업에 유리한 위치에 있었기 때문에 당시에는 번화한 헬레니즘적 도시였다. 다소는 무엇보다도 그리스 교육의 중심지로도 유명했다; 지리학자 스트라본(Strabon, XIV. S. 673)은 때때로 이 도시를 아테네라고 부르기를 주저하지 않는다. 바울의 출생지에 관한 신빙성 있는 정보를 얻었음이 분명한 누가는 같은 문맥(행 22, 3; 비교. 23, 34)에서 바울은 이미 소년 시절과 교육 기간을 예루살렘에서 보냈다고 말한다. 이것은 그의 부모가 일찍 이곳으로 이주했다는 것을 전제한 말이다. 그러나 이것은 바울을 진짜 유대인으로 낙인찍고 가능한 한 일찍부터 그리고 적극적으로 예루살렘과 관계를 맺어 주려는 의도임이 너무도 분명하다. 그러므로 이것은 이미 신빙성이 적다. 그것이 사실이라면 바울은 이 사실을 그 자신의 증언인 빌립보서 3장 5절에서 분명히 언급했어야 했을 것이다. 그 자신은 어디에서도 그의 출생지에 관해 말하고 있지 않다. 물론 그의 적들에게 도전을 받아 그가 이스라엘의 혈통을 이어받았음을 자랑한 일은 있다: "그들이 히브리인인가? 나도 그렇다. 그들이 이스라엘인인가? 나도 그렇다. 그들이 아브라함의 자손인가? 나도 그렇다"(고후 11, 22: 비교. 롬 11, 1). 바울은 위에서 지적된 빌립보서의 구절에서도 그가 그리스도에게 돌아오기 전에는 그의 출생과 자신의 생애를 결정지은 것이 그에게는 자랑이었고 유익했던 모든 사실을 열거함으로써 비슷한 공세를 취하고 있다: "8일 만에 할례를 받았고 이스라엘 민족으로 태어났으며 베냐민 지파에 속하고 히브리인 중의 히브리인이요 율법에 열심 있기로는 바리새인이었다…"(3, 5). 이 중첩적인 표현들은 민족학적으로 그의 유대적 혈통뿐 아니라 민족들 중에서의 자기 민족의 종교적인 특수성을 들어서 말한 것이다. 이 사실은 고대의 경칭인 '히브리인'이 말해 주고, 마찬가지로 다른 표현들, 즉 '이스라엘인'과 '아브라함의 자손'도 유대인이 선택받은 신의 백성의 지체로서 자랑하는 종교적 우위성을 말해 주는 것이다. 바울은 이런 사람으로서 옛 언약의 표지인 할례를 받았고, 12지파 중의 한 지파에서 출생한 것을 자랑하고 있으며, 또 그의 유대적인 이름 사울도 이 지파의 첫 번째 왕을 상기시키는 것이다(행 7, 58; 8, 1. 3; 9, 1.8).

이방인계 그리스도인에게 보낸 서신들 중에서 그의 옛 특권들을 열거한 것은 전기상으로만 중요한 것은 아니다. 그가 이처럼 자신의 특권을 열거한 것은 그의 적들도 교회에서 이러한 자기 소개로 자신들을 소개했고 감명을 주었다는 것을 드러내 준다. 그의 적들이 자신들의 출신을 자랑스럽게 끌어댄 것은 그들의 출현에 높은 권위를 인정하고 그들의 말을 경청하도록 하며, 바울을 압도하려고 한 것임을 엿볼 수 있다. 이것으로 원래 주변의 이방인 세계에서도 당시 유대교가 인정을 받았다는 것이 확실해진다. 오늘날 우리는 이에 대해 쉽게 그릇된 생각을 가지게 하는 유혹에 빠진다. 유대인, 히브리인, 아브라함의 자손임을 주장하는 사람들은 결코 열등한 '종족'에 속하는 자, 멸시를 받는 유랑민의 족속으로 낙인찍힌 것이 아니다. 이 모든 현대적인 통념은 단호히 거부되어야 할 것이다. 그렇게 하지 않으면 고대 헬레니즘 세계에서의 유대교의 놀라운 확장과 비상한 발전도 결국 생각할 수 없게 될 것이다.

로마제국 안에 살던 유대인의 수를 정확히 밝히는 것은 사료들이 아주 산만하고 결함투성이이기 때문에 이미 불가능하다. 그러나 학자들 사이에 대략 일치되는 추산은, 아우구스투스(Augustus)와 그 후계자 시대의 유대인 수가 적어도 약 4백 50만에 달했다는 것이다. 이것은 로마제국 전 인구의 7%였다. 그들은 팔레스틴 외에 특히 이집트와 시리아에 모여들었는데, 주로 대도시(알렉산드리아, 안디옥, 다메섹 등)에 거주했다. 필로(Philo)와 요세푸스(Josephus)의 별로 과장되지 않은 보도들에 의거하면, 다메섹에서의 그들의 수는 100만으로 추산될 수 있다. 그러나 여러 가지 다른 증언들에 의하면 소아시아 지방, 구브로, 구레네 지방, 다른 많은 지역들과 지중해 연안의 모든 도시들, 이 밖에 ─ 수적으로 확실하게 밝힐 수는 없지만 ─ 유프라테스 강 유역 지방들과 먼 동방 지역(비교. 성령 강림 사화의 민족 명단, 행 2, 9-11; 그러나 수많은 성서 외의 증언들도)에 많은 수가 살았음을 알 수 있다. 확실하게 말할 수 있는 것은 디아스포라의 유대인 인구는 팔레스틴 인구보다 몇 배 더 많았다는 것이다. 이렇게 된 원인은 여러 가지가 있었다: 이미 디아도케(Diadoche: 알렉산더 대왕의 후계자) 시대 이래 실시된 계획적이고 거듭 확인된, 즉 식민 정책을 위한 유대인의 이주, 그리고 자발적인 출국과 입국, 옛날에 아시리아와 바빌론인들의 치하에서 일어났던 것과 같은 강제 추방(이것은 아주 드문 경우였지만) 등이 그것이다. 이미 헬레니즘 시대의 지배자들은 유대인들에게 별다른 제약 없이 단체설립권 및 율법상의 보호와 특전을 부여했으며, 로마인들도 이 점에서 다른 태도를 취하지 않았다. 이렇게 유대인들은 아무런 방해도 받지 않고 그들의 제의(祭儀)를 집행했으며, 종교적인 기구뿐 아니라 그들 공동체의 정치적인 기구, 그들의 재산처리권, 일반적인 국법에 저촉되지 않는 한 특별히 자신들의 재판권도 분명히 그들에게 승인되어 있었다. 그들의 권리는 황제 숭배 면제, 그리고 아주 흔한 일이었지만—확실히 그들의 엄격한 안식일 계명을 참작해서—병역 면제에까지도 미치고 있었다.

유대인들 중 많은 사람들이 그들이 사는 도시에서 시민권—이것은 바울의 경우에도 이미 그의 출생과 더불어 해당되는 것이었다(행 16, 37; 22, 28)—과 로마제국 공민권을 소유하고 있었다는 것은 유대인들의 유리한 법적 지위에 일치하는 것이다. 우리가 알고 있는 바와 같이, '로마 시민(civis Romanus)'으로서의 그의 지위는 그의 후반 생애사에서 거듭 중요한 역할을 했다. 로마식인 그의 이름도 그가 로마 시민임을 나타내 준다. 그는 그의 서신에서 언제나 이 이름으로 자신을 지칭하고 있다. 그가 그의 회심의 순간부터 비로소 이 이름을 채택해 사용했다는 것은 교회의 수도회에 가입하는 자들이 그들의 세속 이름을 영적인 이름으로 바꾸는 것과 같이, 널리 알려진 것이기는 하나 잘못된 견해이다. 사도행전도 이것을 주장하지 않는다. 사도행전은 그의 선교 사업 시작 이후부터 그를 "바울이라고도 부르는 사울"(행 13, 9)이라는 말로 호칭한다. 더욱이 그곳에 전해지는 구브로 총독 서기오 바울(Sergius Paulus)과의 해후담과 관련시키지도 않고, 단지 일반에게 알려진 이름으로 그를 소개하고 있다. 그의 유대적인 이름 사울은 좀더 친숙한 그의 신앙 동지들 사이에서 사용되던 부가명—별호(別號) 혹은 자(字)—으로 이해되어야 할 것이다. 위의 고찰에서 바울은 어떤 폐쇄된 유대인 집단에서 성장하지 않았고 사회적으로나 시민적으로 완전히 동등한 권리를 가진 가정에서 태어났다는 것이 분명해진다.

그러나 유대인이 흩어져서 사는 것과 그들에 대한 당국의 관용, 특전의 부여는 아직 이방 디아스포라에서의 유대인의 수적인 급격한 증가를 설명해 주지 않는다. 이 현상을 생물학적인 원인, 즉 유대 민족의 폭발적인 증가에 돌리려는 것은 잘못일 것이다. 사실은 이 점에서 이방 주민들 중에서도 유대교를 선교하는 비상한 힘이 엿보인다. 바울 시대의 디아스포라 유대교는 극히 강하고 세계적인 사명 의식에 차 있는데 이는 이미 바빌론 포로 시대에 시작된, 이스라엘이 '이방인들의 빛'으로 결정되어 있다(사 42, 6 등)는 제2 이사야의 예언의 의미에서이다. 이를 입증하는 증언들은 단지 단편적으로만 보존되어 있으나 우리는 여전히 훌륭한 헬레니즘적 유대교의 문헌에 못지않게 많은 수를 소유하고 있다. 바울 자신은 이를 위한, 거의 전형적이라고 일컬어질 만한 증언을 로마서 중 유대인과 극히 예리하게 대결하고 있는 대목에서 제시하고 있다. 여기에서 바울은 유대인이 스스로 요구하고 그들의 사명의 근거로 만든 특권들을 조목별로 길게 열거하고 있다 : "스스로 '유대인'이라 칭하는 너는 율법을 의지하며 신을 자랑하며 율법으로 가르침을 받아 그의 뜻을 알고 무엇이 중요한지를 분간할 줄 알며, 네가 율법에서 인식과 진리의 화신을 소유한 자로서 눈먼 자들의 인도자, 암흑 속에 있는 자들의 빛, 어리석은 자들의 교사, 어린 아이들의 선생이라고 자처한다…)"(2, 17-20). 이 대목에서 갑자기 나열하는 것을 중단하고, 반대로 파괴적인 질문을 계속한다(2, 21-24) . 이 질문들은 유대인의 요구와 그의 하나님 사이의 구별을 무너뜨리는 행위를 상대방의 눈앞에 들이대고 성서의, 즉 유대인에게는 지고(至高)의 ─ 그러나 여기서는 유대인에게 항의하는 ─ 권위를 가진 예언자의 말로 끝낸다: "신의 이름이 너희로 인해 이방인들 중에서 모독을 받는도다"(사 52. 5). 이 문맥에서 우리의 관심을 끄는 것은 오만한 자기 의식 및 사명 의식인데, 이것은 이 문장들의 훌륭한 그리스어 표현이 보어 주는 바와 같이 바로 디아스포라 유대교의 성격을 말해 준다.

그들의 회당들을 통해 적극적으로 수행되고 그곳에 근거를 두고 시작된

포교는 많은 성과를 거둘 수 있었다. 필로는 자랑삼아 유대 민족의 율법이 "다른 모든 민족에게서 인기를 끌고 그들의 주목을 끈다; 그리스인이나 비그리스인, 대륙 사람이나 섬 사람, 동방 민족이나 서방 민족, 유럽인이나 아시아인, 이 끝과 저 끝에 사는 온 세상 사람들에게서 주목을 끈다" (De vita Mosis II, S.20 ; 비교. Josephus, Contra Apionem II, S.39)고 말했다. 그러나 이방인 저술가들, 지리학자들, 역사가들, 시인들(Strabon, Sueton, Seneca, Cassius Dio, Tacitus, Horaz, Juvenal)도 이것을 확인하고 있다. 물론 이들은 유대교 선교의 선전하고 유혹하는 힘을 자주 조롱과 혐오를 섞어 비난하기도 한다.

종교적으로나 세계관적으로 극도의 분열 상태에 있던 고대 말기 주변 세계의 모습을 상상해 보면, 유대 종교의 방사력과 유인력을 알 수 있을 것이다. 도시국가(Polis)의 안온한 영역들은 이미 오래 전에 사라지고, 세계는 이전에 경험하지 못한 정도로 확장되었으며, 이와 함께 인간 자신은 개별화되었다. 아직 옛 신들을 위해 신전이 세워지고 계속 제사와 제물을 드렸으나 그것들은 진부한 것이고 신들에 관한 신화들은 쓸모 없게 되었으며, 이 세상과 저 세상을 위한 보호와 축복, 구원과 속량에 대한 개인의 욕구를 충족시켜 주기에는 이미 무력해졌다. 도처에서 옛 종교들과 특히 동양으로부터 쇄도해 오는 새로운 종교들의 융합과 혼합 과정이 진행되고 있었는데, 그것들이 이질적이고 복잡할수록 그만큼 더 매력이 있었다. 운명과 죽음의 세력으로부터의 해방과 영원한 구원을 약속하는 밀의(密儀) 종교의 의식(儀式)과 구원의 교리가 지나치게 판을 쳤다. 그러나 동시에 이 때는 종교들에 대한 철저한 계몽적인 비판의 시대였다. 이들은 거리에서 사람들이 접할 수 있는 극히 다양한 철학들을 가지고 종교의 정신화(精神化)를 위해 노력했고, 큰 장날에 시장에서 행하는 경쟁적인 마술사들과 구세주를 자칭하는 자들의 활동에는 단지 냉정하게 조소를 보낼 뿐이었다.

이런 배경에서 유대교는 전혀 다른 것, 이질적인 것으로 보이고자 했다:

하늘과 땅을 지배하는 주인이며 눈에 보이지 않는 한 신에 대한 신앙, 율법의 엄격성, 윤리적 · 의전적 계명들(안식일 계명, 음식 규정들 등), 전 세계를 지배하는 생활 질서의 통일성, 존경할 만한 오랜 역사, 모든 우상 숭배와 윤리적인 혼란에서 돌아서라는 부르짖음, 완악자(성질이 검질지고 모진 사람)들에 대한 미래의 심판과 올 메시야가 가져올 평화와 의(義)의 선포.

디아스포라 회당의 헬레니즘계 유대교는 그의 사명을 수행하기 위해 이미 준비를 갖추고 있었다. 그것은 성전, 제물 헌납, 사제직과 결부된 팔레스틴 유대교에서 독립한 것이었다. 예루살렘은 디아스포라의 구원사적이고 이념적인 중심점에 불과한 것이 되었다. 그러나 실제적으로는 회당이 성전을, 토라의 해석이 제물을, 서기관과 율법을 가르치는 현자가 사제를 대신했다. 또 헬레니즘계 유대교에서는 그들이 주변의 이방 세계와 구별되었음에도 불구하고, 보편적인, 모든 인간에게 해당되는 사유(思惟)가 발전되었고, 이 사유에는 헬라적 · 이방적인 지혜의 언어와 사상 자료도 끼어들 수 있었다. 이 사실은 유대교 지혜 문학과 필로, 그 밖에 많은 사람, 그리고 구약성서의 그리스어 번역(전설적인 번역사의 수에 의해 70인역이라고 부른다)도 보여 주고 있다. 이 번역 성서는 회당과 초대 그리스도교의 성경이 되었다. 그리스어가 설교와 의전문, 기도에서 예배 용어였다는 것도 이를 잘 말해 준다. 이 언어는 중요한 그리스 사상의 재보(財寶)—가령 우상 숭배와 미신에 대한 고대 후기의 종교 비판과 플라톤 및 스토아적 논리학과 윤리학의 주제들—를 디아스포라와 유대교 신학에 침투시킨 도구이기도 했다. 포교와 변증의 방법 선택에서도 까다롭지는 않았다. 이를 증명하는 것으로는, 바로 헬레니즘계 유대교 신학에서 지대한 세력을 갖고 시행되었으며, 고대 후기 호메로스(Homeros)를 해석하는 방식에서 받아들인 성서 해석의 알레고리적 방법 외에도, 유대 종교의 선전을 위한 그 자신의 문학에 즐겨 그리스 시인, 현인, 점술가의 탈을 씌우고, 더욱이 태고적 그리스 · 로마의 황당무계한 무녀(Sibylle)의 신탁을 모방해서까지 이방 세계에 소개했다는 사실도 있다. 그럼에도 불구하고 그 주변 세계의 교육적 요소들, 유대교 신학의 지혜 사상적 확대, 당시의 선전 방법과 수단을 받아들인 것이 유대교를 하나의 혼합 종교로 전락시키는 심각한 위험에 빠뜨렸다고는 말할 수 없을 것이다. 전혀 비교할 수 없이 다르고 특수한 것이라는 의식과 이교국 한가운데서의 자기 실존의 엄격한 보존은 유대교의 결정적인 표지였다. 이 점이 유대교의 위대한 유인력의 근거였다. 물론 이것은 특정한 도시들과 지방에서 이방 주민으로부터 때때로 감수해야 했던 무서운 적개심과 비방, 박해의 원인이기도 했다.

바울은 그의 소년 시절에 그리스 철학과 그 교육 전통에서 저 유명한 동시대의 인물 알렉산드리아의 필로(기원후 50년경 사망)와 대략적으로라도 비슷한, 학교 교육을 받은 경험이 전혀 없었다는 것은 확실하다. 특히 구약성서적 · 유대교적인 유산을 그리스적 지혜(철학)와 의식적으로 조화시키려는 집요한 관심이 그에게 있었는지의 여부도 전혀 말해 주지 않는다. 그러나 바울에게도 디아스포라 회당의 설교와 신학이 그에게 전해 준 그리스적 교육의 요소들은 적지 않다. 그것들은 스토아적 대중 철학에 그 근원을 두고 있는 개념과 사상들(가령 자유, 이성, 자연, 양심, 절제, 덕, 의무)에 나타나 있다. 그러나 그가 고대 수사학의 기교와 그 시대의 전형적이고 대중적인 교수법을 능숙하게 구사한 곳도 자주 보인다. 그는 이것들을 자기 나름대로 개성 있게, 때로는 경탄할 정도로 윤색시키면서 사용한 경우도 많다. 당시 유랑 교사의 특징적인 교수 방식, 그러나 헬레니즘적인 회당의 설교체도 이른바 '디아트리베(Diatribe: 본래 '기분풀이', '환담'이란 의미를 가지고 있었으나 지금은 '학술 논문', '대화술'을 뜻한다)'였다. 이 방법은 지루한 추론과 사변적인 변론으로 철학적인, 도덕적인 혹은 종교적인 사상들을 전달하는 것이 아니라, 고상한 전문 용어를 의식적으로 피하며 생동하는 대화 형식으로, 즉 간략하고 종종 호칭을 사용함으로써 대화에 생기를 주는 말투로 진행된다. 또한 가상적인 적의 입장으로부터 반증들을 끌어내며, 독자와 청중을 대화의 상대자로 가담케 하고, 한순간도 그들에게서 눈을 떼지 않는다(참조. 아래 S. 141). 이 모든 화법의 특징들은 바울의 서신들 중에서 충분히 볼 수 있다. 저 위대한 그리스 언어학자 빌라모비츠-묄렌도르프(U.von Wilamowitz-Moellendorf)가 바울이 구사한 언어의 수준에 관해 다음과 같이 평가한 것은 옳다: "그러나 이 유대인, 이 그리스도인이 그리스어로 생각하고 기록했다는 사실… 이 그리스어가… 직접 가슴 속에서 솟아 나왔으나 역시 틀림없는 그리스어이고 아람어의 번역(예수의 말들은 그랬다)이 아니었다는 사실은 그가 헬레니즘적인 상류층 시민이었음을 입증해 준다. 생생한 내적 생의 경험을 그리스어로도 말한 마지막 사람은 바로 이 사람이었다."

헬레니즘계 회당의 이 특징적인 모습은 젊은 바울이 그의 출생과 교육, 재능을 토대로 이미 출중한 유대 교도로서 이방 선교사로 등장했었다는 것을 보여 준다. 바울이 이미 유대교 선교사가 되는 것을 사명으로 자각하고 있었다는 가정을 위해서는 실제로 몇 가지 증거가 있다. 디아스포라 회당의 선교는 어느 정도 자유로운 원칙들에 따라 수행되었으니 이방 주민 중에 유대인 공동체에 가담한 '신을 경외하는 자들'에게는 유일신론적인 신앙 고백, 최소한의 의전적 계명들(안식일 계명, 음식물 규정 등), 그리고 율법의 윤리적인 기본 요구들을 이행하는 것으로 족했다. 그들에게는 물론 할례도, 그와 함께 유대 민족의 완전한 지체로 간주되는 '개종자(Proselyt: 유대교로 개종한 이방인)'의 신분으로 들어오는 것도 강요하지는 않았다. 율법에 대해 엄격한, 바리새파의 지도하에 있는 팔레스틴 유대교는 이 관례를 배교적인 행위라고 판단하고 모든 사람에 대한 할례의 요구를 고집했다. 그럼에도 불구하고 바리새파 역시 이방 선교에 열중했다. 물론 디아스포라 유대교에 비해 그 성과가 미미했음은 분명하다. 바리새인들에 대한 예수의 다음 말은 이에 관련된 것이다: "화가 있으라, 너희 위선적인 서기관과 바리새인들아! 너희는 단 한 사람의 개종자를 얻기 위해 바다와 육지를 두루 다니다가, 얻으면 너희보다 배나 더 악한 지옥의 자식으로 만들어 버리는도다" (마 23, 15).

우리는 이로써 이미 유대교적 이방 선교의 영역에는 할례에 대한 문제로 나뉜 두 방향이 서로 반목하고 있었음을 엿볼 수 있다. 하나는 디아스포라를, 다른 하나는 예루살렘을 기점으로 한 방향이다. 유대교 선교의 성과 자체를 위해서뿐 아니라 위에 언급된 차이들을 위해서도 표본적인 실례가 되는 것이 있는데, 그것은 바울 시대에 북시리아 왕 이차테스(Izates von Adiabene)의 개종이다. 그는 처음에 디아스포라 유대 교도에 의해 유대교를 받아들이게 되었으나 그 다음에 팔레스틴 출신으로 바리새파적 경향을 가진 유대인에 의해 할례를 받음으로써 완전한 개종자가 되었다.

이런 배경에서 볼 때, 디아스포라 유대 교도인 바울이 아마 자신의 가정의 전통에 따라(행 23, 6) 이미 바리새파, 다시 말해서 생활 관습과 선교에서 가장 엄격하고 율법적인 방향에 가담했다(빌 3, 5)는 사실의 의미를 짐작할 수 있을 것이다. 예루살렘 사제 귀족의 표면화된 전통주의에 비해, 그러나 또한 백성 중에서의 불철저한 타협주의에 비해, 바리새주의는 그 엄격한 경건 때문에 높이 평가된 평신도 운동이었는데, 이들은 구약성서의 신성한 율법을 의무적인 규범으로 삼았다. 이 바리새주의는 유대전쟁과 예루살렘 파멸의 대파국도 이겨냈으며, 그 후 유대교를 재정비할 때에는 유일한 표준적 권위, 후기 탈무드(Talmud) 유대교의 핵심이 되었다.

이 팔레스틴 모국의 운동에 대한 평가는 복음서들이 하고 있는 경멸하는 증언들에 의해 규정되어서는 안 될 것이다. 바울이 가입했을 때의 바리새주의는 아직, 70년 이후 시대에서처럼, 그렇게 편협하고 배타적인 것이 아니었다. 바리새주의적 신학은 당시에는 1세기 말쯤에 비로소 배척당한, 후기 유대교적 묵시 문학의 이념과 표상들을 받아들일 수 있는 여지를 아직 보유하고 있었다. 이 묵시 문학은 대우주적인 표상들과 설계도를 구상함으로써 이 낡고 악한 세대의 파멸 및 새로운 메시아 세대의 시작을 대망하고 그것을 그려냈으며, 그 때를 산출해 내려고 했었다. 이 후기에 와서 비로소 신생 그리스도교가 결정적으로 그리고 보편적으로 이단시되었고, 알렉산드리아 유대교적 신학도 정죄를 당했다. 엄격한 팔레스틴 유대교는 스스로 택한 집단촌을 이루었다. 그러므로 바울은 바리새파적인 경향에 가담할 것을 결정할 때 결코 디아스포라 출신임을 부인할 필요도, 그곳에서 가져온 신학 교육의 유산들을 내버릴 필요도 없었다. 사도로서 아직도 바리새적이며 헬레니즘적인 사유의 영향이 그의 서신들 중에 똑같이 인식되는 것은 이로써 설명될 수 있을 것이다.

여하간 바울은 바리새파의 경향을 받아들인 점에서 볼 수 있듯이 율법에 대한 정열적인 열성분자가 된 것이다. 바울이 이 운동의 정신적 중심지인 예루살렘에서 교육을 받았다는 사도행전의 보도는 옳은 것일 수 있다. 그가 당시 그의 민족 중 많은 연장자들을 능가했다든가, 조상으로부터 상속받은 전승들에 대해 특별히 열심 있는 자였다든가(갈 1, 14), "율법의 의미에서는 흠이 없다"(빌 3, 6)든가 하는 그의 기록은 이 시대에 관련된 것이리라. 그러나 그가 실제로 탁월하게 유명한 율법 교사인 옛 가말리엘의 문하생이었는지(행 22, 3)는 해결되지 않은 문제이다. 이 보도는 누가가 바리새주의를 높이 평가한 사실과 너무도 잘 맞는 것이다. 그러나 바울이 그리스도인이면서도 마지막까지 충실한 바리새인으로 머물렀다는 것은 분명히 잘못된 생각이다(참조. 위 S. 23-24).

유대교에서의 신학 수업은, 바울의 경우에도 실제적인 직업의 연마 및 훈련과 결부되어 있었다. 사도행전 18장 3절을 보면, 그는 천막 만드는 사람, 가령 오늘날의 피혁공에 해당하는 사람이었다. 그의 서신들에서는 종종 그가 후기 선교 여행에서도 수공업으로 생활비를 벌었다는 말을 하고 있다(살전 2, 9 ; 고전 4, 12 ; 고후 11, 27).

그러나 무엇보다도 중요한 것은 디아스포라 유대인인 바울이 바리새주의를 받아들임과 동시에 가장 엄격한 원칙들을 따르는 유대교적 이방 선교를 하기로 결심하고, 그리스도인이 되기 전에 이 선교를 실제로 실천하기도 했다는 가정을 입증하는 좋은 증거가 있다는 사실이다. 후기 바울의 유대주의적 적대자들이 갈라디아에서 할례를 주장하고 나섰을 때 그들은 사도 바울이 전에 행한 관례를 들어 사도를 공격했던 사실이 이를 암시한다. 그의 대답은 이렇다 : "형제들아, 내가 아직도(!) 할례를 전한다면 어찌하여 박해를 받겠는가? 그렇게 했다면 십자가의 거리낌은 제거되었으리라"(갈 5, 11). 이것은 확실히 다음과 같은 것을 뜻할 것이다. 유대주의자들이 지금 새롭게 선전하나 바울은 이미 오래 전에 탈피한 그런 유의 전도 설교에 그가 머물러 있다면, 그는 유대인들로부터의 박해는 면할 수 있었을 것이다; 그러나 이것은 십자가의 소식을 포기하는 것이다.

그가 율법에 엄격한 유대인이었고 이런 의미에서 이방인들 중에서 '개종자'를 만들었다면, 바울이 그리스도 교회—말하자면 자기 민족의 구원 원리로부터 벗어났던 헬레니즘계 그리스도 교회(다메섹)—를 열심으로 박해했다는 것은 더욱 논리에 맞는 것이다. 이렇게 볼 때 비로소 바울의 유대교적인 과거와 그리스도에의 귀의, 율법에 대한 그의 옛 열심과 모두에게 해당되는 의롭게 됨에 관한 소식—율법의 행위가 아니라 오직 신앙에 의해서만—을 포괄하고 있는 예리하고 팽팽한 긴장이 분명해진다. 율법과 할례에 대한 그의 후기의 투쟁은 디아스포라 회당이 이미 발전시켰던 것 같은 자유주의적인 원칙에 복귀하는 의미에서 일어난 일이 아니다. 그것은 오히려 십자가에 달린 자에 관한 구원의 소식을 발견한 데서 일어난 일이다.

제2장

교회의 박해자. 회심과 소명

바리새인으로서 그리스도인을 박해하던 바울의 활동, 그의 회심 및 이방인을 위한 사도로서의 소명과 밀접한 관계가 있는 다메섹 시는 초기 교회사의 의미심장한 한 토막에 시선을 모으게 한다. 복음이 어떻게 바울 이전에 이미 예루살렘과 유대의 경계선에서 멀리 떨어진 이방인 이곳 시리아 지역에까지 침투되었을까? 사료들에서는 이에 대한 직접적인 대답을 전혀 발견할 수 없다. 그러나 이 모든 것은 이처럼 발전하게 된 그 발단이 예루살렘 원교회 지역에서의 첫 번째 큰 위기와 갈등의 시대에 소급됨을 말해 준다. 사도행전이 보여 주는 이에 대한 보도는 유감스럽게도 결함이 많고 눈에 띄게 채색된 것뿐이다. 저자는 초기 교회의 이상적인 일치와 단결에 관한 인상적인 모습을 그의 독자들에게 보여 주려고 노력했음이 분명하다. 그러나 그 자신의 보도 자료는 중요한 대목에서 이 계획에 차질을 가져오고 불가피하게 수정해야 하는 경우가 있다. 이미 사도행전 6장 1-6절은 교회 내에서의 '헬레니즘파'와 '히브리파' 사이에 반목이 일어났음을 보여 준다. 이 두 파는 모두 유대인 출신의 그리스도인을 말한다. 그러나 전자는 디아스포라 출신으로 그리스어를 사용하는 자들이고, 이에 반해 후자는 아람어로 말하는 본토박이들이었다. 이처럼 이 보도는 아주 믿을 만한 것이다. 그 밖에 이 보도는 급격히 성장한 교회에서 공동으로 식사를 할 때, 또는 교회의 구제 사업에서 발생했다는 불공평한 처사에 관해, 그리고 열두 제자가 그들 본래의 과제, 즉 말씀의 선포와 기도를 더 이상 충실히 수행할 수 없을 정도의 과중한 업무량에 관해서만 말하고 있다. 그래서 사람들은 일곱 사람—이들의 이름이 하나하나 지명되었는데, 여기서 주의해야 할 점은 이것이 모두 그리스 이름이라는 것이다. 그 중에 스데반과 빌립도 끼어 있다—을 선택하고, 이들은 사도들의 기도와 안수의식에 의해 각기 교회의 자선 사업을 감당하는 고유한 직책에 취임한다. 이렇게 해서 생긴 긴박한 상황은 그 후 교회의 사도적 복음전도사직과 교회관리직 사이를 필연적으로 구별하게 되는 동기를 설명하는 역할밖에 하지 않는다.

그러나 이 보도 자체의 불투명한 윤곽들, 더욱이 이에 계속되는 사화(史話)의 내용은, 표면상 단지 교회의 조직에만 해당되는 것같이 보이는 이 불화의 배후에 훨씬 더 깊이 침투된 위기가 숨겨져 있음을 보여 준다. 후기의 저자는 이미 이 위기가 어느 정도 심각했는지를 충분히 상상할 수조차 없었음이 분명하다 그 후 곧 스데반은 그와 함께 언급된 빌립과 마찬가지로, 단지 일종의 교회관리자로만 나타나는 것이 아니라 '헬레니즘파'의 복음전도사 및 대변자로 등장해, 유대 민족에 대항해 긴 고발 설교를 하며, 첫 순교자로서 군중이 던지는 돌에 맞아 죽는다. 그가 죽은 후에 심한 박해를 받고 부득이 예루살렘을 떠나 도망한 것 역시 이 '헬레니즘파'였다. 이들은 비(非)유대교적인 외국으로 흩어지고, 처음으로 그리스인들에게도 복음을 전한다(11. 20). 그 도시에 남아 있는 열두 제자를 제외한 전체 예루살렘 원교회가 박해를 받고 흩어졌다는 저자의 기록(8, 1)은 그 자신에 의해 부정되었다; 그는 그 후의 보도들에서 그들이 다시 예루살렘에 남아 있는 것을 자명하게 전제하고 있다. 그러므로 원교회의 비헬레니즘파는 박해를 받지 않았음이 분명하다.

헬레니즘파가 이런 운명에 처하게 된 이유는 확실히 다음과 같은 점에서 찾아야 할 것이다. 즉, 이 파는 그리스도에 대한 — 이들 외에 원교회에서도 — 극히 혁명적인 이해를 주장했으며, 이러한 이해는 유대교적인 엄격한 율법 이해와 충돌을 일으켰고, 성스러운 전통들과 성전 예배, 선택된 백성만 구원받는다는 배타적인 주장을 문제시했던 것이다.

우리가 이미 본 바와 같이, 바로 이것이 바리새인인 바울에게 — 그 자신의 말에 의하면 — 그리스도인을 박해하도록 자극한 이유들이다. 이 이유들은 그의 열심이 헬레니즘적 디아스포라 교회에 대한 반대로 나타났다는 것을 이해할 수 있게 한다. 그는 반복해서 — 결코 악의에서가 아니었다 — 옛 율법적인 의(義)를 입증할 때, 그리스도 교회에 대한 박해를 그 예로 제시한다(갈 1, 13 : 빌 3, 6). 그러나 주의해야 할 것은 그의 흠잡을 데 없는 옛 율법적 의의 극단적인 결과로 제시하는 것이지 그를 괴롭히는 그의 과거의 불의로서 제시하고 있지 않다는 것이다. 이것은 그의 그리스도에 대한 적대감과 그의 박해의 열심이 오직 여기에 그 이유가 있었음을 보여 주는 것이다. 이미 예수의 메시아됨에 대한 신앙이 그와 같은 엄격한 유대교도에게는 충분한 박해의 이유가 되었다는 널리 알려진, 그러나 잘못된 가정에서 우리는 벗어나야 할 것이다. 이런 신앙을 가진 그리스도인들이 그의 눈에도 과오를 범하고 있는 기괴한 하나의 유대교 종파로 보이기는 했을 것이나 결코 신성모독적인 이단은 아니었다. 이런 '예언자'를, 혹은 저런 '예언자'를 메시아로 믿은 추종자들의 집단은 이 밖에도 유대교 내에 적지 않은 수가 있었다. 그러나 그 때문에 그들이 유대교 측으로부터 박해받고 추방당해야 했던 일은 없었다. 자기 동족들에게서 숭상을 받고 그의 시대에서 가장 유명했던 율법 교사 랍비 아키바(Rabbi Akiba)는 — 기원후 130년대였는데도 — 하드리아누스(Pubius Aelus Hadrianus) 황제 치하에 로마인들에 대항해 일어난 유대인의 마지막 봉기 운동의 지도자인 바르 코흐바(Bar Kochba)를 메시아로 선포했다.

그러므로 바울이 예루살렘에서 이미 원교회를 박해했다는 사도행전의 서술을 반박할 만한 충분한 이유들은 있다. 이 교회는 아직 율법을 고수하고 있었으며, 그러므로 율법을 적대시한다는 결정적인 고발을 당한 일이 전혀 없었다. 바울이 유대에 있는 교회들에는, 그러므로 무엇보다도 예루살렘 교회에는 개인적으로 알려져 있지 않았으며, 전에 적대자였던 그가 수리아와 길리기아에서 선교사로서 대성공을 거둔 후에 비로소 사람들은 그에 관한 소문을 들어서 알게 되었다(갈 1, 22)는 사도 자신의 기록도 누가의 기술과는 분명히 반대되는 것이다. 누가가 말하는 바대로 이것은, 이미 예루살렘에서 그리스도인을 박해할 때 결정적인 역할을 했다는 사람(행 22, 4 이하)에게서는 도저히 생각할 수 없는 일이다. 그러므로—누가에 의해 비로소 결합된 것임에 틀림없는 바—스데반을 돌로 쳐 죽일 때 이미 바울이 관여했다(행 7, 58; 8, 1)는 것도 생각하기 어렵다. 바울 자신은 어디에서도 예루살렘에서의 박해 행위에 관해 말하지 않는다.

다메섹에서의 바울의 행동에 관한 사도행전의 보도들도 의심스럽다. 그가 대제사장으로부터 전권을 부여받고, 그리스인들을 결박해 예루살렘 법정으로 끌어오기 위해 그곳으로 갔다는 보도는 근거가 없는 것이다. 왜냐하면 공의회가 로마 통치하에서 그러한 사법권—유대 국경을 훨씬 넘어선 곳에까지!—을 결코 가지고 있지 않았기 때문이다. 그러므로 우리는 바리새인인 바울이 회당 공동체에 허락된 내규적 징계권(태형, 추방, 파문)의 테두리 안에서 활동했다고 생각해야 할 것이다. 이 밖에도 많은 증언들이 말하듯이, 처음에는 회당 공동체 지역과 그 주변에서 그리스도에 대한 찬반 논쟁이 벌어졌을 것이다. 후에는 바울 자신이, 고린도후서 11장 24절에 기록하고 있는 바와 같이, 그리스도를 증거하는 자로서 거듭 회당의 잔인한 태형을 받았다. 다메섹 회당에서 이 바울의 위치는 처음에는 재판관, 후에는 수난의 증인이란 입장에 있었을 것이다.

바울이 그리스도께로 귀의한 것과 사도로 소명받은 것에 관한 바울 자신의 말은 놀랍게도 극히 드물다. 물론 그가 그 이야기를 하는 것은 언제나 중대한 말을 할 때이다. 말하자면 언제나 그의 복음을 전개하는 데 아주 긴밀하게 관련시켰다. 이런 이유에서 그의 개인적인 경험들과 특히 그가 체험한 그리스도의 현현(顯現)을 거침없이 핵심적인 것으로 생각해서는 안 될 것이다. 사도행전이 거듭 장황하게 묘사하고 있는 그의 다메섹 현시(現示)에 대한 회상에서, 또 경건주의적인 전통과 현대 심리학의 영향으로 흔히 이렇게 생각해 왔다. 우리는 환상에 의해 그 자신의 진술들의 초점을 벗어나지 않고, 그 자신에게 본질적이었던 데에서 빗나가지 않도록 하는 것이 좋을 터이다.

본래 그 자신이 내린 것이 아니고 위로부터 그에게 주어진 그리스도를 위한 이 결심의 내용과 의의에 관해서는 이미 인용된 빌립보서 3장의 구절(참조. 위 S. 39-40)이 아주 명백하게 말해 주고 있다. 이 본문은 수동형의 표현들로 되어 있다는 것을 주목할 필요가 있다. "나는 내 모든 것을 해로 여겼다…"; "…왜냐하면 나는 그리스도 예수에 의해 사로잡혔기 때문이다" (3, 8.14). 적들과의 날카로운 대결에서 바울은 우선 전에 자랑할 수 있었던 특권들을 열거한 후에 이렇게 계속한다. "그러나 내게 유익했던 것을 내가 그리스도를 위해 해로 여겼다. 그뿐만 아니라 내 주 그리스도 예수에 대한 인식의 압도적인 중요성에 비해 이 모든 것은 내게 해로운 것이 되었다. 내가 그를 위해 내 모든 것을 헛되게 하고 배설물로 여긴 것은 그리스도를 얻고, 그리스도 안에서 발견되려 함이요, 율법에서 생긴 자신의 의(義)가 아니라 그리스도에 대한 신앙의 의, 곧 신앙을 근거로 한 신으로부터의 의를 얻으려는 것이다…" (빌 3, 7-9).

그가 이전에 소유하고 있던 것들이 그에게도 많은 것으로 생각되었으나 모든 것은 아니었다거나, 그의 깊은 동경이 이루어지지 않고 있었다는 것을 여기서는 엿볼 수 없다. 그가 예전에 가지고 있던 부유함은 그를 역겹게 하는 오물로 변한 것이다: 그것은 신 앞에서 인정을 받으려 하고 그의 의를 얻으려는 지금까지의 그의 열심이며, 신 앞에서 자기를 주장하려는 유일한 시도였다. "내가 서 있던 언덕은 심연이고, 내가 의지하고 살아온 안전성은 자기 상실이며, 내가 가지고 있던 명백성은 암흑이다"(K. Barth). 바울이 여기에서 그 자신의 생의 전환을 통해 밝히고 있는 것은 단순히 개인적인 신앙 고백에 머무르는 것이 아니다. 이것은 그리스도가 그에게 현현했던 시간을 넘어서—이 구절에서는 이에 관해 한 마디의 언급도 없다—그의 전 생애에 관한 결정적인 진술이 되었다. 아니 그 이상의 것이다: 그것은 신의 의의 계시에 관한 그의 소식을 남김없이 모두 총괄한 것이 되었는데, 이 의는 모든 사람을 타락에서, 이제 비로소 신의 은혜에 의해 복음에서 종합 파악한 것이다. 그리스도의 사명과 자기 희생은 로마서에 있는 다음의 중요한 명제의 의미에서 세대의 전환을 의미한다. "그리스도는 모든 믿는 사람에게 의롭다 함을 얻게 하려는 율법의 마지막이다"(롬 10, 4).

갈라디아서 1장 15-16절은 전기적으로 빌립보서 3장의 진술보다 더욱 유력한 자료가 된다. 그러나 내용상으로는 그것과 거의 비슷하다. 이 구절이 아주 간결하고 (단지 하나의 부문장[副文章]만으로!) 그의 회심의 체험을 상세히 소개하지 않고 있지만, 바울은 여기에서 좀더 명백하게, 구약성서적인 예언자의 소명에 의존하면서(렘 1, 5; 사 49, 1), 그가 이방인을 위한 사도로서 소명받은 것에 관해 말하고 있다. 빌립보서 3장에서와 같이 여기서도 이전의 율법에 대한 열심과 그리스도 교회에 대한 박해를 회고하는 것(갈 1, 13-14)이 바로 앞에 나타난다. 그 다음에는 이런 표현이 뒤따른다: "그러나 나를 모태로부터 구별해 낸 이(神)가 나로 하여금 이방인들 가운데서 그 아들에 관한 소식을 선포하도록, 그 아들을 내 안에 나타낼 것을 결정했을 때, 나는 혈육(즉 어떤 사람)과 의논하지 않고, 나보다 먼저 사도가 된 자들을 찾아 예루살렘으로 올라가지도 않고, 곧 아라비아로 갔다가 (그 후) 다시 다메섹으로 돌아왔다"(1, 15-17).

이 구절은 그의 소명에 관한 사도의 자기 진술로서 극히 중요할 뿐 아니라, 이것이 그 문맥과 함께(갈 1-2장) 그의 생애와 활동사의 긴 시간에 관해 독특하게, 말하자면 그의 소명에 바로 뒤따르는 하나의 신빙성 있는 정확한 보도를 제공한다는 이유에서도 중요하다. 그런데 이 보도는 사도행전이 거의 회상하지 못하고 있는 여러 해 동안의 일들을 알려 주고 있다.

이 구절을 바로 이해하기 위해서는 반드시 다음과 같은 예비적 물음을 해명해야 한다. 즉 바울은 무엇 때문에 이러한 자세한 변호적인 보도를 해야 했던가, 그 목적은 어디에 있는가? 하는 물음들이다. 그가 후기에 에베소에서 활동할 때(참조. 아래 S. 132 이하) 갈라디아인들에게 보낸 이 글은 유대주의적 거짓 교사들의 선동으로 인해 유발되었다. 이 거짓 교사들은 서아시아 지방인 갈라디아의 교회들 속에 침투해 그들을 거의 타락의 지경까지 몰고 갔었다. 그들은 바울이 이방인들 사이에서 전하는, 율법에 구애되지 않는 복음을 공격하고 있었다. 이 복음은 그들의 눈에는 그리스도 소식을 조잡하고 기회주의적으로 축소시켜 놓은 것처럼 보였던 것이다. 이것으로 이른바 구원에 불가결한 할례의 요구와 이방인들에게도 해당되는 율법의 구속력을 은폐했다는 것이다. 그들이 어떤 방식으로 사도의 이방 선교를 위태롭게 만들려고 했건 간에 이 비난은 유대주의자들의 기본 사상에 일치하는 것이다; 그들도 자신을 단순히 유대인으로서만이 아니라 그리스도인으로서 이해하고 있었다: 그들의 주장에 따르면, 그리스도인이 된다는 것은 오직 선택된 유대 민족의 일원이 됨으로써만 가능한 것이다! 바울의 소식에 대한 이들의 공격과 더불어 동시에 그의 사도직도 문제시 되었다. 아무도 이 직책을 그에게 위임한 이가 없다는 것이다. 적대자들이 비방하는 내용은 바울이 소식을 변조하고 자칭 사도가 되려는 독단적인 월권을 저질렀다는 이 두 가지였다. 그 때문에 그는 스스로 공격하면서 동시에 그의 서신에서 아주 날카로운 어조로, 이방인들을 위한 그의 복음의 진리와 그의 사명의 신적인 근원이란 두 가지 점을 변호했다. 이 둘은 불가분의 한 쌍을 이루고 있다: 이것들은 같은 내용의 두 가지 측면이고, 그 배후에는 하나의 신적인 의지의 권위가 있다.

아주 널리 알려진 해석에 의하면, 갈라디아에 있던 선동자들은 그가 예루살렘 원사도들에게 예속되어 있다는 이유로 그를 비난했으며, 그가 그 가르침을 제2 혹은 제3자의 손을 거쳐 받아들였다고 그를 트집잡았다는 것이다. 그렇기 때문에 그는 신 자신에 의해 임명받은 원래의 사도가 아니라는 것이었다. 이런 비난에 대해 바울은 예루살렘에 예속되어 있지 않다는 것을 갈라디아서 1장과 2장에서 자세히 반증하고 있다는 것이다. 사실 그의 소명과 그 이후의 그의 행동과 활동 전체에 관한, 거의 보고서 형식으로 기록된 개요에서 중요하게 문제되고 있는 것은 그가 어떤 인간적인 권위들에도 예속되어 있지 않다는 것, 따라서 그의 복음과 그의 직책은 신적인 것임을 집요하게 관철시킨 주장이다. 그러나 유대주의자들인 적대자들이 하필이면 예루살렘 사람들, 즉 율법과의 관계를 고수하며, 이방인들도 무조건 구원에 들어올 수 있다는 것을 자명한 것으로 생각하지 않았던 그 예루살렘 사람들에게 사도가 예속되어 있다는 이유를 들어 그에게 도전했다고 볼 수는 없다. 적대자들이 전제하고 있는 것에서 생각할 수 있는 것은 오직 다음 사실뿐이다. 그들 자신이, 어느 정도의 정당성을 가지고 있던 간에 예루살렘에 의존하고 있었으며, 그들은 특권을 부여받은 신의 백성의—율법에서 문서로 확인된—구원 전승들을 고수하는 자만이 합법적인 사도일 수 있다고 보았다는 것이다. 만일 이 가정이 옳다면, 그들이 비난한 내용은 가령 다음과 같은 것일 수 있을 뿐이다: 그는 원사도들에게서 더 나은 가르침을 받았다. 그러나 그는 비열하게도 이 가르침, 즉 율법에 대한 포기할 수 없는 관계, 할례의 요구, 구원의 소식에 관한 가르침을 포기하고, 더 수월하게 이방인들의 환심을 사기 위해 독단적으로 변조시켰다(1, 10). 그러므로 그의 선포는 전해 받은 유산에 대한 배신이다; 이에 반해 우리는 참된 후계자들이고 정통적인 소식을 전한다는 것이다.

바울은 갈라디아서 1장에서 다음과 같은 말로 이 논증을 근본적으로 뒤집어 엎는다: "이미 너희의 전제가 옳지 않다; 나는 실제로 예루살렘과는 아무런 관계도 가진 일이 없다. 내가 사도로 부름을 받았을 때에도, 그 후 17년이 넘는 오늘에 이르기까지도, 다메섹 도상에서의 그 날로부터 3년 후에 게바(베드로)를 잠깐 방문한 것 외에는 그들과 무관하다. 신은 원사도들에 의한 중개 없이 내게 이방인들을 위한 복음과 사명을 제수했다. 그러므로 나는 이 이상 할례의 요구를 설교하지 않는다. 이것은 내가 전에 바리새파의 디아스포라 선교사로서 설교한 것이고(갈 5, 11 ; 비교. S. 50-51), 아마 원사도들로부터 받은 가르침에 의하면 이것을 설교해야 했을 것이다." 이미 서신의 서두가 이 의미에서 말하고 있다: "사람들에 의한 것도 아니요, 어떤 사람을 통해서 된 것도 아니요, 예수 그리스도와 그를 죽은 자들 가운데서 살린 신 아버지에 의해 사도된 바울…"(갈1, 1 ; 비교. 1, 11-12). 사실 적대자들을 꼼짝 못하게 하기 위해 바울은 예루살렘 사도 회의에 관한 보도를 첨가했다: "원사도들 자신까지도 당시 나에게 이방인을 위한 내 복음의 자유를 확인해 주었다"(갈 2, 1-9). 그러므로 이 모든 사실이 말해 주는 것은 적대자들이 바울을 비난할 때, 그가 예루살렘 사람들에게 예속되어 있다고 생각했던 것이 아니라 바울이 바로 그들에 의해 절대적인 것으로 천명된 전통과 구원 소식 사이의 연관성에 도전하고 그것을 때려 부수었다는 것이다.

사도가 이것을 주장하고 그 자신의 행동으로 밝힐 수 있었던 힘은 물론 처음에는 여전히 기이하고 생소한 것으로 보인다. 이 힘은 다음과 같은 인상을 불러일으키고, 실제로 널리 알려진 다음 가설을 확인해 주는 것같이 보이기 때문이다. 즉 사도는 첫 제자들에 의해 보존된 그리스도 전승을 무시하고 오직 개인적으로 그에게 일어난 부활하고 높여진 주의 현현만을 그의 소명과 선포의 근원 및 적법성으로 선언한다는 것이다. 다른 말로 하면 원교회 예수 전승을 그의 그리스도 현시로 대치했다는 것이다. 이런 이해가 옳다면, 이 단락에서 드러나는 것은 바울의 자기 변호, 아니 그의 소식과 신학 전체가 기이하게도 광신적인 성격을 지니고 있다는 것이다. 여기서 생각해야 할 것은 지금까지 바리새인이었고 그리스도인을 박해했던 그가, 지상의 예수를 알지조차 못했던(고후 5, 16) 그가, 예수의 처음 제자들과의 어떤 관계도 단호하게 거부하고, 이것을 그의 회심 직후에만 거부한 것이 아니라 의도적으로 예루살렘 교회 및 그 지도자들과 거리를 두면서 여러 해 동안 독단적으로 이방 지역에서 선교를 수행해 냈다는 사실이다. 통례적인 해석에 의하면, 갈라디아서 1장 15-16절에서 곧 추측할 수 있는 것은 그가 다메섹 도상에서 겪은 저 단 한번의 체험에 의해 그의 선포의 내용을 주장하고 그의 사명을 합리화시키려고 했다는 것이다. 이렇게 본다면 그는—그의 시대에도 거듭 비난을 받았던 것인데—자신의 체험을 절대화하기 위해 교회의 통일성을 위태롭게 한, 고집이 세고 광신적인 심술쟁이일 것이다.

그러나 쉽게 떠오르는, 물론 그 결론들이 좀처럼 명백하게 밝혀지지는 않는 이 추측들로 인해 우리는 갈라디아서 1장과 2장에 나타난 바울의 진술들의 의미를 오해했고 왜곡시켜 왔다. 갈라디아서 1장을 왜곡하고 그릇 이해하게 된 것은 이미 다음과 같은 일반적이고 원칙적인 양자택일의 물음에서 기인한 것이다: 그의 사명과 소식의 토대를 전승으로 볼 것인가 아니면 이른바 아주 비밀스럽게 사도에게 주어진 특별한 계시로 볼 것인가 하는 것이다. 원사도들의 어떤 전승들보다도 이 사도에게 더 중요하고 표준적이었다는 신비롭고 황홀한 '속삭임'에 관해 여기서는 한 마디의 언급도 없고, 오직 이방인들에게 개방된 그의 복음의 권리와 자유에 관한 것뿐이다. 그 복음의 내용—빌립보서나 로마서에서와 다를 바 없다—은 하나님이 그리스도를 보냄으로써 율법의 의라는 유대교적인 구원의 길에 종지부를 찍고, 오직 신앙에 의한 의에서 모든 사람에게 구원을 개방했다는 것이다. 그가 이방인을 위한 사도로 부름을 받을 때 이 인식이 그의 실존 전체를 바꾸어 놓으면서, 아주 개인적으로 그의 염두에 떠올랐다는 사실에는 이론의 여지가 없으며 말할 수 없이 중요한 것이다. 그러나 그가 자기 자신에 관해 말하는 것은 모두 전체 세계와 관계를 맺고 변화시키는 그리스도 안에서의 신의 행위—구원의 소식은 이 행위를 전한다—를 설명하고 반성하는 것뿐이다.

전체 바울상(像)에 대한 특징적이고 지대한 영향을 미친 주관주의적인 오해를 촉진시킨 것은 무엇보다도 바울이 갈라디아서 1장 15-16절에서 사용한 '나타내다'라는 말을, 일반적으로 다메섹 도상에서 실제로 바울에게 일어난 부활한 자의 현현에 관련시켜(고전 15, 8 : 9, 1), 현시와 체험이라는 의미로 해석한 것이다. 이 기회에 사도의 회심과 소명이 일어난 것은 의심할 수 없을 것이다. 그럼에도 불구하고 갈라디아서 1장에 나타난 자기 진술을 이해하는 데 중요한 것은 그가 이방인들을 위한 그의 특별한 사도직 위임을 이 사실 자체로, 즉 그가 부활 증인들에 속한다는 사실로 정당화시키지 않고 있다는 것이다. 그가 자기의 부활절 증인됨에 관해 언급할 때면 언제나 자기 자신을 모든 사도의 반열에 올려 놓고 그것으로 모든 사람에게 공통된 소식을 확인시킨다: "이제 나나 저들이나 우리는 이렇게 설교하고, 너희도 이렇게 믿게 되었도다"(고전 15, 11). 그러나 갈라디아서 1장과 2장에서 볼 때 그에게 문제된 것은 그가 원사도들에 대해 엄격하게 지킨 거리감과 그가 이방인들 가운데서 행한, 율법에 구애되지 않는 선포에 대한 변호이다. 그러므로 갈라디아서 1장 15-16절에서 말한 '계시'에는 다른 의미가 들어 있음에 틀림없다. 묵시 문학적인 언어에서 나온 이 말은 바울의 경우에 언제나 반복해서 여기서도 다른 곳에서와 마찬가지로, 말하자면 갈라디아서의 다른 구절에서도, 신의 절대적인 행동에 의해 새로운 세대를 초래했으며 복음에서 선포되는, 객관적이며 세계를 전환시키는 사건을 특징짓는 말이다. 사도의 다음 말은 이에 일치한다: "그러나 믿음이 오기 전에는 우리가 율법 아래 감시를 받으면서 믿음이 **계시될**(나타날) 때까지 다 함께 갇혀 있었다. 이리하여 율법은 우리가 믿음으로 의롭다 함을 얻게 하려고 우리의 몽학(蒙學) 선생이 되었다"(갈 3, 23-24). "때가 찼을 때, 신이 그의 아들을 보내서 여자에게서 낳게 하고 율법 아래 있게 한 것은 율법 아래 있는 자들을 속량하고 우리로 아들의 신분을 얻게 함이다"(갈 4, 4). 갈라디아서 1장 15절에서와 같이 여기서도 바울은 같은 그리스도론적 존칭인 '신의 아들'이라는 말을 사용하고 있다. 이 칭호는 바로 바울에게서 유대적 · 지역주의적 메시아 신앙의 모든 제한을 철폐하는 바 곧 본질적으로 모든 사람에게, 즉 유대인과 이방인에게 개방된 구원, 즉 바울적인 의인(義認) 소식의 사상 영역에 속한다(비교. 갈 3장과 4장 외에 롬 8, 2-4. 참조. 아래 S. 193 이하).

그러므로 갈라디아서 1장에 나타난 그의 소명에 관한 바울의 자기 증언은 빌립보서 3장에서나 다름없이 그의 생의 전환과 사명의 이해가 얼마나 철저하게 그의 선포 및 신학의 내용에 의해 규정되었으며, 이것이 '가장 특수한 계시(revelatio specialissima)'를 받았다는 고집스러운 주장에 의한 것이 아님을 보여 준다. 흔히 볼 수 있는 바와 같이 형식적인 양자택일의 물음, 즉 직접적인 영적 · 현시적 영감인가 아니면 전해 받은 전통을 정리해서 전수하는 것인가 하는 물음으로는 바로 그의 적대자들에게 적합하고 일반적인 원칙적 사고에 사도를 종속시키고, 바울 개인의 문제를 훨씬 넘어서 온 세계의 문제를 포괄하는, 율법과 복음의 본질적인 대립을 잘못 인식하게 한다.

이 단호하게 거부해야 할 오해가 오늘날까지 도처에서 바울상(像)을 일그러뜨리고 그를 모호하게도 광신자와 개인주의자로 낙인찍고 있는 이때, 이 사정을 명백하게 밝히는 것은 더욱 중요할 것이다. 바울이 예루살렘에 대해 철저하게 거리를 둠으로써 사실 이 냉대를 감수했을지라도, 역시 그의 행동에 대한 신학적인, 그리고 역사적인 근거들은 어느 정도 분명하다. 아직도 아주 강하게 유대교적인 사유의 전제들에 결부되어 있고, 올 메시아에 대한 묵시 문학적인 대망에서 살고 있는 원교회에서 그가 처음부터 자유롭고 모든 사람에게 열려 있는 은혜의 복음 및 율법의 마지막인 그리스도의 복음에 대한 충분한 이해를 기대할 수는 물론 없었을 것이다. 헬레니즘 영역에서 발단된 혁명적인 물음들과 인식들이 그들에게는 우선 생소하고 이해할 수 없는 것이었을 터이다. 물론 바울의 소명 후 처음 15년간에 예루살렘 원교회 측에서 헬레니즘 영역의 교회들에 대해 교회 일치를 거부하고 그들의 사절들을 이단자로 낙인찍는 경향이 있었다는 데 대한 징조는 전혀 없다. 반대로 우리가 볼 수 있는 것은 한때 그리스도인을 박해하던 자가 선교에 큰 성과를 거두었다는 소문이 팔레스틴 모국 교회들에게도 전해지자 그곳에서 기쁨과 칭송이 일어났다(갈 1, 23-24)는 것이다. 그러나 그리스도 소식의 의미에 관한 기본적인 물음들은 조만간에 반드시 밝혀질 것이었지만, 이 때는 아직 풀리지 않은 채 이불 속에서 졸고 있었다. 예루살렘 원교회도 이 문제들을 제기할 수밖에 없는 순간이 왔는데 그것은 예루살렘 교회가 세우지 않은 이방인계 그리스도 교회가 모든 교회를 거의 강압적으로 각성시켰을 때였다. 나중에 다시 검토하겠지만 이것은 사도 회의에서 일어났다(참조. 아래 S. 73 이하).

돌이켜보면, 바울에게 생의 전환을 준비해 준 것은 무엇이며, 직접 그런 생의 전환을 일으킨 것은 무엇인가 하는 물음이 절실하게 제기된다. 이 물음에는 긍정적으로 아주 단순하게 다음과 같이 대답할 수 있을 것이다. 그가 처음에 미워하고 박해한 헬레니즘 지역의—다메섹이든 혹은 다른 어떤 곳에서든—그리스도인들과 대결한 것을 감안할 때, 돌연 다음과 같은 생각이 그의 머리 속에 떠올랐을 것이다. 그가 전에 유대교적 신앙의 가장 신성한 토대를 파괴한 자로 간주했고 십자가에서 죽은 것이 마땅하다고 생각했던 그 예수는 사실 누구였으며, 그의 사명과 그의 죽음은 그와 세계를 위해 무슨 의미를 가지는가? 하는 것이다. 그의 제자들의 신앙과 증언에 의해 일깨워진 이 물음이 그에게서, 아니 그의 마음 속에서 작용했다는 것은 확실히 받아들일 수 있다. 물론 그 자신은 이에 대해 아무 말도 하지 않고, 그에게 전환을 초래한 것은 완만한 성숙 과정이 아니라 오직 신의 절대적이고 자유로운 행위라는 것을 분명히 확인하고 있다. 여하간 다음과 같이 환상적으로 생각해 낸 가정은 거부되어야 할 것이다. 오래 전부터 그에게는 내적 분열이 싹트고 있었다는 것이다. 왜냐하면 그는 이른바 이미 경건한 바리새인으로서 차츰 그의 경건의 토대가 썩어 있음을 깨닫게 되었고, 높은 이상들과 율법의 엄격한 요구들에 대해 점점 커지는 불만으로 괴로워하고 있었기 때문이라는 것이다(롬 7, 7-25는 이런 식으로 잘못 해석되었다. 참조. 아래 S. 182 이하). 바울 자신의 말은 이와 반대 방향을 지시하고 있다. 십자가에 달리고 부활한 그리스도와의 만남 및 신의 부름이, 양심의 가책에 쫓기는, 자기 자신에 대한 불만으로 일그러진 사람―우리가 루터(Martin Luther)에 관해 그렇게 알고 있듯이―에게가 아니라 선택된 민족의 일원임과 신의 율법, 그리고 그 자신의 의(義)를 무한한 자랑으로 알고 있는 오만한 바리새인에게 일어난 것이다. 그러므로 자신이 경험한 생의 전환에서 신에 이르는 길을 발견한 바울은 불신자가 아니라 그 누구보다도 신의 요구와 약속을 진지하게 받아들인, 신을 위해 열심을 가졌던 자였다. 신은 수치스럽게 십자가에서 죽은 그리스도에 의해 이 경건한 자의 길을 차단하고, 바울이 다른 곳에서 말하고 있는 빛을 그에게 비추었다: "빛이 어두움에서부터 비쳐 나오라! 고 말한 신이 그것을 우리 마음 속에서 빛나게 함으로써 그리스도의 얼굴에 나타난 신의 영광을 명백히 알게 했기 때문이다" (고후 4, 6).

우리가 바울의 회심과 소명을 서술할 때, 그 자신의 진술들에 의거하고 사도행전의 다메섹 사건에 관한 서술들을 보류한 것을 여기서 더 이상 변명할 필요는 없을 것이다. 저자는 세 번이나―한 번은 직접 화법으로(9, 1 이하), 두 번은 바울 자신의 말로 기록해 넣었는데(22, 3 이하; 26, 9 이하)―세부적으로는 차이점들이 없지 않지만, 분명히 구약성서적 · 유대적 신현현(神顯現) 묘사 형식들과 전설적으로 수식된 소명(召命) 사화들에 의존하면서 그 사건에 대한 장엄하고 극적인 보도를 제공하고 있다. 그는 이것으로 전통적인 바울상을 형성시키는 데 아주 강한, 그의 서신들의 증언들보다 훨씬 더 강한 영향을 끼쳤다. 여기에서 사도행전의 보도들을 자세히 검토할 필요는 없으나 바울 서신들의 진술과 비교하기 위해 적어도 몇몇 중요한 점은 지적되어야 할 것이다. 양자의 공통점은 유대교적인 신앙의 정열을 가지고 그리스도와 그의 교회를 열심히 박해하던 자가 굴복하게 된 것은, 신에 의한 것이지 어떤 참회하는 죄인의 회심에 의한 것이 아니라는 점이다. 여기서나 저기서나 중요하게 부각되어 있는 것은 높임을 받은 주가 그를 박해하던 자를 절대적인 능력을 가지고 그의 증인으로 만들었다는 것이다. 그럼에도 불구하고 사도행전과 바울 서신들 사이에는 현저한 차이가 있다. 누가의 보도들은 기이하게도 열두 사도와 동등한 권리가 인정되는 바울의 사도 소명에 관해 아무것도 말하지 않는다. 오히려 여기서 바울은 현현에 의해 시력을 잃고, 율법적으로 경건한 제자인 다메섹의 아나니아에 의해 이적적으로 고침을 받고 세례를 받는다(9, 18 ; 22, 12 이하). 그 후 예루살렘에 돌아가 그곳 성전에서 비로소 새로운 모습으로 그의 사명을 받는다: 그리스도는 이러한 그를 완고한 유대인들로부터 이방인들에게로 보낸다(22, 17-21). 다시 말해서, 이방 세계에서의 그의 선교 사업은 예루살렘에서 시작된다. 사도행전 9장 23절 이하에 따르면, 사울은—갈라디아서 1장에 모순되는데—그의 회심 후 곧 바나바에 의해 원교회와 12제자단에 인도되고, 그 때부터 사도로서는 아니지만 사도적인 교회의 승인을 받은 대표자로서 그의 위대한 사업을 수행한다. 누가가 이 모든 것을 단순히 상상해 낸 것은 아니고 그가 구전으로 받은 전승들—그 정확성은 세부적인 경우 바울 자신의 진술에서 볼 때, 의심스러울지라도—을 개작했음이 분명하다. 그 전체의 모습은 물론 누가적 역사 이해와 교회 이해의 전형적인 특징들을 보여 준다. 그러나 무엇보다도 누가는, 바울 자신의 진술에 의하면, 바울의 생의 전환에서 결정적이었던 것에 관해 아무것도 모르고 있다. 여기에 가장 심오한 신학적인 차이가 있다. 누가가 본 바울은 그의 마지막에 이르기까지 율법적으로 경건하고 신실한 바리새인이다; 그러나 실제의 바울은 그리스도를 위해 구원의 길로서의 율법을 포기했다.

그의 회심과 소명에 관한 바울의 자기 진술이 극히 적고 연결성이 없는 것을 이제는 이미 흠으로 볼 수는 없을 것이다. 사도가 깨닫고 위임받은 복음의 핵심이 가지고 있는 역사적인 강력한 주권은 바로 그가 그의 생의 전환에 관해 말하고 있는 것과 같은 양상으로도 나타난다. 이것은 또한, 그에게 중요했던 것이 오직 그가 받은 소식일 뿐, 그의 인간됨(Person)이 아니었음을 새롭게 확인해 준다.

제3장

첫 선교 활동

바울은 다메섹에서의 소명 이후 15년 이상을 예루살렘으로부터 멀리 떨어진 곳에서 선교자로 활동했다. 이 시기는 그가 사도 회의에 참석하러 올라가서 그와 원교회의 지도자들 사이의 중요한 문제들—이것들은 신생 그리스도인들을 위한 그 자신의 활동에 의해 발단된 것으로 볼 수 없는 것인데—을 해결하기 이전이다. 잠깐만이라도 이 기간—다메섹 사건 직후의 첫 시기—의 의미를 밝히고 지나가야 할 것이다. 그리고 이것은 바울 자신에 의해 정확히 표시된 중요한 기간이다: 그의 회심과 개인적으로 잠깐 게바(베드로)를 만나 첫 예루살렘 방문(갈 1, 18) 사이의 3년과 그 후 사도 회의(갈 2, 1)까지 재차 독자적으로 활동한 14년간. 물론 그때그때 시작 연도를 합산하는 고대의 시간 계산법을 고려에 넣으면, 이 기간은 다소 짧아진다. 그러나 17년간이 아니라 해도 15~16년간임에는 틀림없다. 이것은 그의 모든 서신이 기록되고 사도행전도 충분히 알려 주고 있는 그 이후의 햇수보다 거의 3배나 많은 수이다. 이것을 생각한다면 이 중요한 처음 시기에 대한 보도들이 지나치게 빈약하다는 것은 유감이 아닐 수 없다. 우리가 아는 것은 오직 갈라디아서 1장 16-24절의 너무도 간략한 진술에서 추측할 수 있는 것뿐이다. 사도행전은 여기에 언급된 바울의 선교 활동에 관해 완전히 침묵을 지키고 있으며, 사도 자신의 진술에 비추어 볼 때 역시 역사적인 것으로 입증될 수 없는 것을 약간 보도했을 뿐이다.

여하간 이 짧은, 그러나 시간과 장소의 보도에 이르기까지 정확한 진술들—사도는 이 진술들이 사실임을 맹세로써 보증한다(갈 1, 20)—은 이 기간에 얼마나 많은 일들이 일어났는가를 인식하게 한다. 이방인들을 위한 사도로 부름받은 자는 예루살렘의 원사도들과의 어떤 상의도 포기하고, 곧 아라비아, 즉 다메섹 남동쪽에 있는 요단 동쪽 지방인 지역으로 들어갔다(갈 1, 17). 사도가 2년 반 내지 3년간 이곳에 체류한 것을 고독한 수도 시대로 생각하고 그 동안 그는 명상하면서 다음 일을 위해 준비했다고 하는 것은 잘못된 생각이다. 고대 교회 은둔 생활의 모형에 비추어 교화적으로 그려진 환상적인 모습은 바울의 자기 진술에 의해 정당화되지 않고 그가 명백하게 강조해서 말하고 있는 그가 받은 선포의 사명과 모순된다. 세계의 종말과 그리스도의 재림이 곧 있으리라고 기대한 바울이 어떻게 그의 과업의 수행을 그렇게 오랫동안 미루어 둘 수 있었겠는가! 또한 아라비아는 한적한 사막 지대가 아니라 오늘날과 같이 그 때도 이주해 온 베두인족으로 가득 찬 지방이었고, 이 지방에는 바울 자신이 고린도후서 11장 32절에서 말한 나바테왕 아레다 4세(Nabatäerkönigs Aretas IV: 기원전 9년부터 기원후 40년까지)의 왕궁이 있는 페트라, 그 밖에 거라사와 필라델피아(오늘의 암만) 같은 유명한 헬레니즘적 도시들이 있었다. 그러므로 우리는, 설사 분명하게 표현되어 있지는 않다고 해도, 바울이 오늘날의 요르단이 있는 이 지역에서 이미 복음을 선포했다고 가정해야 한다. 물론 그가 이곳에서 괄목할 만한 성과를 올리지 못한 것은 분명하다. 그 자신도 교회 설립에 관해 보도할 수 없었다. 사도행전이 이 첫 선교 시대에 관해 이미 아무것도 모르고 있는 것은 확실히 우연이 아니다. 그의 노력이 수포로 돌아간 것, 그가 당한 박해들이 바울로 하여금 갑자기 그의 활동을 중단하고 다메섹으로 돌아오게 했다(갈 1, 17)는 것도 충분히 있을 수 있는 일이다. 아레다 왕의 명령을 받은 관리가 다메섹까지 그를 추격해 와서 바울은 허둥지둥 광주리를 타고 창문으로 성벽을 내려와 그의 손에서 벗어났을 정도였기 때문이다(고후 11, 32 ; 비교. 행 9, 23 이하). 그러므로 바울은 아라비아에서도 — 비록 그의 설교가 유대에 인접해 있는 팔레스틴 변방 민족에게 주로 적개심과 박해를 불러일으켰지만 — 주목을 끌었다.

그의 회심 후 2년에서 3년 사이에 비로소 바울은 처음으로 예루살렘에 와서 적어도 베드로와는, 아니 그 자신이 분명하게 강조하듯이 오직 베드로와만(갈 1, 18) 관계를 맺고 원교회나 처음 사도들 전체와는 아무런 관계도 맺지 않았다. 게바(베드로)와 '인사하는' 것이 이 2주간의 방문의 유일한 목적이었고, 그곳에서 주의 형제 야고보 외에는 사도들 중 다른 사람은 아무도 만난 일이 없었다.

바울과 처음으로 부름을 받은 예수의 제자인 베드로 사이의 중요한 첫 대면에 관해 확실하게 알 수 있는 것은 무엇인가? 암흑 속에 싸여 있는 이 사건을 밝히고, 다양한 색조를 지니고 또 불충분한 바울의 기록에서 어떤 분명한 것을 찾아내려는 연구에 온갖 노력을 아낌없이 기울이는 것도 이상할 것이 없다. 그러나 본문은 여전히 침묵을 지키고, 그럼에도 불구하고 어떤 추측들이 정당하고 어떤 추측들이 부당한 것인지를 정확히 검토할 것을 촉구한다. 확실하게 말할 수 있는 것은 바울이 당시 원교회의 지도자인 게바를 만나려는 것 자체가 그의 중요한 의도였다는 것이다. 그러나 원교회의 삶의 근거였고 바울이 이미 자기 나름으로 선포한 그리스도 소식의 이해에 대한 문제가 두 사람 사이의 화제로 등장했으리라는 것도 확실하다. 또한 여기서 가정할 수 있는 것은 두 사람 사이의 대화가 충돌을 해결할 수는 없었다는 것이다. 그 이유는 이런 일에 대해, 그것이 문제로 등장했을 때, 바울은 솔직하게 말했기 때문이라는 것이다(비교. 갈 2, 11 이하). 그러므로 베드로는 바울과 그의 소식을 방해할 수도 없었을 것이다. 그런 만큼 이 회견은 물론 완전한 합일에 도달할 수도 없었을 것이다. 만약 의견의 일치를 얻었다면 바울이 원사도들에 대해 그렇게 심한 거리를 유지했던 이유를 우리는 이해할 수 없을 것이다. 즉 베드로는 점차 중요한 문제로 대두되었을 또 다른 문제들을 예측하지 못한 채, 이 새로운 복음 전도사가 하는대로 내버려 두었음이 분명하다는 것이다. 그러나 이것은 이미 추측할 수 있는 것의 한계에 이르렀거나 아니면 이미 그 한계를 넘어선 것이다. 종종 있었던 일이지만, 바울 역시 3년이 지난 지금에 와서 설사 늦게 그 자신의 그리스도 선포가 불충분하다는 것을 간파하게 되었다고 할지라도 결국 지금까지 그에게 부족했던 정보들을 수집하고 그 자신의 사도직을 예루살렘 사람들의 우위권에 종속시키기나 한 것처럼 상상해 내는 것은 어떤 경우에도 거부되어야 한다. 이러한 생각들은 갈라디아서 1장과 2장의 모든 진술들이 – 그의 짧은 게바 방문에 대한 언급을 포함해서 – 다음 중심 사상에 예속되어 있음을 간과한 것이다: "나는 내 복음을 어떤 사람으로부터 받은 것이 아니고, 그것에 대해 배운 바도 없다"(갈 1, 12). 그러므로 늦게나마 베드로에게서 보충적으로 교리 교육을 받았다든가 선교자 교육을 위한 속성 과정을 마쳤다는 것은 어불성설이다.

사도의 예루살렘 방문 전 2년에서 3년까지의 기간에 대해 우리가 확인한 것은 그 후 계속되는 긴 세월에 대해서도 똑같이 해당된다. 이 기간에 그는 수리아와 그의 고향인 길리기아, 즉 다소 주변에서 역시 같은 복음을 선포했음이 확실하다. 이에 대한 기록도 오직 한 곳에만 있다(갈 1, 21 ; 비교. 그러나 행 9, 30도). 그러나 전후 문맥에서 엿볼 수 있는 것은 여기서의 활동은 성과를 거두고 처음으로 교회를 세우는 데까지 이르렀다는 것이다. 이를 확인해 주는 것은 지난 날 그리스도인을 박해하던 자의 활동에 관한 소식이 이제는 그 때까지 그를 개인적으로 모르고 있던 유대의 그리스도인들에게까지도 전해져서, 그들이 이 전향에 관해 하나님께 찬양을 돌렸다는 것이다(갈 1, 22-24 ; 비교. 행 15, 23. 36. 41 역시).

수리아와 길리기아에서의 바울의 활동이 얼마나 오래 계속되었는지는 알 수 없다. 사도행전과 서신들에서 거듭 언급되고 있는 바나바가 그를 다소로부터 안디옥으로 데려와서 동역자로 삼은 것만은 확실하다(행 11, 25 이하). 이로써 초대 그리스도교 역사에서 중요한 두 이름이 처음으로 드러났다. 오론테스 강변에 있는 안디옥은 수리아의 수도였고 인구는 당시 50만으로 로마제국에서 로마와 알렉산드리아 다음 가는 세 번째로 큰 도시였으며, 이미 초대 그리스도교에서 중요한 역할을 했다. 이곳 그리스도 교회의 발단은 전에 언급된, 예루살렘에서 추방당한 헬레니즘계 유대인 그리스도인들에게로 소급되는데, 이들의 그리스도 신앙은 유대교 율법에 대해 자유롭다는 점에서 팔레스틴의 원교회와 구별되었다. 사도행전 11장 19-26절에 보존되어 있는 의심할 수 없는 옛 전승이 이 중요한 사건을 확실하게 전하고 있다. 다시 말하면, 여기서 이미 그리스도교는 아주 초기부터—바울의 선포의 영향에서 비롯된 것이 아니라—유대교적 테두리를 뛰어넘어서 그리스인들에게 미치고 있었다. 주목해야 할 것은 여기서 처음으로 믿는 자들을 위한 새로운 이름, '그리스도인'(즉 그리스도의 사람들)이 나타났다는 것이다(11, 26). 이 명칭은 믿는 자들이 스스로 지었다고는 보기 어렵고, 그들 주변의 이방 세계로부터 그들에게 주어졌음이 분명한데, 이것은 유대인 및 이방인 외에 제3자를 표시하는 것이 되었다.

안디옥 교회의 설립자들 중에는 이미 말한 바나바도 포함될 수 있는데, 그는 구브로 출신으로 예루살렘에 토지를 소유하고 있던 헬레니즘계 유대인 그리스도인이고 오랫동안 바울과 함께, 그러나 그와 독립해서도 선교사로 활동했다. 그는 스데반의 제자들과 함께 예루살렘에서 도주해야 했던, 또 그렇게 해서 선교사가 된 사람이라고 볼 수 있을 것이다. 사도행전은 그에게 처음에는 다른 역할, 즉 예루살렘 원교회로부터 파송된 사절의 역할을 주고 있다. 이것이 안디옥에 새로 생긴 이방 그리스도 교회를 감독하고 인가하며, 이미 바울의 회심 직후에 그가 예루살렘 원교회와 원사도들과 연결되도록 중재하는(행 9, 27) 역할이다. 이것이 갈라디아서 1장과는 일치될 수 없는 전형적인 누가의 작품이라는 것은 다시 말할 필요도 없다. 갈라디아서 — 사도행전조차도 — 에 의하면, 바나바가 바울 사도의 동료 선교사로서, 안디옥에서 파견된 그의 동료 사절로서 예루살렘 사도 회의에서 원사도들과 협상하는 역할도 누가의 이 구조에 반대된다.

그러나 율법에서 자유로운 그리스도 소식을 전하는 사도를 안디옥에 데려온 공로는 바나바에게 돌려야 할 것이다(행 11, 26). 이것은 아마 후기 교회사에서 스위스인 파렐(Guillaume Farel)이 저 위대한 종교개혁자 칼뱅(Jean Calvin)을 설득시켜 자신의 고향인 제네바로 오게 했던 순간과 비교될 수 있을 사건이었다. 바울의 등장이 안디옥 교회에 준 의미는 아마 짐작할 수 있을 것이다. 그러나 그 반대면도 생각해야 할 것이다 : 지금까지 교회에 발붙일 토대 없이 제멋대로 선교하던 바울이 이제 처음으로 교회를 배경으로 얻었다는 것이다. 이 교회는 바울에 의해 선포된 복음을 고백하는 교회였다. 한정된 시간이기는 하지만 여하간 일정한 기간 동안 안디옥은 그 후의 바울 선교의 근거지가 되었다.

예루살렘 사도 회의

그리스도의 교회는 분열되어 있었는가? 헬레니즘계 교회들의 성립과 바울의 활동은 그리스도 교회의 통일성이 이미 처음 10년 사이에 얼마나 심한 위협을 받고 있었는가를 보여 주었다. 돌이켜보면, 아직 유대교의 한계들을 실제로 벗어나지 못했고, 헬라주의자들의 박해에도 거의 영향을 받지 않았으며, 이제까지 세계 종말과 하늘로부터 오는 인자(人子)에 대한 묵시 문학적 대망에 생존 근거를 둔 원교회가 이 새로운 생동적인 교회들에 대해 어떤 관계를 가졌었는가? 그러나 헬라주의자들도 마찬가지로 예루살렘의 유대인계 그리스도 교도들의 눈에는 반드시 이단자나 위험한 열광주의자들같이 보이지 않았을까? 이편에서든지 저편에서든지 교회 공동체의 분열보다 더 가까운 것이 무엇이었을까?

위협당하고 있는 교회의 통일성이 놀랍게도 깨지지 않고 서로를 포기하지도 않았다는 것을 예루살렘 사도 회의(약 주후 48년)가 증명한다. 이 회의는 원교회의 역사에서 일어난 가장 중요한 사건이라고 일컬어질 수 있다. 바울 자신(갈 2, 1-10)도 사도행전(15장)에서처럼 이에 관해 자세히 보도하고 있고, 상이한 방법이기는 하지만 이 둘은 그 중요함을 인식하게 한다: 바울의 보도에서는 그가 서신에서 할애한 많은 지면을 통해, 또 사도의 표현에서 내심으로 감지할 수 있으며, 누가의 보도에서는 그의 능숙한 작문에 의해, 그리고 사도행전 전체에서 차지하는 그것의 위치에 의해 인식된다. 그런데 누가의 이 보도는 사도행전 전체의 중심에서 주도적이고, 적절히 말하자면 이른바 분수령을 이루고 있다. 이 회의 이전에는 모든 것이 예루살렘 교회와 그의 지도적 인물들, 특히 베드로를 중심으로 행해지고 있으며, 그 이후에 그들은 시야에서 사라지고 바울의 활동사가 본래의 주제로 등장하는데, 사도 회의는 바로 이 전후 사이의 분수령이다.

그러나 사도행전의 보도는 고유한 사료적 가치를 지니고 있지 않다. 이 회의의 동기 — 이것은 갈라디아서가 확인해 준다 — 에 관한, 가볍게 볼 수 없는 기록들 중의 몇을 제외하고는 모두 내용상 누가의 작가적 소산으로 증명된다. 저작된 시기는 옛 싸움들이 이미 오래 전에 해결된 시기이며, 이 시기에는 근본적으로는 침해될 수 없는 원교회의 통일성을 보여 주던 시기이다. 이 때에는 밖으로부터 사소한 교란 행위들만 있던 시대였다. 예루살렘으로부터 지휘를 받는 통일적인 막강한 전체 교회를 과시하기 위해 이 회합을 묘사하려는 의도를 사도행전 저자는 물론 포기하지 않고 있고, 교회와 교회사에 대한 그의 후기의 이상적 설계에 상응시켜 그의 보도를 작성했다.

물론 확실하고 정확한 보고를 바울의 보도에서도 무조건 기대할 수는 없다. 사도는 5년 이상 지난 후에 갈라디아서의 특수한 투쟁 상황에서 이 회의의 과정들을 설명하고 있다. 그러므로 그의 보도는 철두철미 그의 유대주의적인 적들을 방어하는 변호적이고 공격적인 기본 사상들을 보여 준다. 기본 요소가 확실히 바로 보도되고, 서술된 개체적인 것들이 신앙에 이바지하는 것은 사실일지라도 이 보도는 후세의 이유 때문에 축소된 것이며, 이 밖에도 바울에 의해 항상 현실화된 것이다. 보도되고 있는 과거의 진술들이 교회 안에서 갈라디아인들과 교란자들에게 관계되는 현재적인 진술들과 반복적으로 서로 교체되는 것도 우연이 아니다; 옛 전선과 지금의 전선이 서로 엉켜 있다. 그럼에도 불구하고 우리가 갈라디아서 2장에서 이 회의에 관한 신빙성 있는 보도를, 아니 역사적으로 이용할 수 있는 유일한 사료를 우리 앞에 가지고 있다는 것은 의심할 수 없을 것이다.

사도 회의의 개최 동기는 바울이 제공한 서술을 통해 인식해 내고 사도행전에 의해 확인될 것이다. 엄격히 관례를 준수한다는 유대인계 그리스도인은 예루살렘으로부터 안디옥 교회에 침투해서 이방인계 그리스도인들에게 할례받을 것을 요구했다. 이에 관해 논란이 야기되었다. 그리고 이 문제를 밝히기 위해 바울과 바나바를 예루살렘 원사도들에게 파견하기로 결정한다. 이미 이 결정과 특히 그곳에서의 협상 과정이 그 교란자들을 원사도들과 예루살렘 교회의 공적인 파견자들로—설사 그들 자신은 그런 자로서 사칭하며 등장했을지라도—생각될 수 없음을 시사한다. 바울은 그들을 확실히 그런 자들로 특정지었을 것이다. 말하자면 그가 그 후의 게바와의 분쟁에 관해 설명할 때 드러내 놓고 말한 바와 같이(갈 2, 12) 단지 '야고보의 사람들'이라고만 부르고 그들을 '가만히 들어온 거짓 형제들'로 부르지 않기 때문이다(갈 2, 4). 그 때에는 바울과 바나바를 파견한 동기도 이 교란이 직접 원교회의 고위층에 의해 안디옥에서 발생되었다고 하는 전제하에, 오직 원사도들 측의 신빙성 없는 추측에 항의하기 위한 것뿐이었을 수도 있을 것이다. 그러나 이에 대해 사료는 아무것도 말하지 않는다. 특별히 이해할 수 없는 것은 바울에 의해 원교회의 '기둥들'로 표시된 자들, 즉 야고보와 게바, 요한이 이방인들 중에서 율법과 무관하게 그가 선포하는 것을 회의 과정에서 승인했다는 것이다. 그들이 직전에 공적인 임무로 저 유대인계 그리스도인들을 안디옥에 파견함으로써 회의에 참여하지 못하게 했다는 것은 절대로 불가능하다. 그렇다면 적어도 바울의 보도—누가의 보도가 아니라면—는 성공적인 예루살렘 사람들의 변절에 관해 언급했을 것이다. 안디옥의 교란자들은 그러므로 단지 예루살렘 출신인 극단적으로 율법을 요구하는 유대인계 그리스도인일 수 있을 뿐이고 그들은 그간에 강력해진 이방인계 그리스도교에 특별히 적극적으로 반대하는 경향을 가지고 있었을 수 있다. 갈라디아서 2장의 보도는 이들이 등장하는 의도를 명백히 표현하고 있다: 그들은 교회에 침투해 "우리가 그리스도 예수 안에서 누리는 자유를 엿보고 우리를 노예로 만들려는 것이다"(갈 2, 4); 그러므로 이 의미에서 그들은 후기에 생긴 갈라디아의 유대교주의자들에 동조하는 자들이다. 당시 안디옥에서 활동한 교란자들에 대해 이렇게 말하고 있다: 그들은 자신들이 탐색한 것에 근거해 이방인계 그리스도인들을 율법적으로 아직 엄격히 결부되어 있는 원교회에 굴복시키거나 아니면 교회의 연합을 깨뜨리려 하는 자들이다. 이것은 바울에게는 '복음의 진리'와 신앙의 '자유'를 위태롭게 하는 것이었다(갈 2, 5).

이것으로써 구약성서적이고 유대교적인 할례의 요구는 신앙 고백의 결정적 문제로서 중심점을 차지하게 되었다. 이 문제는 아마 이미 수년 전부터 유대인계와 이방인계 그리스도인들 사이에 암암리에 곪아 있었고 단지 폭발이나 노출만 되지 않았던 터였을 것이다. 이 회의에서 지금 그것이 가장 주요한 협상 안건으로 되었고, 바울은 스스로 — 다분히 선동적이지만 — 할례받지 않은 그리스인, 즉 후에 동역자가 된 디도로 하여금 예루살렘에 수행하게 함으로써 그 요구를 처음부터 거절했다. 그에게 할례를 주자는 무리한 요구는 이 회의에서도 곧 강하게 최후 통첩적인 긴박한 의미에서든지, 타협적인 의미에서든지 바울에게 부딪혀 왔다. 그러나 바울은 이 요구에 결코 양보하지 않았다(갈 2, 5).

왜 이러한 원시적인 구약성서의 의전적인 규정에 관해 원교회에서 그렇게 심한 분쟁이 야기될 수 있었는가 하는 것은 오늘 우리에게는 거의 이해되지 않을 것이다. 이미 사도 시대 이후 세대에 와서 이것은 어떠한 역할도 하지 못했다. 사도행전도 한두 융통성 없는 바리새인에 의해 제기된, 오직 회의를 유발시킨 원인으로서만 아직 할례를 지적하고 있을 뿐이다. 협상 자체에서도 이 문제는 전혀 언급되지 않는다. 디도에 관해서도 마찬가지로 사도행전 보도는 이 이상 더 말이 없다. 사람들은 물을 것이다. 즉 그런데 어떻게, 이 무의미하고 원시적인 의례의 준수 혹은 폐기가, 자유주의적인 헬레니즘 디아스포라 유대교에서조차 고수하지 않았는데, 그리스도 교회의 영역에서 복음과 신앙을 위한 싸움으로 번질 수 있었을까? 이 물음에 대한 대답은 단지 이렇다: 엄격한 유대인계 그리스도교에서 할례는 아주 옛날 신으로부터 아브라함의 후손을 위해 그에게 주어진 양보할 수 없는 언약의 표지였고 유대교인들에게 그들이 참 신의 백성에 속해 있음을 보장해 주는 것이었다. 이것은 선택받았다는 날인(랍비 아키바)으로 간주되었고, 그리고 신적인 성결법(聖潔法) 및 주변 이방인 세계로부터 분리하라는 요구에 대해 승인하고 순종하는 것이었다. 아직 엄격하게 율법에 붙잡혀 있던 원교회에서 할례의 요구는 동시에 구원사의 육체적 연속성 이상의 것을 다룬 것이 되었고, 그로써 그 요구는 그들 자신에게 약속된 그들의 메시아 왕을 버린 유대인들과 달리 그리스도 교회가 참된 이스라엘이라는 원교회 자신의 요구의 합법성에 관한 문제였다.

종교사와 교회사에서 옛 의전들과 상징적 표상들에 대해 중대한 근본적인 의의 및 효용폭의 문제들이 자주 실제적으로 제기되었었다. 후세대들은 그것들의 의미를 거의 이해하지 못했다. 초기 교회 시대와 그의 선교 시대에는 할례의 문제에서 유대교 및 그리스도교에서 똑같이 중요한, 신앙의 역사성 문제가 농축되었다. 역사를 지탱하는 요소는 이 둘의 본질에 속한다. 그러므로 그들은 임의로 선택하고 바꿀 수 있는 종교 단체가 아니었다. 물론 헬레니즘과 근동 주변 영역에서는 안전을 얻기 위해 많은 종교에 동시에 참여할 수 있을 정도로 임의의 선택과 교체가 예사로 행해졌었다.

그러므로 출교(出教) 및 전교(轉教)에 대한 현대적 표상은 근본적으로 유대교와 그리스도교의 관계에 적용될 수 없다. '종교의 창시자'라는 범주가 예수에게 적용될 수 없는 것과 같다. 파스칼(Blaise Pascal)의 유명한 말을 빌리면, 여기에서 다음 인식이 드러난다: 그리스도교의 신앙의 신도 '아브라함과 이삭, 야곱의 신'이지만 '철학자들의 신'은 아니다. 이를 통해 우리는 역사적으로 이미 과거가 된 사도 회의의 저 쟁점과 함께 신의 백성과 그의 역사의 통일성이, 그리고 구원의 문제 자체가 위태롭게 되어 있었다는 사실을 이해할 것이다. 이러한 관점에서 볼 때 바울의 적들을 단순히 완고한 의전주의자로서도, 바울을 중요치 않은 일들에 타협을 모르는 완고한 풋내기로도 볼 수 없을 것이다. 그는 그의 적들과 같이 같은 문제들을 제기할 수밖에 없었다. 그러나 그는 근본적으로 다른 대답을 그들에게 제시했다.

예루살렘 회의의 진행과 성과에 관해 더 말하기 전에 우리는 먼저 회합의 성격과 그 상대자들의 역할에 대한 문제를 제기해야 할 것이다. 이 문제는 곧 드러나겠지만 중요한 문제들, 즉 옛 교회의 교회법적인 구조와 사도직, 전통과 교권—이것들은 그 이래 교회와 그의 자기 이해에 관한 결정적인 문제들로 계속 남아 있는 것인데—의 문제들에 관여한다. 갈라디아서는 이 논쟁적인 문제들에 대해 잘 대답할 것이다. 물론 이 대답이 이 점에서도 누가의 서술과 현저히 다르다는 것 역시 분명해질 것이다. 우리는 의도적으로 우선 '**사도 집회**(Apostelkonvent)'라고 부르고 '사도 회의(Apostelkonzil)'라는 전통적인 표현을 피한다. 왜냐하면 후자는 회의의 소집과 집행, 그의 결정 사항의 선포에 관한 한 본의 아니게 훨씬 후기의 잘못된 교회법적 · 교권적인 상념들을 개입시키기 때문이다.

사도행전의 보도 역시 최근의 연구에서도 여전히 널리 알려져 있는 이러한 이해에 어느 정도까지 도움을 준다. 왜냐하면 사도행전에서는 사실 예루살렘 원사도들과 장로들이 오직 사도행전에서만 언급된 안디옥과 수리아, 길리기아의 교회들에 보내는 '사도 훈령(Aposteldekret)' 끝부분에 그들의 이름이 수록된 바와 같이(행 15, 22 이하) 대표적인 권위자이며 대언자(代言者)인데 반해, 바울과 바나바는 자신들의 발언들로 개입하지 않고 단순히 이방인들 중에서 일어난 신의 이적들을 보고하는 자들로서만 역할을 하기 때문이다. 이 때에 그들의 보고는, 누가의 역사상(歷史像)을 위해 아주 특정적인 것인데, 이방 선교의 결정적 첫걸음이 그들에 의하지 않고 오로지 예루살렘 원사도인 베드로에 의해 내딛어졌음을 확인한다. 신의 뜻을 따라 이미 오래 전에 그리고 처음으로 그의 입을 통해 복음이 이방인들에게 선포되었다고 베드로는 선행하는 그의 연설에서 분명히 말하며(행 15, 7-8), 이로써 미리 포괄적이며 계획적으로 묘사된 이방인 백부장 고넬료의 이적적 회심을 회상케 했다(행 10, 1-11, 18). 끝으로 바나바와 바울은 다른 사도들의 위임을 받아 의결된 '훈령(Dekret)'을 이방인계 그리스도 교회에 전해야 하는 다른 사자들과 함께 도매금으로 지명되고 사도로서 지명되지 않는다.

여기에서도 곧 예루살렘 원교회와 그 사도들의 지도적 지위가 안디옥 교회를 희생시킴으로써 얼마나 높여졌는가를 볼 수 있다. 그러나 이것은 절대로 갈라디아서 2장의 신빙성 있는 보도와 일치시킬 수 없다. 물론 사도행전도 그 집회를 위한 자극이 안디옥에서 시작되었다는 것과 바울 및 바나바가 가령 흔히 주장하는 바와 같이 이른바 교회의 직권으로 그들의 상사인 원사도들의 법정에 '소환'되지는 않았다(슈타우퍼의 주장과는 반대로)는 사실에 대해 의심하지 않는다.

갈라디아서에서 이미 그런 것을 전혀 찾아낼 수 없다. "그러나 나는 계시를 근거로 (예루살렘으로) 올라갔다"(갈 2, 2)라는 바울의 보도는 서두 표현에서도, 마치 신의 계시에 의해 그가(약 17년의 선교 활동 후인) 지금 돌연, 늦게 받은 자신의 사도직에 비해 일찍 부름을 받은 원사도들의 더 높은 권위를 생각하고, 따라서 그에게는 지금 자기 자신과 그의 복음을 예루살렘 교회 지도자들의 유일한 표준적인 결정권에 — 그들이 자신의 사도직을 거부할 때에도 이에 굴복할 결심을 함께 가지고 — 예속시킬 준비가 되었다는 동기를 결코 찾을 수 없다. 다른 모든 것은 고사할지라도 이 경우에는 갈라디아서 1장과 2장을 관통하는 문맥이 잊혀지고 있다. 이 문맥은 우리가 본 바와 같이 갈라디아서 1장 12절의 의미에서 다음 것을 결정적으로 말한다: 17년간을 엄격히 일관시켜 온 예루살렘으로부터의 바울의 독립성과 이방인들을 위한 그의 자유로운 복음은 원사도들에 의해 그 '집회'에서 승인되었다는 것이다. 어쨌든 그는 이렇게 보도한다: "내가 이방인 가운데서 전파하는 복음을 그들에게 제시하되 특별히 (특별 회합에서?) 유명한 자들에게 한 것은 내가 헛되이 달음질치거나 달음질쳤을까 염려함에서였다"(갈 2, 2). 그러나 이 구절에, 가령 경우에 따라서는 저 권위자들의 권고로 사람이 아니라 신으로부터 받은 그의 소식을 완전히 포기하거나 단지 변경이라도 하겠다는 고백적인 각오가 포함되어 있지 않음은 확실하다. 오히려 그의 염려는 얼마나 그가 유대교인과 이방인으로 된 교회의 통일성에 마음을 쏟고 있었는가, 그러므로 그는 이방인계 그리스도인들과의 그들의 절교를 얼마나 무서워했는가를 확실히 말해 준다. 그럼에도 불구하고 교회의 통일을 위한 대가로 복음의 진리를 희생할 각오는 그에게 되어 있지 않았다(갈 2, 5).

최근에도 옹호된 슈타우퍼(E. Stauffer)의 다음과 같은 주장은 전적으로 빗나간 것이다. 즉 그 '회의(Konzil)'에 출두하는 바울의 여행은, 결국 그가 이미 전에 14일간의 게바 방문과 함께 그의 옛 원리들에 얼마나 불성실했는가를 '참회하는 길(Canossagang)'이었는데, 후에 그는 이 사실을 물론 마지못해 임기응변적인 표현으로, 그리고 '계시'를 빙자해서 은폐하고 있다는 것이다. 그리고 무엇보다도 그 자신이 언급한 예루살렘을 위한 이방인계 그리스도인들의 정규적인 '후원금'도 그의 굴복을 폭로하는 바 '모금(Kollekte)'(갈 2, 10)으로 이 후원의 실제적인 법적 성격을 은폐하려고 했다는 것이다(비교. 아래 S. 84 이하).

이로써 바울의 보도 전체의 서신의 경향은 크게 왜곡되고 바울 자신은 다소나마 거짓말쟁이로 낙인이 찍혔다. 이것은 더욱이 참 사실에 대한 그의 왜곡을 쉽게 책할 수 있었을 갈라디아의 그의 적들 역시 그렇게 보지는 못한 견해이다. 이미 그의 보도의 서두 표현이 이와 같은 해석에서 오해받고 있음이 확실하다. 갈라디아서 2장 2절의 '계시'는 일반적인 언어 용법에 따라 어떤 신적인 '지시'를 의미한다. 그것은 그리스도 교회의 집회에서 예언자의 입을 통해 일어난 것 같은 것이다(비교. 행 13, 2). 이 지시에 따라 그는 결코 쉽지 않았을 예루살렘 길에 자신이 부름을 받았다고 생각한 것이다. 그는 여기서 그 지시를 분명히 자신에게만 관련시키고 바나바에게는 관련시키지 않았다. 그러나 그것이 그가 독보자로서 오직 그 자신의 신학적 구상들을 위해 몇몇 동조자들을 동반하고 예루살렘에 나타났다는 것을 의미하지는 않는다. 그의 표현에서 아주 간결하게 설명되는 것은, 그가 분명히 그 집회에서 대변자였고 본래의 문제의 인물이었으며, 그리고 그가 이외에 그 후의 갈라디아서의 상황에서 자기 자신을 변호하고 그의 동반자들을 변호할 필요는 없었다는 것이다. 그런데도 그는 동시에 자기 자신의 일과 함께 헬레니즘계 교회의 파견자로서 그 교회의 안건도 변호해야 했으며(비교. 행 15, 2-3), 갈라디아서 2장 9절에서 협약 때의 한 상대역으로 지칭한 바나바도 똑같은 처지에 있었다. 그러므로 상위에 속하고 오직 홀로 결정권을 가진, 사도직을 맡은 자들 앞에서 이 두 사람이 단순히 보고만을 했다는 것은 엿볼 수 없다. 오히려 이 집회에서는 유대인계 및 이방인계 그리스도인 교회가 동등한 위치에서 서로 대립되어 있었다. 설사 안디옥 사람들과 바울 자신이 전체 교회에서 차지하는 예루살렘과 원사도들의 특별한 위치를 무시하지는 않았지만 역시 그러했다. 그러나 역사적으로 근거 있는, 그들에게 이의를 말할 수 없는 그들의 의미와, 바울이 그들에게 결코 양보할 수 없는 무제한한 권위 사이의 한계는 여기서 아주 정확하게 지켜져야 할 것이다. 그러므로 그는 비꼬지 않고 '권위 있는 자들', "'기둥'으로서 유명한 자들"이라는 말을 반복해서 말하나(갈 2, 2.6. 9), 동시에 가령 그들이 지상의 예수를 따라다니던 제자라는 이유에서 형식적으로 세워진 권위를 명백히 거부하고 있다("그들이 누구였든 나에게 무관했다." 갈 2, 6).

이 회합의 협상 과정에 관해 우리가 바울에게서 듣는 것은 극히 적다. 어쨌든 그의 보도는 협상이 첫 논쟁에서 곧 이루어지지는 않았으나 그가 율법의 한계와 유대인 및 이방인 사이에 굳게 서 있는 장벽을 철폐하고 모든 사람을 포괄하는 신의 은혜에 관한 그의 복음을 제시함으로써 원사도들을 설득했다는 사실을 보여 준다. 그들은 결국 이방인들을 위한 그의 복음에 자유를 인정했다(갈 2, 6). 그들의 동의가 단지 부득이한 용인이고 교회정치적인 양보에 불과하다는 가정에도 이유는 없다. 이 양보는 바울이 분명히 덧붙여 말하고 있는 것처럼 신의 은혜가 베드로를 유대인들의 사도가 되게 한 것과 같이 이방인들 중에서 소식을 전하도록 바울을 임명했다고 인식함으로써 일어났다(갈 2, 7). 이 의미에서 교회의 통일성은 양측의 박수로 확정되었던 것이다(갈 2, 9).

예루살렘 사람들이 바울의 복음을 온전히 그리고 그것의 모든 결론들을 그대로 받아들이지 않은 것은 확실하다. 그것은 마치 신에 의한 기적적인 작용으로 통합이 이루어졌다는 직접적인 통찰이 순수한 신학적인 논증들보다 더 강하게 관여한 것같이 보인다. 그러므로 그가 회심하고 소명을 받은 이래 바울에게 거의 의심 없었던, 그리고 후에 그의 서신들에서 전개된 신의 새 창조로서의 교회에 대한 인식들, 즉 교회에서는 이미 유대인도 없고 모두 그리스도 아래에서 하나(갈 3, 28)라는 인식들이 무조건 예루살렘 사람들에게 전제된 것으로 볼 수는 없다. 유대인계 그리스도 교회와 유대교인들에 대한 설교에서는 오히려 지금까지의 것이 그대로 계속 타당하고 안디옥 사람들은 그들대로 이 이상 더 강요받는 것을 원치 않았으며 그렇게 할 사람도 없었음이 분명하다. 그러나 그들이 실제로는 복음을 유대교적인 제한으로부터 벗겨내기 위해 싸웠는데 우선은 그들 자신의 선교 영역을 위해 그러나 어떤 의미에서는 유대인계 그리스도교의 일터 — 여기서 어떤 다른 구원의 길도 용납하지 않는 율법과 구원사, 신의 백성에 대한 이해가 무너지고 있었다—를 위해서도 싸웠다.

"우리는 이방인들에게로, 그들은 유대인들에게로"라는 간략한 말(갈 2, 9)은 분명하게 이루어진 합의에 밀접하게 연결시켜서 표현된 것임이 확실하다. 그 의미는 그대로는 명백하지 않다. 이것은 선교 영역들의 지리적인 구획을 말하는 것인가? 그렇게 보기는 어렵다. 그렇게 본다면 예루살렘 사람들은 그들 자신의 활동을 예루살렘과 유대에 한정시키고 광범한 유대인들의 거류지(Diaspora)와 함께 다른 세계는 모두 이방인계 그리스도교 선교에 맡겨야 했을 것이기 때문이다. 그 때에는 베드로도 협정된 경계선을 결코 넘어설 수 없었을 것이며 로마에도 이를 수 없었을 것이다. 그러나 이 표현에 대한 순수한 민족학적 이해도 역시 실행 가능한 것이 못된다. 마치 바울과 그 동료들은 그 후 이방인들의 세계에서만 설교할 수 있고, 유대인들을 위해서는 예루살렘 계열에 속하며 달리 성격지어진 선교가 미리 정해진 것같이 볼 수는 없을 것이다. 이러한 해결의 기술적인 불가능성은 고사하고 그 때 바울은 계속 그의 후기 선교 여행 중 디아스포라 회당에서 자주 행한 그의 설교로 이 협약을 크게 위반했을 것이다. 이 표현이 이렇게 강압적으로 해석되어서는 안 된다. 오히려 이 표현은 두 파의 선교 설교의 내용적인 특수성에 관련시키는 것이 가장 좋을 것이다. 이 경우에 무엇보다도 그것이 뜻하는 것은, 이방인계 그리스도교 선교가 방해받지 않고 그의 길을 가되 양편 다 다른 쪽의 선교 영역에서 겨루거나 경쟁하는 일을 포기한다는 것이었을 터이다.

이 합의는 여전히 중요한 문제들을 남겨 놓고 있었다. 그것은 그 회합 얼마 후에 안디옥에서 바울과 베드로 사이에 일어난 분쟁에서 보는 바와 같은 문제이다(비교. S. 91 이하). 이 문제들은 혼합 교회에서 유대인계 그리스도인이나 이방인계 그리스도인들 사이에서 일어나는 교류에, 특히 공동 식사에 관련되어 있다. 그런데 이것은 그들의 예배 생활까지 깊이 관계되는 문제였다. 이방인들과의 공동 식사는, 의전적인 규율들 즉 유대인계 그리스도인들도 여전히 책임져야 한다고 생각했던 이 규율들에 따라 유대교인들에게 엄하게 금지되어 있었다. 이 문제는 저 회합의 협상 의제에 아직 포함되어 있지 않았었다. 그럼에도 불구하고 이루어진 합의는 모든 차이점들에도 불구하고 교회사적으로 앞을 향한 아주 의미심장한 발걸음이었다. 이 합의는 특별히 예루살렘 원사도들에게 영예로운 과감한 결정이었다. 우선 필요한 것을 생각했기 때문에 불가피하게 잠정적이었으며 제한된 결정으로서 바로 그 합의는 순수한 교회적인 결단으로 표시될 수 있다.

사도행전은 침묵하나 바울이 그의 보도 끝부분에서 지적하고 있는, 저 회합의 결정에 관해 우리는 아직 언급하지 않았다: "다만 우리에게 가난한 자들 생각하는 것을 부탁했으니 이것을 나도 힘써 행해 왔다"(갈 2, 10). 이 미미한 합의 사항에서 곧 그 의의를 찾기는 어렵다. 그러나 이미 그 말투와 특히 바울이 후에 고린도인들과 로마인들에게 보낸 서신들 중에서 아주 자세하게 그리고 주목할 만큼 신학적으로 가득 채워진 구절들(고전 16 ; 고후 8 ; 9 ; 롬 15, 25 이하)이 그 의의를 인식하게 한다. 이 '헌금'은 결코 단순히 모든 교회들이 똑같이 떠맡는 일반적인 자선 행위(모든 교회의 빈곤한 자들을 돕는다는 의미에서 혹은 이른바 '세계를 위한 빵' [독일 교회에서 세계 빈민을 위해 모금하는 데 쓰이는 모금 구호])만을 뜻하지 않는다. 오히려 이방인계 그리스도 교회가 특별히 예루살렘 원교회를 돕는 행위이다. 이 경우 특별한 사회적 궁핍이 어떤 역할을 했는가에 대해서는 이론이 많다. 그러나 바울과 갈라디아, 마게도냐, 그리스 등지에 후에 세워진 그의 교회들이 이 의무를 받아들인 바 엄청난 희사가 이미 이것을 순수한 자선이라고 이해하는 것을 방해한다. 또한 '가난한 자들'이라는 표현도 반드시 이렇게 이해될 수 없다. 이 표현은 후기 유대교와 초기 그리스도교의 언어에서 사회적으로 곤경에 처해 있는 자들만을 가리키지는 않았었다. 오히려 그것은 유대교로부터 전승된 신의 결정적 도움을 대망하는 참 이스라엘에 대한 종교적인 존칭이었다. 여하간 헌금에 관한 문제에 돌아가면 이렇게 대답된다: 이방인계 그리스도 교회의 이 호의는 그것이 동시에 물질적인 곤궁을 덜어 주는 것일지라도 전적으로 예루살렘 원교회를 위해 정해진 것인데, 그것은 그것에 이의가 없었던 그들의 역사적 · 구원사적인 지위 때문이었다는 것이다. 즉 이 지위로부터 세계에 퍼져 나간 축복에 감사하는 표현이었다(롬 15, 27). 예루살렘을 위한 일종의 성전세 — 이 세금은 해마다 디아스포라에 있는 모든 유대인들로부터 징수되었다 — 로 이 헌금을 정규적인 세금으로 이해하면 잘못이다. 세금이라는 관념 역시 반드시 원교회가 법적으로 우위에 있다는 생각을 하게 할 것이다. 그러나 그 헌금이 규칙적인 납입금이 아니었다는 것과 바울이 이를 대신해 헌금, 은혜의 증거, 봉사에 참여, 감사 헌금, 그리스도의 복음에 대한 고백 등 여러 표현들을 사용했으나 유대교적 용어를 피했다는 것이 이러한 이해를 반박한다. 그러나 이 헌금은 유대교인과 이방인에 의해 역사적으로 세워진 교회의 통일, 그 회원들의 평등, 그리고 동시에 율법에 무관한 복음의 합법성을 확인하는 것이라고 볼 수 있다. 오직 이렇게만 바울 선교 영역의 교회들이 나중에 이 헌금에 가담한 열심과 희사, 그리고 마찬가지로 이 헌금을 위한 조직적인 막대한 수고 및 그의 서신들 중에 나타나는 사도의 신학적인 큰 성찰들이 이해된다. 그리고 또 바울의 역사와 종말 — 이에 대해서는 다시 언급되겠지만 — 이 바로 헌금과 주목될 만큼 숙명적으로 결부되어 있다는 사실도 오직 이렇게만 이해될 수 있을 것이다(비교. S. 153-154).

사도행전의 보도는 우리가 갈라디아서에서 얻은 것에 관해 이미 아무것도 알려 주지 않는다: 할례 문제의 의미에 대해서도 그의 복음의 진리와 자유를 위한 바울의 투쟁에 관해서도 알려 주지 않는다. 누가의 서술을 따르면, 오히려 베드로와 야고보가 곧 이어서 길고 잘 짜인 연설을 통해 후기에 통속적인 '바울주의'의 의미의 발언으로, 나면서부터 유대인들조차도 질 수 없는 율법의 멍에를 이방인들에게 부당하게 지우지 말라고 주장한다. 그리고 이방인계 그리스도인들에게도 소수의 윤리적 · 의전적인 모세 율법의 최소 한도의 요구들을 지키게 하는 것으로 만족한다: 그것은 우상 숭배, 음란의 금지, 의전적으로 도살된 고기와 피를 먹지 않는 것 등이다. 이것이 이 회합에서 야고보에 의해 제안되고 곧 사도들과 장로들에 의해 결정되고 그 후에 안디옥, 수리아, 길리기아 지방의 교회들에 보내진 '사도 훈령'의 내용이다(행 15, 23-29). 여기에 포함된 규정들은 한 교회 안에서 유대인계 그리스도인과 이방인계 그리스도인의 공동 생활을 가능하게 하는 것들이다. 예루살렘을 위한 헌금에 관해 누가도 가끔 언급하지만(행 11, 27 이하 ; 24, 17), 그것을 그 회합과 바울의 이방 선교에 연결시키지 않는다; 그것의 의미에 관해서는 아무 말도 없다. 이전의 문제들과 결정된 것들은 여기서 이미 사라진 것이다.

또 바울의 보도를 통해 확실히 인식할 수 있는 것은, 이른바 '사도 훈령'이 그 회합의 결의 사항에 속할 수 없다는 것이다. 이는 갈라디아서 2장 6절에서 분명히 말해 준다: "저 유명한 이들은 내게 더 지워 준 것이 없다" (비교. "오직" 갈 2, 10). 또 그러한 결의에 의하면, 그 후 얼마 안 되어 안디옥에서 바울과 베드로(혹은 야고보) 사이에서 일어난 것 같은 (갈 2, 11 이하) 공동 식사에 관한 분쟁은 이미 야기될 수 없었을 것이다. 그리고 끝으로 바울이 후에 고린도전서에서 우상 제물을 먹는 문제와 음란을 다룰 때 그 자신이 참여하고 함께 선포한 훈령을 관련시켰어야 할 것이다. 그러나 어느 곳에서도 그런 것은 볼 수 없다. 그러므로 그 결의서는 단지 바울의 관여 없이 혼합 교회에서 공동 식사의 문제가 야기되었을 시점에 결정되었거나, 아니면—이것이 가장 근거 있는 견해인데—누가가 1세기 말쯤 자신이 살던 시대의 교회들 가운데서 행해지는 것을 다시 반영시킨 것일 터이다. 그의 서술의 성격으로 보아 실제로 그 회합에서 내려진 결의 사항들의 크고 중요한 것에서 어떤 입김도 더 느낄 수 없는, 거칠게 의전적으로 꾸며진 훈령은 누가가 아직 집요하게 노력하고 있는, 유대교와 그리스도교 사이의 통일을 표현한다고 보아야 할 것이다. 그러므로 여기에서도 바울의 보도가 우위라는 것이 다시 확인된다.

신학적으로는 물론 교회사 및 세계사적으로도 동등하게 중요한 이 사도회의의 결과는 교회의 통일이 무너지지 않았었다는 것을 뜻한다. 원교회가 유대교의 소종파로 낙인찍히고 헬레니즘계 그리스도교는 무역사적(無歷史的)인 밀의 종교(密儀宗教)의 한 단체로 해소될 위험이 예루살렘에서 방지된 것이다.

제5장

제1차 구브로 및 소아시아 여행. 안디옥 분쟁

사도행전에 따르면, 예루살렘에서의 모임 전에 이미 바울은 바나바와 함께 구브로 및 남부 소아시아로의 첫 순교 여행을 시도했다(행 13, 14). 이것은 누가의 틈이 많은 도식에 따른 것으로 바울의 첫 번째 선교 여행인 아라비아, 수리아, 길리기아에서의 바울의 선교에 대해서는 아무것도 말하고 있지 않다. 사도의 서신들 중에 이 여행에 관해서는 흔적도 없다; 이 여행에 관한 한 전적으로 사도행전에 의존할 수밖에 없다. 몇몇 학자들에 동조해서 이 여행을 단순히 누가가 구성한 것으로, 즉 바울 선교 여행의 모형으로 간주할 이유는 충분치 못하다. 그러나 이것을 살펴보지도 않고 바울 서신들의 전기적 결함이 누가에 의해 보충된다는 표본으로 이것을 삼을 수도 없다. 그것은 확실히 그 여행의 시점을 정하는 데도 해당된다. 간략하지만 시간과 장소를 정확히 말한 갈라디아서 1장의 보도는 이 여행에 대해 언급하지 않고 사도 회의 전에는 이 여행을 위한 시간을 내지 않는다. 이로써 사도행전 저자가 그 여행을 시간적으로 잘못 배열했음이 드러난다. 그 밖의 역사서에 관련시켜 볼 때 그 여행에 관한 보도는 그 회의 자체의 서술을 위해 활기 있는 배경을 형성한다(행 15, 4!). 그리고 그곳에서 행한 베드로 및 야고보의 연설과 '훈령'은 결국 이방인들 중에서 안디옥 사람들의 선교 활동에 원사도의 완전한 승인을 제공한다. 그러나 사실상 이 여행은 예루살렘 회합 후에 일어난 것일 수밖에 없다. 그 때에 이 회합은 바울과 바나바가 공동으로 선교를 하는 것이 끝이 아니라 그들에게 그들의 활동을 열어 주고 동시에 예루살렘에 대해 자유롭게 일할 수 있게 해 준 것이 된다. 그 여행이 바나바의 고향인 구브로였다는 것과 많은 유대인 이민자들에 의해 설교하기에 유리한 조건이 이루어져 있었던 이웃 남부 소아시아 지방이었다는 것도 이해된다.

사도행전의 진술들은 세부적으로 동일하게 평가될 수 없기 때문에 그것들로부터 역사적으로 확실한 모습을 얻기는 어렵다. 부분적으로는 의심스럽지 않으나 각각의 체류지들에 관한 많은 빈약한 기록들은 이미 그렇지 못하다. 이 기록들은 그 여정들을 묘사하고 있다: 수리아 지방 안디옥을 출발해 가까이 있는 항구 도시 실루기아를 지나 구브로(살라미, 바보)로, 그 다음에 소아시아 본토(버가)로 향하고 그리고 북항해 비시디아의 안디옥, 이고니온, 루스드라, 더베에 이른다. 그리고 그곳으로부터 같은 체류지들을 지나서 바다에 들어와 직접 수리아 지방으로 되돌아온다. 그러나 장황하게 늘어놓은, 역력히 전설적인 개개 장면들과 포괄적인 연설들이 이 약도와 대조를 이루고 있다. 전자에 속하는 것은 유대인 마술사 바 예수(엘루마)—그는 구브로 로마 총독 서기오 바울의 궁전 마술사인데—의 저주에 관한 노골적인 설화이다. 이 마술사는 바울을 통한 총독의 회심을 방해했다. 그러나 이 마술사에게 일어난 형벌로 이 총독이 두려워하며 믿게 되는 성과를 거둔다(행 13, 8-12). 사도행전 1장 8-18절은 비슷하게 전설적으로 루스드라에서 앉은뱅이를 고친 것을 전한다. 이 이적은 이방 주민들에게 큰 놀라움을 일으켜서 그들이 이렇게 생각하게까지 한다. 신들, 즉 제우스와 헤르메스 자신이 변장하고 그들을 방문했다는 것이다. 우리는 이 설화에서 빌레몬(Philemon)과 바우키스(Baucis)에 관한 유명한 전설의 옛 주제를 다시 본다. 이 두 그리스도교의 선교사는 아주 정력적으로 민중의 열광주의를 방어할 수 있었다; 제우스 신의 사제는 이미 화환과 소들을 데리고 와서 제사를 준비한다. 우상 숭배 행위와 반대되는 참 신에 관한 선포도 단지 민중을 흥분시켜 결국은 몰려든 유대인들의 충동으로 인해 민중이 돌연 박해의 흥분으로 변하고 바울은 돌에 맞아 죽은 자같이 되어 도시 밖으로 끌려가게 했을 뿐이다. 바울의 연설은 이 두 장의 설화 속에 삽입되어 있다: 비시디아의 안디옥 회당에서 행해진 긴 전형적인 선교 설교가 첫째 것이고(행 13, 16-41), 둘째 것도 마찬가지로 상황에 상응시킨 루스드라 이방인들에게 행한 전형적인 선교 설교(행 14, 15-17), 그리고 귀로에 들러온 도시들에서 회심한 그리스도인들에게 준 위로의 말들(행 14, 22)인데 그들의 교회들도 이제는 그 두 선교사에 의해 장로들이 임명됨으로써 질서를 얻는다.

이 모든 점에서 이 보도들이 중요한 증서들이기는 하지만 무조건 바울 자신의 역사를 위한 것은 아니다. 오히려 후에 그와 그의 활동에 관해 사람들이 이야기한 것, 그리고 더욱이 누가적인 문체로 심하게 개작된 화술을 보여 주며 또한 그 시대의 사상을 위한 증서들이다. 그의 편지들을 통해 우리에게 알려진 바울은 사도행전의 이 부분에서 단지 깨어진 채 다시 인식될 수 있다. 여기에 전제되어 있는 교회의 제도도 우리가 초기의 순수한 바울의 교회를 통해서 알 수 있는 질서에 일치하지 않는다. 그러므로 바울과 바나바의 이 선교 여행에 관해 역사적으로 확실하게 전하는 것은 극히 빈약하다.

특별히 주목할 만한 것은 사도행전 보도들 중 여러 구절에서 불쑥 나타나는, 부수적이고 투명치 않은 어떤 예루살렘 출신 요한과 마가(행 12, 12)에 관한 언급이다. 그는 저 두 선교사의 보조자로서 그들의 여행에 얼마 동안 동참했으나(행 13, 5) 확실하게 지적되지 않은 이유로 먼저 버가에서 예루살렘으로 돌아간다(행 13, 13). 그리고 그의 동반으로 인해 바울과 바나바 사이에 분쟁이 일어났고, 따라서 서로 갈라졌으며, 바울은 그 다음 그의 소아시아 선교 여행에 동반자로서 그를 데리고 가지 않았는데 반해 바나바는 그를 데리고 새로 그의 구브로 여행을 다시 시도한다(행 15, 39). 이 보도가 전혀 근거가 없다고 하기는 어렵다; 단지 이 분쟁의 배경들이 위장된 것으로 보일 뿐이다.

사람들은 당연히 다음과 같은 것을 추측할 수 있었다. 즉 여기에는 역시 심각한 싸움 배후에 어떤 다른 심한 분쟁에 대한 불분명한 회상이 들어 있는데 누가는 이것을 지나쳐 버렸으나 바울은 정확히, 즉 앞서 지적한 안디옥에서의 베드로와의 싸움에 관한 서술에서 언급했다는 것이다. 그런데 이 때 바울은 그 때까지 자신의 찬성자였던 바나바를 이미 잃고 있다. 갈라디아서 2장 11-21절은 바울이 게바에게 대들었다고 말한다. 왜냐하면 게바가 유대인과 이방인으로 혼합된 교회에 체류할 시초에는 의심 없이 공동 식사(주의 만찬)에 동참했는데 '야고보의 사람들'이 예루살렘에서 오자 그 유대인들이 무서워서 자리를 달리했기 때문이다. 그러자 베드로뿐 아니라 나머지 유대인들도 심지어 바나바까지도 다시 유대교적인 의전 질서에 굴복하기 때문이었다는 것이다. 바울은 이 행위를 가혹하게 '외식'이라고 지적하고(갈 2, 13), '복음의 진리에 대한 왜곡'이라고 칭하고(갈 2, 14), 직접적인 말로 그가 모든 교인들 앞에서 어떻게 논박했다는 것을 재현하고 있다(갈 2, 14 이하). 그의 글귀들은 물론 기사 쓰듯이 믿을 만하게 재현된 것은 아니다; 그 글들은 그 사건을 갈라디아인들에게 재현시키면서 이미 안디옥 사정과는 직접적인 관계가 없는 진술로 무심코 넘어갔다. 그만큼 이 글들은 당시 바울에게 중요한 것이 오직 그리스도 소식과 신앙뿐이었음을 인식하게 한다. 그에게는 이 분쟁이 과감하게 협상도 할 수 있었을 부수적인 견해 차이의 문제만이 아니었다. 오히려 그는 이 문제에 근본적이고 포괄적인 의미를 제공하고 있다. 바울의 말에 의하면, 베드로는 그의 모순된 행동을 통해 인간이 율법의 일이 아니라 오직 그리스도에 대한 신앙에 의해서만 신 앞에서 의롭게 된다는 인식을 부인했다. 그는 뒤늦게 유대교의 율법 규정들에 대한 책임을 자기 자신과 유대인계 그리스도인들에게도 지게 하고 이것으로 유대교적인 관습에 복종할 것을 이방인계 그리스도인들에게 강요했기 때문이라는 것이다. 율법에의 복귀는 어떤 것이든 바울에게는 오직 다음과 같은 것을 뜻할 수 있을 뿐이다. 즉 그로 인해 오직 그리스도 위에만 세워지는 신앙이 죄로서, 그리고 그리스도는 죄의 종으로서 선언된다는 것이다. 그러나 사실 죄는 그리스도의 십자가의 죽음을 통해 폐기된 율법에의 복귀이고 그리스도에 의해 새로 열려진 삶의 포기이다.

베드로와 다른 유대인계 그리스도인들이 복음과 함께 동시에 전에 예루살렘에서 이루어진 합의 사항들을 부인했다는 견해를 바울이 분명히 가지고 있었다고 할지라도 다른 사람들의 입장에서 볼 때 이 가정에는 아무런 근거도 없음을 솔직하게 말해야 할 것이다. 왜냐하면 여기에서 야기된 문제는 당시 아직 거론되지 않았던 것, 즉 혼합 교회의 유대인계 그리스도인들과 이방인계 그리스도인들 사이의 통합의 문제이기 때문이다. 그러므로 게바도 야고보도 주관적으로 불성실하게 행동할 필요가 없었고, 안디옥의 이방인계 그리스도인들도 바나바의 타격 때문에 율법에서 자유로운 복음에 대한 그들의 이해를 송두리째 던져 버리지는 않았을 것이다. 그러나 바울은 좀더 깊이 보았다. 그의 신념에 의하면, 교회의 통일성, 구원의 길인 율법의 극복, 그와 함께 복음의 진리는 유대인들과 이방인들 사이의 공동 만찬에서도, 아니 바로 그곳에서 선포되어야 했다. 이 사건은 바울에게 아주 중요했다. 전에 저 회합에서 디도의 할례를 문제삼은 것과 같이 그는 지금도 안디옥에서의 특수한 교회 문제를 복음에서 일어난 최후의 결단의 빛에 세워 놓았다. 그러므로 저기서와 같이 여기서도 조목적인 검토와 양보, 타협이 고려되지 않았다. 다른 사람들에게 사소한 일로, 그리고 바로 교회의 통일을 위해서도 참을 수 있는 것으로 보이는 것이—예루살렘과의 평화는 여하간 위협이 되고 있다—그에게서는 진리와 자유를 위해, 그리고 교회적 법정의 이른바 권위적인 결정들에 항거하며 싸워야 할 전쟁터가 되었다.

이 연관성에서 누가는, 그가 만일 안디옥의 분쟁에 관해 아직 어느 정도라도 알고 있었다면, 교회와 바울의 역사를 서술하면서 그것을 지나쳐 버렸다는 것이 이해될 것이다. 그렇지 않아도 사람들은 계속되는 교회사의 과정에서 거듭 있을 법한 모든 노력을 기울여 사도들의 파국적인 분쟁을 유화시키거나, 곧 극복된 삽화로서 서술하려고 했다. 이 견해는 최근의 연구에까지 영향을 끼치고 있고, 때로는 감상적인 환상을 가지고 바울과 베드로, 바나바, 그 밖의 유대인계 그리스도인들 사이의 평화 체결이 묘사되고 있다. 그러나 갈라디아서에서는 이런 것들을 볼 수 없다. 다른 데서 거북한 '침묵의 증거(argumentum e silentio)'가 여기서는 한 번 실제로 정당하게 사용될 수 있을 것이다. 왜냐하면 바울이 바로 유대주의적으로 위협받고 있는 갈라디아인들에 대해 베드로 및 그 밖의 사람들의 마음이 변한 것, 그리고 율법에 대한 복음의 승리를 앞서 논술한 저 회합에 관한 보도에서와 같이, 유효하게 만들 수 있었을지라도 그것이 바울에게 무의미했을 것이기 때문이다. 이에 관해 바울이 아무것도 말하지 않기 때문에 그것은 오직 다음의 것을 뜻할 수 있을 뿐이다. 즉 자신감을 가지게 한 것은 바울이 아니라 엄격한 유대인계 그리스도인들에 대해 양보할 용의가 되어 있는 다른 사람들이었다.

우연이 아닌 안디옥 사건들과 바울 자신이 이것들에 제공하는 근본적 의미에 관한 바울의 자세한 보도는 우리로 하여금 이 분쟁을 아주 진지하게 받아들이게 한다. 이미 그 회합에서 논의되었던 율법과 복음의 문제들이 지금은 물론 다른 차원에서 다시 폭발한 것이다. 그가 겪어야 했던 경험들은 바울에게는 심한 절망임에 틀림없었다. 그의 그 후의 선교 여행들에서 바나바는 이미 동역자에 속하지 않고 동역자는 다른 사람들이었다는 것(비교. 그의 서신 서두들과 행 15, 39-40)과 안디옥도 그 후로는 그의 후기의 서신들 중에서 한 번도 그와 이방인계 그리스도 교회에서 일종의 모교회로 나타나지 않는 것도 이상할 것은 없다.

베드로와 바나바와의 단교는 후기의 시사들에 의하면(고전 9, 6), 역시 완전한 것, 결정적인 것이 아니었다. 그리고 바울은 거듭 위협당하고 있는, 예루살렘 원교회와 그의 교회의 통일을 유지하기 위해 거듭 그리고 끝까지 노력하고자 시도했다. 헬레니즘계의 교회가 이 분쟁 후에 차츰 혹은 급속도로 다시 유대교화 과정에 빠졌다고 가정하는 것도 잘못일 것이다. 바로 수리아 지역이 그 후 아주 다양하고 중요한, 그리스도교 신앙과 생활의 근거지로 되었다는 것은 사실이다. 마태복음서와 누가복음서, 아마 요한복음서도, 그리고 여하간에 안디옥의 이그나티우스(Ignatius: 주후 110년경에 순교)의 신학과 교회도, 원교회가 놀랍게도 포괄적인 역사적 발전 가능성을 바로 이 지역에 두고 있었던 데 관해서 증언해 주고 있다. 그러나 그렇게 되기 위해서 우선 바울과 복음에 대한 그의 급진적인 이해를 풀어 가는 데 비싼 대가를 치러야 했다.

제6장

바울 선교의 세계적 지평

바울을 만민의 사도라고 하는 것은 옳다. 그리스도 원교회의 어떤 선교사도 자신의 목표를 그렇게 넓게 정하고 복음을 사람이 사는 세상의 끝까지 전하려고 하지 못했다. 우리가 앞서 살펴본 바이지만 아주 일찍부터 원교회에 선교가 있었다. 그러나 이방인들 중에서 율법에 무관하게 선포되는 것은 아직 없었다. '헬레니즘' 계의 사람들은 이 구원 소식을 이미 그리스인들에게 가져왔었다. 바울 자신은 그의 회심 이후 선교사로서 이방인들 사이에서 활동했었다. 그러나 아라비아와 수리아, 길리기아, 안디옥, 구브로, 남부 소아시아에서의 그 자신의 활동도 그의 계획이 세계적으로 확대되는 기미를 아직 보여 주지 않는다.

이 대대적인 계획이 언제 생겼는가에 대해서는 어느 정도 확실성을 가지고 대답할 수 있을 것이다. 즉 후기, 다시 말해서 사도행전의 불완전한 계산에 따르면 이것은 이른바 제2차 선교 여행 때 일어난 것이다. 서술된 여행 과정에 의하면, 바울과 그 동반자들은 안디옥에서 가로질러 소아시아를 통해 드로아와 마게도냐, 그리고 헬라 지방을 돌았었다. 이 여행에서 갈라디아 지방(오늘의 앙카라 주변)과 빌립보, 데살로니가, 고린도에 교회들이 생겼는데, 이에 대해서는 우리가 바울의 서신들과 사도행전에서 보는 바와 같다. 단지 한두 가지 빈약한 기록에서이지만 사도행전은 이미 여행에 오르지 않았다면, 늦어도 당시 소아시아에서 중대한 포괄적인 결정들이 내려졌다는 것도 인식하게 해 준다. 우선 전에 세운 교회들을 통과하는 도중 바울은 루스드라에서 그의 서신에 자주 지칭된 디모데를 동역자로 얻고 그 후 이 여행자들은 누가가 보도하는 바와 같이 브루기아와 갈라디아 땅을 통과하는 도중에 세 번 직접적인 신적 지시에 따라 그들의 그 다음 목표를 선택한다. 우선 남서쪽 로마 해변 지방 아시아, 즉 옛 유명한 그리스 도시들 — 이것들의 이름은 후에 요한계시록(에베소, 서머나, 사데, 버가모 등)에서 아는 바이지만 — 의 지역으로 그리고 북쪽 비두니아 지방 — 이 지방도 보스포러스 해협과 멀리 동쪽 흑해변에 있는 유명한 그리스 도시들이다 — 으로 가는 길을 성령이 그들에게서 막았다. 누가의 보도가 자체의 틀에 맞춘 것일지라도 — 그의 서술에서 성령은 자주 사건을 일으키는 힘으로 지칭되었다 — 이 보도들을 의심할 이유는 없다. 여기서도 비두니아에서와 마찬가지로 이 선교사들에게 광대한 활동 무대가 열렸을 것은 확실하다. 큰 육로들이 그들에게 서쪽 혹은 북쪽을 향한 길을 가능하게 했을 것이다. 그러나 그들은 대각선적으로 소아시아의 내륙 지방을 통과해 드로아로 향하고 그곳에서 세 번째로 신적인 지시를 받는다: 꿈에 마게도냐 사람 하나가 바울에게 나타나 복음의 사자들을 자기네 있는 곳으로 오도록 청하니 그들이 곧 따라간다. 이 모든 것은 불과 몇 구절로 서술되었는데(행 16, 6-10), 아마 그것은 바울 동반자 중 한 사람의 여행 일지(Itinerar)에 의한 보고에 근거했을 것이다. 그 후에 곧 빌립보 교회의 시초에 관한 긴 보도가 따른다.

물론 그들이 이 길을 그렇게 곧게 그리고 평탄하게 걸어간 것은 역시 아니다. 우리는 갈라디아서를 통해 바울이 갈라디아 지방을 두루 다닐 때 병을 앓았다는 것과 본의 아닌 체류 동안에 그의 설교를 통해 여기에 갈라디아 지방 교회가 생겼다는 것을 알기 때문이다(갈 4, 13 이하). 그럼에도 불구하고 그가 갈라디아 지방에서의 활동을 끝내고 곧 서북쪽 방향으로 계속 여행했다는 것은 의심할 수 없다. 빌립보(완전한 라틴어 이름은 콜로니아 아우구스타 율리아 빌립펜시스(Colonia Augusta Julia Philippensis)는 특별한 방법으로, 즉 옥타비아누스(Octavianus: 후에 아우구스트 황제)와 안토니우스(Antonius) 사이에 야기된 살인자 시저(Cäsar: 주전 42년)에 대한 승전을 기념하고자 승리자에 의해 노병들을 위한 도시로 만들어지고 로마의 특권(Jus Italicum) 도시로 대우받은 로마 지역이다. 유럽 대륙에서는 처음으로 이곳 빌립보에 교회가 생겼다. 사도는 다른 교회들과는 달리 후에도 계속 이 교회와의 연락을 유지했다(빌 4, 15). 여기서 그는 로마 행정관들에 의해 처음으로 박해를 받고 그에게 가해진 불법 때문에 그의 로마 시민권을 행사해야 했다(행 16, 19 이하). 그러나 또 다른 이유에서도 이 도시는 그 배경으로 중요하다. 빌립보로부터 저 유명한 에그나티아, 즉 군사상으로나 경제상으로 중요한, 로마제국의 서쪽 끝을 동쪽 끝에 이어주는 연결 도로가 서쪽으로 뻗어 있다. 바울은 이 길을 따라 데살로니가까지 갔는데 이곳에서 잠깐 동안에 생기 있는 새 교회를 세웠다. 바울은 물론 그 후 이 길을 벗어났다. 즉 이 길을 따라 아드리아 해변에 있는 일루리아(지금의 달마티아) 지방까지 또는 더 나아가서 이탈리아와 로마로 가지 않고 그리스 땅으로 계속 가서 베뢰아와 아덴을 지나 고린도로 향했다.

우리에게 확실한 것은 늦어도 소아시아 지방 이래 또는 마게도냐 지방을 통해 데살로니가에 이르는 도중에 로마가 먼 목표로 그에게 떠올랐을 것이라는 사실이다. 이것을 시사해 주는 것은 후에 쓴 로마서에서의 그 자신의 진술이다. 즉 그는 이미 오래 전에 로마에 가서 그곳에서 복음을 선포할 것을 계획했으나 방해를 받아 왔다(롬 1, 13 ; 15, 22)는 것이다. 아마 바울은 당시 마게도냐와 그리스 땅을 돌아다니던 첫 여행 때에는 아직 로마에 그리스도 교회가 있음을 알지 못한 것 같다. 로마서를 저술할 무렵 그는 알려지지 않은, 그리스도인들에 의해 세워진 이 교회에 관해 어느 정도 듣고 안 것 같은데 아굴라(Aquila)와 브리스가(Prisca)에 의해서는 아니고 이들은 고린도에 있던 유대인계 그리스도인 부부인데 글라우디오(Claudius) 황제에 의해 추방당하기(참조. 아래 S. 117) 전에는 로마 교회에 속했었다. 그런데도 바울은, 때가 늦었다고 생각했지만, 그 당시에도 로마에 갈 계획을 포기하지 않았다. 그의 기본 신념은 그리스도의 이름이 이미 알려진 곳에서는 설교하지 않는다는 것이었다(롬 15, 20 ; 고후 10, 15-16). 그러나 로마는 그에게 서방을 향한 그의 더 넓은 선교 여행을 위해 주요한 곳으로 남아 있었다(롬 15, 24. 28).

우선 데살로니가에서 사도를 로마로 향한 직행길로부터 벗어나게 한 장애는 유대교인들의 사주를 받은 이방 관원의 그에 대한 박해였다(행 17, 5 이하 ; 살전 2, 14 이하 ; 3, 1 이하). 이 관원들은 그 도시의 그리스인들로 하여금 바울과 그 동반자들을 어둠과 안개를 틈타서 베뢰아(행 17, 10)로, 즉 중부 그리스 땅을 향한 남서쪽으로 내보내도록 했다. 이곳에서도 회당에서 성과를 거두려고 할 때 데살로니가로부터 쫓아온 유대교인들에 의해 계획된 박해가 시작되고 바울은 아덴으로 멀리 보내졌다. 그러므로 사도행전이 여기 아레오파고에서 행한 그의 설교에 관해 제공하는 긴 대표적인 상(像: 행 17장)은 아덴이 원래 그의 선교 계획에 들어 있지 않았다는 것을 숨겨서는 안 될 것이다. 바울 자신은 그곳에서의 자신의 체류에 관해 단지 한번만 지나치면서 언급하고 그렇게 빨리 떠난 데살로니가 교회를 위해 염려하고 있다(살전 3, 1).

사도의 그 후의 여정을 여기서는 우선 자세히 따라갈 필요가 없는 줄 안다: 아덴, 고린도, 안디옥에 귀환, 그 후 재차 소아시아 지방, 특히 에베소에서의 활동(행 17-19). 여기서 특별히 우리의 관심을 끄는 것은 바울이 일찍 로마에 가려고 한 것이 분명하나 이 목표가 사정 때문에 좌절되었다는 사실이다. 데살로니가의 박해와 같은 외부적인 사정뿐 아니라 그에게 새로운 선교 지역이 열리고 또 새로이 설립된 교회들을 이렇게 빨리 다시 그들의 외적 · 내적인 난국에 버려둘 수가 없었다는 이유에서도 그러했다. 그러나 그를 수년간 묶어 두었던 이 불가피성과 의무들도 먼 목적지인 로마와 서방을 포기하게 할 수 없었다. 사도행전과 첫 번째 클레멘스서(주후 96년에 기록되었음)를 통해 우리는 바울이 자유의 몸으로가 아니라 수감자로서이지만 실제로 로마에 갔다는 사실을 안다.

바울의 여행과 계획들은 스페인에 이르는 전 세계(롬 15, 24. 28) – 옛 사람의 말로 하면 '헤르쿨레스의 기둥' 즉 세계의 서쪽 끝까지 – 를 자신의 선교에 포함시키려는 의도가 그를 어떤 정력으로 몰아갔는가를 분명히 알게 한다. 그의 계획의 이 기본 성격은 분명하고 사도는 역시 이 경계 너머에 다른 나라와 민족들이 있다는 것을 알고 있었으리라는 반론에 의해서뿐 아니라 후기의 세계상에 의해서도 흔들리지 않을 것이다. 바울은 반복해서 '온 땅'(롬 10, 18), '땅 끝'(롬 10, 18), '모든 백성'(롬 15, 11. 그리스어 에트네(ethnē)는 원그리스도교의 언어에서 '민족들'과 '이방인들'이라는 이중 의미를 지니고 있다)에 관해 말하고 있다. 이러한 표현은 대개 시편 인용문에 들어 있지만 바울에 의해서 사용됨으로써 그것들은 수사상의 과장이나 찬양 의전적인 울림일 뿐 아니라 동시에 아주 구체적인 현실적인 의미를 가지고 있다. 바로 그런 이유에서 그는 자신을 그리스인과 이방인들에게, 신의 은혜에 의해 그들이 받을 권리가 있는 것을 그들에게 갖다 주어야 할 '빚진 자'(롬 1, 14)라고 불렀다

대개 지나쳐 버리는 다음 표현도 아주 특징적이다. 이 표현에서 바울은 로마 방문을 예고하면서 지금까지의 모든 활동을 종합하고 있다: "이렇게 나는 예루살렘으로부터 두루 행하여 일루리곤까지 그리스도의 복음을 전했노라"(롬 15, 19). 이 표현은 여러 면에서 많은 것을 가르쳐 준다: 첫째, 여기에 로마제국의 동반부 전체가 종합되어 있기 때문에 여기서 말하는 자는 헬레니즘계의 로마인이다. 둘째, 그는 그의 선교 범위를 예루살렘으로부터 규정하고 있다는 것이다. 이것은 사실 기이한 것이다. 왜냐하면 바

울은 예루살렘과 유대에서 선교하지 않은 것이 확실하기 때문이다. 그런데 그는 왜 그것을 지적했는가? 그 대답은 오직 이것뿐이다. 즉 예루살렘은 그에게 세계의 구원사의 중심지이고 모든 민족들을 위한 복음의 출발점이기 때문인 것이다. 이것을 말하는 자는 이미 로마인이 아니라 옛 유대인이고 그리스도인이다. 셋째, 그는 일루리곤을 들고 있다. 우리가 사도행전과 그의 서신들 중에서 알 수 있는 모든 것에 의하면, 여기서도 그는 선교사로서 활약하지 않았다. 그리스 땅 북서부 끝에 위치한 이 지방을 열거한 동기는 오늘의 달마티아 지방 해변인 이곳 브린디시로부터 아드리아해 저쪽 압비오(Via Appia)에 이어져 로마로 향하는 대연결 도로가 있다는 데서 찾아야 할 것이다. 그러므로 이 지방의 이름도 다시 한 번 로마와 서방을 가리키는 것이다. 로마서 15장 19절의 진술이 여러 모로 놀라움을 일으킨 것도 무리는 아니다. 이 표현은 정도를 넘는 과장같이 들리기 때문이다. 광범한 이방 지역 한가운데서 로마제국 동반부의 몇 지방과 도시에 숫자적으로는 확실히 희미하지만 몇몇의 작은 그리스도 교회가 생겼다는 것을 생각해 볼 수 있다! 그런데 바울은 이렇게 로마제국 동반부 전체에서 그의 선교적 소임을 끝냈다고 말하고 있다. 그러나 여기서는 바울의 아주 독특한 사유 방식이 드러난다. 그는 개체 교회를 넘어서 언제나 곧 나라와 지방들을 생각한다. 방금 세워진 교회일지라도 모두 그에게는 각기 그 모든 지방을 위해 있는 것이다: 가령 빌립보 교회는 마게도냐 지방을 위해(빌 4, 15), 데살로니가 교회는 마게도냐와 아가야를 위해(살전 1, 7-8), 고린도 교회는 아가야를 위해(고전 16, 15 고후 1, 1), 에베소 교회는 아시아를 위해 (롬 16, 5 ; 고전 16, 19 ; 고후1, 8) 있다. 그러므로 로마서 15장 19절의 표현은 결코 단순히 우연한, 과장된 표현만은 아니다. 이 표현은 오히려 사도의 놀라운 확신을 말해 준다. 즉 복음은 그것이 설사 단 한 곳에만 선교되어도 스스로 길을 내고 개개 도시로부터 모든 주변 지방으로 퍼져가고 퍼진다는 것이다. "이 경우에 전제된 것은, 불은 스스로 불줄기를 따라 좌우로 번져간다는 것이다"(v. Harnack). 바울이 로마서에서 겨누고 있는 저 목표 스페인도 이로써 이해될 것이다. 그러므로 로마도 그에게는 끝이 아니라 통과 지점이라고 했다. 그리하여 로마 사람들은 이미 그의 서신에서 사도의 선교적 사명을 위해 준비를 갖추고 그를 안내하라는 것이었다(롬 15, 24). 그러므로 바울이 이 여행까지도 수행할 수 있었다는 것을 전제 – 물론 잘못된 것이 확실하지만 – 하고 있는 클레멘스 1서는 그를 온 세계의 의를 가르치고 서쪽 끝까지 왔던(클레멘스 1서 5, 6-7), 동쪽과 서쪽의 '전령(Keryx)'이라고 불렀는데, 사도가 실제로 그의 선교 사업을 관철한 지역, 즉 세계적 지평(地平)을 올바로 강조했다고 할 것이다.

오직 이 포괄적인 구성에 의해서만 바울 선교의 방법도 이해될 것이다. 그렇게도 짧은 시간에 바울이 그의 활동의 광범한 지역들을 횡단했다는 것과 그가 간신히 설립한 교회들을 서서히 키우고 자라게 하지 않고 그렇게 빨리 떠나갔다는 것은 기이하지 않을 수 없다. 저 사도 회의(주후 48년?)와 첫 고린도 체류의 끝(49년 가을에서 51년 초까지) 사이는 아마 2년에서 3년이고 저 회의 이후 로마제국 동반부에서 그가 그의 활동을 끝내기까지의 전체 기간은, 사도행전이 불완전하게 보도하는 많은 사건과 여행이 이에 수반되었는데도 7년을 넘지 못한다. 때때로 남겨두고 간 교회들에 대해 그가 무심했던 것은 아니다. 그가 얼마나 그들에 대해 책임지고 있었는지는 그의 서신들이 증명한다. 그러나 그가 이 교회들을 위한 지속적인 염려는 그의 동역자들에게 위임하고 그 자신은 그의 서신들과 기회가 닿을 때마다 순간적인 방문으로써 교회들을 지킬 수 있었다. 왜냐하면 복음을 땅 끝까지 전한다는 그의 원대한 목표는 그를 끊임없이 움직이게 하고, 초조하게 했기 때문이다.

바울로 하여금 이 거대한 구상을 세우게 한 근거는 십자가에 달린 자, 즉 예수 그리스도에 대한 신앙이다. 그가 도래해 그의 주권을 신에게 넘겨줄 때 신은 그를 만물의 주로 높이고 그의 주권은 임박한 종말까지 지속된다는 신념이었다(고전 15, 24 ; 비교. 롬 15, 16 : 고후 2, 14). 바울이 이 주(主, Kyrios)에 관해 말할 때는 언제는 그는 예배에 모이는 개체 교회의 주일 뿐만 아니라 온 우주의 세력들의 주이기도 하고(빌 2, 6-11) 부활해 올리움으로써 죽은 자와 산 자들의 주가 되었다(롬 14, 9)고 하는 것을 의미한다. 이 주가 그를 이방인의 사도로 만든 것이다(롬 1, 5).

그러나 바울에게 그리스도의 이 주권은 무엇을 의미하는가? 우리가 지금까지 아주 실제적인, 아니 지리적이고 정치적이기까지 한 전 세계 이해에 관해 말한 모든 것에 따르면, 바울은 그리스도의 지배를 로마제국에 비교해, 아마 숨겨진 혹은 퀴리오스 시저(Kyrios Caesar)와 그의 제국에 반대하는 공개적이며 혁명적 의미에서 이해한 것같이 보인다. 그 때에 그는 로마 시저 신화에 반대하는 그리스도 신화의 선포자였을 것이다. 만일 이것이 맞는다면 이미 바울의 신학에서 콘스탄티누스(Constantinus) 및 콘스탄티누스 후기에 완성된 그리스도교적 국가 이념이 들어 있는 것이 될 것이다. 그러나 우리는 이것으로 바울을 근본적으로 오해하고 있다. 그의 서신들 중에 어떤 지배자의 이름도 볼 수 없음은 우연이 아니다. 당시 정치적인 현실에 속했던 것에 관해 – 가령 로마의 원로원, 나라의 행정 구획, 제도와 관리, 군대, 경제적 · 사회적 사정, 과거나 현재의 정치 상황 등 – 우리는 개별적으로 아무것도 듣지 못한다. 아주 부수적으로 그런 문제들이 가령, 저 유명한 그러나 개별화된 로마서 13장에서와 같이 나타나는 곳에서도 그의 소식을 전달하고 그의 교회가 살고 있는 구체적인 세계가 정직하게 드러난다: 그의 소식은 물론 여기저기에서 그 특유의 언어를 만들어 가지고 있다. 세계에 대해 이렇게 거리를 두면서도 물론 세속 사업에 대한 스토아 철인(哲人)들의 우월성을 말하려는 것은 아니고, 로마인들의 야만적인 권력을 소유하려는 행동에 대한 교양 있는 그리스인들의 혐오와 싫증도 아니며, 후기 유대교적 묵시 문학자들의 세계 경멸과 적대감도 말하지 않는다. 그리스도는 바울에게 그가 만민의 구원을 위해 죽었기 때문에 주(Kyrios)이고 그의 주권은 그가 "그를 부르는 모든 사람에게 부유하다"(롬 10, 12)는 데서 증명된다. 그러므로 그리스도의 주권에 관한 소식은 오직 믿음으로 오는 신과의 화해와 신의 의(義)에 관한 소식 외에 다른 것일 수 없다(고후 5, 19 이하 ; 롬 1-4장). 그러므로 후기 그리스 사상에 의해 이상적으로 구상되고 로마인들에 의해 정치적인 것으로 전용된 세계 이념이라는 의미에서 전 세계의 제국적이고 정치적인 이해는 바울에게는 문제도 될 수 없다.

그는 세계를 오히려 신 앞에서 인간이 죄를 지어 상실되었으나 그리스도를 통한 신의 은혜에 의해 구원에 부름을 받은 인간으로 우선 이해하고 있다. 모든 사람은 유대인이든 이방인이든 상실되었지만 구원의 부름을 받은 인간으로 파악되었다. 모두 구별이 없다 — 이것은 바울이 인류에 관한 후기 고대 이념, 본질적이고 자연적인 만인평등 사상을 자기의 것으로 만들었다는 뜻은 아니다. 모든 사람이 하나라고 하는 것은 자연에 의한 것이 아니고 신이 한 분이고 그가 만인을 지금 그리스도의 구원 행위와 그의 주권에 의해 하나로 묶어 놓았기 때문이다. 이것은 그리스도 안에서의 역사와 그 종국으로부터 이해된 것이다. 그러므로 세계와 인류에 대한 일반적 이념에 의해 이해되어서는 안 된다. 그러므로 바울은 이스라엘이 구원사적으로 우선이라는 것을 단순하게 포기하지 않았다. 이것은 이미 '첫째로 유대인에게, 그 다음에 그리스인에게'라는 반복된 표현에서 분명히 언급되고 있다. 그러나 이것은 이방인들을 그들 뒤로 밀어 놓는, 그들에게 제공된 어떤 권리라는 의미에서 유대인의 특권을 말하는 것이 아니다. 이스라엘은 신의 언약들에 의해 구별되어 있는 만큼 이 언약들은 오직 그의 신앙에 의해서만 의로워졌고 모든 민족들의 조상이 된 아브라함에 대한 약속에서 종합적으로 파악된다(롬 4장 ; 갈 3장). 이것은 구원이 어떤 특정한 역사에서 실현되었고 그러므로 또 어떤 역사적 목표를 향해 달리고 있다는 사실을 지양하지 않고 확인한다. 바울은 이 목표에 대한 스스로의 책임을 알고 있다. 그는 그의 선교에서 이를 위해 애쓰고 모든 민족을 제물로써 신에게 드려야 할 사명을 본다(롬 15, 16). 사도가 이 그리스도의 나라(Regnum Christi)를 비로소 세워야 할 필요는 없다. 그것은 이미 그리스도의 승천에서 세워져 있다. 말씀이 모두를 마음으로 믿고 입으로 고백할 수 있도록 가까이 와 있다(롬 10, 8 이하). 그는 사도로서 신이 행한 것을 단지 따라가며 땅 끝까지 선포하면 된다. 왜냐하면 모든 민족은 신을 찬양함으로써 하나가 되어야 하기 때문이다(롬 15, 9 이하). 그러므로 그는 로마를 지나서 스페인에까지 가려고 애쓴다. "그에 관해 아무것도 전해 받지 않았던 자들이 볼 것이고 아무것도 듣지 못했던 자들이 이해할 것이기" 때문이다(롬 15, 21). 이것은 로마서 9장과 10장, 14장과 15장에서 이미 언급된 것이며, 시편과 예언자들의 말에도 들어 있는 것이다. 바로 이 종교적 · 종말론적 말들은 그러나 그에게 가장 현실적인 의미를 가지고 있어 이것에서 바로 그의 선교 계획이 나왔고, 그의 길과 장소, 지방, 민족에 관한 구체적이고 일상적인 결정들이 내려진 것이다. 그가 저 종교적인 사상들과 종말론적인 주제들을 구체적이고 역사적인 현실성에 옮겨 놓고, 그렇게 함으로써 그리스도에 관한 말과 성서의 언약들을 이른바 말씀에서 취했다는 것은 그의 신학과 선교의 특수성에 속한다.

얼마나 다양하고 철저하게 바울이 개별적으로 이것을 수행했는지는 그의 활동의 전체 역사가 가르쳐 준다. 여기서는 단지 세 가지 예와 시사를 통해 이것을 좀더 분명하게 할 것이다.

1. 그의 선교 계획의 포괄성과 그의 교회들에 대한 그의 배려가 서로 뚜렷한 긴장 관계에 있다(S. 100 이하). 원대한 저 목표를 위해 그는 결코 한 교회에 머물러 있을 수 없었고 계속 서둘러야 했다. 그러나 그의 교회들을 위한 책임은 그를 강제로 그의 원대한 계획을 바꾸게 하고 연기하게 한 경우가 한두 번이 아니다. 그의 모든 활동은 두 상반된 경향에 따라서 규정되었는데 전진하는 성격과 정체하는 것이었다. 여기에서 드러나는 것은

바울에게 개체적인 것은 언제나 전체적인 것과 관련되어 있으나 동시에 전체 때문에 개체를 시야에서 벗어나게 해서는 안 된다는 것이다. 그는 이 둘을 서로 관련시켰다. 이것을 분명히 보여 주는 것은 로마서 14장과 15장이다. 여기에서 사도는 두 경쟁적인 그룹의 분쟁에 – 이들은 서로 그들의 행동을 위해 특정한 식사 규정에 의지하거나 멸시했는데 – 끝을 내고 둘이 합심할 것을 호소해야 했다. 그가 사용하는 방법은 특유하다. 그는 분쟁 대상을 조목조목 토론에 부치고 둘 중 어느 하나의 편이 되지도 혹은 그 전부를 쓸모없는 것으로 선언하지도 않는다. 그와는 반대로 그는 서로 다투는 자들의 행동에 깊은, 결정적인 의미까지 제공하는데 물론 다른 의미에서이다. 형제를 이렇게 저렇게 판단하는 자는 신에게만 허락되어 있는 권리를 그에게서 부당하게 사용하고 동시에 그리스도가 위해 죽은 다른 사람을 멸망하게 하는 것이다. 아니 그 이상이다 : 이런 행동을 통해 다투는 자들은 "좋은 것, 즉 신의 구원이 이 세상에서 욕되게 되는 데 책임을 져야 한다"(롬 14, 15-16). 이렇게 로마에 있는 그리스도인들이 보기에 사소한 이런 일에서도 세계와 선교의 일을 위해 책임을 지게 했다. 그들이 사소한 분쟁을 일으키는 차원은 이로써 세계적인 지평으로 확대되었다. 그리스도는 만인을 받아들였고 그러므로 모든 민족, 즉 유대인과 이방인들이 신에 대한 찬양에서 하나가 되어야 한다(롬 15, 6-13)는 것을 로마인들로 하여금 기억하게 한다. 바울이 이와 관련시켜서 그의 선교의 마지막 목표들에 관해 말하고 있는 것은 우연이 아니다.

2. 그와 같은 장에서 사도는 이방인들을 "기뻐하는 제물"로서 신에게 드리련다(롬 15, 16)는 것뿐 아니라 헌금을 예루살렘에 전하는 것(비교. S.141 이하)에 관해서도 말하고 있다. 이 헌금은 끝날에 모든 민족이 예루살렘, 즉 신의 도시에 모여들 때 그들의 선물을 가지고 올 것이라는 구약 사상과 연결시킨 것은 옳다. 헌금에 관련시켜 이렇게 말한다 : 즉 예루살렘을 위한 선물로 이방인들은 자기 자신을 주는 것인데, 말하자면 이것은

바울의 의미에서는 이미 예루살렘에 대한 굴복의 표시로서가 아니라 신앙의 고백에 대한 순종(고후 9, 13)과 주에 대한 자기 포기(고후 8, 5)의 표지이다. 그러므로 민족들에 대한 선교를 아직 모르는 구약 사상이 새로이 이해된 것이고 변화된 역사적 상황에 옮겨진 것이다.

3. 우리가 신약성서의 많은 구절과 그 밖의 초기 증언들에 의해 아는 바와 같이 그리스도의 높여짐에 관한 원그리스도교적 사상에는 우주적인 세력들의 굴복과 충성이 속해 있다(비교. 특히 골; 엡 ; 딤전 3, 16; 히 1장). 이 사상은 어떤 세계 지배자의 즉위에 관한 고대 동양의 표상들로부터 생긴 것이고, 그것에 일치한다. 이 사상이 바울에게도 중요했다는 것은 물론이다. 그러나 이 중요한 주제가 이의 없는 순수한 바울 서신들 중에 아주 드물게 나타난다. 그것은 빌립보서 2장 6-11절에서 볼 수 있으나 이것은 바울 자신에 의해 작성되지 않은 것이고 옛 교회의 찬양 자료로부터 받아들인 찬가이다. 그 밖에는 단지 단편적으로 여운을 남기고 있을 뿐이다(고전 15, 24-26). 전체적으로 보면 우주적 세력들에 대한 그리스도의 승리의 신화적 주제가 바울에게서 구체적인 역사에 옮겨졌다는 것은 타당하다. 그리스도의 주권은 민족들의 신앙 순종에서 실현된다. 사도는 이 목표를 위해 자신이 보내어진 것을 알고 있다(롬 1, 5).

제7장

그리스 땅에 세워진 최초의 교회들 (빌립보, 데살로니가, 아덴)

빌립보 교회의 설립은 바울과 원그리스도교 역사의 새로운 의미 있는 장을 마련한다(참조. 위 S. 96-97). 이것을 좀더 분명하게 해 주는 것은 사도행전이다. 사도행전은 큰 발걸음으로 첫 마게도냐 도시와 로마 식민지에서 일어난 사건들을 향해 서두르며 광범한 서술을 위해 여기서 다시 지체한다(행 16, 11-40). 그러나 바울 자신도 이 시발의 의미를 확인한다(빌 4, 15). 우리는 이 경우 거의 전적으로 누가의 보도에 의거하나 이 보도는 사도의 여행 동반자들 중 한 사람의 신빙성 있는 기록의 개작임이 틀림없다. 이러한 사실은 여하간 이야기의 서두에도 해당된다(행 16, 11-15). 이 서두는 즉 여정과 도시, 교회의 시초에 관한 정확한 지식을 드러내 준다: 바울과 실라는 안식일에 동구 밖 작은 유대교 기도처에 나아가 그곳에서 몇몇 여인들과 이야기하고 있었는데 그 중에 '신을 두려워하는 자'(유대교에 귀의한 이방인에 대한 고정된 표현)가 있었다. 이는 루디아라 칭하는 여인, 소아시아 두아디라 출신인 자줏빛 옷감을 파는 상인으로, 외지인들의 소식을 받아들이는 자인데 세례받고 그의 마음을 열었을 뿐 아니라 – 본문에는 적절하게 "주가 그의 마음을 열었다"고 되어 있다 – 그녀의 집도 열었다: 그의 가족들도 믿게 된 것이다. 이 과정은 큰 사건으로 기록되지 않고 담담하게 표현되어 있다. 사도에게 계속 특별히 연결되어 있던 교회의 시작, 유럽 지역에서의 그리스도교의 시작을 말해 줄 뿐이다. 약 100년 전 같은 지역에서 아우구스투스 황제가 로마제국의 창건을 준비한 극적인 사건들을 회상해 볼 수 있다(참조. S. 96-97).

그의 활동이 곧 어떤 분쟁을 유발시켰다(살전 2, 2)는 것이 바울 자신에 의해서도 확증되는데, 사도행전에 의하면 여기서 처음으로 로마 관원과의 분쟁이 야기된다. 이 분쟁의 이유와 과정에 관해 누가는 포괄적이고 기교적으로 형성된 전설적인 서술을 제공해 준다. 이 서술은 잘 짜여지고 대담하게 이야기된 귀신 축출로 시작된다: 어떤 귀신들린 여종이 그 선교사들이 최고 신의 사자됨을 알고 소리치며 그들 뒤를 따라온다. 그러나 그 악한 귀신은 바울에 의해 그리스도의 이름으로 축출당한다. 이것이 그 소녀의 주인들을 격분하게 한다. 그들은 이 소녀의 점술을 이용해 그 때까지 좋은 벌이를 하고 있었는데 그 사업이 이제는 불가능하게 된 것이다. 그리하여 그들은 이 낯선 사람들을 잡아 관원들 앞에 세워 문책을 받게 했다. 그들은 로마 주민을 선동해 용납되지 않은 유대교적 선전을 금하게 한다. 그 결과로 바울과 실라가 채찍을 맞고 옥에 갇히게 되었다. 그러나 그들의 포박은 얼마 안 가서 기적적으로 축복으로 변한다. 장황하고 잘 알려진, 전형적인 주제들로 묘사된 이적 사화인 사도행전 16장 25-40절에서 이 죄수들이 신에 의해 인증받은 새로운 영의 참된 구원의 사자이자 운반자로 증명된다. 다른 죄수들이 이 묶인 자들이 밤중에 찬양하는 소리를 듣는다. 돌연히 지진이 일어나서 쇠사슬과 옥문이 열린다. 잠에서 깨어난, 죄수들을 감시하던 그러나 이미 자살을 결심한 파수병이 감방에서 부르는 바울의 소리로 인해 자살을 못하게 되고 그의 모든 가족과 함께 회심한 후 그 낯선 사람들을 열심히 돌봄으로써 그들에게 가한 불법을 만회하려고 노력한다. 관원들도 감시가 없이 그 죄수들을 놓아 줄 것을 명령한다. 그러나 바울은 로마 시민으로서 대우할 것을 요구하고 관원들의 대표자들로 하여금 모든 예의를 갖춘 전송을 하도록 한다.

루디아의 회심과 같이 간수의 회심도 좋은 소문을 낳았다. 그러나 로마 관원들과의 분쟁이 실제로 그렇게 평화롭게 끝났는지는 근본적으로 의심스럽다. 데살로니가전서 2장 2절에 의하면 여하간 그렇게 보이지 않는다. 거기서는 단지 '수난과 모멸'만이 언급되어 있고 사도는 데살로니가에 와서 비로소 새로운 용기를 되찾는다. 그러나 이 때 더 놀라운 것은 사도도 잠깐밖에는, 그것도 중단할 수밖에 없었던 체류 기간 후에도 이 도시의 소수의 그리스도인이 곧 자립적인 교회로 발전할 수 있었다는 것이다. 후에 기록된 서신들 중에 빌립보는 그렇게 나타난다.

아주 인접한 대략 170킬로 서쪽으로 떨어진 로마 지방 도시 마게도냐의 수도이며 총독 소재지인 데살로니가(지금의 살로니키) 교회의 시작을 위해서도 우리는 우선 사도행전에 의해 살펴볼 것이다(행 17, 1-10). 사도행전 저자에게서 목격자 보도의 흔적은 물론 볼 수 없고 모든 세부적인 것에 이르기까지 역사적 성실성을 기대할 수는 없다. 그런데도 이 보도는 이야기 줄거리로 아주 믿을 만한 중요한 모습을 제공한다. 여기서도 복음의 선포를 위한 거점은 유대인들과 이방 세계에서 넘어온 수많은 '신을 두려워하는' 자들의 회당이다. 바울의 설교는 특별히 그리스인들 중에서 추종자들을 얻었다. 그러나 이것은 곧 유대인들의 시기를 불러일으켰으며 그들은 불량배를 움직여 '왕'인 예수의 선교사들을 정치적 가이사에 반기를 드는 자들로 그 도시 관원에게 송사하게 한다. 고발된 자들이 곧 체포되지 않자 바울과 그의 동반자들을 체류시켰다는 이유로 야손이라는 자가 소환되었다. 야손은 다른 그리스도인들과 합해 보석금을 제공하고 석방된다. 바울과 실라는 급히 베뢰아를 향해 여행을 계속했다(참조. S. 98).

여기서도 누가는 그의 진술을 몇몇 사실에 한정시켜 강조하고 또 형식화했으며 바울의 활동 기간도 상당히 단축시켰다. 사도의 서신이 보도하는 바에 따르면, 그의 활동이 여러 달 동안 계속되었으리라는 것을 추측할 수 있다. 그는 그 동안에 어떤 사람에게도 폐를 끼치지 않고 생계 유지를 위해 힘겨운 노동을 해야 했다(살전 2, 9). 바울이 좀더 오래 데살로니가에 체류하지 않고서는 데살로니가전서 1장 7절에 칭찬하면서 언급한 것, 즉 그 교회가 주변 지방에 대해 빛을 발하고 있다는 것은 거의 생각할 수 없을 것이다. 급히 그곳을 떠나 베뢰아와 아덴에서 잠깐 머무른 후에 곧 고린도에서 기록한 이 서신(주후 50년)은 우리에게 보존된 가장 오래된 바울 서신이고 신약성서 전체 중에서 가장 옛것이다. 우리는 이 서신에서 바로 전에 일어난 일과 이 편지를 쓰게 된 동기를 알 수 있다. 즉 바울은 디모데를 아덴과 데살로니가로 돌려 보내면서 환난에 위협당하는 교회를 돕고 그 후에 사도에게 그 교회에 관해 보고하라고 명한다. 그 동안에 디모데는 고린도에 있는 그에게 좋은 소식을 전했다. 그 교회의 성실은 흔들리지 않고 교회는 신앙 위에 굳게 서 있다는 것이었다. 이것이 그가 그리워하면서 데살로니가로 돌아가고 싶게 한 새로운 이유였다(살전 3, 1-13). 그러나 우선 이 편지로 교회를 튼튼히 잡고자 한 것이다.

이 편지로 알 수 있는 것은 그 교회가 이방인들로 구성되어 있었다(살전 1, 9-10)는 것과 이방인 측으로부터 박해를 받았다는 것이다. 이것이 바로 유대에서 유대교인들에 의해 박해를 받은 교회들과 운명을 같이하는 교회이다(살전 2, 14-16). 바울은 교인들이 신앙으로 인해 당하는 고난에 관해서도 들었다. 즉 그들이 그리스도의 재림이 지연됨으로써 불안해하고 그 사이에 몇몇 죽은 자들의 운명, 말하자면 그들은 대망의 구원이 다가올 때 거기서 제외될 수 있지 않겠는가에 대해 염려한다는 것이다. 바울은 이 염려를 없애기 위해 힘쓰고(참조. 아래 S. 296) 그 때와 시기가 숨겨져 있는 주의 옴을 확신을 가지고 기다릴 것과, 주에게 속하는 '빛의 자녀'로서 냉철하고 성실하게 생활할 것을 권했다(살전 4, 13 이하, 5, 1 이하).

짧지만 데살로니가에 보낸 이 서신에서만큼 교회의 시작에 관한 것들을 직접 친근하게 접할 수 있는 다른 서신은 거의 없다. 이것은 어떤 시간적인 의미뿐 아니라 내용적인 의미에도 해당된다: 그의 관심은 아직 어린, 처음 시작할 때부터 위협받고 있는 교회를 지키려는 것이다. 그 시작은 신앙에의 돌파였고, 그 내용은 거의 교리문답서류(類)의 조목으로 종합되어 있다: "너희는 우상을 버리고 신에게 돌아와서 살아 계신, 참 신을 섬기며 그가 죽은 자들 중에서 일으킨 그의 아들 예수가 하늘로부터 내려오는 것을 기다리는 바 그는 우리를 오는 진노의 심판에서 구원할 것이다"(살전 1, 9-10). 교회가 사도의 소식을 놀랍게도 받아들인 데 대한 고마운 회상과, 이미 성장한 박해 속에서 확증된 그들의 신앙의 힘이 이 편지를 채우고 있다. 그들의 시선을 여기로 돌림으로써 최후의 미래에 대한 그들의 희망으로 그들에게 힘을 주려고 했다.

바울의 이 서신에서 다음 사실을 특별히 주목해야 한다. 즉 드물게 긴, 거의 편지의 절반을 차지하는 감사와 중보 기도에 그 자신의 사도적 활동에 대한 아주 인상적인 변호, 즉 그는 불순한 생각에서 그의 소식을 선전하고 입으로만 그의 청중에게 말하고 그 자신의 명성을 찾고, 말하자면 청중에게서 자신을 개인적으로 부유하게 만들려 한다는 어떤 의혹에 대한 자기 변호를 기록해 넣고 있다(살전 2, 3-6). 우리 생각에 그리스도의 사자에게는 자명한 것이었을 모든 것을 밝혀 주는 상세성은 현대 독자들에게는 번거롭게 느껴지지 않으면 우선 기이하게 느껴질 것이다. 그러나 만일 이 모든 표현들을 후기 고대에 일어난 당시 종교적 선전의 배경에 의거해서 이해한다면 이것들을 달리 판단할 수 있게 될 것이다. 당시 흔했던 이방 '선교사들'이 특히 헬레니즘 지역의 대도시들 중에서 바울과는 실제로 아주 다르게 등장해서 다른 방법으로 활동했다. 즉 그들은 서로 다른 관례를 가진 유랑 사도들과 이적을 행하는 자들로서, 이방 신들의 사자와 구원을 가져오는 자들로서 각기 그 나름의 옷차림과 말솜씨로 영에 사로잡혀 열광시키며, 그러나 그들의 신들의 이적의 힘을 찬양하고 군중을 유혹하면서 돈벌이에도 능하며 허풍을 떨기도 했다. 루키안(Lukian)과 필로스트

라투스(Philostratus), 그리고 또 다른 헬레니즘계의 문인들에 의해 이 인물들 중의 몇몇은 우리에게 이름까지도 알려져 있다. 그들이 복음의 위험한 경쟁자들이고 유포되어 있던 민중적인 견해에 의해 복음이 저 다른 것들과 함께 받아들여질 위험에 그리스도교 선교사들이 대처해야 했음은 의심할 여지가 없다. 아니 특히 바울 서신들 자체가 이미 그렇지만 다른 초기의 그리스도교적 문헌들도 얼마나 암암리에 이런 종류의 유행하는 선전이 그리스도교를 선교하는 일반 대표자들에게 영향을 주었으며 얼마나 위험하게 그들이 저 그 당시의 유행에 동화되었는가를 보여 준다. 우리가 고린도서와 갈라디아서, 빌립보서에서 듣는, 바울의 사도직에 대한 공격들과 의심 – 이것들이 물론 그리스도교 측으로부터의 공격들임을 명심할 것이다 – 은 이로써 볼 때 비로소 잘 이해된다. 데살로니가인들에게 부친 편지의 상황이 다른 편지들의 것과 다른 것은 물론 전자에서 바울에 대한 그리스도교 측의 교란자들에 관해 말이 없다는 점이다. 그러나 그가 저 언급된 경쟁자들의 미묘한 행동에서 자신의 일을 구별하는 이유는 충분했다. 그가 데살로니가인에 접근할 초기는 아주 생소했다. 즉 욕설과 굴욕을 당하며 빌립보에서 쫓겨난 이방인으로서 고달픈 낮과 밤의 노동을 통해 생활필수품을 겨우 장만하면서 그들에게 그의 신의 위풍당당한 위력을 증거한다는 것은 기이한 일이 아닐 수 없었다. 이러한 설교자가 우상 숭배로부터 참된, 살아 있는 신에게 돌아오라고 부르는 바 결정적인 의미에서 삶과 죽음을 결정짓는 신적인 소식을 전하는 자이겠는가? 자기의 사자들로 하여금 그렇게 천하게 세상을 방황하게 하며 신적인 능력을 보여 주는 모든 표시로 그들을 무장시키지 않는 신이 어찌 신이며 주이겠는가?

그러므로 그의 설교의 성과는 결코 자명한 것이 아니었다. 그 때문에 그 성과는 바울에게는 그만큼 더 감사할 수 있는 이유가 되었다. "너희가 우리들에게 전해 들은 신의 말을 받아들일 때에 사람의 말로서 아니하고 참된 것으로서, 즉 신의 말로서 받아들였으니 이 말이 지금은 또한 너희 믿는 자들 안에서 활동하며 증명되고 있다"(살전 2, 13). 즉 설교자와 설교의 인간성 자체가 위임된 소식에 대한 신적인 확인이다!

아덴은 그 자신의 서신의 진술에 따르면, 바울에게는(살전 3, 1) 단지 고린도로 가는 도중에 잠깐 거쳐 간 체류지일 뿐이다. 사도행전 저자가 비로소 바울의 이곳 체재를 회상하면서 저 유명한, 장황한 아레오파고 연설(행 17, 22-31)로 절정을 이룬 장면으로서 완성시켰다(행 17, 16-34). 이 장면은 그리스 정신의 중심부로서의 이 도시의 화려한 이름에 부응하면서 고대 교양 및 문화의 대표자들과 그리스도교 소식이 해후한 것을 서술하려는 것이었다. 누가는 이 때 그 도시의 토착신을 화제에 올려 놓고 그 도시의 정신적이고 종교적인 분위기에 관해 독자에게 생생한 인상을, 즉 그의 신전들과 신상들, 그의 철학도들과 그의 속담에 호기심이 많고 교육에 열심이고 토론을 즐기고 농담에도 익숙하지만 한편 어둡기도 한 대중에 관한 인상을 주려고 했다. 바울은 장터에서 그의 대화를 소크라테스처럼 펼쳤다. 그리고 그는 결국 '미주알고주알 따지는 자', 요설가로서 '낯선 신들'을 끌어들이려 한다는 이유로 배척을 받는다. 그 뒤에 저 유명한 장터 아레오파고에서 이를 얕보는 시민들에게 행한 긴 연설이 따른다. 이미 이 출연의 무대가 실례적으로 이 장면의 의미를 분명히 보여 주고 있다.

이 연설 자체는 저자가 대가답게 능란하게 처리한 서술의 산물이고, 그 내용에 의하면 사도 후기의 설교와 신학에 대한 출중한 증거이기는 하나 역사적 바울의 것은 아니다. 이 연설의 특징은 누가의 '바울'이 제단에 새겨진 '알지 못하는 신에게'라는 비문에 연결시키면서 다음 사상들과 주제들을 받아들이고 있는 점이다. 이것들은 이미 후기 고전적인 종교 철학과 종교 비판이 준비한 것이며, 헬레니즘적이고 유대교적인 신학이 이미 그리스도교적 신학 이전에 자발적으로 자기 것을 만들어 구약성서의 사상들과 결합시킨 것이다. 신은 성전과 재물을 필요로 하지 않고 인간의 손에 의한 모습들에 의해 파악되지 않으나 그는 온 우주를 시간과 경계들로 질서를 잡고 전체를 생명과 영으로 지배하며 그와 유사하게 그 안에서 사는 인간들에게 그를 찾아 발견하도록 책임을 지웠다는 것이다. 이 사상들은 아레오파고 연설에서 처음으로 아주 변호적인 방식이 아닌 적극적인 방식으로 결합된다. 유사한 헬레니즘적이고 유대교적인 증언들과 주후 2세기의 그리스도교적 호교론들의 많은 문헌들은 이와는 달리 변호적으로 결합되어 있다. 여기에서 그 소식의 특수한 그리스도교적 내용은 사도행전 17장의 연설에서 우선은 완전히 후퇴하고 있다. 모든 사람들은 그 근원을 신에게 두고 있다는 사상이 스토아적이고 그리스적인 시인(詩人)을 인용해 고정되었다. 아주 끝에서 비로소 예수의 이름이 신에 의해 정해진 세계 심판자로서 나타나고 심판과 죽은 자들의 부활이 선포되는데 이것은 곧 청중의 조롱을 유발한다.

이 결어에서도, 역사적 바울의 이해에서의 그리스도교적 소식이 자연적 인간의 사유에 모순된다는 데 관한 어떤 것이 분명히 보일지라도 사도행전 17장에 있는 아레오파고 연설의 기본 사상과 주도적인 주제들은 자연적이고 합리적인 신 인식과 인간 자체가 신과 유사하다는 데에 있다. 물론 바울도 그의 서신들 중에서 신은 자신을 그의 지은 것들 중에서 모든 사람에게 계시하고 "이성의 눈으로 보이게 했다"는 사상을 중요하게 이용했으나 그가 그것을 통해 얻어 낸 결론은 모든 인간이 그 앞에서 책임을 피할 수 없다(롬 1, 20-21)는 것이었다. 이에 반해 아레오파고 연설은 오직 신이 모르는 척 지나쳐 버릴 무지의 때에 관해서만 말한다(행 17, 30). 그러므로 아레오파고 연설의 주인은 역사적 바울과 구별된다. 즉 유대인에게는 꺼려지는 것이고 그리스인에게는 어리석은 것인 십자가의 그리스도(고전 1, 23)가 사도행전 17장에서 아무런 역할도 하지 못하고 있다. 그러므로 여기에서도 인간이 자연적으로 신과 유사하다는 데 관해 전혀 달리 말하고 있는 것이다. 즉 바울에게서처럼, 인간을 받아들인 것은 신에 의한 이적이고 신의 자녀가 된 것은 그리스도 때문이라고 말하지 않는다.

이 두 견해는 서로 조화되지 않는다. 다음과 같은, 곧잘 이용되는 도피구도 근거가 못 된다. 즉 바울이 아덴에서 한번 다른 방법으로 선포를 시도하되 그곳 청중에 맞도록 잘 조절해 말했는데 이것이 실패로 돌아가자 그 시간부터는 더욱 결심을 굳혀 '십자가의 말'만을 내세우고 어떤 종류의 헬레니즘적 지혜에 관한 말도 포기했다는 것이다(고전 1, 18 이하). 이것은 그가 설교자로서, 말하자면 그 자신의 말에 따라 그에게 결정적인 중심에 해당하고 모든 변형에 무관하게 그의 서신들 중에서 변함없이 관철되고 있는 핵심에 여전히 머물면서 그렇게도 또 다르게도 말할 수 있었다는 것을 전제한 경우일 것이다. 그러므로 오늘의 역사가와 신학자는 부득이 물론 위대한 전통적인 모습을 그 나름으로 문제시해야 한다. 바울이 실제로 아덴에서 설교를 했다면 – 이것은 그의 서신 중에서 언급되지 않았지만 아주 가능하고 역사적 핵심으로 누가 서술의 밑바탕에 놓여 있는 것인데 – 사실 그가 실패했었다고 추측해도 무방할 것이다. 누가도 그곳 교회 건립에 관해 아무 말도 하지 않고 있다. 그러나 실패했다면 그리스적 교육과 철학을 감안한 시도에 의한 것이 아니라 그가 어디서나 선포한 같은 복음, 즉 범죄와 은혜, 신의 진노와 그리스도의 십자가에서 열린 구원에 관한 소식에 의한 것이다. 나중에 회고하면서 기록한 고린도전서의 다음 구절들 중에 아덴에서 겪은 어려운 경험들에 관한 것이 아직 흔적을 남기고 있는 것 같다: "내가 너희에게 갔을 때 나는 신의 증거를 유창한 말이나 지혜에 의해 선포하지 아니했다. 내가 너희 중에서 예수 그리스도, 말하자면 십자가에 못 박힌 자 이외에는 아무것도 알지 아니하기로 했기 때문이다. 그리고 나는 약함과 두려움을 가지고 그리고 몹시 겁을 먹고 너희 중에 나타났고 내 말과 내 설교는 설득적인 지혜의 말이 아니라 영과 능력의 지시에 의해 일어났다"(고전 2, 1-4).

제8장

고린도

고린도에서 비로소 우리는 다시 확고한 역사적인 토대에 들어선다. 사도행전은 이를 위해 그의 보도에서 이의 없는 믿을 만한 자세한 설명을 제공한다(행 18, 1-17). 물론 여기서는 바울 자신의 서신들이 비교할 수 없는 높은 가치를 지닌다. 그것들은 수년이 지난 후에 그 전 일을 회고하는 것이기는 하지만 사도가 바로 이 교회와 함께 그의 선교 활동의 마지막까지 체험하고 싸워야 했던 아주 생동적인 역사를 반영시키고 있다. 이 모든 것들에 관해 누가의 보도는 아무것도 말해 주지 않는다. 그러나 교회의 시초에 관한 그의 진술들은 중요하다.

고린도는 여전히 유명하기는 할지라도 이미 오래 전에 정치적으로 무의미하게 된 문화의 도시 아덴과는 성격이 전혀 다른 도시이다. 이 도시는 제3차 포에니 전쟁에서 완전히 파괴된 후 주전 1세기 가이사(Caesar) 치하에 재건되었으며 주전 27년 이래 로마 제국의 아가야 지방(즉 그리스의 중남부)의 수도이고 총독 주둔지인데 바울 시대에는 아주 부유하고 현대적인 교통 및 상업 도시였으며 해협 나루터에 위치한 덕으로 물품들이 여기에 하적되었고, 이 두 항구를 통해 서쪽으로는 아드리아와 동쪽으로는 아가야를 향해 열려 있었다. 여러 민족들로 혼합된 이방인 주민들 중에는 명망 있는 유대인들도 있었다. 초기 또는 후기의 수많은 고전 문인들 – 아리스토텔레스(Aristoteles), 스트라본(Strabon), 파우사니아스(Pausanias), 호라츠(Horaz), 아풀레이우스(Apuleius) 등 – 의 기록들과 새로 발굴된 고적들은 그 거대한 장터와 신전들, 연예장들, 목욕장들에서의 그들의 생활에 관해 말하고 있으며, 도시의 그 유명한 부도덕한 생활에 관해서도 분명한 모습을 제공하고 있다. 성문 앞에서 연출되는 고린도 특유의 연극들도 많은 방문객들의 인기를 끌었다(비교. Schiller의 "Kraniche des Ibicus"). 이러한 배경에서 바로 고린도 서신들이 자세히 거론하고 있는 많은 종교적 · 사회적 · 윤리적인 문제들과 그 교회의 심한 무산계급적 성격에 관한 진술(고전 1, 26 이하)이 이해된다.

고린도에서 바울은 그의 유대인 동료 아굴라의 천막 제조업소에서 노동을 하며 그의 집에 투숙했다. 아굴라와 그의 아내 브리스가는 이미 언급한 바 글라우디오(Claudius-Ediktes)의 추방령에 의해 로마에서 이민해 오기 전에(행 18, 2 ; 비교. 위, S. 98) 이미 그리스도인이었음이 틀림없다. 그들의 로마로부터의 추방은 로마 유대인 중에서 그리스도교적 소식에 의해 야기된 소동에 의한 것일 수도 있다. 수에톤(Sueton)의 시저 전기 중(Vita Claudii 25, 4)에는 아주 분명하지는 않지만 이런 의미로 해석될 수 있는 메모가 있다. 이 이주 부부가 바울과 고린도 교회를 위해서뿐 아니라 그들이 그 후 곧 다시 이주한 에베소에서도 그들의 신앙과 그들의 도움, 희생적 자발성으로 인해 매우 중요했다는 사실을 로마서 16장 4절과 고린도전서 16장 19절에서도 인식된다. 실라와 디모데에 의해 전해진, 마게도냐 교회들로부터의 금전적인 도움으로 바울은 선포와 선교 사업에만 전념할 수 있었다(행 18, 5). 이 일은 여기서도 유대인들과의 분쟁을 일으켰고 사도는 그의 일을 회당으로부터 '신을 경외하는 자' 디도 유스도(Titius Justus)의 개인 집으로 옮겨야 했다. 이렇게 해서 유대인들과 특히 이방인들로 이루어진 교회들이 급속도로 늘어났다. 바울은 1년 반 동안 여기 고린도에서 활동할 수 있었다. 그 후 유대인들은 소란을 피우고 바울을 새로 부임한 총독 갈리오(Gallio)에게 국가 반역자로 고발했다. 그러나 갈리오는 그들의 고발을 기각했으며, 그 분쟁을 유대교 내의 일로 선언하고 자기가 관여할 일이 아님을 명백히 했다. 그 결과 지금도 아직 보존되어 있는 총독의 '베마'(재판석) 앞 장터에 모인 군중의 분노는 결국 유대인들 자신에게로 향해졌고 그들의 주동자들 중에서 한 사람은 태형을 받는 반면 바울과 그리스도 교회는 해를 입지 않게 되었다. 이 소란 후에도 사도는 며칠 그 도시에 머물다가 아굴라 및 브리스가와 함께 에베소로 갔는데 그곳에서부터 바울은 혼자 팔레스틴과 안디옥으로 여행했다가 다시 에베소로 돌아왔다. 이에 관한 사도행전의 보도는 아주 간략하다. 그것은 단지 통과 지점만 전하는데 바울이 도중에 다시 거쳐간 지역은 이미 전에 선교된 갈라디아 지방과 브루기아 지방 교회들이다. 바울의 오랜 동안의 에베소 체재에서 비로소 사도행전 저자는 다시 더 상세한 서술을 제공한다.

우리는 여기서 우선 고린도 교회와 바울이 첫 이별을 한 이후(주후 51년) 고린도 사람들과 광범위하게 연락을 주고받기까지 고린도 교회의 발전을 추적할 것이다. 이 교회는 어떻게 성장했는가? 아마도 54년 봄에 에베소(고전 16, 8)에서 기록한 고린도전서와 이미 그 직전에 보낸 짧은 서신—바울이 이 편지에 대해 분명히 언급하고 있는 바(고전 5, 9)—은 그 교회의 그 이후 및 현재의 생활에 관해 거의 혼란에 가까운 복잡한 모습을 제공한다. 사도는 여기서 일부는 구전으로 일부는 교회의 서신을 통해서 그에게 전달된 일련의 보도들과 질문들에 대해 대답하고 있다. 그러므로 고린도 서신들을 이해하는 것은 그 편지들이 관여하고 있는 상황과 문제들을 분명히 할 때에만 가능하다. 물론 그 경우에 이 서신들이 해석자에게 제공하는 난점들도 우리는 경험할 것이다. 해석자는 자주 대답들로부터 질문들을, 암시와 풍자들로부터 해당 인물들과 현상들을 추측해야 하기 때문이다.

우리는 사도행전에서 그 동안 알렉산드리아 태생으로 신자가 된 다른 유대인 아볼로에 관해 듣는다. 그는 영적인 사람이며 화술에 천재적인 사람으로 교회를 보살피기 위해 에베소에서 고린도로 파견된 자이다(행 18, 24 이하 ; 19, 1). 사도도 고린도전서에서 거듭 그에 관해 언급하고(1, 12 ; 3, 4 이하. 22 ; 4, 6 ; 16, 12), 말하자면 그를 인정하고 있는데, 그는 바울 자신에 의하지 않고 그의 출생지로 인해 신자가 되었기 때문에 많은 관점에서 사도와 다르면서도 그를 무조건 따르는 독자성을 지닌 추종자였다는 것(고전 1, 12)을 가상할 수 있다. 그 후 곧 시작된 교회 분열의 책임을 그와 그의 가르침에 돌릴 만한 이유는 전혀 없다. 바울이 그 편지를 썼을 때 그는 바울과 함께 에베소에 있었다. 그리고 바울 자신은 처음에는 성과가 없었지만, 다른 사람들과 함께 위험하게 된 고린도에 돌아가기를 그에게 권했다(16, 12).

여하간 바울이 떠난 이후 그곳 교회는 놀랍게 성장했고 활동적이었으며 결코 종교적인 가난과 불모에 떨어지지 않았다(1, 4-9). 그럼에도 불구하고 이 교회는 혼돈된 모습을 제공하고 있다. 교회의 풍요로움이 교회에 큰 위험으로 변한 것이다. 그래서 사도는 교회에 당부를 하면서 또한 예리하게 비판하게 된다. 그가 자세히 언급한 첫 질문(고전 1-4장)은 이미 그 교회가 바울 자신에 의해 닦여진 토대로부터 빗나가 있었다는 것을 보여 준다. 이 교회는 경쟁적인 여러 파로 분열되어 있고, 그리스도의 몸, 즉 교회의 통일성이 위협을 받고 있다. 이 당파들의 서로 다른 점은 그들의 투쟁 구호를 통해서 세부적으로 인식될 수는 이미 없다: "나는 바울에게, 나는 아볼로에게, 나는 게바에게, 나는 그리스도에게 속한다"(고전 1, 12). 그러나 특수한 것은 바울이 그들의 다양한 견해와 경향에 관해 토론하거나 서로의 정당성을 인증하는 것을 생각하지 않고 있다는 점이다. 그들 자신의 추종자들을 포함한 모든 당파에 드러난 것은 십자가에 달린 그리스도에 관한 소식이 그들에게서 사라지고 과장된, 이른바 영적인 그러나 사실은 극히 인간적인 진리에 의해 대치되었다는 것이다. 영적인 경험과 지식들에 휩싸여서 고린도인들은 그들의 자유의 근거와 한계로서의 그리스도를 시야에서 잃고 자신을 스스로 인간적인 '권위들'에 팔아 넘긴 것이다(고전 3, 21 이하).

그 당파들의 구성과 논쟁의 출발점이 무엇이든지 간에 어떻게 싸웠든 간에 교회 생활에 개입한 열광주의는 바울에 의해 고린도전서에서 처리되어야 했던, 참으로 위험한 현상이었다. 이 열광주의자들은 다른 사람들에 대해 그들만이 이미 '완전한' 상태에 도달했고 '영'과 '지식'을 소유했다고 자랑했다(고전 2, 6 ; 3, 1 이하 ; 8, 1). 이 때 그들이 주장한 것은 지성적인 인식이 아니고 밀의 종교들과 영지주의에서와 같이 신적인 세계의 힘에 참여하게 하고 하층 세계의 궤도로부터, 운명 및 죽음의 세력으로부터 해방시켜 준다는 계시 인식이었다.

고린도 교회에서 이 운동의 출현은 결코 사소한 주변 현상이 아니었다. 확실히 이 운동에 의해서만은 아니지만 주로 영으로 충만한 자들의 주장과 요구에 의해 일련의 문제들이 제기되었는데, 이 문제들은 공동체 전체와 관련되고 고조되고 위험하게 되고 시급하게 되어 위태로운 고비를 야기했다. 이것들은 새로 세워진 헬레니즘계 교회가 아직 일상 영역에 이르기까지 그 자신의 이방적인 과거 및 주변과 엉켜 있었다는 것을, 그리고 그것이 신앙의 힘에서 나온 확고한, 타당한 척도들에 의해 그의 삶을 아직 굳건히 할 수 없었다는 것을 보여 준다.

바울이 그의 편지에서 언급해야 했던 문제들은 아주 평범한 것, 이른바 식단과 시장 보는 일에 관한 것에서부터 우리의 개념들로 충분히 대치될 수 있는 것들이다. 즉 사교의 훈련에 관한 것, 현재의 사회적 차별을 교회 안에서 조절하는 데 관한 것, 이방 영역에서 전해 들어온 도덕과 협약에 의한 생활 실천에 관한 것, 그리고 그리스도교적 공동성, 그 예배, 신앙, 희망에 관한 본래적인 문제들에 관한 것에 이른다.

현대의 독자들은 그의 주변 세계 한가운데서의 그리스도인의 바른 행동에 관한 포괄적이며 주도적인 문제, 그에게 주어진 자유와 그의 한계에 관한, 그가 주저하지 않고 행할 수 있는 것과 그리스도인으로서 그에게 금지되어 있는 것에 관한 이러한 문제가, 예측하지 못한 고린도에서 다양하게 폭발했다는 사실에 놀랄 것이다. 이 사정은 초기 그리스도교의 고대 주변 세계에는 이방적인 것, 제의적인 것, 그리고 세속적인 것의 영역들이 전혀 다르게 침투되어 있었다는 것으로 우선 이해될 수 있다. 이로부터 가령 왜 바울이 고린도전서 8-10장에서 그렇게 자세히 고린도인들에게 결코 중요하지 않은 문제, 즉 그리스도인으로서 시장에서 파는 고기, 말하자면 인접한 신전에서 제사드린 제물로서 정육점에 입수되었을 수 있는 고기를 먹어도 좋은가라는 문제를 다루었는지도 또한 이해될 것이다. 혹은 그리스도인이 마음놓고 제물에 관련된 식사를 이방인 친구들 및 친척들과 함께 할 수 있는가, 없는가 하는 문제도 이해될 것이다.

'영으로 충만한 자들'은 이 문제들과 다른 일상적인 문제들에 대해 "모든 것이 허락되어 있다"(고전 6, 12 ; 10, 23)는 일반적인, 태연한 대답을 주었고, 모든 '더럽힘'에 대해 의혹적인 불안으로 또는 엄격한 금욕으로 그들의 신앙을 지키려는 다른 사람들과는 달리 그들의 자유를 무제한 과시했다. 그뿐만 아니라 영을 주장하는 자들은 그들의 자유라는 구호로 통속적인 이방인의 견지에 따를 때 물론 이상할 것이 없는 매춘부들과의 성행위를 관대히 변호했다. 왜 그리스도인은 이런 데에서 방해받아야 하는가? 이런 극히 자연스러운 저속한 일들은 영으로 충만한 자의 참 '자아'를 결코 해할 수 없을 것이 아닌가(고전 6, 12 이하).

바울은 자신에게 제기된 문제들에 관해 법조문적으로 율법적으로 다루지 않고 신앙에서 일어날 수 있는 곳에서는 자유를 준다. 그러나 그리스도교적인 자유를 빙자해 드러내 놓고 창녀를 사는 곳, 모든 사람을 위해 설사 이방인들 중에서일지라도, 타당한 윤리적인 기본 명제들을 침해하는 곳(고전 5, 1 이하), 그리스도에 의해 믿는 자들에게 열려진 새로운 삶이 침해당하는 곳(고전 6, 1 이하 등)에서는 그만큼 더 엄격하게 거부한다고 말한다.

고린도전서 8-10장은 특히 주의할 만하다. 바울은 여기에서 열광주의자들이 자신을 변호하는 모든 거짓 신학적 논증들을 얼마나 단호하게 멸시하고, 제기된 문제들을 신과 주변 세계 앞에 져야 할 다른 사람을 위한 책임이라는 주제하에서 얼마나 단호하게 다루었는가를 보여 주기 때문이다. 이것은 고린도에서 시급한 예배의 오해에 관해 자세하게 설명하는 데에서도, 아니 바로 여기에서 볼 수 있다. 이곳에서도 성만찬을 통해 그리스도에게서 일어난 구원에 참여한다는 신념하에 주의 만찬이 베풀어진 것은 확실하나 부유한 사람들이 이 만찬에 수반된 공동 식사에서 가난한 자들, 늦게 오는 자들, 아무것도 가지지 않은 자들을 배려하지 않았다. 바울에 의하면, 이것은 그리스도의 '몸'인 교회를 수치스럽게 하는 일이다(고전 10장과 11장; 참조. 아래 S.259 이하). 이와 마찬가지로 그는 예배 때 황홀경에서 연설하는 데 몰두하는 영 소유자들의 소란한 경쟁에 반대하고 이성적인 분명한 말로 선포함으로 인해 아직 멀리 있는 자들과 불신자들을 설복하고 그들을 감화시킬 것을 종용했다.

열광주의자들의 특징은 그들이 다른 사람들에 대한 책임적인 관계에 주의하지 않고, 그리스도인의 삶에 부과된 시간적이며 역사적인 한계를 넘어서려는 데 있다. 이 편지의 긴 15장이 영에서 이미 신의 피안적 세계에 참여하고 있다고 믿은 자들에 대해(고전 4, 8!), 죽은 자들의 부활의 미래성을 변호한 이유가 여기에 있다. 고린도 교회에서 무성해진 열광주의의 현상들이 그렇게 혼란스럽고 기이하게 여러 갈래로 나뉘어 있는 만큼, 그리고 사도의 이에 대한 대답들과 지시들도 그렇게 상이한 만큼 그의 서신을 전체적으로 관통하는 핵심 역시 분명하다. 이 핵심은 이른바 사소한 것과 개체적인 것도 근본적인 것에 끌어들여 구원 소식의 전체에서 그것을 평가한다. 이 핵심을 주도하는 것은 인간의 지혜를 부끄럽게 하는 '신의 어리석음'으로서의 십자가에 달린 자에 관한 구원의 말이다; 그것은 사랑 안에서 다른 사람을 위한 눈을 비로소, 그리고 진정으로 열어 주는 실제적인 자유이다(비교, 고전 13장); 그리고 모든 광신에 대해 이성에 돌아올 것을 호소하는 부름이다; 시간성의 한계와 비로소 전 인간의 갱신을 초래할 미래의 소식을 분명하게 회상시키는 것이다.

바울은 이른바 고린도전서 – 이 서신은 사실 고린도전서 5장 9절이 말해 주는 바와 같이 적어도 그 교회에 보내진 두 번째 서신이다 – 로 이 광란에 힘주어 관여함으로써 질서를 되찾으려고 했을 뿐 아니라 그의 충직한 조력자 디모데를 고린도에 파견하기까지 했다(4, 17 ; 16, 5 이하). 처음에는 이 두 수단이 영향을 끼치지 못하는 것 같지는 않다. 그러나 이른바 고린도후서는, 저 영향이 오래가지 못했다는 것과 그가 그 후 곧 새로운, 훨씬 더 날카로운 싸움의 단계, 즉 교회를 어지럽히고 사도 자신에게도 반기를 든 적들과의 싸움의 단계에 깊이 관여했음을 보여 준다.

이 극적인 사건들의 동기와 과정은 다음에 파악되겠지만 우리 신약성서 정경에서 고린도후서로 표시된 글을 통일적이고 일관성 있는 증서로 이해하지 않고 시간과 상황을 달리해서 기록된, 바울이 고린도에 보낸 많은 서신들의 수집물, 즉 다른 교회에 회람시킬 목적으로 후세 사람에 의해 편집된 수집물로 이해하면 적어도 개략적으로는 재생될 수 있을 것이다(이 가정의 이유와 고린도 '후서'의 문헌학적 분석에 관해서는, 비교. 보설 II).

이 새로운 투쟁은 바울이 고린도전서를 보낸 후 '그리스도교의' 유랑 설교자들이 고린도에 등장함으로써 유발되었다. 그들의 등장은 아주 최근의 일로 밖으로부터 침투된 것인데 다른 교회들의 추천으로 무장함으로써 그들이 자기 자신들을 강력하게 추천했다는 사실은 바울의 많은 표현들을 통해서 추론된다(고후 3, 1 ; 10, 12 이하 ; 11, 4, 22 이하). 그들도 자신을 '사도'와 '그리스도의 종'이라고 부르고 (고후 11, 5, 23 ; 12, 11) 바울처럼 선택된 이스라엘 백성으로부터 나왔음을 주장하는데(고후 11, 22) 바울도 이 사실은 부인할 수 없었다. 여기에서 알 수 있는 것은 사도라는 개념이 원그리스도 교회에서 아직 12제자단에 한정되어 있지 않았다는 것이다; 이 한정된 의미에서 바울 서신들에도 이 개념이 사용된 일은 없다. 그렇게 한정된 것은 산발적으로 마태복음서에서 비로소 나타나고(마 10, 2) 특별히 자주 누가 문헌들에 나타나는데 그 이후 우리의 교회 전통에 이르기까지 역사가 되었다. 바울은 물론 다른 원그리스도교적 견해 또는 그의 적들의 견해에 의하면, 사도는 부활하고 승천한 그리스도에 의해 파견된 선교사이다. 바울의 고린도서와 다른 서신들이 보여 주는 바와 같이 오직 이 공통적인 토대 위에서만 참된 사도의 합법성과 거짓 사도의 표지에 대한 문제가 정열적으로 제기될 수 있었고 제기될 수밖에 없었다.

우리는 이미 데살로니가전서에서 이 문제가 후기 고전 시대와 그들의 종교적 선전에서 얼마나 긴급하게 제기되었는가를 보았다. 여기서 바울은 물론 이방 세계의 신적인 이적을 행하는 자들에 대해 자신의 사도직의 합법성을 변호해야 했었다. 이에 반해 고린도에서는 그리스도교 선교사들이 있었는데 이들은 그들의 이방인 경쟁자들과 비슷하게 행동하며 바울과 그의 복음을 멸시하고 드러내 놓고 그에게 도전했다. 그들의 척도들에 의하면, 바울에게는 그리스도에 의해 위임된 참 사도의 표지들이 없었다. 그들은 자기들에게 이 표지들이 있음을 주장했고 그것들로 그들의 인상을 교회에 심었다. 바울은 하늘의 놀라운 계시들과 이적들, 설득력 있는 '영'의 현현에 관해 무엇을 보여 주었는가(고후 12, 1 이하)? 그는 약하고 가난하게 등장하고 영의 작용에 의한 연설에서 말이 어눌하고 먼 곳에서 보내는 편지들에서만 용기를 가진 자가 아니었던가(고후 10, 1 ; 11, 6)?

적들의 비방이 수많은, 부분적으로는 글자 그대로 바울에게서 암시되어 보여지는 바와 같이, 아주 저속한 욕설까지도 사양하지 않았다고 해서 그들의 모습을 너무 값싸게 풍자화해서는 안 된다. 여하간 그들은 고린도 교회에서 '빛의 천사'와 '의(義)의 종'(고후 11, 14-15)으로서 현저한 인상을 주었고, 그 교회를 위해서는 바울 자신의 말대로 하면 – 그는 그것을 정반대로 이해하지만 – '영과 능력을 증명'(고전 2, 4)할 필요는 없었다. 그러므로 부득이하고, 그의 뜻에 반대되기는 하지만, 바울은 자신을 그들과 비교해야 했고, 그도 적들의 장점들에 견줄 수 있다고 '어리석은 자'처럼 자랑해야 했다. 그러나 그는 이것을 원치 않았다. 왜냐하면 그들에게 조롱당하는 약함이 바로 그의 자랑이기 때문이다. 여기서 그리스도의 능력은 완성된다(고후 12, 9).

그가 '자랑'으로 여긴 것은 바로 그의 선포에 의해 신앙에로 일깨워진 교회이며, 그의 나날의 노동의 피로이며 그가 그의 일에서 경험한 수난과 박해의 연속이다. 이것이 그에게는 참 '사도의 표지'이다. 적들에 의한 복음의 날조와 이기적 착취에 대해 그는 이렇게 주장한다: "우리는 많은 사람들처럼 신의 말을 혼잡하게 하지 아니하고 곧 순전함으로 신에게 받은 것같이 신 앞에서와 그리스도 안에서 말한다"(고후 2, 17). 그는 이 말로 자칭 그리스도의 사도들에게서 가면을 벗겨 내고 그들을 거짓 사도, 사탄의 사자로 폭로한다(고후 11, 13 이하). 모든 것에서 분명히 드러나는 것은 그의 사도직의 승인을 위한, 불가피했던 그의 투쟁이 그의 개인적 영예에 관계된 것만은 아니었다는 것이다. 다른 곳에서 그 자신은 큰 자유의 확신 속에서 개인적인 친구도 적도 그에게는 마찬가지였다: "만일 오직 어떤 방법으로든, 구실로든, 진실로든, 그리스도만이 선포된다면 그런 것이 무엇이겠는가"(빌 1, 18). 그는 자신에 대한 모든 과대 평가를 거부했다: "아볼로는 무엇이며 바울은 무엇이냐? 그들은 너희로 믿게 하는 종이다"(고전 3, 5). 그러나 지금은 새로운 적들이 고린도에서 교란을 일삼는데 직면해 – 이 교란의 토대는 이미 그 전의 열광주의적인 조류들에 의해 불행하게 준비되었던 것인데 – 바울은 그의 사도직의 옹호와 함께 그의 복음과 그리스도인됨의 이해 전반을 위해 싸워야 했다.

전후하여 차례로 기록된, 고린도 '후서'에 보존되어 있는 서신 단편들은 사도에게 강요된 투쟁의 과정과 단계를 좀더 분명히 인식하게 해 준다. 그들의 활동이 처음 시작되고 교회는 아직 그들의 손에 완전히 빠져 들어가기 전에 그는 그 적들과 그들의 선동에 관해 들었음이 분명하다. 이 때 저 긴 편지 부분 고린도후서 2장 14절~7장 4절이 기록되었음이 확실하다. 바울은 여기에서 이미 그의 사도직을 변호하고 거짓 사도들에 대해 격렬하게 항의하지만 역시 월등한 자로서 교회를 잃지 않고 각성시킬 수 있다는 확신 속에서 하고 있다(고후 6, 11-12; 7, 4). 그러나 그의 편지는 바람직한 성과를 거두지 못하고 적들의 선동하에 있는 사정을 오히려 긴장시키는 결과에 이르고 이전 계획에 반해 긴급하게 고린도를 방문할 것을 결심해야 했다. 그러나 이 방문은 슬픔을 빚어내는 방문이었다. 그는 교회가 자신에 대해 내놓고 반대하는 것을 보았다. 교회의 중심 인물 중에 사주당한 자가 그에게 그런 불의를 가했다(고후 2, 5; 7, 12). ─ 개인적인 모독의 의미에서뿐 아니라 그의 사도직 위임 자체의 모독이라는 의미에서 ─ 그래서 그는 오래 머무를 수도 없었다. 일을 성취시키지 못하고 에베소에 돌아와 크게 흥분한 그는 그곳으로부터 "마음의 큰 고뇌와 불안으로 많은 눈물을 흘리면서"(고후 2, 4) 고린도에 다시 편지를 썼다. 오래 전부터 많은 학자들에 의해 받아들여진 바 이 편지의 가장 중요한 부분이 고린도후서 10장부터 13장에 들어 있다. 바울은 이 부분에서 거의 절망적인 싸움을 계속하고 있는데 이는 거짓 영주의자들뿐 아니라 그들의 선동에 거의 절망적으로 휩싸여 버린 교회에 대한 싸움이었다(고후 11, 20-21). 이 감동적이며 또한 감동시키는 편지에 관련시켜 바울은 디도를 이 반란적인 교회에 보내어 그들을 다시 바로잡기 위한 어려운 임무를 맡기고 그 자신은 소아시아 지방 체재를 앞당겨 중단하고 마게도냐까지 가서 그의 임무의 성과에 대한 보고를 받기 위해서 초조하게 디도를 기다렸다. 아주 예리하면서도 최후의 것이기도 한 사도의 서신과 그의 동역자의 파견, 이 두 가지 사건은 실제로 영향력을 잃지 않았다. 교회는 깨닫고 돌아와서 이제는 이를 위한, 생각할 수 있는 모든 증거를 그들의 사도에게 제공하려고 했다. 한편 바울은 이제 아주 너그러운 화해의 편지를 고린도인들에게 써 보낼 수 있었다. 그리고 그들에게 간곡히 부탁했다. 즉 그에게 참을 수 없는 고통을 준 저 교인도 그가 그들에게 이미 행한 것과 같이 용서하라는 것이었다. 이 화해의 편지가 고린도후서 1장 1절~2장 14절, 그리고 7장 5-16절의 대부분이고, 여기서 우리는 지금까지 서술한 사건들의 모습을 회고할 수 있다. 바울은 마게도냐로부터 – 그가 그것을 이미 고린도후서 13장 1절과 9장 3-4절에서 예고하는 바와 같이 – 세 번째 그리고 마지막 고린도 여행을 하는데 이 때 평온한 교회를 만나게 된다. 여하간 이 마지막 체재 때 기록된 로마서는 분쟁과 격동의 흔적을 보여 주지 않는다.

제9장

에베소

바울이 고린도에서 겪은 이 격동적인 역사는 그가 에베소에서 여러 해 동안 활동한 것의 일부이기도 하다. 사도행전은 그의 에베소 체재를 2~3년간으로 보도하는데(행 19, 8-10 ; 20, 31) 물론 믿을 만하다. 그러나 연관성 있는, 역사적으로 믿을 만한 서술은 여기에서 얻을 수 없다. 몇몇 쓸 만한 지명 보도를 제외하면 사도행전 저자는 에베소를 위해 일률적으로 평가될 수 없는 아주 적은 사료밖에 가지고 있지 않았음이 분명하다. 즉 전설적으로 각색된 삽화와 일화들, 여기저기에 흩어져 있는 몇몇 변조된 회상문들이 있다. 누가는 이 모든 것으로 그 자신의 기술 – 여기서도 저 유명한 소아시아의 수도라는 장소의 성격도 고려되지 않은 바 아닌데 – 에 의해 어느 정도 마무리된 위품 있는 모습을 그릴 수 있었다(행 19장). 여기의 모든 것은 이 위대한 선교자, 아시아의 모든(!) 주민, 즉 이방인과 그리스인의 선교사의 위용을 그의 소식과 함께 그리는 것을 목표로 하고 있다. 이적을 행하는 그의 능력은 엄청나 그에게 닿은 땀수건과 손수건을 병자들 위에 덮는 것만으로도 곧 병은 물러가고 악한 영들로부터 벗어난다. 유대인 마술사들이, 예수의 이름으로 바울이 행하는 같은 일을 행하고자 하나 가련하게도 좌절하고 만다. 그의 성과는 대단해서 군중은 마술과 관계

없음을 맹세하고 법정을 열어 고대에서 잘 알려진 그들의 고대 막중한 마술서들(50,000 은 데나리온)을 모든 사람 앞에서 불사른다. 그는 소종파도 극복하고 세례 요한의 제자들을 참 신앙으로 인도한다. 그리고 그의 선포로 그는 아데미스의 예배를 뒤흔들었는데 이 신은 에베소에 한 신전을 가지고 있었으며 세계의 일곱 이적에 속하는 것이었다. 성물(聖物) 공장, 즉 여행기념물 공장을 경영하는 데메드리오의 영업도 망쳤다. 이 사람은 그의 공장원들을 선동했고, 그 공장원들은 "에베소 사람의 아데미스여, 크도다!"라고 소리쳐 백성을 봉기하게 했다. 사람들은 극장 안에 모였다. 어떤 유대인 하나가 광포한 군중을 만류했으나 실패한다. 결국 그 시의 관원들의 대표자에 의해 진압된다. 즉 바울과 그의 동반자들은 성전 도둑도, 신들의 모독자들도 아니다. 그리고 데메드리오와 그 일당이 고발한다면 정규의 법정이 그것을 결정지을 것이며, 백성이 총독에게 이 소란에 대해 책임을 질 필요는 없다는 것이다. 바울 자신은 이 소동에 전혀 가담하지 않고 흔들린 이방 세계와 나약한 유대교에 대한 승리자로서 분연히 그 도시를 떠날 수 있었다.

사도행전이 전하는 바와 같이 바울이 에베소에서 활동했다는 이 서술은 거의 역사적이 아니다. 인증될 수 있는 보도들 몇몇이 이 속에 들어 있으며, 사도행전 저자가 에베소를 바울의 선교 활동의 절정으로 다룬 것이 이유 없지 않을지라도 사도행전 19장에서 신빙성 있는 사료를 찾는 것은 거의 불가능하고 반면 데메드리오 봉기의 승리적인 묘사까지의 각 장면의 서술들에는 누가의 설화술과 누가의 역사상(歷史像)의 전형적인 표현들이 들어 있으므로 이것들을 평가하는 데는 큰 조심성이 필요하다.

그의 에베소 체재 동안에 기록된, 그리고 직접 · 간접으로 여기저기 에베소에 관련된 사도 자신의 서신들에서 아주 다른 모습, 즉 사도행전에 거의 보존되지 않은 모습이 드러나는 한 더욱 그 평가는 조심스러워야 한다. 이 경우에 중요한 것은 산재해 있는 기록들이지, 조심스럽게 찾아내야 할,

확실히 증명될 수 없는 기록들은 아니다. 그것들은 대개 연관성 있는 보도들이 아니라 오히려 개체 현상들, 인물들, 상황들에 관한 번개처럼 스치는 언급들인데 그러나 이것들은 많은 경우에 그 명료성을 되찾아야 할 것이다. 그것들은 정확히 인식될 수 있도록 문맥들을 찾아야 할 것이다. 이 서신에 속하는 것들은 이미 검토된 사도의 고린도와의 교신 외에 갈라디아서, 빌립보서, 빌레몬서 그리고 의외의 증언, 즉 길고 아주 세밀한 문안 인사를 위한 명단 등임이 거의 확실하다. 이 문안 인사를 위한 명단은 로마서 끝에 잘못 첨가된 것으로 증명되었는데(롬 16장), 원래는 로마서와 같은 시대에 속하는, 바울이 에베소에서 떠난 후 곧 기록해, 그곳 교회에 보낸 분실된 편지에 속해 있던 것이다(보설 I 과 II).

바로 위에 지적한 증서에서 바울이 어떤 적극적인 개인적인 관여로 에베소에서 활동했으며 얼마나 크게 교회가 자랐고 그 교우들 중 많은 사람들로부터 실제적인 도움을 받았는가를 회고해 보면 알 수 있다. 그 명단은 26명의 이름을 전하고 있다. 자주 확인한 바와 같이 이것이 바울에게 생소한 로마 교회에 부친 서신에 속한다고 보기에는 상당히 의심스럽다. 왜냐하면 이 명단은 훨씬 더 잘 에베소에 부합하기 때문이다. 특히 우리가 에베소에서 찾아야 했던 아굴라와 브리스가의 이름(참조. 위 S. 117)과 '아시아의 첫 열매'로서, 즉 그 지방에서 처음으로 회개한 그리스도 신자로서 에베네도라고 불리는 사람이 이 명단 처음에 나타나는 점에 유의할 것이다. 많은 경우에 아주 개인적으로 생각된, 바울이 각기 이름을 삽입한 짧은 표현들은, 그 지명된 사람들, 즉 그들의 친척들, 그의 가정 교회들, 그들의 동지들에 대한 정확한 회상을 전하고 그들에 대한 친근한 사사로운 관계를 말해 주거나 그 자신과 교회 전체가 진정한 증인으로서 그들의 활동, 그들의 용기, 그들의 희생 및 수난받을 각오에 힘입은 것을 분명하게 기리고 있다: 이 명단에는 남자들과 여자들, 유대인계 그리스도인들과 이방인계 그리스도인들, 자유인들과 노예들이 차별 없이 들어 있다.

바울이 에베소 옥중에서 빌립보로 보낸 서신이 에베소 교회의 상징과 활동성을 확인해 준다. 이 교회는 바울이 투옥되었음에도 절망이나 공포의 침묵에 휩싸이지 않고 오히려 그럴수록 더 용감하고 확고하게 증언하는 일을 계속해 나갔다. 빌립보서 1장 14-17절이 분명히 말하는 바와 같이 어디서나 이 일이 순수하게 일어나지는 않았다. 그러나 그는 사도를 도운 교인들의 대다수에게서 이것을 확인할 수 있었다; 그들은 그의 투옥과 그가 위해서 고난을 겪은 바 복음이 바로 이 순간에 그들로부터 요구하는 것이 무엇인지를 안다. 그러므로 그들은 위험에 뛰어들었고, 그리고 복음은 그의 입이 막힌 바로 지금 예기치 않은 발전을 가져왔다(빌 1, 12 이하). 바울은 물론 이 대다수 중에는 사도를 증오하고 질투하고 간계로운 생각을 하는 몇몇 사람이 있고, 이들은 지금 그들의 때가 왔다고 보고 투옥된 자를 암담하게 하기 위해 광분하며 그가 없어도 잘된다는 것을 그에게 보여주려고 했다는 사실에 침묵하지 않는다. 우리는 빌립보서가 여기에 어떤 반갑지 않은 현상들을 시사하는지 들은 바 없다. 개인적인 적들과 경쟁자는 물론 거짓 교사를 생각할 이유는 물론 없다. 그렇지 않다면 바울은 그렇게 태연하고 초연하게 좋은 혹은 의심스러운 동기들에 대한 문제를 도외시하고 자신 있게 이렇게 말할 수 없었을 것이다 : "그러면 무엇인가? 이렇게든 저렇게든 간사하게든 성실하게든 그리스도가 설교되면 이를 나는 기뻐한다" (빌 1, 18).

사도행전이 보도하는 바와 같이 바울은 에베소에서도 회당에서의 설교로 시작한 것이 확실하다. 그러나 유대인들의 항거에 부딪혀 3개월 후에 그는 그 시대의 유랑 설교자처럼 어떤 두란노라는 사람의 강당으로 옮겨가야 했다(행 19, 8-10). 그는 아마 위의 분쟁 과정에서 이단자로 몰려 고린도후서 11장 24절에 언급된 바와 같이 한 번 이상 회당의 형벌인 39번의 회초리를 맞았을 것이다. 바울은 에베소에서 보낸 '고통의 편지' 에서 다른 많은 수난 및 방해와 더불어 이것을 열거하고 있다. 이것들은 그의 사도 활동에서 경험한 것인데 – 주의할 것은 고린도에 있는 '영에 충만한 자들'이 많이 자랑하는 능력의 일에 대한 가혹한 풍자적인 답변으로 – 그가 자랑으로 여기는 '공적들'로 이루어져 있다. 사도행전은 이 모든 운명에서 단지 빌립보의 투옥에 관해서만 말하고 에베소 시대에 관해서는 전혀 아무것도 말하지 않는다. 고린도후서 11장에 열거된 거의 죽음에까지 이르렀던 수난과 위험들 중 얼마가 사도가 이 도시에 머물고 있는 동안에 일어난 것인지는 불확실하나 상당한 부분이 여기에서 일어난 것임에 틀림없다. 에베소에서 로마 관원과도 분쟁이 있었음은 여하간, 그가 그곳에서 극복했다는 '맹수와의 격투'(고전 15, 32)에 관한 그의 짤막한 시사가 분명히 지시해 주는데 이 보도는 물론 문자대로 이해될 수는 없고 분명히 비유로 이해되어야 할 것이다. 이 밖에 고린도후서 11장 23-33절의 엄청난 수난 목록에서도 그가 유대인과 이방인들로부터 겪은 수많은 아주 무서운 박해들과 고난에 관해 말하고 있다: 그것은 태형, 투석형, 투옥이다. 또한 이것들 중에 대부분이 확실히 에베소에서의 활동에 관련된 것인데 육지와 바다의 여행에서 당한 난관들과 위협들에 관해서도 언급하고 있다: 마을에서, 사막에서, 강물을 건널 때, 도적의 위협과 습격을 당할 때, 배가 침몰해 24시간을 뗏목 위에서 깊은 바다 위를 헤매던 때 당한 수난, 그리고 또 배고픔, 목마름, 추위, 헐벗음, 또 그가 머무는 곳에서는 어디서나 날마다 그에게 군중이 쇄도해 괴롭히며 모든 그의 교회들에 대한 근심은 그를 채운다: "사람이 약한 곳에서 나(도) 약하지 아니한가? 사람이 화를 내는 곳에서 나(도) 화를 내지 않았느냐? 내게 자랑할 것이 있을진대 나의 약한 것을 자랑하리라. 영원히 찬양받을 자이신 주 예수의 아버지인 신이 맹세컨대 내가 거짓말 안 하는 줄을 아는도다"(고후 11, 29-31).

이 모든 것으로 바울이 성장하는 에베소 교회에서 이루어 놓은 굉장한 업적은 물론 그 주변과 그 바깥 교회에서 행한 선교사적이고 목회자적인 일의 영역까지도 추론하게 한다. 이것은 에베소에서 보낸 그의 편지들에 의해 확인되는데 이 편지로 그는 힘을 주고 용기를 주며 가르치고, 또한 경고하고 투쟁하면서 그들의 문제와 과오에 깊이 관여했다.

고린도 서신들 외에는 무엇보다도 갈라디아서를 여기서 참고해야 할 것이다. 이 서신의 동기와 내용에 관해서는 우리가 이미 전에 종합적으로 언급한 바 있다(참조. 위 S. 57 이하). 갈라디아 지방에 침투된 '유대주의자들'의 유혹적인 가르침은 분명히 알 수 있는 바와 같이 다음과 같은 이유로 해서 이방 교회를 타락으로 이끌어 갔다: 그 선동자들이 순수한 유대교 사상들(할례, 율법, 전통 등)을 별자리 숭배에서 유래된 우주적 세력들에 대한 특정한 표상들과 혼합한 때문인데, 이 세력들에 대해 참 그리스도교인들도 공물을 바쳐야 할 의무를 지니고 있다는 것이었다. 그러므로 그들의 관심은 구약성서적 · 유대교적 윤리법보다 마술적이고 의전적인 예배방식과 성스러운 시간대 및 날에 더 집착하고 있었다(갈 4, 10). 이를 통해 경건한 자는 '구원'에 참여한다. 그러므로 갈라디아서는 적들과 그들에게 그렇게 빨리 빠져버린 자들 – 이들은 신의 백성이 특권적으로 이스라엘에 확고히 속해 있다고 잘못 생각한다 – 을 단호히 이렇게 책망한다: 할례를 받은 자에게는 율법 전체를 지킬 의무가 있다(갈 5, 3). 그러므로 바로 여기서 자신을 '영으로 충만한 자'로 간주하는 자들에 대해(갈 6, 1, 3-4, 7), 그들이 서로 '물고' '찢는 것'과 오직 이웃 사랑의 계명 안에서만 이루어지는 율법(갈 5, 13 이하)을 대조시키고 '육(肉)의 일'과 '영(靈)의 열매들'(갈 5, 19 이하)을 비교하고 "만일 우리가 영으로 살면 또한 영으로 행하자"(갈 5, 25)고 권고함으로써 그들을 부끄럽게 했다. 그는 또 이렇게 다그쳐 물었다. 즉 도대체 어떻게 "전에 신을 모를 때 신이 아닌 신들을 섬겼으나 지금은 신을 알고 오히려 신에게 알려진 바(선택된 바) 그들이 다시 저 약하고 가련한 세상의 세력들에게 '되돌아갈' 수 있는가(이 표현의 풍자를 주의하자 : 갈 4, 8-9)?"

그러므로 '유대주의적' 율법성에 정면으로 대항하면서 그리스도 안에 근거를 둔 참 자유를 선포하는 갈라디아서에 바로 동시에 특별히 강하게 — 서신 전체의 3분의 1 — 권고, 지시, '그리스도의 법'에 순종할 것을 호소하는 것(갈 6, 2)이 포함되어 있는 것이다.

바울은 율법의 일이 아니라 오직 신앙에 의해 의롭게 된다는 그의 가장 특유한 소식이, 갈라디아적인 잘못된 가르침에 의해 결정적인 위험에 빠졌다고 본 것이다. 그러므로 이 의롭게 됨은 — 이 밖에는 로마서에서만 나타나는데 — 여기서 중심 주제가 되어 있고 그것은 모든 서신을 일관하고 타오르는, 그렇지만 여전히 권유적인, 그의 교회의 타락에 대한 진노에 의해 선포되고 있다.

그 후 얼마 지나서 빌립보서가 기록되었다. 정확히 말하면, 이 서신도 고린도 '후서'와 마찬가지로 여러 차례에 걸쳐 씌어진, 여러 다른 상황에서 그곳 교회에 보낸 기록들이 수집된 작은 수집물이다. 사도가 투옥된 이유를 우리는 알지 못한다: 사도행전은 이에 관해 전혀 전하는 바 없다. 국가 관리들과의 공적인 분쟁들이 선행하는 바 이 분쟁들은 상당히 다른 의미로 데메드리오 장면에서 평가된 회상이기는 하지만 사도행전 19장에 실려 있다. 여하간 바울은 여기에서 로마 총독 관저에 주둔하는 시위대의 보호하에 있으면서(빌 1, 13) 문책과 판결을 기다리고 있었다. 그가 비교적 가볍게 구금되어 있었음은 분명하다. 그는 바깥 세계로부터 완전히는 격리되어 있지 않았으며 수비병들을 통해 무엇이든지 어느 정도 교환할 수 있었다. 그들은 이 그리스도를 위해 갇힌 자의 특수성까지도 의식하고 있었다; 그는 계속 그곳 교회에서 일어나는 현상들에 관해 소식을 들었고 방문객들과 선물들을 받고 동역자들을 파견하며 편지를 쓸 수 있었다(빌 1, 12 이하 ; 2, 19 이하). 이것은 같은 감옥에서 기록한 짧은 빌레몬서가 확인한다. 이 서신은 우리가 소유하고 있는 바울의 서신들 중에서 유일하게 사사로운 편지이다. 이것은 루커스 평야 높은 곳에 위치한 골로새 시의 어떤 부유한 그리스도인에게 보낸 것인데 이곳에는 복음이 에베소의 그리스도인들에 의해 들어갔다. 사도는 이 편지 수신인과 그의 집교회를 개인적으로 알고 있었으며 그를 그의 동역자들 중의 한 사람으로 간주한다. 이 편지를 보낸 동기는 오네시모라는 노예가 빌레몬에게서 탈출해 갇혀 있는 사도에게 피신한 것이다. 여기서 그는 그리스도인이 된 것이다. 이 일로 인해 바울은 빌레몬에게 편지로 이 도망친 자 – 이는 주인의 돈을 축내고 도망친 것이 분명한데 – 를 다시 받아들이되 지금은 이미 '무익한 자'(오네시모라는 이름에 의한 말장난)로서가 아니라, '유익하게 된 자'로서 그리고 노예로서가 아니라 사랑하는 형제로서, 그리고 바울의 아들로, 바울 자신을 대신하는 자로 다시 받아들일 것을 간청한다. 이 짧은 편지는 사도가 노예 제도에 대한 사회적 문제를 계획적으로 또는 원칙적으로 논하지는 않으나 주인과 노예, 자유인과 그렇지 못한 자 사이의 차별을 이미 무색하게 하고(갈 3, 28 ; 고전 7, 22-23) 교회에서 완전히 상대화하는 '그리스도 안에서' 논하고 있다. 이 밖에도 이 편지는 단순성 면에서 유일한 표본인데 바울의 심적인 따뜻함, 다른 사람을 위해 자신의 전부를 던지는 능력, 개인적인 목회술, 아니 사도의 풍자를 위한 표본을 갇힌 자로부터 잘 보존하고 있다.

여전히 그에게 제공되어 있는 다방면에서의 많은 교신 가능성들은 바울이 편지를 쓸 당시에는 아직 그의 환경이 어느 정도 참을 수 있었음을 인식하게 해 준다. 그러나 이것이 그가 몇 주일 몇 달 이상 계속 구류되어 있었다(비교. 빌 2, 25-30)는 것과 특히 그가 처해 있었던 위험을 소홀히 보는 결과를 낳아서는 안 된다. 왜냐하면 그가 스스로 말하고 있는 것처럼(빌 1, 20 이하) 그의 구류와 그가 받아야 할 재판이 어떤 결과를 가져올지는, 즉 석방일지 사형일지는 미정이었기 때문이다. 고린도후서 1장 8절 이하의 기록에 의하면, 그가 실제로 다시 한 번 살아나와 그의 교회들의 보호를 받으리라는 것을 예상하지만 그로 하여금 삶을 완전히 단념하게 하는 비상 상태에 언제나 들어 있었으며, 그러므로 그가 구출되면 그것은 신에게 감사할 수 있는 것이었다. 그는 감옥에서 벗어나자 곧 에베소를 떠났으나, 물론 사도행전이 표현하려고 한 것과는 매우 다른 것이다.

바울 서신들 중에 흩어져 있는 모든 보도들을 종합하면 그 보도들의 단편적인 성격에도 불구하고 에베소에서의 바울의 활동상이 상당히 입체적으로 나타난다. 이러한 모습은 이 도시와 교회가 소아시아 선교의 중심이 되고 바울은 이곳으로부터 동시에 긴장된 노력으로 이전에 이미 세운 교회들을 돌보았다는 것을 확인해 준다.

그러나 특별한 관점에서 에베소는 바울의 역사에 큰 의미를 부여해 준다. 그의 소식과 신학에 관한 아주 중요한 증서들도 표시할 수 있는 저 모든 서신들이 우리가 본 바와 같이 그가 이곳에 머무는 동안이 아니면 이곳을 떠난 직후에 기록되었다는 것이다. 말한 바와 같이 이에 해당하는 서신들은 고린도와의 교신, 갈라디아서, 빌립보서 그리고 로마서도 여기에 속하는데 이 서신은 에베소 교회를 작별한 직후에 씌어졌다(비교. 10장). 이것은 물론 바울의 신학이 이 동안에 비로소 진정한 의미에서 구상되었다는 것을 의심하지는 않는다. 그의 선포의 주요 주제인 만민, 즉 유대인과 이방인을 위한 그리스도 안에서의 구원과 동시에 구원의 길로서의 율법의 마지막은 그의 회심과 소명의 순간부터 확고한 것이었으며 그의 마지막까지 변치 않은 것이다. 물론 그의 중요한 서신들은 그의 소식의 주제가 놀라울 정도로 형태를 갖추고 구분시키고 요약시킨 것을 보여 준다. 이 경우에 적지 않은 역할을 한 것은 유대교 및 특히 '그리스도교적' 거짓 교사들과 그의 교회 내의 세속적인 자들과의 싸움이다 – 특히 고린도와 갈라디아, 빌립보(비교. 빌 3장). 이 대결들이 그의 신학의 중심 사상을 결정적으로 다져 표현하게 하는 데 기여한 의미를 과소 평가해서는 안 될 것이다. 그러나 그와 함께 그의 신학이 그 중요한 표현에서 단지 이런 혹은 저런 거짓 교훈에 대한 반박에 불과한 것이라는 잘못된 견해에 빠지지 않도록 유의할 것이다. 그렇지 않으면 이단자를 지나치게 존경하는 것이 될 터이다. 그러므로 항상 그리고 어디서나 그의 적들의 구실과 구호들을 찾아내려 하고, 그것들에 대한 복음의 적극적인 힘과 신앙 자체의 여러 가지 경험 및 확증 상황들—바울의 신학은 시종 이것들로부터 자라났는데—을 과소 평가하는 것보다 더 전도된 것은 없을 것이다. 그럼에도 불구하고 그 신학이 극복한 투쟁들과 시달림—이것들 중에서 그의 신학은 외적으로 압박을 받고 내적으로는 형성되면서 자랐다—은 그의 신학에서 무시할 수 없는 구성 요소이다.

이 때 그가 홀로 이겨낸 것은 아니다. 에베소에서 보낸 혹은 그들에게 보낸 서신들이 바로 상당히 많은 명기(名記)된 혹은 무명(無名)의 동역자들이 그를 도왔는데 이들은 교회 안에서 활약하거나 특수한 경우에는 바울이 그들에게 외지 선교를 위한 어려운 사명도 맡길 수 있었던 사람들이다. 그는 이들 가운데 많은 사람이 선교 사업에 열중했고 희생적이었으며 성실했음을 증명하는 데 인색하지 않았다: 디모데와 디도 외에 아굴라와 브리스가, 아볼로, 에바브라, 에바브로디도 그리고 다수이다. 만일 바울이 적어도 이들 중 몇 사람들과는 신학적인 소통—그는 이 경우에 주는 사람일 뿐 아니라 받는 사람이기도 하면서—을 가지지 않았다면 이 모든 것은 생각될 수 없다. 이에 대해 사료는 더 자세히 말하는 것을 금한다. 그러나 사태 자체가 불가피하게 이 추측을 낳게 한다. 그리고 이 추측은 당시의 이방 유랑 교사들의 교화(教化) 활동에 비교해도 상당한 가능성을 얻지만 헬레니즘계의 회당에 비교하면 거의 확실한 것이다.

이 밖에 우리는 바울 후기 시대에 생긴 일종의 '바울 학파,' 즉 그의 제자들이 여러 면에서 발전시킨 것이라고 할지라도 그들에 의해서 보존된 학풍의 성립을 위한 증거들을 갖고 있다. 여기에 속하는 것은 무엇보다도 사도의 사상으로 친숙한 바울 후기의 골로새서와 에베소서인데, 이 서신들은 바울의 이름으로 기록되기까지 했으며, 그 기록 장소는 에베소임에 틀림없다. 디모데전·후서와 디도서 이 세 편지도 '바울 서신'으로 되어 있다. 이것들도 바울의 가르침을 보존하기 위해 열심히 노력한 증서들이다. 이것들이 기록된 장소는 확실하지 않다. 그러나 여하간 이것들이 바울 자신의 권위를 가지고 동시에 소아시아 지방에서 그의 친근한 제자들의 활동과 명성을 전제로 하고 있다.

그러나 바울과 그의 동역자들, 그의 제자들이 상당한 기간 동안 분쟁 없이 소아시아 지역과 다른 영역들을 지배했다는 망상에 사로잡히면 안 된다. 여러 곳에서 바울 자신이 이미 싸웠던 이단자들이 에베소에서도 얼마 안 가서 위협적인 존재로 다시 등장한 것은 틀림없다. 빌립보서 3장과 다른 서신들도 물론, 거의 틀림없이 에베소에 보낸 것일 수 있는 로마서 16장의 문안 인사 명단에도, 거짓 교사의 유혹술에 주의하라는 긴급한 경고들(롬 16, 17-20)이 들어 있는 것은 확실히 우연일 수 없다. 이 밖에도 사료들은 바울 소식의 결정적인 영향이 소아시아 지방에서 짧은 기간밖에는 계속되지 못했음을 확인해 준다. 전혀 다른 정신에서 생긴, 90년대에 기록된 요한계시록은 바울에 대해 아예 한 마디의 말도 하지 않는다.

제10장

바울의 유서로서의 로마서

우리가 바울의 역사에 관해 논하는 이 자리에서 그의 주요한 서신들 중 가장 큰 서신을 위해 한 장을 할애하는 것은 다소 의아스러울지도 모른다. 현저하게 신학적으로 교훈적인 이 서신의 성격이 이 서신을 다룰 수 있는 적절한 자리는, 바울 신학을 연관성 있게 서술하는 이 책 제2부에서 할애되어야 할 것같이 보이게 한다. 사실 그곳에서 그의 기본 사상들을 다시 자세히 문제삼게 될 것이다. 여기서는 특히 역사적이고 전기적인 증서로서 다루어질 것이며, 물론 사도의 역사와 신학의 떼려야 뗄 수 없는 연결성이 다시 확실해질 것이다.

이 서신은 얼핏 보아 다른 것들 중 전기적 가치가 가장 적은 것같이 보인다. 그것이 수신 대상 교회들의 것이든 혹은 사도 자신의 것이든, 일반적으로 바울의 교신을 특징지어 주는 실제적인 역사적 상황에 대한 구체적 관련성들, 즉 다른 서신들에 역사적인 명료성을 제공하는 관련성들은 이 서신에서 거의 찾아볼 수 없다. 시사해 주는 바가 아주 많기는 하지만 비교적 완곡한, 뒤의 구절에서 몇 가지가 발견되지 않는 것은 아니다. 전체적으로 보아서 이 서신은 다른 것들에 비해 이채롭다.

이 서신의 특수성은 정당하게 자주 강조된 바와 같이 이 서신이 바울 자신에 의해서가 아니라 그에 앞서 그가 모르고 또한 그를 모르는 사람들에 의해 세워진 교회에 보내졌다는 데에서 비로소 설명되는 것은 아니다. 로마서는 그 후의 교회사에서 아주 중요한 로마 교회의 현존에 관한 가장 오래된 증언이라는 점에서 이미 특별히 중요한 의미를 지니고 있다. 그것은 특히 로마 교회의 시작과 그의 초기 역사에 관해 전혀 언급하고 있지 않다. 우리가 확신을 가지고 말할 수 있는 유일한 것은 그 교회가 이 서신을 보냈을 당시 전부는 아니지만 주로 이방인들로 이루어져 있었다는 것이다(롬 1, 5-6.13 ; 11, 13 ; 15, 15 이하). 로마서를 쓸 때 바울이 로마 교회에 관해 얼마나 알고 있었는지는 말하기 어렵다. 그가 로마 교회에 관해 그에게 친근한 부부 아굴라와 브리스가 – 이들은 이탈리아에서 추방당하기 전에 그 교회에 소속되었을 것이다(참조. 위 S.117-118) – 에 의해 다소간 들었을 것이다. 그가 이 편지를 쓸 때의 그 교회의 사정에 관한 지식은 극히 빈약했을 것이다. 받아들인 소식들과 그가 대개 지명하는 그 전달자들에 관해서도 아무 말을 하지 않는다. 로마에 있는 자신의 동역자들(롬 16장에 관해 비교. 위 S.130) 혹은 적대자들에 관해서도 마찬가지로 말이 없고 로마 교회 내의 사건과 문제들, 난점에 관해서도 거의 언급하지 않는다. 유일한 예외는 14장과 15장인데 여기에서 사도는 아직도 특수한 의전적인 식사 규정을 고수하는 '약한' 교인들과 그 이유로 그들을 멸시하나 그들에 의해 정죄를 받고 있는 '강한 자들' 사이의 분쟁을 무마하려고 노력하고 있다. 그러나 그 밖에 이 서신은 어떤 구체적인 관련성 없이 바울의 소식의 중심 주제들에 관한 포괄적이고 교훈적인 서술들을 하고 있다. 그러므로 이 서신은 오랫동안 일종의 바울 신학대전으로 간주되어 왔다.

이 밖의 바울 서신 중 어느 것도 가령 '교의학'류는 물론 신학 논문이 아니라는 바른 인식하에서 근래의 해석자들은 로마서에도 어떤 특수한 실제적인 지표를 제시하려고 모든 있을 법한 노력을 다하고 있다. 이 서신에 가르침이 많이 들어 있는 이유는 자신과 그의 소식을 저 낯선 교회에 소개하고 그의 원대한 서방 선교 계획에 그들을 참여시키려는 사도의 의도에 있다고 본다. 이 의도는 설사 위에서 표현한 바와 같지는 않다고 하더라도 완전히 거부되지는 않을 것이다. 그러나 이것으로 이 서신의 동기들과 성격, 목적이 충분히 설명되는 것은 아직 아니다. 이 밖에 로마서가 역시 로마 교회의 사정에 대해 자세히 가르쳐 준다는 것을 열심히 증명하려고 한다. 로마에서도 교회는 다른 곳에서와 마찬가지로 유대주의적인 거짓 교사들과 열광주의자들에 의해 위협받고 있었는데 이것이 바로 로마서를 쓴 동기였다는 것이다. 즉 유대주의자들에 대해서는 바울적인 의인론을 아주 소상하게 말하고, 자유주의적인 열광주의자들에게는 이에 반해 무엇보다도 윤리적인 권고를 강조했다는 것이다. 그리고 로마 교회의 상황도 유대인계 그리스도인들과 이방인계 그리스도인들의 상호적인 또는 대립적인 경쟁이었다고 특징지을 수 있는데 이것은 언급된 14장과 15장에서 확인된다는 것이다. 어떤 구체적인 상황에 의해 로마서가 씌어졌다는 것을 설명하기 위해서 특별히 로마서의 적지 않은 변증적인 부분과 공격적인 부분을 인용한다. 그러나 이러한 부분들로부터 성급하게 결론을 내리는 것은 삼가야 할 것이다. 이 편지야말로 이미 헬레니즘계 유대교에서 육성된, 그리고 바울에 의해서도 많이 사용된 활발한 '논쟁법(Diatribe)' (참조. 위 S. 46-47)에 대한 일련의 예문들을 보여 준다. 바울은 이 논쟁법을 사용함으로써 사상의 연관성 있는 전개 대신 질문과 반문, 비판적인 반론 혹은 방금 말한 것에 대한 단호한 반격을 상대자의 입장에서 표현하고 반론과 새로운 질문으로, 예리한 명제의 형식으로 적절하게 대답하면서 자기 자신을 이해하도록 호소한다. 그러므로 가령 수시로 선행하는 사도의 의인론에 굴복하는 대신 그것을 자신에게 유리하게 이용하려는 궤변적이고 파렴치한 자, 즉 바울의 율법과 의인론에 생트집을 잡아 무의미하게 만들고 결국은 신모독적인 것으로 증명하거나(가령, 롬 3, 1-9) 운명론적으로 오해한 선택 사상을 이용해 신 앞에서의 자신의 무죄를 추론해 내는 유대인

(롬 9, 19 이하)이 예화의 주인공으로 등장한다. 바울은 불신적이고 저주받은, 유대 백성에 대해 오만을 부리는 이방인계 그리스도인도 등장시킨다(롬 11, 19 이하). 여하간 이 반론들은 역시 내용 자체에서, 다시 말하면 오해된 내용 자체에서 나온 것이지 결코 현실적인 상황에서 필연적으로 결과된 것이 아니다. 그러므로 이러한 구절들을 근거로 로마에 있는 어떤 특정한 파당이나 개인에게 그것들을 돌리려는 것은 잘못이다. 다른 서신들과는 달리 로마서에서는 유대주의자 혹은 광신적인 견해의 대표자들, 즉 그리스도교적 거짓 교사들에 관해 언급되어 있지 않다.

이에 반해 우리가 확실성을 가지고 로마서 15장 14-33절에서 취할 수 있는 것은 바울이 로마에 편지를 보내어 이미 오래 전부터 계획했으나 계속 방해를 받고 가지 못한 여행을 예고하고 서방에서 계속될 그의 활동을 준비하도록 했다는 것이다. 이 편지를 쓸 때에 그는 이미 에베소를 떠나 있었고 로마제국 동반부에서의 그의 선교 사업은 일단 끝난 것으로 보였을 때이다(롬 15, 19). 그는 이 기회에 직접 로마 여행에 오르고 그곳에서 다시 스페인에 가고 싶었을 것이다(롬 15, 24. 28). 그러나 그는 소아시아와 마게도냐, 그리스 지방에 있는 그의 교회들에서 모은 헌금을 먼저 예루살렘에 전달해야 했다. 이 일이 사고 없이 수행되어야 비로소 그는 그의 계획된 일을 위해 자유롭다(롬 15, 25 이하). 이 보도들을 근거로 우리는 로마서의 저술 시기를 정확히, 즉 사도행전 20장 2-3절에 언급된 마지막 3개월간의 바울의 그리스 땅, 즉 아마 고린도 체재 시기로 정할 수 있다(55/56?년 겨울, 비교. 연대표).

로마서 15장 보도의 끝부분으로 미루어 우리는 바울이 근심하며 예루살렘 여행을 기대하고 있다는 사실을 알 수 있다. 그는 유대인 쪽으로부터의 박해를 두려워했으며 이뿐 아니라 원교회가 그와 그의 교회들의 헌금을 받아 줄 것인가에 관해서도 불안해 했다. 그러므로 그는 로마의 그리스도인들에게 간청해 그가 위협적인 위험에서 구출되고 예루살렘의 '성도들'

에 의해 거부되지 않도록 그와 함께 기도해 줄 것을 부탁한다(롬 15, 30-32).

유대인들에게 관련된 그의 두려움이 어디에 근거하고 있는지는 말하기 어렵지 않다. 그는 유대인들에게 이미 낯선 인물이 아니었다. 그는 전에 바리새인이었던 자로서, 초창기 그리스도교 교회의 극심한 박해자로서, 그러나 지금은 율법에 구애받지 않는, 그리스도를 이방인들에게 열심히 선포하는 자로서 그들에게 알려져 있다. 그러므로 적어도 유대인들은, 아니 엄격한 유대인계 그리스도인들도 그를 반역자, 율법의 파괴자, 신의 적으로 간주했다. 이 위협적인 위험은 우리가 사도행전 20장 3절에서 보는 바와 같이 이미 고린도를 떠날 때 나타났다. 아마 유월절을 계기로 같은 때에 예루살렘 순례의 길에 올라 같은 배를 이용하려는 유대인들이 그에 대한 음모를 획책했기 때문에 바울이 몇몇 동반자들과 함께 바닷길 대신 우선 마게도냐 지방을 지나서 가는 육로를 택했었다. 그는 빌립보와 드로아에 잠깐 머무른 뒤에 소아시아 지방에서 비로소 배에 올랐다(행 20, 14).

이 보도들은 다음 물음을 제기해 준다. 즉 바울은 그가 절실하게 동경하는 로마와 서부 세계 여행을 다시 늦추기까지 하면서 왜 스스로 헌금 전달 여행에 참여했는가? 이 여행의 결심은 결코 자명한 것은 아니었다. 그는 고린도전서에서 아직 교회의 대표들만 보낼 가능성을 열어놓고 있었으며 부득이한 경우에만 그 대표들을 동반하려고 했었다(고전 16, 3-4). 그런데 왜 그는 야기될 수 있는, 모든 사람에게 그리고 헌금 자체에도 위험한 이 여행에 스스로 참여할 것을 결심하는 데 이르렀는가? 사람들은 쉽게 이렇게 생각할 수 있지 않을까? 교회들의 대표들은 물론 신용할 만한 사람들이었고, 사도행전은 헌금을 직접 언급하지는 않지만 그들의 이름까지 말하고 있다(행 20, 4). 그리고 그들은 이방인계 그리스도인들로서 유대인들에게 알려져 있지 않았고, 그러므로 바울에게 향한 것만큼 그들의 증오가 그들에게 미치지는 않았을 것이다.

그러나 그를 이 여행에 참여하게 한 문제는 예루살렘 원교회에 관련된 것이다. 헌금 자체에 관계된 것이라면 그와 예루살렘 사람들 사이에 무슨 분쟁이 일어날 수 있겠는가. 이것은 전에 사도 회의 때 결정된 것이었다(갈 2, 10). 이 헌금은 여행에 오르기 전에 총력을 들여(비교. 특히 고후 8-9장), 그리고 대표단의 크기에 의해 이미 증명된 바와 같이 큰 경비를 들여 성공적으로 모은 것이다. 그러므로 저 물음에 대한 대답은 오직 이것뿐이다: 이 헌금은 우리가 사도 회의에 관해 다룰 때 언급한 바와 같이(S. 84 이하) 바울과 그의 교회들이 결코 단지 경제적인 궁핍을 진정시켜 주려는 도움으로만 생각한 것이 아니고 또한 이방인계 그리스도인들이 예루살렘 모교회의 '교권적'인 지도권에 복종한다는 것도 아니며, 오히려 유대인들과 이방인들로 형성된 교회의 통일성을 과시하려는 것이었다. 엄격한 유대인계 그리스도교인 주의 형제 야고보의 지도하에 있던 예루살렘 교회가 그러한 표지를 받아들이고 이에 스스로 동의할 준비가 되어 있었다고 보기는 매우 어렵다.

여기에서 사도가 함께 여행한 이유들을 찾아야 할 것이다. 헌금의 의미와 운명은 이미 사도 회의에서 논의된, 바울에 의해 이방인들 중에 선포되는 율법에 무관한 복음의 진리에 대한 문제와 밀접하게 관련되어 있다; 그러나 이것은 동시에 이방인도 무조건 그리스도의 몸에 붙은 완전한 지체라는 문제와도 관련되어 있음을 뜻한다. 이 문제를 위해 바울은 지금 다시 아주 극도로 긴장된 상황에서 스스로 예루살렘 사람들 앞에 나타나는 것이 불가피하다고 본 것이다. 그의 결심은 그가 원그리스도교의 어떤 다른 사람보다도 위태롭게 한 교회의 통일성이 그의 노력들의 계속적인 목표로 항상 남아 있었음을 보여 주되, 말하자면 신학적인 이론과 요청으로서뿐 아니라 구체적 · 역사적인 현실과 과제로서 그러했다. 그의 복음을 희생시키는 것이 아닌 한, 이 통일을 위해서는 무엇이든지 희생할 수 있었다. 그는 당당하게 예루살렘 사람들과 만나려고 꾀했으며 자기 이익을 취하는 자로서가 아니라 원교회의 동의를 얻어 서부 세계 선교에 새로운 단계를 시작할 수 있도록 그에게 낯선 로마인들도 이 격투에 참여시켰다. 복음의 진리와 자유, 교회의 통일 문제가 바울을 옛 사도 회의 때와 같이 지금도 그리고 마지막으로 예루살렘으로 다시 끌고 간 것이다.

이러한 관점에서 비로소 로마서의 주제와 특수성은 완전히 이해될 것이다. 이 서신의 내용은 그가 곧 예루살렘에 가서 변명하고 보증해야 할, 그리고 동시에 미래의 이방 선교의 기초로서 변하지 않고 남아 있을 사도의 신학 문제와 의도들을 중심으로 맴돌고 있다: 그 주제들은 누구에게나 타당한 신앙만에 의한 의인(롬 1-4장); 파멸적인 세력들로서의 죄, 죽음, 율법으로부터의 그리스도와 그의 영에 의한 해방(롬 5-8장), 신의 선민 이스라엘 민족의 운명과 그들의 완악함과 그들의 최후의 구원(롬 9-11장), 그리고 끝으로 땅 끝까지 미칠 사도의 선교와 만민의 입에 의한 신 찬양(롬 15장)이다.

로마서의 주제와 바울이 여기서 그것을 전개하는 방법은 우리가 본 바와 같이 로마 교회의 상황에 의한 추론으로 밝혀지지 않는다. 다른 관찰 방법이 그만큼 더 시사해 주는 바가 크다. 로마서에 기록된 주제들 중의 대부분이 이미 로마서보다 3~4년 전에 쓴 갈라디아서와 빌립보서, 고린도서에 눈에 띄게 나타난다. 그곳에서 이미 볼 수 있는 많은 사상과 주제들－자주 특수한 표현들에 이르기까지－이 로마서에 다시 받아들여지고 있다. 여기서는 단지 특별히 뚜렷한, 쉽게 늘어놓을 수 있는 예들만 소개할 것이다:

율법의 일이 아니라 오직 신앙만에 의한 의인(義認) (갈 3 ; 4 ; 빌 3 ; 비교. 특히 롬 1-4 ; 9, 30-10, 4) ;

그의 신앙에 의해 의롭게 된 아브라함과 많은 민족의 조상(갈 3; 롬 4) ;

상실된 인간의 머리 및 총체 개념인 아담과 새로운 인간의 머리인 그리스

도(고전 15, 22 이하. 45 이하 ; 롬 5, 12 이하) ;

율법과 죄, 죽음 아래의 육적인 인간의 비참성(롬 7, 7-25. 격언 형식으로 표현되었지만 이미 고전 15, 56-57에 들어 있다.) ;

우리의 구원을 위해 육으로 신의 아들을 파견했다는 것과 믿는 자들의 마음에 영이 그들의 신 자녀됨을 증명한다는 것(갈 4, 4 이하; 롬 8) ;

많은 지체(은사들)를 가진 그리스도의 몸으로서의 교회(비교. 고전 12장과 롬 12, 4 이하) ;

로마서 14-15장에서 거론된 로마서의 쟁점도 고린도전서 8-10장(우상 제물 먹는 문제)에서와 같은 주제에 따라 거론되고 있음이 분명하다. 즉 바울이 이쪽 혹은 저쪽 편에 가담하는 식이 아니라 다른 사람의 양심과 신앙을 감안하고 그를 위한 책임을 결정적인 문제로 만드는 방식으로 하고 있다.

바울 서신들 전체에서 볼 때 옛 사상을 여기에 다시 받아들인 것은 옛것 그대로가 아니다. 이 경우에 결코 단순한 반복 혹은 문자대로의 인용은 더구나 아니다. 동일한 주제를 취급하면서도 다른 곳에 보낸 편지와 성격적으로 다른 것은 그 전의 서신들에서는 그 주제들이 거의 일률적으로 교회를 위해 위험한 적대적인 입장들과 경향들 – 특히 유대주의자적인 혹은 영지주의적 · 광신적인 관습 – 을 거론하는 데 연결되어 다루어지고 있다. 이에 반해 로마서에서는 저 옛 전선(戰線)이 이미 인식되지 않는다. 구체성의 옷이 벗겨진 것이다. 로마서 14-15장에서도 구체적인 진술들은 고린도전서 8-10장에 훨씬 뒤떨어진다. 가령 바로 공동 식사의 경우에서 시작해 주의 만찬의 경우의 공동 식사를 반드시 문제삼았을 로마 교회의 파쟁 결과들에 관해서는 후자에서와 달리 한 마디의 말도 없다.

그럼에도 불구하고 로마서에서도 대결은 항상 일어나고 있다. 그러나 이 파 혹은 저 파 또는 특정한 교회의 적들과의 대결이 아니다. 오히려 바울은 이방인들을 위해 유대교적 구원 이해 및 구원 요구와 대결하면서 자신의 구원 이해를 전개하고 자신의 소식을 근거 있게 한다. 지금은 즉 로마서에는 위에 열거한 사상들과 주제들이 이미 단편적으로만 나타나지 않고 이렇게 혹은 저렇게 연관성을 이루고 있고 다시 철저히 숙고된 것으로 나타나며, 더 깊게 그리고 분화되어 설명하고 우주적으로 확대되었다. 어디에서보다도 로마서에서 더 자주 '모든 사람' 혹은 '누구나', 그리고 부정적으로는 '한 사람도 없다'는 말이 사용된 것은 우연이 아니다. 그 전에 말한 것이 정돈되었을 뿐 아니라 동시에 바울 소식과 선교의 포괄적인 차원을 향해 바로 세워졌으며 이 서신에서 비로소 도달한 당당한 형태에로 성숙되었다.

이전의 서신 중에 유사형을 가지고 있는, 위에 예로 든 구절들 중에서는 지금까지 저 중요한 문제, 즉 이스라엘, 그의 선택, 완악함, 구원의 문제를 내용으로 가지고 있는 저 포괄적인 장(롬 9-11장)에 관해 언급이 없었다. 이 장의 유사형은 사실 바울 서신 중 어디에서도 볼 수 없고 주제적으로 이 편지의 특수성을 이루고 있다. 그러나 이 서술들도, 아니 이것들이야말로 바울에게 임박한 예루살렘인들과의 대결을 감안할 때 이해될 것이다. 그가 이 심오한 문제를 다루는 방법은 아주 특유하다. 즉 그는 1-8장에서 전개한 의인론을 여기서는 역사에 적용시키고, 그와 함께 그에 의해 선포되는 복음이 먼저 이방인들을 통해서 후에 선택된 원민족에게 돌아온다는 역설적 우회로를 이해시키려고 한 것이다(비교. 아래 S. 209 이하). 그러므로 이 장들도 예루살렘에서 견지되어야 할 중심 문제를 지적해 준 것이다.

이로써 이해되는 것은 로마서도 그 나름으로 철저한 공격적인 서신이라는 사실이다. 물론 여기의 적은 이미 어떤 교회의 이 파도 저 파도 아니고 오히려 유대인계 그리스도인들의 옛 교회에서, 특히 예루살렘에서 아직도 강하게 영향력을 행사하는 유대교와 그의 구원 이해이다. 바울은 그의 서신에서, 말하자면 바람벽에 대고 공격하지는 않는다. 여기에서는 유대인이 어떤 의미에서 최고의 가능성을 이룬 인간으로 특징지어지고, 그들은 율법에서 하나님의 요구를 알고 있는 '경건한 자들'을 대표하고, 그들에게 주어진 구원사에서 특수한 자리를 차지하며, 그들은 하나님의 요구에 순종치 않고 죄와 죽음에 빠져 있다는 사실을 인정하려 들지 않는다. 신 앞에서 자신의 경건을 자랑하는 이 인간에 대립시켜 바울은 율법과, 모든 믿는 사람에게 그리스도 안에서 제공되는 은혜에 관한 그의 우주적인 소식을 전개한다. 그러나 이 인간은 외부 불신자들 중 어느 곳에도 있을 뿐 아니라 예루살렘 유대인계 그리스도교와 다른 관습 중에도 변장하고 숨어 있다; 그러나 로마서 11장에서 보듯이 지금의 유대인들을 반대하고 자신의 명백한 구원의 위치를 자랑하는 이방인계 그리스도교 안에도 적지 않다. 그러므로 사도는 멸망했으나 동시에 그리스도에 의해 새 생명에로 해방된 이 인간에 관해 말하지 않고는 그의 구원 소식에 관해서 결코 말할 수 없었다.

위의 말에서 로마서가 무시간적인 신학적인 학술 논문이 아님이 드러난다. 다른 모든 서신들과 마찬가지로 이것도 특수한 역사에 결부되어 있다. 그러나 이것은 바울이 장차 관여해야 할 로마 교회의 특수한 상황에서 그 모습과 특수성을 얻어 갖지 않고, 그와 그의 교회들이 이미 겪은, 그러나 사도 앞에 놓여 있는 예루살렘 원교회와의 중요한 해후와 그의 사도적인 사명의 완수를 향한 역사를 통해서 얻었다.

그의 회심과 소명 이후의 바울 특유의 역사, 즉 그의 생애와 활동, 선교, 투쟁의 역사가 그의 서신들 중 가장 긴 이 서신에 특유한 형태로 기록된 것이다: 그의 외적인 그러나 그의 내적인 역사, 그리고 또 그의 신학적 사유의 역사이다. 이 서신에서 바울을 그리스도인과 그리스도의 종, 이방 민족들의 사도로 만든 근원적인 문제들과 인식들이 주로 다루어진 만큼 이 서신은 그가 어떻게 이전의 사상들을 발전시켰으며 그것들이 그에게서 어떻게 발전되어 나갔는가를 보여 준다.

역사적으로 로마서를 바울의 유서라고 칭할 수 있다. 이것은 물론 그 자신이 이 서신을 의식적으로 죽기 전에 그의 마지막 의사 표시로 썼다는 것을 의미하지 않는다. 그가 예상된 예루살렘에서의 분쟁들이 그의 계획을 좌절시킬 수 있다는 큰 염려를 말하고 있지만 그래도 그는 그의 서방 선교라는 대사업을 시작할 수 있을 것을 바라고 있었다. 비록 문학 형태로는 아닐지라도 실로 이 서신은 그의 유언장이 되었다. 바울의 염려는 너무나도 적중된 것이었다.

제11장

마지막 예루살렘 여행. 감금과 죽음

우리는 로마서에서 어떤 불길한 조짐 속에 바울이 예루살렘 여행길에 올랐는지를 알 수 있었다(참조. 위 S.142 이하). 실제로 이 여행은 그의 생애사의 마지막 장을 연 것이었다. 이제부터는 사도행전에 주목해야 할 것이다. 물론 여기서도 바울 서신의 진술들은 누가의 서술을 비판적으로 읽고 보충하는 데 도움이 될 것이다. 사도행전 저자는 여하간 예루살렘까지의 여행에 관한 보도를 위해 신빙할 만한, 간결한 경유지 목록 형태의 사료를 가지고 있었다. 그러나 사도행전에서 언제나 그렇듯이 다른 본문들, 즉 누가가 그의 바울상에 따라 묘사하고 저 여행 일지에 삽입한 것임이 분명한 자세한 장면들과 연설들은 이 사료와 뚜렷이 구별된다. 이미 언급된 바와 같이 이 의심 없는 사료들에 속하는 것은 바울이 그의 동반자들 중 몇 사람과 함께 우선 마게도냐를 지나 소아시아 지방까지 육로로 출발하게 한 위협적인 상황에 관한 진술과 그의 동료들과 그들의 고향 교회들의 명단(행 20, 3 이하)이다. 이 경우에 물론 바울 서신들을 통해 우리에게 잘 알려진 여행 목적과 헌금의 전달 및 이를 위해 동반자들이 로마제국 동반부에 있는 바울 선교지, 즉 소아시아 지방과 마게도냐, 그리스 땅의 교회들에 의해 임명되었다는 사실이 기이하게도 누가에 의해 언급되지 않고 있다. 주목을 끄는 바 시도행전의 이 침묵은 그 후의 역사를 위해서도 주목받아야 할 것이다. 이것은 우리가 그 서신들에 의해 확신 있게 보충할 수 있는 그의 서술의 결함이다.

육로와 다음 바닷길을 위해 개작된, 본래는 단지 항로 여정, 즉 해안을 따라 통과한 섬들과 기항지만을 열거한 여행 일지를 전형적으로 누가는 보충함으로써 과장적으로 꾸며진 몇 장면들은 이미 설화 문체에 의해 유연치 못한 전후 문맥과 구별된다. 여기에 속하는 것은 분명히 엘리아와 엘리사(왕상 17 ; 왕하 4)의 구약 사화를 회상케 하는 대담한 바울 전설, 즉 그가 드로아에서 설교하는 동안에 졸다가 창문으로 떨어져 죽은 소년을 되살리는 전설(행 20, 7-12)이다. 그러나 특별한 것은 저자가 밀레도－그를 위협하는 위험 때문에 피해야 했던 에베소에서 남방 약 50 킬로미터에 위치한 곳이다(비교. 고후 1, 8-9)－의 체재를 아주 의미심장한 장면으로 묘사한 것이다. 바울은 '장로들'을 에베소로부터 불러서 예언자적 선견으로 곧 순교하리라는 감동적인 장황한 연설로 그들을 작별한다(행 20, 17-38). 그 자체로서는 훌륭한 작품이지만 이 연설도 바울의 역사에 직접 이용될 수는 없다. 역사적으로 의심스러운 것은 무엇보다도 아주 자명하게 전제된 교회의 장로 제도인데, 이것은 바울 서신들이 아직 모르는 일이다. 그러나 이것이 후세의 것임을 특징지어 주는 것은 무엇보다도 고별 연설 자체의 문체와 내용이다. 이 연설은 사도의 전체 활동을 회고하면서 그의 마지막을 예측하고 그가 죽은 후에 물어뜯는 늑대처럼 교회를 파괴할 거짓 교사들의 출현을 예고한다. 이들을 보호하기 위해 바울은 그의 순수한 가르침의 전권을 이 장로들에게 계승시키고 성령에 의해 그리스도의 양떼의 '관리자들(Episkopoi)'로 선임된 직권자들로서 그들을 임명한다. 이것이 후세의 가톨릭적 의미에서 계승(Sukzession)을 말하는 것은 아직 아니다. 그러나 여기에 나타난 교직－이 직을 맡은 자는 곧 영을 맡은 자이기도 한 바－에 관련된 권위적 전통에 관한 사상은 후기 교회가 특히 이단

방지 싸움에서 발전시킨 사상들의 전형적인 성격을 보여 준다. 이와 같은 사상들은 아주 비슷하게 제2의 바울 서신인 목회 서신들 중에서 장로와 감독의 모범적 형태에서 나타난다.

그 다음 여행 보도도 우선 그것이 어떤 개작된 여행 수기임을 보여 준다. 이 항해는 고스와 로도를 지나 소아시아 해안을 따라 남향해 바다라에 이른다. 여기서 그들의 배를 갈아타고 바다를 건너 구브로를 지나 수리아에 이르러 두로에 있는 그리스도인에게서 일 주일을 머물렀는데 그 동안에 배에서는 짐을 부린다. 그 다음은 톨레마이스(지금의 하이파)를 지나 가이사랴로 갔다. 여기서 그들은 사도행전 6장과 8장에 명기된 선교사 빌립의 집 손님이 되었다가 그곳으로부터 육로로 예루살렘을 향해 갔다. 이 보도들은 다른 데에서 알려지지 않은, 팔레스틴 지중해 연안의 그리스도 교회들에 관한 소식을 우리에게 전해 준다는 이유에서도 중요하다. 이 보도들은 좋은 전승에 근거한 것임이 확실하다. 그것들이 설사 바울의 임박한 종말을 좀더 분명하게 묘사하고 모든 경고들에 대해 그를 철두철미 고난당하는 죽음을 각오한 신의 사람으로 묘사하려는 누가의 인위적인 의도 없이는 형성될 수 없었던 것일지라도 확실하다. 바울 자신이 기대했던 바와 같은(롬 15, 30 이하), 그의 운명이 예루살렘에서 혹시 다시 한 번 다행한 국면으로 변할 수도 있다는 기대는 여기에 이미 전제되지 않고 있다.

바울이 구금되기까지의 예루살렘 사건들에 관한 다음 보도들도 옛, 신빙성 있는 전승에 의한 것이다. 물론 이것들도 바울 서신들을 통해 알려지는 그러나 언급한 바와 같이 사도행전에서는 완전히 침묵하고 있는 예루살렘 여행 목적, 즉 헌금의 전달과 연결시킬 때에 비로소 투명해진다. 누가는 이 헌금에 관해 부수적으로 후에 단 한 번, 이미 갇힌 자로서 총독 벨릭스(Felix) 앞에서 행한 연설에서 언급했는데(행 24, 17) 이 헌금이 유대 민족에 대한 그의 충성의 증거를 위해 정해진 구휼금 — 이것의 실제적인 의미를 알지 못한 채 — 으로 이해되고 있다.

모든 점에서 믿을 만한 사도행전의 보도에 의하면, 야고보는 바울에게 곧 충고해 그가 성전에서 의전에 참여함으로써 율법의 파괴자라는 그에 대한 유대인계 그리스도교의 오해를 풀도록 하라고 한다. 즉 그는 네 명의 가난한 '나실 인(人)'의 의전에 참여해 그들이 헌납해야 할 제물 비용을 부담하라는 것이었다. 이것은 구약성서에 기원을 둔 옛 유대교의 관습인데 이 의전을 통해 경건한 자가 각기 원래는 온 생애를, 후에는 일정한 기간을 야웨 봉사에 바쳤는데 그 때는 엄격한 금욕적인 의무를 져야 했다. 즉 금주와 삭발하지 않는 것, 모든 의전적으로 불결한 것들(가령 시체 접촉)을 피하는 것이다. 후기 유대교에 와서는 성전 사제 앞에서 제물을 드려야 했는데, 다른 사람들을 위해 그 비용을 담당하는 일이 특별히 칭찬받을 만한 선한 일로 간주되었다.

바른 추측일 수 있는 바 바울에 대한 야고보의 이러한 권고의 이유는 예루살렘 교회가 그 헌금을 받아들이는 데 어려운 문제들이 있었다는 데에서 찾아야 할 것이다. 바울에 대한 교회 자체의 불신을 그런 방법으로 약화시키고 동시에 원교회가 율법과 신의 적(敵)을 있을 법한 바 굴욕적인 돈 때문에 환영하는 것이 아님을 그리스도인이 아닌 유대인들에게 증거하려는 것이었다. 이렇게 보면 야고보의 동기는 이해된다. 그러나 바울이 이 타협적인 제안을 받아들인 것도 이해된다. 그는 사적인 오직 그 자신만을 위해 받아들인 의전에 참여함으로써 어떤 해도 받지 않았고 율법은 이미 구원에의 길이 아니라는 그의 가르침을 이것으로 의심스럽게 하지도 않은 것은 확실하다. 바울에게서 유대교의 의전율(儀典律)에 대한 순종이 책임적인 요구가 이미 아니라는 것은 결코 그가 유대인들 중에서 모든 율법적 관습을 금한다는 것을 뜻할 수 없다. 사실 그는 그 자신의 말대로 언제나 그의 선교 활동을 규정해 주는 자유를 실천했다: "내가 유대인들에게 유대인과 같이 된 것은 유대인들을 얻고자 함이요; 율법 아래 있는 자들에게 율법 아래 있지 아니하면서도 율법 아래 있는 자같이 된 것은 율법 아래 있는 자들을 얻고자 함이며; 율법 없는 자들에게는 내가 신의 율법 없이 있지 않고 오히려 그리스도의 율법에 (매어) 있으면서도 마치 율법 없이 있는 자 같이 된 것은 율법 없이 있는 자를 얻고자 함이라…. 모든 사람에게 모든 것이 된 것은 어떻게 해서라도 몇 사람이라도 더 구원하고자 함이다"(고전 9, 20 이하). – 그러므로 누가적인 의도에서 사도행전에 묘사된 바울의 행동, 즉 그를 모범적인 유대인으로 표현한 것을 의심할 이유는 없다.

헌금의 전달과 함께 이것으로써 바울이 교회에서 가능하게 하려고 했던 것은 분명히 유대인과 이방인의 교회의 통일을 과시하는 것이었는데 이것은 물론 이루어지지 않고 말았다. 그렇게도 큰 실천적이며 신학적인 정력을 가지고 모은 원교회를 위한 이방인계 그리스도 교회들의 헌금이 어떤 성과를 거두었는지 우리는 알지 못한다. 우리가 이미 본 바와 같이 누가는 그 결과를 침묵으로 덮어 두고 있는 것이 확실하다. 그러나 그는 이방 지역으로부터 온 바울로 하여금 규정된 정결 규례에 따라 일 주일 이상 성전에서 의무적으로 수행하게 한 제의 의식에의 참여가 그의 운명을 결정했다고 신빙성 있게 보도하고 있다. 그를 알고 있는 디아스포라 유대인들이 성전에서 그를 만났는데 바울이 그의 동반자 가운데 유대교인이 아닌 한 사람, 즉 에베소 출신 드로비모를 성전에 데리고 들어온 줄 잘못 알고 홍분해서 로마인들에게도 존경을 받는 바울을 반신자(反神者)로 몰아 죽이려고 했다. 그에 대한 소동은 결국 로마 군인이 개입해서 그를 보호 검속해 유대 군중이 죽이려 하자 그를 벗어나게 한다(행 21, 27-36). 그 후 바울은 로마의 죄수가 되었다. 얼마 안 가서 보호 검속이 끝나고 미결수가 된 것이다.

바울의 구금까지의 사건들의 역사적 과정 역시, 사도의 서신들이 전해주는 그 배경들을 함께 계산에 둘 때 이런 정도로 재구성된다. 이 밖에 모든 것, 예루살렘과 가이사랴 구금 때와 로마에의 호송, 그의 최후에 관해 아는 것은 오직 단편적이고 불확실한 보도를 제공할 수 있을 뿐이다. 우리는 사도행전이 이 마지막 기간도 세부적인 장면, 특히 수많은 긴 연설들을 자세히 극적으로 꾸며 서술한 것들을 연결시켜 채우고 있음을 알 수 있다. 그러나 이것들은 저자의 문학적 작품에 속한다. 누가에게 공적인 소송 기록 혹은 어떤 다른 신빙성 있는 전승이 입수되어 있지 않았음은 확실하다. 그러나 그런 만큼 저자는 이 위대한 죄인의 거동에 대한 더욱더 인상적인 모습을 그려 당대의 독자들에게 그리스도교와 유대교의 관계를 밝히 보여주고 그와 동시에 이방 로마 법정에서의 반국가적이라는 비난으로부터 그리스도교를 변호하려고 했다. 이 경우에 누가는 유대교와 지방에서의 소동, 로마 주둔군, 현직 총독에 관계된 적지 않은 시대사적 지식들을 제공하고 있다. 그렇다고 해서 이 모든 것이 개별 사건들의 역사성을 증명해주는 것은 아니다. 필자는 이로써 오히려 바울이 자신의 판결을 기다려야 했던 동안의 공간을 최선을 다해 채운 것뿐이다. 말하자면 사건에 참여한 배역들과 그룹들을 힘닿는 한 묘사해 독자에게 인상 깊게 하는 방식으로 채웠다. 그의 서술의 이 주도적인 동기들을 인식하면 이 보도들 중에서 가령 무엇이 가능하고 생각할 수 있으며 무엇이 있을 법하지 않고 불가능한 것인지를 지적하기 위해 세부적으로 보도들을 검토하는 수고는 덜 수 있을 것이다.

소란을 피우는 군중으로부터 구출된 바울이 로마 장교의 허락을 얻어 성전 층계 위에서 무리에게 행한 설교—이것은 다메섹 도상에서 일어난 그의 회심을 다시 장황하게 서술한 것인데(행 22, 1-21) 그 후 세 번째는 아그립바(Agrippa) 왕 앞에서 되풀이되고(행 26, 1-32) 동시에 신의 뜻에 의한 이방 선교가 변호된다—도 이미 누가에 의해 묘사된 저 장면들 중에 속한다. 예전에 그의 주 그리스도가 섰던 같은 법정에 그를 세운 공회의 심문(행 22, 20-23, 11)도 죄수인 바울을 신실한 바리새인으로 증명하려는 오직 한 가지 목적을 가지고 있다. 즉 신앙이 좋은 유대인들은 무의식중에 죽은 자의 부활을 부인하는 사두개인에 반대해 그의 무죄를 확언하도록

해야 했다. 불구대천의 적으로서 유대인들의 모습이, 장면이 달라짐에 따라 점점 더 날카로워지고 난폭해지는 반면에 로마 관원의 대표자들은 구금자의 보호자로 나타난다. 수비병의 장교와 예루살렘 수비병 대장 – 이 사람은 기병과 보병에 명해 바울을 강제로 엄호해 총독의 소재지인 가이사랴로 데려오게 함으로써 그를 유대인들에게서 구출한다 – 그리고 끝으로 총독 벨릭스와 그 후계자인 보디우 베스도(Partius Festus) 자신까지도 사도의 보호자가 되며 단순히 조잡한 흑백 논리로 유대인들과 비교하지 않았다. 전자는 바울의 그리스도 소식에 관심을 보여 주기도 하며, 의(義)와 절제와 최후의 심판에 관한 구금자의 말이 그를 엄습하자 두려움도 느끼고 또 뇌물까지 기대하면서 적절한 시기가 올 때까지 그 판결을 미루기도 한다(행 24, 24 이하). 후자 베스도는 아그립바 왕 앞에서 바울의 무죄를 증명해야 했으나(행 25, 25 이하) 결정적인 순간에 바울의 말들을 망상으로서 거부하면서도 (26, 24 이하) 과감히 결단을 내리지 못하고 유대인들과의 관계를 손상시키고 싶어하지 않는다. 아그립바도 바울의 회심의 이야기 때문에 믿음에 가까워졌다고 고백한다(행 26, 28). 그러나 그 사이에 바울의 무죄 판결과 석방의 길은 바울 자신에 의해서 막혔다. 왜냐하면 그는 베스도가 그에게 재판지로서 예루살렘을 제안했을 때 로마 가이사에게 재판을 제소했기 때문이다(행 25, 9-11).

이 모든 보도들 전체와 또한 세부적인 것들의 대부분이 역사학적인 비판을 면치 못한다고 할지라도, 그럼에도 불구하고 그것들 중 몇은 적어도 중요한 역사적 사실에 근거하고 있다는 것은 의심할 수 없다. 여기에 속하는 것은 물론 그가 로마인들에 의해 구금된 후 가이사랴로 압송된 것과 2년 이상 그의 재판이 미루어진 것(행 24, 27; 이것은 분명 꾸며낸 시간 표시가 아니다), 벨릭스 총독 재임으로부터 그 후계자 베스도의 시기에 이르는 보도, 그리고 끝으로 설사 사료가 충분치 않아 사법 관계가 충분히 밝혀지지 않을지라도 구금자가 로마 황제에게 재판을 요청한 것이다. 그 결과 그는 로마 총독들의 팔레스틴 관할 지역에서 재판을 받지 못하고 미결수로서, 즉 여하간 국가적 존엄에 항거한 죄수로 판결을 받은 정치적 반역자로서가 아니라 미결수로서 로마제국 수도로 압송되었다.

사도행전(27, 1-44)은 율리오라는 로마 백부장의 지휘에 맡겨진, 가이사랴로부터의 이 모험적인 항해를 세밀하게 아주 극적으로 묘사하고 있다. 이 항해는 우선 소아시아 지방을 향해 가는 상선이 해안을 따라 루기아의 무라에 도달함으로써 시작된다. 이곳에서 이탈리아로 가는 알렉산드리아 배로 갈아 탔다. 역풍으로 간신히 그레데까지 갔는데 이곳에서부터 이 항해는 점점 더 위험해진다. 왜냐하면 그 동안에 가을과 겨울의 계절풍 시기가 시작되었기 때문이다. 결국 이 배는 그레데와 아드리아의 말타 사이에서 큰 광풍에 휩싸인다. 어려운 항해 중에 배에 실은 짐을 바다에 던지고서도 14일간을 절망적으로 바다를 헤매다가 결국은 말타 섬 앞에서 파선을 당하고 사람들은 모두 헤엄치거나 뗏목에 얹혀 간신히 해안에 도달할 수 있었다. 사도행전은 이 모든 것을 아주 극적인 사실로 묘사하고 항해에 관한 놀라운 전문 지식까지 동원했다. 그러나 저자에게 가장 중요한 과정들은 이 경우에 무엇보다도 다음과 같은 것이다: 이 혼란 중에서도 선원과 군인들, 선주, 선장, 백부장 중 유일하게 지혜와 자신에 가득 찬, 항해 경험도 제일 풍부한, 특히 신앙과 이적 능력에서 뛰어난, 결국에는 모두 그들의 구출에 대해 감사해야 하는 바 신의 사람으로서의 바울을 나타내는 것이었다.

이 장엄한 묘사는 오랫동안 오직 목격자에 의해서만, 즉 사람들이 주장해 온 바와 같이 항해에 스스로 참가한 누가에 의해서만 제공될 수 있는 신빙성 있는 역사적 보도에 해당했다. 특히 장 전체가 그 이전의 몇 부분에서처럼 다시 '우리' 문체로 되어 있다는 점에서 더욱 그리했다. 그러나 근래의 연구들은 이 신빙성을 신빙성 있는 이유들을 들어 흔들어 놓았다. 이미 이야기 중의 '우리'가 결코 목격자 보도를 위한 확실한 증거일 수 없게 된 것이다. 실제로 이 문체는 말하자면 고전 문학의 난파선 보도들 중에서도 효과적인 기교체로서 자주 사용되었다. 이 밖에 사도행전의 긴 27장 중에서 극소 부분만이, 즉 누가의 전형적인 바울상에 일치하게 그려진 장면과 이적 사화, 연설만이 바울을 언제나 용감한, 신의 도움을 받는 구원자로서 등장시킨 것을 볼 수 있다. 이 단락들은 모두 그 밖의 이야기와 쉽게 분리되고, 특히 성격적으로 양자는 전혀 다르고 오히려 그것에 분명한 긴장 관계 안에 대치되어 있음을 볼 수 있다.

이로써 어느 정도의 확실성을 가지고 사도행전 저자가 팔레스틴으로부터 이탈리아까지의 항해의 극적인 서술을 위해 어떤, 원래는 전혀 바울에 관계된 것이 아닌 문학적 원본을 이용해 통속적인 헬레니즘 시대의 기행문학과 소설에서 흔히 볼 수 있는 대로 적절히 엮어 나갔다는 것을 추측할 수 있다. 항해와 난파는 그 시대의 문학에서 자주 이용한 주제들이다.

특유한 것은 바울이 말타 섬 이후의 마지막 여행 과정에서 이미 구금자로 나타나지 않는다는 것이다. 보디올(네아펠 만)에 있는 그리스도인 형제들에게서 일 주일을 손님으로 지낼 수 있었으며, 압비오 가도로 로마에 접근하자, 압비오 광장과 트레스 마을까지 로마의 그리스도인들이 환호하며 마중을 나왔으며, 그 다음에는 설사 파수병 한 사람이 지켰지만 로마 수도에서 개인적으로 따로 묵을 수 있게 허락을 받는다. 그리고 그는 여기서 거의 구금자라는 언급 없이 아주 상류층의 유대인들을 맞아들여 그들에게 신의 나라와 율법 및 예언자들에 의해 확증된 예수에 관한 소식 – 어떤 사람들은 믿고 어떤 사람들은 불신앙으로 고집하는데 – 을 전한다. "그는 2년 동안을 자기 셋방에 유하며 자기에게 오는 사람을 다 영접하고 신의 나라를 전파하며 주 예수 그리스도에 관한 것을 자유로이 가르치되 금하는 사람이 없었다"(행 28, 30-31). 이것으로 이 보도와 사도행전은 전부 끝난다.

이 평화로운 끝이 역사적으로 생각될 수 있는 것은 확실히 아니다. 여하간 누가가 바울의 재판의 계속과 그의 불법적인 죽음에 관해 알면서도(행 20, 22 이하, 21, 10 이하) 한 마디 말도 시사하지 않은 것은 기이하다. 그러나 이 책 서두에 제시된 누가적인 역사서의 구상, 즉 예루살렘과 유대로부터 사마리아를 지나 땅 끝까지 이른 복음의 길을 서술한다(행 1, 8)는 계획을 회상하면, 이 책의 이런 마무리는 이해된다. 이런 의미에서 사도행전 저자는 이 위대한 이방 민족의 선교사로 하여금 로마에서도 그의 위력적인 일을 완수하게 했다. 그리고 특별히 바울의 순교에 관한 침묵이 사도행전의 현실적인 목표 설정을 통해서 이해된다. 사도행전은 신자들을 고무하기 위해서뿐 아니라 이방 제국에 대한 변호적인 의도를 가지고 기록되었다. 이방 제국이 바울의 이 모습에서 그리스도교의 위대함과 평화의 의지에 관한 인상을 받고 로마 관원의 많은 대표들이 바울의 역사 과정에서 이미 보여 준 것과 같은 현명하고 바른 태도를 교회에 대해 취하도록 하려는 것이었다.

사도의 실제 최후는 달랐을 것이다. 그는 로마에서도 상당히 오랫동안 비교적 자유로운 죄수로서 구금되어 있었을 것이 사실이나—사도행전 28장 30절에 언급된 2년에는 신빙성이 있다—누가의 보도에서처럼 설교의 가능성이 무제한 주어져 있었을 수는 없다. 그리고 로마에까지 끌어온 그에 대한 재판은 다시 열리고, 그는 아마 60년대 초 네로 황제 치하에서 순교했을 것이다. 이것은 우리가 본 바와 같이 사도행전 자체에 전제되어 있는 것이고(비교. 위 S. 151 이하), 그의 마지막에 관한 후기의 전설적 서술인 바울 행적(Acta Pauli, 제2세기 말)을 제외하고는 가장 옛것이고 확실한, 제1세기 90년대 로마에서 기록된 클레멘스 제1서는 다음과 같이 증언하고 있다: "우리는 용감한 사도들을 주목해 보자: 베드로를 보라, 그는 불의한 광포한 자의 희생으로서 한두 번이 아니라 무수한 고발을 참고 받은 후에 신앙의 증언자로서 그에게 합당한 영광의 자리에 올리웠다. 바울은 악한 광신자와의 싸움으로 인해 인내의 면류관을 얻었다. 일곱 번 결박을 당하고 피신자가 되고 투석형을 받은 그는 전령으로서 동과 서에서 활약했으니 – 그는 그의 신앙을 위한 영광스러운 영예를 얻었다. 그가 온 세계를 의로 가르치고 서쪽 끝까지 이르러 지배자들 앞에서 그의 신앙을 고백한 후 그는 세상으로부터 풀려나서 거룩한 곳에 받아들여졌다. 즉 그는 인내를 위해 가장 큰 모범이 되었다"(5, 4-7). 여기서도 두 순교 사도의 마지막 모습은 확실하게 알 수 없다. 수사적으로 꾸며진 찬사로 휩싸여 있고 정신 영역에서 싸운 자인 참 현인의 고전적 주제가 모형으로 이용되어 있다. 이에 관한 바울 자신의 말은 거의 보존되어 있지 않고 분문에서 그의 죽음의 상황에 관해 자세한 것을 말하지 않는다. 그렇다고 이것이 그의 강제적인 죽음의 사실을 의심하게 하는 것은 아니다. 단지 계속 물음으로 남는 것은 바울이 클레멘스 제1서가 전제하는 대로 실제로 그의 죽음 전에 그의 계획, 즉 서쪽 끝, 스페인까지 선교한다는 그의 계획을 실현할 수 있었는가이다. 이것은 단지 선교 계획을 사도행전과 결합시킬 때 그가 로마에서의 첫 구금으로부터 다시 한 번 풀려났다가 그 후에 둘째 번(마지막) 구금을 당했다는 것을 뜻할 수 있을 뿐이다. 그러나 이것은 전혀 불가능하며 자주 시도된 바이지만 목회 서신을 통해서도 증명되지 않는다. 클레멘스 제1서의 보도는 사실 로마서 15장 24-25, 28절로부터 추리된 것으로, 바울의 희망이 실제로 실현되었으리라고 생각한 것이다.

이렇게 그의 죽음까지의 마지막 몇 해의 생애는 어두움에 묻혀 있다. 그만큼 더 우리는 그의 생애사에 관한 서술 다음에 다시 그 자신의 서신들의 확고한 역사적 토대로 들어가 바울 자신에게는 무엇이 그 자신의 생과 죽음보다 더 중요했던가를 물어야 할 이유가 있다.

제2부

소식과 신학

제1장

바울과 원교회의 그리스도 소식

바울을 이해하기 위해 애쓰는 사람은, 그 자신 그리스도교 신앙에 익숙하다고 생각하든 아니면 생소하다고 생각하든 구별 없이 어떤 우호적인 혜택도 없고 점차적으로만 이해하게 된다는 사실에 유의해야 할 것이다. 사도의 서신들 중 어디서도 수신자들을 이른바 멀리서 인도해 들이는 변호적 또는 예비적인 통로들을 우리는 발견하지 못한다; 사도는 어디서나 단도직입적으로 사건 자체에 돌입한다. 널리 알려져 있거나 자주 받아들여지거나 또는 적어도 묵묵히 가슴에 품어 두는, 그의 신학이 지나친 것을 요구한다는 비난에도 근거가 없는 것은 아니다. 자기 자신을 그의 낯선 사상 세계에 끌어들이고 관여하게 할 수 있는 가능성들은 모두 끊겨 있다. 그 세계는 어떤 사람에게는 기피 또는 체념을 강화시킬 것이며, 어떤 사람에게는 의혹과 불안을 심화시킬 것이다.

바울의 신학은 신의 나라(神國)의 옴에 관한 예수의 설교의 반복이 아니다. 바울의 선포 내용은 예수 그리스도 자신과 그의 십자가에서의 죽음, 그의 부활, 그리고 퀴리오스(Kyrios: 主)에로 임명되는 승천 위에 세워지고 열려진 구원이다. 이와 함께 심한 변화가 초래되었는데 근세적 사유는 이 변화를 감당치 못하고 자주 불평을 터뜨렸었다. 이 변화로 인해서 사도는 그리스도교를 왜곡시켰고, 동시에 의심스런 의미에서 그리스도교의 '창시자'가 되었다는 비난을 받았다. 사람들은 이렇게 말한다. 즉, 예수의 기쁜 소식은 얼마 안 가서 바울에 의해 비로소 유대교적 표상들과 헬레니즘적 신화들로 혼합된 구원론이 되었다는 것이다.

지상의 예수의 선포와, 바울뿐만 아니라 부활 후의 교회 전반의 그리스도 소식 사이에는 근본적인 차이가 놓여 있다. 이 차이는 생각 없는 사람만이 간과할 뿐이다. 이 차이는 현저하게도 신약성서 문헌들이 각기 달리 보도한다는 점에서도 드러난다. 복음서들이 단순화된 도식적인 말로, 예수의 죽음과 그의 부활까지 그의 지상 역사 영역에서 일어난 그의 설교와 활동에 관해서 보도했다면, 사도의 소식(서신들, 사도행전, 요한묵시록)에서는 전자의 목표점이 부활 후의 증인들을 낳는 근거와 시초가 된다. 선포자가 선포되는 자로 되면서 그의 지상 역사의 제한성은 제거되었으며, 예수의 말 대신 예수 그리스도와 그의 죽음, 부활, 마지막 날에 그의 옴에 관한 말이 등장한다. 바울을 이 과정의 제일 첫 책임자로 만드는 것이 중요하지는 않을지라도, 그의 서신들은 역시 우리로 하여금 특히 뚜렷하게 이 놀라운 사태에 직면하게 한다. 그는 지상 예수의 설교를 전달하기 위해 노력하지 않았다. 그는 어디서도 나사렛의 랍비와 예언자, 이적을 행하는 자로서, 세리와 죄인들의 친구로서 예수를 소개하지 않았으며, 그의 산상 설교, 그의 신의 나라 비유들, 바리새인 및 서기관들과의 논쟁들에 관해서 언급한 바도 없다. 그 서신들 중에는 주기도문조차 들어 있지 않다. 그는 네 번 서로 다르게 주의 말을 인용하고 있을 뿐 한 번도 대표적인 주의 말들을 인용한 적이 없다(고전 7, 10-11; 9, 14; 11, 23; 살전 4, 15). 예수의 말을 회상하면서 표현한 것임이 분명한, 교회에 대한 그의 몇 가지 권고도 있으나 이것은 그가 회심 전 혹은 후에 그리스도 교인들과 만나는 데에서, 예수 전승에 대한 한정된 지식을 얻었음을 보여 준다. 그러나 이러한 소수의 우연한 것들이 전체 그림에 어떤 변화를 가져다 주는 것은 아니다. 그에게서 지상의 예수가 제거된 것같이 보이는 데에는 변화가 없다. 바울 자신은 그를 알지 못했다. 그러나 바울이 그를 지상의 인간으로 알았다 할지라도, 그가 그것과는 달리 예수를 빙자했음이 분명한 적들과의 대결에서, 그를 이미 육체의 예수로 알지 않는다(고후 5, 16)고 확언했을 것이다. 이 인상을 약화시켜서는 안 될 것이다. 그러므로 우선 단절만이 인식되는 곳에서 변호적으로 염려된 상상으로써 연결들을 만들어 내거나, 직접적인 통로가 없는 것에서 중개적인 교량들을 찾는 것은 잘못이다. 바울 신학은 물론이려니와 그리스도교적 신앙과 사유 전반에 걸친 이 근본 문제를 더 예리하게 본 사람은 여전히 성급하게 다리를 놓으려고 노력한 수많은 신학자들이 아니라 비평가의 눈들이었다. 그들이 설사 이 변화를 대개 단지 잘못 또는 변질된 것으로만 평가할 줄 알았을지라도 그렇다.

물론 이 변화 과정에는 종교사학적으로 후기 유대교적 · 묵시 문학적 사상들과 후기 고대 주변 세계의 신화적 표상들이 적지 않은 영향을 미쳤다. 그럼에도 불구하고 여기서 지상적인 예수가 신화적인 신적 존재로 바뀌고 역사는 절망적으로 포기되었다는 널리 알려진 주장은 피상적이고 잘못된 것이다. 왜냐하면 이 주장은 이 변화에서도, 아니 여기서 바로 아주 특정한, 통상적인 우리의 현대적 이해와는 물론 근본적으로 다른 예수의 역사에 관한 이해가 드러난다는 것을 보지 못하기 때문이다. 우리에게 익숙한 규범들로는 이 사태는 단지 여러 면에서 부정적 표현들에 의해 우회적으로만 표현될 수 있다. 역사가에게는 오늘과 내일로부터 어제를 갈라 놓은 경계가 근본적으로 폐쇄되어 있다. 우리의 언어가 특징적으로 말하듯이, 역사가는 '일어난 일(Passiertem)'에 관해 말하고, 일어난 일의 장소를 말하고, 이미 주어져 있는 시 · 공간의 좌표로 계산한다. 설사 그가 현재와 미래에 끼치는 과거의 영향력을 헤아릴지라도. 그러나 그에게서 지나간 역사와 인물들 중의 불변적인 것과 지속적인 것이 이상적이고, 도덕적이며 종교적인 종류의 무시간 · 무역사적 진리들로 변하는 것은 우연이 아니다.

그리스도의 역사에 대한 원그리스도교적 이해는 그러한 사유 방식의 울타리 안에서는 파악될 수 없다. 이 이해는 예수의 부활에 근거를 두고 있다. 마찬가지로, 부활도 부활절 이후의 교회의 증언들에서 여러 가지로 그리고 아주 상이한 방식으로 시간과 공간에서 일어난 역사로서 묘사되고 이해되었지만, 그러나 사실은 그런 것 이상을 의미한다. 즉, 그것은 전권적인 능력으로 신에 의해 수행된, 지상 역사의 세상적 · 인간적 구조의 파멸과 종말의 시작, 신의 현현, 그리고 이와 함께 일어나는 구원 사건으로서 원래적인 그리스도 사건의 개시를 뜻한다. 그러므로 예수는 원그리스도교적 신앙에서 이미 단순히 지나간 역사 과정에 있었던 한 인물도, 그의 시대에 속하는 다른 사람들과 같은 사람도, 좌절 속에서 그의 운명을 이겨낸 것 같은 방식으로 인상적이거나 아주 전형적인 그 시대의 희생물도 아니다. 현재와 미래를 위한 그의 인격과 그의 의미, 활동은 오히려 세계 및 인간과의 관계에서 시간과 영원을 결정하는 신의 역사의 차원에 투입된다. 원그리스도교적 증언들과 고백들, 즉 구약성서적 · 유대교적인 혹은 헬레니즘적인 언어로 그를 부른 수많은 호칭들이 예수의 이 구원의 의미를 분명히 말해 준다: 메시아, 그리스도, 퀴리오스(主), 사람의 아들(人子), 신의 아들 등. 이 모든 호칭들이 지상적인 예수를 대신하려는 것은 물론 아니다. 지상적인 예수가 폐기된 것은 아니다. 그의 이름도 우연하거나, 공허한 혹은 바꿀 수 있는 낱말로 되지 않았다. 오히려 이 모든 호칭들은 오직 그만이 신에 의해 세계에서 성취된 구원의 내용과 전달자라는 것을 말한다. 그러므로 처음에 역사의 포기를 증명하는 것같이 나타난 것이 사실은 포괄적인 의미에서 바로 그의 구원사로서의 역사의 이해를 말해 준다. 선포되는 말을 듣고 신앙으로 대답하는 자들은 다 함께 이 사건에 소속되고 관련된다.

지상의 예수의 설교와 부활절 이후 교회의 소식 사이의 차이가 이것으로써 지양되는 것이 아니고, 오히려 바로 그 내용에 의해서 요구되고 근거를 가진다. 이 차이는, 예수가 그의 말과 행동에서 이미 일어난 신의 나라의 시작을 선포하는 반면, 부활절 이후의 소식에서는 – 모든 교차적인, 아니 상반된 표상들에도 불구하고 – 그의 죽음과 부활, 승천에서 세대의 전환과 구원의 개시, 신의 도래와 지배가 이미 사건이 되었다는 점에 있다. 그러므로 바로 예수의 제자들은 랍비와 철학자들의 제자처럼 그의 교훈과 유언을 손질하고 그의 말들을 반복할 수만은 없었다. 원교회의 소식('케리그마')은 변해서 예수 자신을 그의 내용으로 만들어야 했다. 왜냐하면 그에게서 일어난 신의 말과 행동, 역사에 대해 계속 성실해야 했기 때문이다.

이 케리그마는 이미 아주 초기 교회, 특히 초기 헬레니즘 지역의 교회에서, 설사 가끔 분명하게 지적되지는 않았을지라도, 내용과 형식에 의해 대개 부족함이 없이 뚜렷해졌었고 신앙 표현들과 신앙 고백문들, 찬양문, 예배를 위한 의전적 표현들, 기도문들 중에, 그러나 성서 해석적인, 즉 구약성서의 주석에서 비롯된 성찰들 중에서 여러 가지로 표현되었으며, 일찍부터 확고한, 형식화된 전통으로 꾸며졌다.

처음에는 전혀 문서로 되지 않았던, 원그리스도교적 신앙과 사유의 이 과정은 신약성서적 또는 외경(外經) 문학적 사료에서 여러 모양으로 문서화되었다. 우리는 조금 전에 처음부터 이미 그리스도 사건의 바른 이해를 위해 얼마나 싸웠는가를 말한 바 있다. 사도의 회심과 소명이 이미 '헬레니즘계 신자들'의 예수살렘 원교회에의 침투, 그리스 이방 지역에서의 그리스도교의 첫 박해들, 선교의 시작, 그리스도교의 전파를 전제하고 있다(비교. 위 S. 51 이하). 유대교 및 율법과 그리스도 및 구원에 관한 이해의 심각한 차이와 함께 이것은 구약성서와 그 안에 증거된, 그리스도 안에서 성취된, 그의 백성 및 세계와의 신의 역사에 관한 바른 이해의 문제를 제기했다. 빠른 속도의 발전과, 복음이 그때그때 새로운 말로 선포되어야 했던 주변 환경의 큰 변화에도 불구하고 아주 초기 교회에서 확고하게 된 전승들은 그것들이 새로운 신앙 진술들과 결부되어 있었던 만큼, 단순히 제거되지는 않았었다.

바울의 서신들은 이를 위한 산 증서이다. 그도 항상 구약성서적 문헌들을 가지고 논쟁했다는 점에서뿐만은 아니다. 그는 마찬가지로 자주 자신에 앞서 또는 자신의 주변에서 전해져 내려오는 교회들의 케리그마적 전승들도 이용했다. 그는 분명하게 고린도인들에게 그 자신이 받아들여 다시 전한다는 것과 그들의 신앙의 주춧돌이 무엇이었던가를 회상시키고 있다(고전 15, 3 이하 ; 비교. 11, 23 이하). 이 밖에도 그의 서신 중에는 형식과 말투로 이러한 전해진 일정한 문체들을 알려 주거나 적어도 추측하게 하는 구절들이 있다. 이 문체들은 특별히 간략하게 종합된, 고백적인, 그리스도의 죽음 및 부활에 관한 진술들과 세례 및 성만찬에 관한 교훈적인 설명의 문맥에 바른 생활 및 예배를 위한 지시 사항들, 구약성서의 해석 혹은 기도 및 축복문들 중에 들어 있다. 이 점에서 바울은 그 자신의 이해에 따라 다른 사람들 중의 한 사람이고, 그러므로 특히 가령 그의 그리스도론이 특수성을 지녔을지라도 그 그리스도론을 고려해 어떤 특별한 '독창성'을 바울에게서 찾아서는 안 된다. 만일 사도의 신학을 '종교적 천재' 라는 지표 아래 단지 그 자신의 개인적인 경험들의 직접적인 기록으로 본다면, 그의 신학의 성격과 지위가 근본적으로 잘못 이해되었음을 바로 여기에서 분명히 알 수 있다. 그러므로 그의 신앙과 사유의 특수한 몫을 감소시키지 않으면서 그가 성장한 유대교의 전통과 그의 모든 원그리스도교회, 그의 제자들과 동역자들, 특히 그의 적들에게서 그가 얻은 것이 무엇인가도 집요하게 물어야 할 것이다.

바울의 소식과 신학은 이 의미에서 원그리스도교 케리그마의 해석이고 전개이다. 그러나 바울이 케리그마적 전승을 높이 평가하는 만큼, 그것을 때로는 교회의 어투 그대로 분명하게 새겨 넣고 있지만(고전 15, 2), 그것을 권위적으로 이미 주어진 불가변의 거룩한 텍스트로 다루지 않는다. 그것들의 권위는 형식적인 데 있지 않다. 즉 그것들이 전승된 것이라는 데 있지 않고 복음이 피력하는 그것들의 내용에 뿌리를 두고 있다.

바울은 자신이 그의 선포를 위해 성별(聖別)되고 부름을 받고 파견되었음을 알고 있다(롬 1, 1 ; 갈 1, 15). 사도가 이 사명을 이행하는 것은 그에게서 예수의 역사적 사실을 전하거나 신과 신적인 일에 관해 가르치거나 종교적 진리들과 경험들을 전달하는 것을 뜻하지 않았다. 오히려 그것은 신이 그리스도 안에서 해방과 구원을 위해 세상에서 행한 것과, 신앙을 가질 것을 호소하고 현재화하는 것을 뜻했다. 유감스럽게도, 무디어지고 무력해진 '설교하다'라는 말은 이것이 원래 사자(Keryx, Kerygma, keryssein), 의 사명을 뜻한 바, 그 뜻을 거의 되살리지 못한다. 신 자신이 그의 사자들의 입을 통해 말하고 행동한다는 것이다(고후 5, 20). 고전 시대에 익숙했던, 신의 현현을 위해 사용되었던 상(像)으로서, 바울은 복음에 대한 그의 사명에 관해 다음과 같이 말할 수 있었다: "어떤 사람에게는 사망에서 사망에 이르는 냄새요, 다른 사람에게는 생명에서 생명에 이르는 향기이다"(고후 2, 16).

복음에서 일어나는 것에 관해 바울은 묵시 문학적인 울림으로 말하고 있다: "신의 의가 복음에서 계시된다"(apokalyptetai, 롬 1, 17). 이것은 만물을 포괄하고 최후의 타당성을 제공하는, 세상의 마지막과 전환의 사건들이다. 최후 심판날의 불빛이 바로 이 소식에서 빛난다. 그러나 이것은 사람들이 기대하는 바와 같이, 그가 미래적인 사건들을 예고하고 유대교적 묵시 문학에서처럼 환상적으로 세계의 파멸과 새 세대의 영광을 묘사하고 있다는 것을 뜻하지 않는다. 그가 말하고 있는 것은 현재 일어나고 있는 사건, 이미 지금 복음 자체에서 일어나고 있는 사건이다. 그러므로 이 사건은 오고 있는 구원과 파멸의 가능성을 가리킬 뿐 아니라 구원을 가져오는 신의 도래가 그 안에서 이미 실현되고 있다. 복음 자체가 "믿는 모든 사람을 해방시키는 신의 능력"이다(롬 1, 16). 이것은 이미 묵시 문학적 의도에 일치하지 않는다. 유대교적 그리고 원그리스도교적 묵시 문학에서 먼 혹은 가까운 미래에 기다려지던 것이 복음에서는 현재가 된 것이다!

로마서 서두의 이 구절들은 의도적으로 원그리스도교적 케리그마에 대한 바울의 이해의 뚜렷한 고유성과 특수성을 제시한다. 그 특수성은 모든 다른 것에 앞서서 바울이 그리스도 소식을 오직 신앙에 의한 의인의 소식으로 해석하고 전개했다는 데 있다. 이 가르침은 원그리스도교 공통의 유산이 아니라 특수하게 바울적인 창작이다. 바울이 원그리스도교 전체와 결부시킨 그리스도에 대한 신앙을, 이 가르침의 방향에서 앞세우고 성찰하며 개작하고 그 의미에서 다진 곳은 이외에 아무 곳에도 없다. 이 가르침은 사도를 유대교 측의 원수로 만들었을 뿐 아니라 당시의 그리스도교 역시 그를 비난하는, 그리고 이방인으로 만든 원인이 되었다. 그런데도 바울은 이것을 통해 만민의 사도가 되었고 그리스도교를 유대교로부터 분리시켰을 뿐 아니라 유대인과 이방인의 교회의 통일성에 처음으로 본연의 신학적인 근거를 주었다.

바울의 소식의 포괄적 차원이, 현대적 이해에서 우선은 물론 그 의인론을 통해 오히려 변조된 것같이 보인다. 왜냐하면 그의 신학 전체에서의 의인론의 주도적인 위치에서 다음 사실이 반영되고 있는 것이 분명하기 때문이다. 즉 바울은 율법에 충실한 유대인으로서 그리스도 소식에 접했고, 율법은 옛 바리새인 때의 경험과 사유 영역으로서 그리스도 교인과 사도의 구원 이해까지도 여전히 규정하고 있다는 사실 때문이다. 율법과 의, 의인의 규범들 아래 있는 그의 사유는 사실 전날의 유대교인으로서, 유대교적 입장에서 보면, 배신자로서 바울을 특징지어 준다. 그러므로 바로 이 가르침에서 단지 극도로 개인적인, 시간과 상황에 의해 조건지어진 그의 신학의 주변과 제약들만을 보려고 하게 되는 것이 사실이다.

이 밖에 의인론이 바울 신학의 중심이라는 주장은 근세의 바울 연구에서 반론에 부딪치고 다음과 같은 주장이 대두되었다. 즉, 그의 의인론은 결코 16세기의 종교개혁자들에게서 보는 바와 같이, 과대 평가되어 중심에 세워져서는 안 되는 특수하며 부수적인 '반(反) 유대교적 투쟁론' 이상이 아니라는 것이다(W. Wrede). 슈바이처(A. Schweitzer)도 이것을 비슷하게 바울적인 구원신비주의(Erlösungsmystik)라는 '중심 분화구 중의 가지 분화구'에 불과하다고 했다.

이 주제는 결국 다음과 같은 사실을 말해 준다. 즉 의인론이 분명하고 자세하게 서술된 곳은 단지 갈라디아서와 로마서, 빌립보서뿐이고 바울의 신학에는 다른 중요한 주제와 사상 영역이 있는데, 이것들은 사상적으로 직접 그의 의인론으로부터 추론될 수 없다는 것이다. 그리고 가령 고린도서들 중에서는 의인론이 완전히 후퇴된 것으로 나타난다는 것이다. 그러나 의인론은 여기에도 없지 않다. 아니 바로 이 편지들이야말로 바울이 이방인계 그리스도인 청중과 독자를 감안했을 경우, 그의 언어가 유대교적 전통에 아주 익숙한 교회들에 향했을 경우와 달라야 했을 터인데, 여기서도 그의 복음을 달리 전하지 않았다는 것을 보여 준다. 그러나 무엇보다도 로마인에게 보낸 마지막 긴 편지는 그의 신학의 시초와 기본 주제가 얼마나 최후까지 변치 않았는가를 보여 준다(참조. 위 S. 139 이하).

그러므로 바울의 의인론에서 상황과 결부된 공격의 영역 안으로 단순히 한정시킨 의미만을 제공하는 것은 옳지 않다. 사실 바울은 바로 이 가르침에서, 그리고 이것으로 유대교와 유대인계 그리스도교의 전통을 철저히 깨고 '율법'에도, '신의 의(義)'가 뜻하는 것에도 모든 사람을 포괄하는 폭과 타당성을 제공했다. 그러므로 의인론은 위에 지적된 잘못된 방향 설정들과는 아주 반대되는 방향을 향한다. 그의 의인론이 분명하게 거론되지 않는 곳에서도 그의 선포 전체는 그의 의인론에 긴밀히 관련되어 이해되고, 이것에 관련될 때에만 바로 이해된다.

바울의 의인 소식이 원그리스도교적 그리스도 소식에 대한 신학적 이론으로서가 아니라 그것의 특유한 전개와 해석으로서 이해되어야 한다는 것은 로마서 1장에서, 아주 짧은 표현이지만, 각기 달리 두 번 복음의 내용으로 통틀어 분명히 종합되었다. 첫째는 전래된 신조(Credo)에서 종합되어 있다. 이 신조는 이렇게 그리스도를 고백한다: "육신으로는 다윗의 혈통에서 나고 성결의 영으로는 죽은 자들 중에서 부활한 이래 능력에서 신의 아들로 임명되었다"(롬 1, 3-4). 둘째는 그 내용이 바울의 언어임을 분명히 말한다: "내가 복음을 부끄러워하지 않음은 그것이 믿는 모든 자에게 구원을 주는 신의 능력이 됨이라. 왜냐하면 복음에는 신의 의가 나타나서 믿음에서 믿음에 이르니 기록된 바와 같이 오직 믿음에서 의인은 살 것임이라"(롬 1, 16-17). 우선 이 두 진술은 거의 서로 관계 없는 것같이 보일 것이다. 사실 저 옛 신조는 결코 오직 신앙만에 의한 의인에 무관했었다. 바울 이전에도 이후에도 그러한 해석을 생각한 사람은 한 사람도 없다. 그리고 또 그에게는 전자도 후자도 마찬가지로 복음의 내용을 완전히 제시해 주는 것이었음에 의심할 바 없다. 그러므로 결코 저 첫 전통적 진술(롬 1, 3-4)을 단지 전승과, 올바르게 제대로 믿는 것에 대해 경의를 표하는 의미에서 이해하고 그 후에 비로소 로마서 전체가 전개하는 그 자신의, 그리고 본래의 소식을 말하는 것으로 보아서는 안 된다. 그리스도론적 진술 및 구원론적 진술의 동속성(同屬性), 정확히 말해서 그리스도 소식을 의인 소식으로서 전개한 것과 의인 소식을 그리스도 소식으로 전개한 것은 오히려 그의 전체 신학의 결정적인 관심사였다. 바울에 의해 받아들여지고 보존된 전통과 전혀 새로운 사상 영역에 뛰어든 그 자신의 신학 사이에 있는 그의 신앙과 사유의 거리가, 얼마나 멀며 그 반성들과 인식들은 어떤 것인가는, 로마서 서두에서 드러나지 않으나(비교. 보설 III) 아래에서 계속 다루어야 할 문제들로는 제시되어 있다.

그러나 아직 실제로 주목을 끌지는 않지만 지적되어야 할 중요한 바울 신학의 한 가지 특징이 제시되어 있다. 즉 그의 신학은 처음과 끝이 서로 어울리는 주제들에 의해 일사불란하게 배열된 체계로서, 이른바 신학대전

(Summa theologiae)으로 그것을 재생시키려는 모든 노력에 강하게 반대한다. 많은 학문적인 진술들이 마치 여기에 그런 어려움이 없는 것같이 그의 신학을 다루며 신과 그리스도, 인간, 구원, 성례전, 교회, 마지막 일들과 그와 유사한 것들에 관한 바울의 진술들을 열심히 체계적으로 배열한다. 그들은 흩어져 있는 것을 한데 모아 하나의 통일체를 만들 수 있으면 있을수록 더 높은 인기를 누린다. 그러나 설사 모든 구절을 위해 필요한 증거를 가져다 댈지라도 다음과 같은 단순한 관찰의 정당성을 인정하지 않는 한, 모든 것은 거짓이 될 것이다. 즉 바울의 진술들은 교의학적인 주제들의 체계적인 배열에 있지 않고 거의 언제나 단편적이며 항상 다른 것들과 엉켜 있다는 것이다. 어떤 서술도 — 물론 우리의 서술도 — 바울의 사상 과정들을 어떤 특정한 주도적인 주제와 문제들에 의해 정리하는 것은 불가능하다. 그러나 만일 그렇게 한다면 그것은 궁여지책에 그칠 것이다: 사실은 모두 서로 엉켜 있다.

이 실정 또한 자명한 것은 결코 아니다. 이미 헬레니즘적 · 유대교적 신학과 초기 그리스도교적인 것, 특히 이른바 제2세기 이후의 그리스도교적 변증론자들의 신학이 일종의 체계를 가지고 있고 종교적 주제들의 확고한 총체 개념을 형성해 가지고 있었다. 가령 이방인들의 많은 신들에 대한 진정한 유일신; 신의 창조력과 긍휼; 이스라엘과 신의 역사; 인간들의 오류와 맹목성; 그리스도 안에서의 구약성서적인 구원 예언들의 성취; 회개에의 부름, 끝으로 경건한 자와 불경건한 자들에 대한 신의 심판 등이다.

이 주제들 중 많은 것이 바울에게서도 증거되고 그것들 배후에 저 전통들이 들어 있을지라도, 이 주제들이 그에 의해 언제나 그 서열대로 거의 다루어지지 않았으며 그것들을 하나의 체계로 다루려는 모든 시도들이 좌절되고만 것은 매우 특기할 만하다. 이를 위한 충분한 이유가 변하는 서신의 상황 — 이것이 이 경우에 같이 영향을 끼쳤을지라도 — 의 우연성이라든지, 더구나 비약적이고 어느 정도 격정적인 사도의 기질에서 찾아서는 안 된다. 바울이 '실천가'이고 '이론가'가 아니었다는 어리석은 대비나, 그에게는 체계적인 사유의 재능이 없었다는 총체적 평가는 더욱이 빗나간 것이다. 그의 서신들은 그와 다른 면을 증명한다: 그의 재능에 관한 한, 원 그리스도교의 어떤 다른 사도와 저술가에게서도 볼 수 없는 것을 그는 가지고 있었다; 그는 이 재능을 가장 격화된 투쟁에서 아주 놀랍게 보여 주고 있다. 사실 그의 사유가 전혀 다른 구조를 지니고 있는 이유는 바로 그의 신학의 특수성과 내용에 들어 있다. 그의 신학은 엄격히 말해서 저 독자적인 '주제들'이 이미 그 존재를 유지할 수 없을 정도로 신과 인간, 세계 사이의 만남에 의해 주도되었다. 모든 것이 심판과 은혜를 의미하는 총체로 엉켜 있다. 이 만남의 지평은 한 번도 포기되지 않은 그의 사유의 영역이다. 그러나 이것은 신과 그리스도, 영, 율법, 심판, 구원에 관한 각각의 진술이 곧 동시에 언제나 세상 가운데 있는 인간에 대한 진술이고 옛, 상실된 인간에 관한 진술이며 새로운, 신에 의해 해방된 인간에 관한 진술을 의미한다.

인간으로 하여금 신 앞에서 자기 자신을 이해하고 동시에 세상 가운데 있는 자신의 처지와 삶을 계속 생각하도록 하는 데에 사도의 설교와 신학은 언제나 그 목표를 두고 있다. 설사 그것들(설교와 신학)이 해방되지 못한 자에게는 그 존재의 수수께끼 같은 모순을 보여 주고(롬 7, 7 이하), 믿는 자에게는 모든 인식의 단편을 보여 줄지라도 그렇다(고전 13, 12 이하). 그러므로 바울의 경우 이성과 신앙은, 자주 주장되는 바와 같이 결코 극단적이고 절망적인 모순 관계에 있지 않다. 오히려 바울은 해방되지 않은 인간에 관해 말하는 곳에서나 해방된 자에 관해 말하는 곳에서나 마찬가지로 이성과 이해, 양심을 힘주어 말함으로써 상대자들을 설복하고 인도하는 목표를 가지고 논쟁한다. 그럼으로써 그는 철두철미 그의 종교적 주변에서 성행한, 그리고 그의 시대의 많은 그리스도교 설교자들에 의해 이용된 단언적인 계시 연설의 투를 포기했다. 물론 바울에게도 '십자가에 관한 말'은 '이 세상의 지혜'에 철저히 대립한다(고전 1, 18 이하 ; 2, 6 이하). 그러나 이것은 아주 특정한 내용상으로 규정된 인간적 사유와 이해의 방식을 뜻하는 바, 신의 지혜에서 좌절되는 것이며 인간을 멸망에 밀어 넣는 것이었다. 그러나 이것은 지금 해방시키는 은혜의 소식을 필요로 하는 이 인간이 바로 그리스도의 십자가에서의 신의 행위의 역설도 이해해야 한다는 것을 확인해 주기는 해도 변경시키지는 않는다. 이러한 의미에서 바울은 그의 복음을 가리켜 "우리는 신 인식을 대적하여 높아지려는 모든 오만을 위한 이성의 흉계들을 파하면서 요새들을 섬멸하는"(고후 10, 3 이하) 무기라고 했다.

제2장

상실된 인간과 세계

1. 율법

신앙에서 신앙에 이르는 신의 '의(義)'의 계시가 복음서에서 뜻하는 것(롬 1, 17)이 무엇인지에 대해 바울은 우선 그리고 동시에 신 앞에서의 모든 인간의 자기 상실을 거론하고 전개하는 방식으로밖에 대답할 수 없었다. 로마서의 말대로 이 계시는 생명에로의 신의 부름, 즉 신의 율법 아래에서 모든 사람이 '핑계'하지 못하고 그의 분노가 그들 위에 임한다는 데서 분명해진다(롬 1, 18-21). 이 극단적인 인식은 바울에게는 그가 의혹의 눈으로 파헤친 율법에 대한 반성에서 얻은 것 같은 일반적인, 무시간적인 진리가 아니다. 오히려 이 인식은 구원의 소식에서 비로소 가능하게 된 것이며 열린 것이다. 복음의 휘황한 빛에서 율법 속의 인간의 존재는 신 앞에서의 자기 상실로 드러난다. 바울이 구약성서적 상(像)으로 말할 수 있었던 바와 같이 그리스도 안에서 율법의 뚜껑이 벗겨진 것이다(고후 3, 14).

이미 여기에서 원그리스도교의 다른 대표자들과 구별되는 바울의 율법 이해의 중요한 특유성을 볼 수 있다. 그가 율법의 입장에서 그리스도의 사명의 의미를 추론한다는 이의 없는 바른 역사적 확인은 그를 위해 충분하지 못하다. 일반적으로 표현하자면 이 확인은 유대교 출신인 원그리스도교의 모든 사람에게 해당하는 것이다. 그러나 오직 바울에게만은 – 그의 회심에서도 아래의 이 명제가 타당하다 – 그리스도에 의해 비로소 율법은 그에게 밝혀졌다. 율법은 말하자면 모든 인간들, 유대인과 이방인들의 구원받지 못한 현실의 생의 기초와 지평으로서 밝혀졌다.

바울이 율법의 문제를 검토할 때는 언제나 복음의 이 관점에서 행해진다. 그의 사상의 이 내적 질서를 주시하는 것이 중요하다. 이 질서는 로마서 서두에서 복음에 관해 기획된 말(롬 1, 17)이 신의 진로의 계시에 관한 그 이후의 긴 장에 선행하고 있다는 점에 드러나 있다. 구원 소식은 종말론적인 세계 전환인 '지금'(롬 3, 21 등), 즉 신에 의해 세계에 제공되는 시간을 선포하고, 율법에 관한 사도의 모든 진술들에 홀로 그것들의 의미를 제공하는 그 지점을 지적해 준다. 율법과, 인간 특히 경건한 자가 율법 속에서 겪는 경험들은 독자적으로 율법이 그를 구출해 낼 수 없다는 자신의 상실성을 깨닫게 하지 못한다.

그러므로 바울의 사유와 선포는 특히 경건주의에서 잘 알려져 있는 바, 우선 복음을 도외시하고 먼저 인간으로 하여금 그의 죄의 나락을 인식하게 하며, 자기 자신에 대해 절망하게 하는 회개의 설교와 회개 실천의 논리에 따른 것이 아니다. 혹은 현대적으로 말하면, 바울은 그의 신학을 먼저 실존 철학의 장으로 시작한 후에야 복음과 신앙에 관해 말하는 것은 아니다. 그러나 그에게, 인간이 동시에 그 자신의 절망과 그를 자유롭게 하지 못하는 무능을 인식함이 없이 복음을 선포하는 일은 있을 수 없다. 바울이 구원 소식을 전개할 때는 언제나 일반적으로 인간의 상실된 상황을 종합적으로 특징짓는 진술들이 동시에 나타난다. 물론 이 상황은 여유 있게 회고할 수 있는 지나간 발전 단계로서가 아니다(비교. 롬 3, 23 ; 6, 15 이하 ; 7, 7 이하 ; 8, 5 이하 ; 고후 3, 7 이하 등).

구약성서의 모든 경건한 사람들에게서와 마찬가지로 바울에게서도 율법은 그 원래의 의미상 구원과 생명을 위한 신의 부름이며 처방이다(롬 2, 6 이하 ; 7, 10). 율법은 순종으로 수행되어야 한다. 율법은 십계명으로, 특히 사랑의 계명으로 종합되면서 유대인들에게뿐 아니라 모든 사람에게 타당한 것이다(롬 7, 7 ; 13, 9 ; 갈 5, 14). 그러나 어디서도 포기되지 않은 이 기본적 이해에서, 바울에게 결정적인, 그 전의 어떤 다른 유대인 혹은 그리스인에 의해서도 그렇게 심오하고 철저하게 표현된 일이 없는, 원그리스도교의 어떤 다른 신학자에 의해서도 반복되지 않은 인식, 즉 바로 이 성스럽고 의롭고 선한 율법(롬 7, 12.16)이 실제로는 이미 구원과 생명에 인도하지 못한다는 인식이 비로소 부각되었다. 이 의미에서 그는 **율법의 보편성**을 완전히 새롭게 이해했다. 이것은 가령 그 전에 헬레니즘계 유대교에서 그러했던 것처럼 이미 율법이 모든 사람에게 타당하다는 것뿐만 아니라, 모든 사람을 포괄하는 작용임을 뜻한다. 즉 율법은 유대인과 이방인 모두에게 그들이 신 앞에서 죄인이라고 주장한다. 율법의 지배하에 일어나는 모든 사람의 상실성의 불가피한 이 연대성이 비로소 그의 소식의 본래적 혁명성이다.

인간의 파멸은 어디에 있는가? 로마서 1장 18절~3장 20절이 이 물음에 '신의 진노의 계시'라는 주제어로 대답하고 있다. 즉 파멸은 인간이 신을 모른다는 데 있지 않고 신의 진리를 받아들이지 않고 그것을 '불법 중에 가두어 두는'(롬 1, 18) 데 있다. "이는 신이 알 수 있을 만큼 그(인간)들에게 나타나 있음이라. 이는 신이 이를 그들에게 나타냈음이라. 불가시(不可視)한 본질, 곧 그의 영원한 능력과 신성이 세상의 창조 이래 그 만든 것들에서 이성의 눈에 보인다"(롬 1, 19-20). 이것은 그리스적 · 유대적 지혜의 언어이다. 그러나 바울은 반성들로 비로소 그 길을 열어야 한다는 가능성에 관해 호교적 · 교육적으로 말하지 않고 즉석에서 고발하면서 인간들을 향하는 현실에 관해 말하고 있다: "그러므로 그들은 핑계하지 못한다.

이는 그들이 신을 알되 신으로 영화롭게도 아니하며 감사하지도 아니하고 오히려 그들의 생각이 허망해졌고 그들의 무식한 마음이 어두워져 있다" (롬 1, 21). 그러므로 신에 의해 창조되고 생명을 얻은 인간은 신에 의해 밝혀진 피조물 한가운데 서서 자신에 대해 책임을 져야 하는데 그의 실존은 지금 무서운 뒤틀림에 "내맡겨져 있다" (롬 1, 24. 26. 28): 창조자와 피조물의 역할이 바뀐 것이다. 이러한 뒤틀림은 인간이 '종교'라고 부르는 것 중에서도 마찬가지이다. 그의 거칠어지고 반자연적인 생활은 지금 죄악과 숙명이 합쳐져서 신의 진노 현상으로 나타난다.

이 모든 것은 로마서 1장에 이방인에 관련시켜 포괄적으로 자세히 진술되었는데, 이것이 이방인들에게 적용되는 만큼 경건한 유대인들에게도 완전히 적용된다. 그 화살은 역시 곧 유대인에게 돌려지고 유대인 자신을 적중시킨다. 즉 유대인에 대한 고발은 그들에게 익숙한 구약성서 및 모세 율법의 말에서 비로소 더 분명하게 부각된다(롬 2-3장). 바울은 이렇게 이방인에 대한 유대인의 바리새적으로 자신들을 구별짓는 모든 가능성을 봉쇄한다. 왜냐하면, 신의 율법은 상이한 형태로이기는 하지만 – 하나는 시내산 비석에 새겨진 것으로 다른 하나는 마음 속에 새겨져 – 유대인뿐 아니라 모든 사람에게 주어진 것이며, 이방인뿐 아니라 모든 사람이 심판을 받고 있기 때문이다. 율법은 모든 사람을 채무자로 구금하고 있다: "모두 죄의 세력하에 있다" (롬 3, 9 ; 비교. 3, 10-20). 바울은 이로써 단순히 평범한, 말하자면 모든 인간은 도덕적인 의미에서 죄인이고 윤리적 요구 앞에 바로 서지 못한다는 진부한 개략적 확언 이상의 다른 어떤 것을 생각하고 있다. 그는 이방인들이나 유대인들이 어느 정도 율법이 명하는 것을 실천한다는 것을 일반적으로 거부하지 않는다(롬 2, 14 ; 빌 3, 6). 그러나 그러한 열심 있는 실천도 유혹적으로 지배하는 죄의 세력의 구속에서 인간을 풀어 주지 못한다; 율법은 그를 '의롭게' 하지 못한다. 인간은 언제나 신에 대해 자신을 막고 자기 자신에 매여 있다. 그렇다. 율법에 열심인 유대인이 바로 바울에게는 죄에 갇혀 있는 자의 좋은 표본이었다. 그는 자신의 경건에 대한 환상에 의해, 의(義)에 대한 추구에 의해 절망적으로 막힌 신을 향한 길을 열 수 있다고 공상하며 그의 업적을 통해 그 길을 열 수 있다고 오해한다. 율법이 계시하는 것은 그의 상실일 뿐 다른 것이 아니다. 율법이 전해 주는 인식은 오직 죄의 인식뿐이다(롬 3, 20). 단적으로 그리고 배타적으로 구원에 인도하는 기능은 율법에서 이렇게 막혀 있다. 율법에 관한 바울 사상의 이 극단적인 첨예화는 오늘에 이르기까지 유대인의 귀에 거슬리고 원그리스도교에서도 처음 듣는 말이었다.

바울은 로마서에서 계속 인류사를 전체적으로 총괄하는 대대적인 성찰로 자신의 무리한 요구인 이 판단을 설명한다(롬 5, 12-21). 아담과 그리스도, 이 둘은 모두 시초자이고 주도자인 바, 전자는 죄와 죽음에 빠진 인류의 그것이며, 후자는 의와 생명을 위해 해방된 인류의 그것으로서, 이 양자는 여기에서 그들의 포괄적인 상호 작용에서 서로 비교되고 동시에 상반적인 전형으로 관련지어져 있다.

이런 종류의 사상을 생각한 것은 바울이 처음이 아니다. 그에 앞서서 이미 유대교적 묵시 문학이 환상과 반성에 의해 현재의 파멸적이고 사라져 가는 세대와 오고 있는, 구원을 제공하는 세대를 대조시켰었다. 그러나 특별히 우리는 영지주의화된 헬레니즘계의 유대교로부터 인간의 신적 근원과 숙명에 관한, 그러나 동시에 반신적(反神的) · 우주적인 세력들에 의해 지배되는 저급한 세계에 인간이 타락하고, 이것에 비극적으로 얽크러져 있다는 것에 관한 형이상학적인 사변들을 알고 있다. 바울이 로마서 5장에서 그러한 사상 및 표현 형식을 이용하고 있는 것은 분명하지만 무조건 받아들인 것이 아니라, 개작하고 새롭게 이해한 것이다. 받아들인 전통과 바울의 해석 사이의 긴장은 이미 명제들이 조화를 이루지 않고 구성된 데에서 인식된다. 가령, 첫 명제가 끝까지 관철되지 못하고 설명과 수정들에 의해 중단되어 있는 것이 그것이다. 이러한 사유 형식 자체는 모든 인류 위에 드리워져 있는 자연적이고 숙명적인 저주의 사상을 포함하고 있다. 이러한 의미에서 로마서 5장도 사실 '상속죄'에 관한 교회적 가르침에, 적어도 이에 관한 통속적 이해에 계속 작용했으며 계속 그리스도교적 일반 의식에서 태생에 대해 엄청나게 평가 절하시켰다. 그러나 이러한 사유는 바울 자신보다 바울 이전 전통에 더 일치한다. 그러므로 그가 받아들인 사유 형식을 어디서 어떻게 좌절시키고 바로 세우는지를 각별히 주의해야 한다. 이미 그의 사유의 차원이 다르다. 바울은 역사의 영역을 넘어서지 않으며 인간의 유래에 관해, 그의 타락의 신화적 · 우주적 원인들에 관해, 가령 악마 혹은 운명에 관해 성찰하지 않는다; 오히려 그는 이미 그의 논술 서두에서 모든 인간들의 특징을 나타내는 아담의 죄, 즉 신을 거역하는 자신의 의지의 관철에 대한 욕구 – 이것은 아담에게 죽음의 저주를 안겨 주었는데 – 를 고수한다. 죄는 이와 함께 그 자체의 원인을 추론할 수 없게 한다. 그러므로 첫 구절의 표현, "그들은 모두 범죄했다"에서 이미 숙명 사상은 부서졌다. 죄는 바울에게는 분명히 개인적이고 도덕적인 과오일 뿐 아니라, 행위이며 동시에 노예화 세력이다; 마찬가지로 죽음도 숙명적인 자연 사건이 아니라 인간을 구금하고 그의 파멸을 확인하는 세력이다(참조. 아래 S. 190 이하).

바울이 아담의 인간성에 관련된 비극적인 운명의 사상을 용납할 수 없었던 만큼, '새로운' 인간성을 그리스도에 예속시키는 '자연 법칙'도 용납하지 않는다; 왜냐하면 은혜의 선물과 능력은 신앙에서 파악되기 때문이다(롬 5, 15 이하).

오직 이렇게만 그는 전통을 근본적으로 변화시키고 그것의 형이상학적인 성격을 탈피시키고 역사에 연결시키며 그 중에 포함되어 있는 상응 사상 형식을 받아들여 저 한 사람과 같이 많은 사람이, 아담과 같이 그리스도가!라고 말할 수 있었다: 그러나 이것은 지금은 아담에 의해 규정된 불행한 역사 영역과 같은 영역에서 그리스도 안에서의 구원이 현실성이 되었음을 뜻한다. 그러므로 단순한 상응(같이/그렇게) 대신 끝에 다음 구절이 첨가된다: "죄가 더한 곳에 은혜가 넘친다"(롬 5, 20). 이 사건의 성격에서 바울은 사변적인 전통이 없는 모세의 율법에도 아담과 그리스도 사이에 그의 역사적 자리를 주며 그와 함께 다음과 같은 결정적 의미를 제공한다 : 율법은 인간을 책임으로 억누르고 그의 '과오'를 극단에까지 몰고 간다(롬 5, 13 ; 비교. 4, 15). 죄와 타락이 뜻하는 것을 율법이 비로소 밝혀 준다.

율법에 관한 이러한 사상들은 저 유명한 로마서 7장 7-25절에서 다시 거론되고 깊이 철저하게 반성되었는데, 유대교와 헬레니즘에서는 같은 것을 볼 수 없다. 여기서도 인간의 본질을 다져 주는 역사가 언급된다. 그러나 로마서 5장에서 아담 · 그리스도 사상들이 이루어 놓은 차원의 폭은 로마서 7장에서 포기되고 '나'의 개인적인 경험들에 한정시켜 좁게 파악된 것 같이 보일 것이다. 사실 오늘날까지 이 본문은 자주 율법에서 좌절된 옛 바리새인 바울의 전기적 · 개인적인 고백으로 읽혀져 왔다. 그러나 그렇게 보면 이 본문을 잘못 이해한 것이다. 바울은 결코 율법에 대해 절망한 일이 없으며, 어떤 구절에서는 그의 유대교적 과거를 회고하면서 율법의 의(義)에서의 자신의 흠 없음을 분명히 말하고 있다(빌 3, 4 이하 ; 갈 1, 13-14 ; 참조. 위 S. 52 이하). 사실 로마서 7장에 거론된 '나'는 그리스도 없이 율법과 죄, 죽음의 지배하에서 신음하는 인간이며 이 신음의 깊이는 물론 구원 소식을 조명함으로써 비로소 측정될 수 있는 것이다. 여기서 추상적 · 일반적인 3인칭을 이용해 인간이나 아담에 관해 말하지 않고 돌연 이렇게 개인적으로 말한 사실이 물론 중요하다. 이것은 인간이 이미 자신을 집합체(인류)의 지체로서가 아니라 그의 고유한, 자신에 관련된 실존으로서 이해할 때 비로소 그의 참 모습을 드러낸다는 데에 근거를 둔 것이다. 바울은 이것이 율법, 즉 신의 생명을 위한 부름과의 해후에서 십계명 중의 1계("너는 탐내지 말라!")로 종합되면서 사건이 되었다고 말한다. 설사 로마서 7

장의 진술들이 그 자신의 실존을 넘어 모든 사람에게 타당한 의미를 가지고 있을지라도 바울은 이에 관해 오직 일인칭 단수로만 말할 수 있었다.

그러나 율법과의 해후에서 일어나는 것은 무엇인가? 전래적인 대답은 이렇다. 즉 율법은 죄를 견제하고 죄를 방어하며 선에의 길을 보여 준다는 것이다. 그러나 바울의 대답은 놀랍게도 다르다: 그렇지 않다. 율법은 오히려 내 탐욕을 일깨우고 일으킨다. 율법 속에서 나는 비로소 죄를 알게 되었다; 그 때까지는 '죽은' 것으로서 잠재적이었던 죄가 지금 처음으로 실제로 '생기'를 얻었다; 왜냐하면 인간은 언제나 율법과의 해후에 이미 그 자신의 탐욕을 같이 끌어들이고 있기 때문이다. 율법은 나의 근원과 본질로부터 자기 자신 외에 다른 것을 원치 않는 것으로서 나를 이미 알고 있다. 그렇다. 죄는 죄를 제거하기 위해 제정된 신의 계명으로부터 고유한 자기 주장을 위한 도구를 만드는 데 성공했다. 여기서 모순이 야기된 것이다 : 나의 탐욕의 세력에 합세하여 생명을 위해 내게 주어진 계명이 나를 죽음에로 몰아간다(롬 7, 10). 이것은 "계명이 왔을 때" 야기되었다. 이 때 나는 죽었다. 나는 죄에 의해 속았다. 이제는 죄의 손에 들어 있는 이 무기로 죄가 나를 죽였다(롬 7, 9 이하). 바울은 여기서, 오직 한 사람만이 살아서 경기장을 떠날 수 있었던 어떤 결투에 관해 말하듯이 거의 신화적 · 의인적으로 말한다. 그러나 죄를 악마로 보는 표상은 잘못된 것이다; 왜냐하면 죄는 도덕적인 과오만이 아닌 만큼 확실하게 인간을 거세하고 파멸로 이끌어 가는 세력으로서, 언제나 범죄 행위이다. 그러므로 나는 일찍부터 죄에 감금된 자로서, 그리고 죽음의 자녀로서 율법 및 계명과 만난다.

이 역사에서 바울은 인간의 현실, 그의 본질이 절망적으로 전도되어 있음을 이해하고 있다. 이 현실은 바울 자신에게 불가해한 것으로서 그를 분열시키는 모순, 즉 '육적인'(즉 자기 자신에 빠져 있는) 인간과 신에 의해 주어진 '교회의' 율법(롬 7, 19) 사이의 절망적 대립에서 드러난다. 아니 이 이상으로 – 인간은 이 육적 인간과 체념하며 타협한다 – 그 현실은 인간 자신 안에 있는 모순에서, 즉 원하는 것과 행하는 것을 일치시키지 못하는("나는 선을 원하나 악을 행한다," 롬 7, 15) 모순에서 드러난다. 원함에는 행함이 없고 행함에는 원함이 없다. 끝으로 다음과 같은 극단적인 표현을 볼 수 있다: 나는 이미 나 자신을 지휘하지 못한다("그것을 행하는 자는 이미 내가 아니라 내 안에 거하는 죄이다," 롬 7, 17-18. 20). 물론 나는 내 '이성'과 '속 사람'으로, '선한 것' 즉 생명을 향한 내 의지로 기쁘게 율법을 긍정하면서도 그렇다. 바울은 이것이 인간 속에 있는 신적인 '광채'에 관해서(우리가 인간 안에는 '선한 싹'이 있다고 말하는 것과 같이) 말하는 영지주의적인 의미에서 이해되는 것을 원치 않는다. 이 모든 것은 오히려 말 그대로 그의 무서운 상실성을 확증하고 확인하는 것일 뿐이다. 인간은 분열된 자이며 언제나 그렇다. 그 자신이 곧 모순이다. 이러한 '나'에게 다음과 같은 비탄의 소리가 난다: "오호라 나는 곤고한 사람이라, 이 사망의 몸에서 누가 나를 건져내랴?"(롬 7, 24)

로마서 5장에서와 같이, 로마서 7장 7-25절에서도 바울은 인간의 신적인 근원과 이상적인 사명에 관해 성찰하지 않고 오히려 현실적인 인간과 그의 '역사'에 집착한다. 말하자면 경건한 유대인과 같이 율법에서 자신의 의를 얻으려고 하든지, 악행자로서 신의 뜻에 반항하든지 인간에게는 구별이 없다. 인용된 두 단락의 특수성에도 불구하고 이 둘은 역시 서로 긴밀하게 연결되어 있다: 로마서 7장이 아담·그리스도 진술을 단순히 신화적 또는 역사 신학적인 사변으로 오해하지 않도록 하고 있다면 로마서 5장은 7장의 진술이 단순한 영적 실존 분석으로 잘못 이해되지 않도록 한다.

로마서 7장에서 서술된 과정은 율법이 죄 자체와의 해후에서 악마 및 죽음의 세력으로 변했다는 결론을 낳게 한다. 그러나 바울은 그에게도 신모독으로 간주되는 이러한 결론에 극력 반대한다. 죄의 수중에 떨어져서 외견상 신적인 규범성에서 벗어난 것같이 보일지라도, 신은 율법을 역시 그의 지배하에 두고 있다. 물론 율법 기능은 달라졌다: 즉 죄를 감소시키지 않고 오히려 '크게 만들'(롬 5, 20)고 죄의 모든 파괴적 세력을 백일하에 드러나게 하는 기능이다(롬 7, 13). 간접적이며 극도로 역설적이지만 율법(Nomos)은 생명을 열어 주지 않고 거부하면서 신의 구원의 뜻을 수행한다. 율법이 '그리스도에 인도하는 징계자'라는 바울의 말은 바로 이것을 뜻한다(갈 3, 24-25). 사도는 율법을 고전 시대의 노예에 비교했다. 어린 아이들은 그들이 성장하는 날까지 이 노예에게 맡겨졌다가 그 후에 자유를 얻고 상속자가 되었었다. 혹은 이것과 같이 개인적으로뿐만 아니라 세대적으로 그리스도 이전의 모든 시대를 포괄하며 이해하기 위해 다른 모습으로도 그는 다음과 같이 말하고 있다. 즉 율법은 모든 사람이 자유롭게 되는 날까지 그들을 보호하고 지키는 감옥이라는 것이다(갈 3, 22 이하 ; 4, 1 이하 ; 롬 11, 32).

오늘날까지 극도로 긴장된, 율법에 관한 바울의 이해의 역설이, 특히 유대교 신앙의 대표자들에게 달갑지 않고 참을 수 없는 것으로 남아 있음은 물론이나 그리스도교의 신학에서도 대체로 충분하다고 할 만큼 받아들여져 있지 않다. 근자에는 특별히 쉽스(H. J. Schoeps)가 바울을 비난하고 있다. 즉 그는 당시의 타락한 율법 이해에 의존함으로써 참되고 순수한 구약적 · 유대교적인 율법의 의미를 축소시키고 왜곡시켰는데, 왜냐하면 그는 언약의 율법과 은혜의 은사로서의 율법의 성격을 거론하지 않았기 때문이라는 것이다; 그러므로 그의 신학은 이른바 옛 언약과 새 언약, 율법과 그리스도, 공적과 신앙이라는 편파적이고 궁색한 대립 명제를 알 뿐이라는 것이다. 부버(Martin Buber)도 바울을 영지주의자라고 비난한다. 즉 그는 요한과 마찬가지로 예수 자신과는 달리 세계를 악마화했다고 한다. 그러나 설사 그의 사상과 표상들 중 많은 것이 시대적 제약을 받고 있을지라도 이 비난들은 바울의 본래의 입장에서 빗나가고 있다. 왜냐하면 만일 그를 구약의 입장에서 성서를 해석해야 하는 주석가로 이해한다면 그를 잘못 판단한 것이기 때문이다. 앞서 말한 바와 같이 사실 바울은 이미 율법의 출처로부터 율법의 본질을 논술하지 않고 그의 죄 때문에 옛날에 주어진 계시들이 신을 향한 길을 이미 열어 주지 못하며, 그에게 요구하는 율법의 거룩성과 의와 선을 위해서 도움이 되지 못하게 하는 인간의 상황을 숙고하고 있다.

율법에 경건한 자들과 행악자들, 유대인들과 이방인들에 구별 없이 해당하는, 신을 향한 길을 찾지 못하는 모든 사람의 무능에 직면해서 바울은 구약성서적 · 유대교적 신앙의 기본을 고수한 바, 이것은 곧 옛부터 인간의 신에 대한, 신의 인간에 대한 관계의 문제를 구원과 파멸에 대한 바로 그 결정적인 실존 문제로 파악해 왔었다는 점에서였다. 그럼에도 불구하고 그는 율법의 타당성을 모든 사람에게 확대시키면서 유대교적 사유의 기본을 파괴했다. 말하자면 오직 은혜만이 구원할 수 있는 그들의 상실성에 모두 연대성을 가지고 있다는 의미에서 율법을 확대시켰다. 바울은 오직 인간의 현실적인 실존에서 인간의 책임을 묻는 이 의미만을 율법에서 찾으면서 – 현대적으로 말해서 – 신 문제를 세계관에 대한 일반적인 물음으로 타락시키는 불행한 가능성을 막았다. 이러한 물음은 세계 혹은 내세에 '나타나는' 신에 관해서 헛되이 물으며, 신은 사실 오로지 그의 말과 행동에서 우리에게 '다가오는' 자로서만 말해질 수 있다는 인식을 왜곡시킨다. 여기에 바로 바울의 율법 이해의 의미, 다시 말하면 특히 그의 선포와 신학이 말하는 구원 사건의 의미가 들어 있다.

2. 인간과 세계

로마서 5장에서 7장에 이르는 사상 줄기들은 분명히 아담적인 전체 인류로부터 인간인 '나'에 이르고 있다. 즉 인간과 그의 역사는 근본적으로 추상적인 집합 개념과 보편 개념들로서가 아니라, 오직 개체적으로만 거론된다. 여기서는 모든 사람을 포괄할 수 있는 인간에 관한 진술들의 의미가 문제시되지 않고 오히려 유효하게 되었다. 인간과 세계는 떼려야 뗄 수 없게 서로 연합되어 있다. 그러나 피조물들과 인간, 이 둘은 동시에 죄의 세력하에 서로 결박되어 신 앞에서 상실되어 있으며 구원을 필요로 한다. 세계가 인간 실존의 영역이라면 역시 인간은 동시에 세계의 본질을 근본적으로 새기고 규정한다. 말하자면 세계 위에서 범죄적인 인간의 거대한 그늘이 드리워져 있다. 모든 피조물은 인간 때문에 '공허', 즉 생성과 소멸의 공허한 과정과 '멸망의 종'에게 함께 던져져 있으며, 그러므로 신의 자녀의 영광스러운 자유가 나타나기를 초조하게 고대하고 있다(롬 8, 19-21).

바울의 '세계'라는 말의 용법은 이에 상응한다. 바울이 이 말을 자주 인간 세계의 의미에서 사용하고(롬 3, 19 ; 11, 12 ; 고후 5, 19 등), 그 다음에는 인간이 살고 있는 세계, 인간이 염려하며(고전 7, 31 이하) 그의 신뢰와 그의 자랑의 근거로 삼으며, 그의 척도와 그의 지혜를 얻어내는 근원의 총체 개념으로도 사용한다(고전 1, 18 이하 ; 2, 6 이하). 시간적이고 무상하며(고후 4, 18), 인간을 지배하면서, 인간을 현혹시키면서 세계는 이 세대의 신인 사탄의 지배하에 있다(고후 4, 4).

인간과 세계의 항구적인 관계는 바울의 **인간학적 개념**들 중에서도 나타난다. 그것들 중의 다수를 우리는 이미 그의 율법론에서 보았다. 그러나 가장 중요한 것들을 다시 한 번 여기에 종합해서 보충하고 설명할 것이다. 그것들 중의 어느 하나도 바울의 경우 – 가령 필로(Philo)와는 아주 다른데 – 독자적인 성찰의 대상이 되지 않는다. 사도가 한번도 신의 본질과 개념을 추상적으로 거론하거나 피조물을 독자적인 '주제'로 삼지 않은 만큼, 인간에 관한 이론적 천명(闡明)도 그에게는 없다. 그런데도 그의 인간상은 여러 개념들과 화법들에서 분명히 드러난다. 어느 것도 본래 인간의 일부분이 아니라, 설사 수시로 변하는 관점하에서일지라도, 모든 인간을 특징짓는 것이다. 우리는 여기서 단순히 인간/인류 대신 돌려 쓴 새겨진 표현들(이미 구약성서에서와 같이 가령 '모든 육체', '살과 피' 등)을 무시하고 특별히 특징적인 몇 개념들만을 다룰 것이다. 가장 포괄적이고 신학적으로 가장 중요한 바울의 개념은 **몸**(sōma)이다. 이 말은 물론 어디서나 분명한 것은 아니다. 이것은 통속적으로 자주 '몸으로 있는 것'(고전 5, 3 ; 고후 10, 10), 육체적 괴로움과 아픔(갈 6, 17; 고전 9, 27; 고후 4, 10), 성교(고전 6, 15-16 ; 7, 4), 육체적 힘의 마비와 쇠퇴(롬 4, 19)에 관련시켜 사용되었다. 이미 고전에서 자주 사용된, 몸의 통일성과 감각 기능 및 사지의 다양성에 관한 모습도 바울에게 익숙했다(롬 12, 4 이하 ; 고전 12, 12 이하). 그러나 바울이 몸과 육체성을 인간에게 붙어 있는 어떤 것, 가령 몸에 관한 고대 그리스적(오르페우스적) 표현, 즉 영의 무덤(sōma/sēma) 및 영혼의 감옥, 혹은 고린도의 광신자들이 몸을 저급한 지상적인 것으로서 그들의 고급한 영적인 '자아'와 구별하는 것 같은 것으로 이해하지 않은 것은 중요하다(고전 6, 12 이하). 몸은 바울에게서는 그의 구체적인 현실의 인간이다. 그는 몸을 **가지고** 있는 것이 아니라 몸**이다**(R. Bultmann). 그러므로 "너희의 몸(혹은 '너희의 지체')은 그리스도에 속한다"(고전 6, 15)는 것은 "그러나 너희는 그리스도의 몸이다" (고전 12, 27)와 같은 것을 뜻한다. "너희 몸을 신에게 제물로 드리라"(롬 12, 1)는 것은 '너희 자신'을 드리라는 말과 같다. '내 몸' 안에는 '내 안에' 등과 같은 것을 뜻한다. '몸'이 특별히 말하는 것은 인간의 인간성인데 이 인간은 결코 사물처럼 존재하지 않고 자신을 경험하며 이렇게 혹은 저렇게 행동하고 자신을 지배하거나 버리기도 상실하기도 하는 가능성에서의 인간이다. 그러나 이것은 자기 자신에 의존된 자라는 의미에서 그런 것이 아니다. 오히려 몸은 결코 자기 자신에 속해 있지 않고 언제나 어떤 지배 세력, 즉 죄와 죽음 혹은 지배자 밑에 예속된 자로서 인간을 특징짓는다. 그러므로 인간은 그의 육체성에서 항상 그가 누구의 것인가를 물어 왔다(고전 6, 13.15 이하). 그의 세계에서의 인간의 현실성에 직면하면, 이것은 그의 가능성들이 헛되고 상실되거나 또는 자유가 그에게 주어질 수 있다는 것을 의미한다. 이 관점에서 바울은 믿는 자의 실존에 관해서도 육체적 현존을 '이원론적으로' 말할 수 있었던 바, 물론 이것은 육체성 자체를 거부하는 형이상학적인 이원론의 의미가 아니라 그가 살아 있는 동안 결코 뛰어넘을 수 없는 인간의 역사성과 시간성의 표지를 뜻한다(고후 5, 1-10). 주의 피조물이며 소유로서 그리스도인은 몸과 지체를 가지고 불의의 종됨으로부터 의(義)에 봉사하기 위해 해방되었으며 생명에 이르게 되었다(롬 6, 12-23). 이 가능성이 인간에게 열렸으며 이 가능성은 신의 영의 힘으로 이미 작용하고 있다(롬 8, 10-13). 그러나 그 완성은 신에 의한 새로운 창조에서 비로소 실현된다. 이 가능성은 전인(全人)에게 해당한다. 그러므로 바울은 고린도의 광신자들에게 극력 죽은 자들의 몸(육체적이 아니라!)의 부활로 맞섰다(고전 15장).

영혼(psychē) 개념은 그리스적 사유에서와는 달리 바울에게서 주도적 역할을 하지 못한다. 그는 이 개념으로 이미 구약성서에서 뜻했던 바, 더 높은 신적인 불멸의 인간 개성을 표시하지 않고 그의 생활 표현들과 그의 기분, 그의 지각에서의 인간을 표시한다(빌 1, 21 ; 2, 2.19 ; 살전 2, 8). 마찬가지 방식으로 때로는 (인간의) **영**(pneuma)을 말하기도 한다. 이는 물론 신의 영과 구별된다; 이 영은 그의 의식과 지각, 이해에서의 인간을 뜻한다. 그는 '사람의 속'을 알고(고전 2, 11) 신의 영의 증언을 알아듣는다(롬 8, 16). 더 나아가서 바울에 의해 자주 이용된 **마음**이라는 개념은 그리스적이 아니라 구약성서와 유대교에 근원을 둔 것이다: 이것은 원하고 뜻하며(롬 10, 1 ; 1, 24 ; 고전 4, 5), 슬퍼하고 사랑하는(가령 롬 9, 2 ; 고후 2, 4 ; 7, 3 등) 인간을 뜻한다. 이에 반해 **양심**과 **이성** 같은 개념들은 그리스적 유산이다; 구약성서와 유대교는 아직 이 개념들을 알지 못한다. 전자를 위한 가장 중요한 구절은 로마서 2장 15절이다. **양심**(syneidesis)은 이미 일어난 일이든지 실천되어야 할 의무이든지 행위를 동반하는, 자기 자신을 아는 일이다(고전 4, 4 ; 롬 9, 1 ; 13, 5). 바울에 의하면, 양심이 선과 악을 위한 최후의 법정은 아닐지라도, 건성으로 듣고 흘려버리거나 강압되어서는 안 되는, 속일 수 없는 진실한 증언이다. 왜냐하면 이 증언은 인간이 하고 싶어하고 되고 싶어하는 것과는 반대로 그가 실제로 누구임을 인간에게 말해 주기 때문이다(고전 8, 7 이하). 바울은 아마 헬레니즘적 유대교를 통해 이 개념을 스토아적 통속 철학에서 받아들여 로마서 2장에서와 같이 재판정의 모습으로 이용하고 있다(고발자, 증인, 재판관). 그러나 그에게서 양심의 판결(Spruch)은 확실히 신적인 재판관의 판결과 동일한 것이 아니다. 오히려 양심은 단지 신의 뜻이 아무에게도 숨겨져 있지 않다는 것만을 확증할 뿐이고, 이렇게 스스로 고발하고 스스로 변호하면서 최후의 명백성으로 인간에게 임할 미래의 신의 판결을 지시한다. 바울이 그리스적 종교 철학과 유대교적 지혜의 언어로 말할 수 있었던 바와 같이 인간은 이성(noūs)의 눈으로 신의 창조의 일들에서 불가시적인 본질과 영원한 능력, 신성을 본다; 이와 함께 그는 신의 부름을 지각한다(롬 1, 20). 구원을 받지 못한 자도 이성으로 신의 율법에 대해 '예(Ja)'를 말할 수밖에 없다(롬 7, 22). 이성의 기능들은 이해하고 분간하며 판단하고 결정하는 것이다(고후 4, 4 ; 10, 5 ; 롬 12, 2 ; 살전 5, 21 ; 롬 3, 28 ; 고전 4, 1). 그러므로 이성은 그의 세계 가운데서 밝혀진 자로서 인간을 보여 준다. 그러나 여기서도 이것은 인간 속에 있는 더 나은 자아에 해당하지 않는다. 바울은 이성을 스토아 학파처럼 인간으로 하여금 신적인 세계 이성에 참여하게 하는 로고스(Logos)로도, 영지주의처럼 인간으로 하여금 빛의 세계의 지체가 되게 하는 초자연적 정신으로도 특징짓지 않고 이해하지도 않는다. 이성을 가지고 그에게 선한 것, 즉 생명을 원하는 자, 신의 율법에 찬성하는 자로서도 인간은 상실된 자이다(롬 7, 14 이하). 그러나 이성 그 자체가 바울에 의해 격하된 것은 아니다. '소식의 어리석음'을 '이 세계의 지혜'에 날카롭게 대립시키면서도 사도는 역시 이해에 호소한다(고전 1, 18 이하). 그는 모든 선포를 그의 이해 가능성과 설득력에 의해 가늠한다(고전

14). 이렇게 하지 않고는 선포는 결코 신에게 항거하며 자신을 주장하는 인간의 사유를 극복하고 포박하여 그리스도에게 순종하게 하지 못할 것이다(고후 10, 3 이하). 이성은 믿는 자에게서 탈취되지 않고 오히려 은혜에 의해 '새롭게 된다'(롬 12, 2).

인간은 그의 현실에서 "죄(hamartia) 아래 팔렸다"(롬 7, 14). 특수하게도 이 개념은 거의 언제나 단수로, 의인화된 세력으로 말한다. 아담의 불순종으로 인해 세계 안에 들어온 죄(롬 5, 12)는 만인을 지배하는 데 이르렀다(롬 5, 21). 용병 대장처럼 죄는 무장하고 그에게 속하는 자들에게 죽음으로 삯을 치른다("죽음은 죄의 보상이다," 롬 6, 23). 이미 이 화법이, 죄는 윤리적인 과오에서 드러나면서도 여러 종류의 범죄들의 총체 이상의 것임을 보여 준다(롬 1, 26 이하 ; 2, 21 이하 ; 3, 10 이하 등). 본질상 죄는 존경과 감사를 거부하는, 신에 반대하는 적대성이다(롬 5, 6 이하 ; 8, 7). 죄는 이미 인간을 그의 세력 안에 넣고 있다; 이방인의 선한 행위(롬 2, 14)도, '자신의 의'를 추구하는 경건한 유대인의 공적들과 마찬가지로 죄의 속박을 끊지 못한다. 인간의 이 태도는 육(sarx)이라는 개념에 의해 가장 분명하게 성격지어졌다. 육은 자주 구약성서의 화법에서와 같이 신과 구별해 피조물로서의 인간을 표현한다. 육은 무상한 실존의 인간이고(갈 4, 13 ; 고후 12, 7 ; 4, 11 ; 빌 1, 22.24 등), 그의 출생과 친족, 사회적 지위에 관련된 인간이다(롬 1, 3 ; 4, 1 ; 9, 3.8 ; 고전 10, 18 ; 1, 26). '육체적'이란 식품이나 돈과 같은 지상의 사라질 재산이다(롬 15, 27 ; 고전 9, 11). 그러나 바울의 경우에 '육'은 수많은 진술에서 구약성서의 언어에 아직 없는 중요한 의미를 지니고 있다. 즉 육은 신 및 신의 영에 반대되고 모순되는 인간의 본질과 행동을 표시한다. 여기서 뜻하는 '육' – 대개 동사에 연결되는데 – 은 인간이 자기 주장을 위해 빠지는 격한 욕정의 세력권이 아니면, 자연인이 자신을 이해하며 살고 있는 근거와 목표이다(가령, 롬 8, 4 ; 고후 10, 2 ; 11, 18). 자기 주장에는 거친 감각적인 욕망(갈 5, 13 이하. 24)

과 유대교인 또는 열광자들이 자기 신뢰의 근거를 두는 종교적 특권들도 마찬가지로 포함되어 있다(고후 11, 18 ; 갈 6, 12-13 ; 빌 3, 3-4). 인간은 이러한 행동으로 자기 자신 위에 자신을 세울 수 있다고 추정하고 세운 것같이 보이지만, 사실은 그는 역시 자신을 노예화하는 세력권에 빠져 있다. 죄처럼 육도 노예화하는 세력이 된 것이다(롬 7, 14.18 ; 8, 6-7.12 ; 갈 5, 16.24).

자기 자신과 파멸의 세력에 인간이 이렇게 빠지는 일은 죽음에서 성취된다. 인간의 생에 대한 충동과 자기 주장에 대한 충동은, 이른바 죽음이 그의 곳간에 모아들인 열매들을 인간에게 가져다 준다(롬 7, 5). 육에 뿌린 씨는 파멸의 씨앗이다(갈 6, 8 ; 비교. 롬 6, 23 ; 8, 13 ; 고후 7, 10). 다양하게 교차되며 자주 암시적일 뿐 모습(像)들까지도 이 사건을 설명하고 있다. 이러한 모습들은 죽음(Tod)이 바울에게는 죽음(Sterben)의 물리적 현상만은 아니며 생명의 한계 저쪽의 무(無)도 아니다. 오히려 죽음은 그의 파괴적인 세력으로 이미 구원받지 못한 자의 자연적 생에 침투되어 있다는 것이다. 그가 생을 공포(롬 8, 15)와 슬픔(고후 7, 10)에서 영위하든지 "먹고 마시자, 내일이면 죽으리라"(고전 15, 32)는 세속적 구호로 죽음과 맞닥뜨리고자 하는 쾌락에서 영위하든지 마찬가지이다. 이렇게 죽음은 이미 삶의 욕정 속에 함께 들어 있다. 육과 죄는 자신 안에 죽음을 잉태하고 있다(롬 6, 16). 죄는 죽음의 수중에 있는 가시이다(고전 15, 56). 죄와 하나가 되어 죽음은 구원받지 못한 인류를 지배한다(롬 5, 12-21). 그리고 세계의 종말까지 그리스도의 최후의 적으로 남는다(고전 15, 26).

율법은 이 파멸과 죽음의 사슬을 끊지 못한다(롬 8, 3). 아니, 율법은 이것을 확인하고 오히려 확고히 할 뿐이다. 구원의 길로서의 율법은 끝났다. 그리스도는 율법의 마지막이다(롬 10, 4).

제3장

구원 사건

바울에게는 그의 후계인 종교개혁자들에게서와 마찬가지로 오직 신앙만에 의한 의인(義認)의 소식이 교회가 서고 넘어지는 주제(articulus stantis et cadentis ecclesiae)였다. 오늘날 이것을 이해하는 데는 난점들이 있음을 경시해서는 안 된다. 이 난점들은 언어와 사유 형식의 시대적 제약성에 그 근거를 두고 있다. 그러나 바울 자신에 의해 시작된 교회적 전통에도 적지 않은 것이 있는데, 이 전통은 그 후 계속 경직되었으며 그 힘을 상실했기 때문이다. 옛날 교회당 터 위에 새 교회를 세움으로써 그 옛 부지조차 거의 알 수 없게 된 것같이, 바울의 의인론은 단지 경건하게 보존된 말투들에서만 거짓 생존과 허망한 존재를 영위했다. 의인론이 — 여하간 종교개혁자의 전통 영역에서는 — 부인되거나 알려져 있지 않은 것은 아니다. 오히려 그것은 너무 인정을 받고 너무 알려져 있었기 때문에 자명한 것이 되어 버린 것이다. 마치 옛 세대가 힘써 얻은 것을 후세대가 결국 등한히 하고 쉽게 잃어 버리는 어떤 발명품을 대하듯 그의 의인론을 대한다. 그리스도교적 언어에서 아직 다소 자주 사용되는 낱말들은 이미 그 힘을 잃었을 뿐 아니라 옛날 말은 무감각해졌다. 그 소식의 자명성은 여러모로 오직 그것의 이해가 불가능할 정도로 은폐되어 드러난다. 의인론은 이로써 이미 옛날의 모습을 상실했다. 왜냐하면 자명하게 된 교리 문답의 신조로 혹은 교의학의 한 대목으로 밀려나간 의인론은 이미 바울의 그것이 확실히 아니기 때문이다. 그 결과들은 분명하다: 교회의 선포는, 바울에 의하면 모든 복음의 심장이었으며 그의 말이 충격과 해방을 주며 현실적 인간에게 힘있게 관여하던 바로 여기에서 오직 환상만을 말하는 결과를 낳았다. 그러나 설교와 신학이, 이미 이른바 더 적합한 시기를 기다린다는 도피처로 피하지 않는 한, 빈약한 쟁기로 바위 덩어리를 깎아 황무지를 아담한 정원으로 바꾸어 놓는 진지한 수고와 헛수고를 그것들에게서 드물지 않게 추적할 수도 있다.

이것은, 바울적인 소식을 다시 화제에 올리고 그와 함께 옛날에 작열했던 열광을 다시 일으키려면 얼마나 큰 노력이 필요한가를 보여 준다. 그러므로 그의 가르침에 자신을 맡기고 그것을 '자세히 검토해', 새로운 이해를 위해 전력을 다하는 노력은 오늘도 내일도 계속될 일이다.

바울의 의인론을 '자세히 검토한다'는 것은 스콜라적으로, 그것의 개체 개념적인 구성 성분들로 분해했다가 이것들을 다시 통일체로 종합한다는 것을 의미할 수는 없다. 시초부터 있는 것은 그리스도 안에서 사건(Ereignis)이 된, 복음에서 현재화된 사건(Geschehen)이다. 그리고 이 사건은 곧 바울 소식의 개체 개념들이 들어 있는 긴장된 관련 영역에서 곧 표명된다. 그 개념들은 서로 관련되어 있으며 독자적으로 충분한 진술이 이미 아니다. 그러나 모든 개념은 물론 그것이 각기 복음에서 선포된 역사를 이해하는 데 도움이 되는 것이 무엇인가에 대해 질문해야 할 것이다.

1. 신의 의

바울이 가르치는 것은 신은 의롭다는 일반적인 신학 명제가 아니다. 그의 소식의 특수성은 믿는 자들에게 신의 의(義)를 넘겨 주는 것이다. 그러나 그것이 무엇을 의미하는가, 그리고 여기서 의라는 것, 의롭게 만든다는 것, 의롭게 된다는 것, 그리고 의인(義認)은 무엇을 의미하는가?

현대의 서구 언어 중 어느 하나도, 바울과 성서의 말에 함축된 의미를 적절하게 재현할 수 있는 개념을 가지고 있지 않다. 그렇다고 이에 대처해 온 '의(義, Gerechtigkeit)'라는 단어를 버릴 수도 없다. 이 말로는 바울이 주장한 핵심(Sache)을 손쉽게 잃을 것이다. 그러나 이 핵심은 어떤 것인가? 바울이 로마서 1장 17절에서 신의 의와 믿는 자의 의를 한 문장으로 말하되, 이 둘을 둘로 보지 않고 하나로 즉 신의 의로 보았다는 사실이 이미 우리를 놀라게 한다. 그는 이것을 위해 '신앙에 의한 신의 의'(비교. 빌 3, 9; 롬 9, 30 ; 10, 4.6 ; 갈 2, 16 등)라고도 말할 수 있었다. 바울에 의하면 이 의, 오직 이 의만이 인간을 위한 죽음에서의 구원이며 신 앞에서의 생명에 이르는 길이다(롬 1, 17 ; 빌 3, 9 이하). 그런데 이것은 경건한 자가 율법의 일들에 의해 얻어내는 '의'와 정면으로, 배타적으로 반대되는 것이다. 왜냐하면 그가 자신의 열심으로 이루어 놓은 것은 언제나 단지 그 '자신의' 의(롬 10, 3)에 불과하며 결코 신의 의가 되지 못하기 때문이다(비교. 롬 9. 30~10, 4 ; 3, 21. 31).

이미 이 화법이, '의'와 '의로운'이라는 말은 신의 것이며 동시에 인간의 것으로도 말해지는 바 그리스적(그리고 라틴적) 의미에서 하나의 속성으로 이해될 수 없음을 보여 준다. 이 잘못된 이해는 오랫동안 신학을 혼란에 빠뜨렸다. 왜냐하면 사람들은 이 때 그리스적 기본 덕의 개념과 라틴적인 정의(justitia)의 이상에서 신학의 방향을 설정했기 때문이다. 이렇게 잘못 이해된 '신의 의'는 루터에게도 처음에는 두려움의 대상이었다. 그는 자명하게 신적인 율법의 엄격한 규범, 즉 죄된 인간이 결코 실천할 수 없는 규범에서 이 말을 이해했기 때문이다. 어떻게 이런 의를 복음의 내용이라고 하겠는가? 성서적 · 바울적인 의미에서의 새롭고 해방시키는 의에 대한 그의 이해는 오랜, 고통스러운 노력을 겪은 후에 비로소 나타났던 것이다. 이 의는 심판자인 신과 인간의 윤리적인 성품으로 이해되거나 속성으로 이해될 때 사실 무의미해진다. 속성들은 양도 불가능한 것이다. 속성들은 각 개인을 그의 특수성으로 성격짓고 단지 같은 성질의 사람들을 모아 놓을 수 있을 뿐이다. 가령 의로운 사람들을 불의한 사람들과 구별해서 모은 것 같은 것이다. 그러나 바울이 생각한 것은 전혀 같지 않은 것, 즉 신과 인간, 신과 그의 적이 한데 묶였다는 것이다(롬 5, 10). 아니 — 바울이 극단적인 역설로 말할 수 있었던 바와 같이, 신과 반신적(反神的)인 자와의 결합이다(롬 4, 5 : 비교. 5, 6). 신은 자신의 의를 죄인에게, 즉 스스로 의롭지 못한 인간에게 제공한다. 신은 의롭기 때문에 믿는 자를 의롭게 하면서 자신의 의를 증명한다(롬 3, 26). 의는 지금은 실제로 이 둘의 것으로 여겨질 수 있으나 신의 의이고 언제나 신의 의이다. 그러나 단호한 차이는 그 능동성이 오직 신에게만 있다는 점에 있다. 즉 그만이 의롭다고 선언하고 그럼으로써 의롭게 한다(비교. 롬 3, 26 ; 갈 4, 5 ; 8, 30.33 ; 갈 3, 8 등). 반면에 인간은 수동적이다. 즉 인간은 의롭다는 선언을 받고 의롭게 만들어진다(비교. 롬 2, 13 ; 3, 20.28 등). 그러므로 소유격 결합인 '신의 의'는 문법적으로 말해서 주어적 소유격(이렇게 보면 신은 접근할 수 없는, 인간을 배제하는 먼 그의 존엄성에 숨어 버릴 것이다)이 아니라 근원자의 소유격을 의미한 것이다. 즉 이것은 신이 인간에게 그의 의를 마련해 주고 그를 의로 세움으로써, 신의 이러한 선언과 행위 없이는 멸망할 인간으로 하여금 지금의 신 앞에서 살 수 있게 한다는 것을 뜻한다.

이 모든 표현들에 의하면 신은 심판자이고 언제나 그렇다. 그리고 그에 대한 인간의 관계는 법적 관계로 이해된다. 오직 신의 선언만이 인간의 존재와 비존재, 삶과 죽음에 관해서 결정을 내린다. 의라는 말은 바울에게서도 그의 법적인 의미를 상실하지 않고 있었기 때문에 바울은 이 말을 그리스인들에게도 사용할 수 있었다. 그러나 그의 소식에서 놀랍고 새로운 것은 심판자인 신이 불가변적인 신을 초월한 법규범에 종속되어 그 법에 상응한 판결을 내려야 할 필요는 없다는 것이다. 신만이 의와 의롭다는 것이 무엇인가를 결정한다. 오직 이 이유에서만 바울은 의가 '율법 없이' 나타났다(롬 3, 21)고 말할 수 있었다. 이것은 인간으로부터 보면 불가능한 진술이다! 인간이 외람되게 율법 저쪽에 서서 그의 한계를 넘으면 그 결과는 단지 불법일 뿐이며, 그는 이로써 실제로 율법에서 벗어날 수 없고 율법의 위력을 비로소 바로 체득한다는 것을 경험해야 할 것이다. 그러나 신은 그가 만든 율법의 노예가 아니라 반대로 율법이 그에게 봉사한다. 신이 자신의 의를 율법 앞에서 증명해야 하는 것이 아니고 율법이 신의 의를 지시하기 위해 존재한다; 율법은 자체 이상을 지시한다(롬 3, 21 b). 율법은 우리가 신 앞에서 의롭지 못하다는 것을 우리에게 알리면서, 홀로 의로우며 또한 의롭게 하며 은혜로 무죄를 선포하는 신을 증거한다. 그는 인간을 인간 자신에게 버려두지 않는다. 그는 반신적인 자를 받아들인다. 즉 신은 자신을 그의 의 안에 가두어 두지 않고 죄인을 이 의 안에 포용하며 먼 곳으로부터 가까이 불러들인다. 죄인에 대해 의롭다고 하는 것은 신의 선포인 동시에 행위이다. 그의 말은 스스로 말하는 것을 실천한다. 헛 말, '외견상(als ob)'의 말은 여기에 있을 수 없다.

이 바울적 사유의 뿌리는 설사 그의 진술들이 구약성서와 유대교를 훨씬 넘어설지라도 그리스 사상이 아니라 구약성서와 유대교에 있다. 의(義)와 의로움, 그리고 이에 상응하는 동사 표현들, 즉 '의롭다고 선언하다', '무죄를 선언하다', '의인(義人)으로 만들다' 등은 이미 구약성서에서 야웨가 그의 백성과 맺은 언약 관계를 위한 기본 개념들이다. 이것들은 신에 관해 말할 때 언약에 대해 취하는 신의 성실, 그 언약을 항상 새롭게 긍휼과 은혜로 실현하는 성실을 표시한다. 이에 일치해 구약성서의 경건한 자들의 의(義)도 언약에 적합한 행동에서, 즉 그의 백성을 이 공동 관계에서 보존하려는 야웨의 부름과 명령에 대한 순종에서 확증된다. 인간이 이 신의 뜻을 충족시키지 못하며 "누구도 신 앞에서 의롭지 못하다"(시 143,

2 ; 욥 4, 17)는 사실은 확실히 구약성서적 · 유대교적 시가와 기도문에서 다양하게 감동적으로 표현되었다. 새로 발굴된 쿰란 텍스트들도 이 사실을 충분히 증명하고 있다. 그만큼 경건한 자는 신의 성실과 긍휼을 더욱더 의지한다. 그러므로 유대교에서 이미 거의 '바울적으로' 들려오는 증언들을 발견한다. "주여, 당신의 의와 긍휼은 선한 일을 하나도 행하지 못하는 자들을 긍휼히 여기심으로 계시되나이다" (제4 에스라 8, 36). 혹은 쿰란 종교에서 "내 육체의 악에 의해 내가 흔들리면 내가 의롭게 됨은 신의 의에 의해 영원히 설 것이다" (1 QS XI, 12)라고 되어 있다. 그러나 이러한 진술들과 바울의 것 사이의 유사성에서 그들은 현격한 차이가 있음을 간과하면 안 된다. 유대교적인 것들은 결코 선택된 백성에 대한 특수한 신 관계에서 벗어나지 못하며, 결코 구원의 길로서의 율법에 대한 문제를 제시하지 못한다. 그것들에서는 바울 자신이 인용한 시편(시 143, 2)에 스스로 첨가한, 바울의 특징을 보여 주는 점층법이 생각될 수 없다. " '율법의 일들로는' 그 앞에 의롭게 될 자는 하나도 없다" (롬 3, 20 ; 갈 2, 16). 그러므로 일들과 신앙의 바울적 대립도 유대교인에게는 불가능한 것이다.

2. 은혜

오직 그리스도만 – 오직 믿음으로만! 이 소식을 가지고 바울이 아직 구약성서적이며 유대교적인 전통 계열에 속하는 사상, 즉 오직 신만이 의롭게 하고 경건한 사람은 그의 은혜에 의지한다는 사상에, 이른바 새로운 주제들을 첨가한 것만은 아니다. '오직 신에 의해서만(solo deo)' 그리고 '오직 은혜에 의해서만(sola gratia)' 에는 만인을 포괄하는 철두철미 새로운 의미가 들어 있다. 신앙을 위한 신의 의는 그리스도의 '속죄 제물' 에 근거를 두고 율법 없이 계시되었다(롬 3, 21 이하). 그리스도의 속죄 제물에 관한 사상은 바울 자신의 것이 아니다. 이 사상은, 그리스도의 죽음에서

신의 언약의 성실에 대한 증거를 보고, 이스라엘의 범죄에 의해 파기된 시내산 계약의 회복에 그리스도를 관련시킨 유대인계 원그리스도교 신학에서 생긴 것이다. 이 사상은 사실 로마서 3장 25절에서 아직 들을 수 있다. 그러나 이 사상은 바울 자신의 해석에서 곧 완전히 후퇴하고, 그 대신 예수를 믿음으로써 신의 행위를 받아들이는 모든 사람에게 제공되는 바 현재에서 세계적으로, 세계를 변화시키며 일어나는 신의 행위가 부각된다(롬 3, 26). 이 경우 제물 사상은 신의 자기 주장의 행위로도 이해되지 않고 범죄한 인류에 의해 드려진 속죄 행위로도 철저하게 이해되지 않았다. 후기 신학에서 토론된 문제, 즉 신은 자신에 대한 침해를 막기 위해 어떤 조건들을 그의 구원의 일에서 수행해야 했던가라는 문제는 바울에 의해 제기되지 않았었다. 그러나 이 사상은 물론, 그리스도 안에서 만인에게 그의 의를 제공하고, 믿는 자들을 그의 의에 받아들임으로써 그리스도 없이 그들이 빠져 있는 죄악에서 구출하는 신의 은혜를 말하는 것으로 바뀌었다. 이 은혜의 배후를 바울은 성찰하지 않는다. 그는 이 말을 삭제하지 않고 그것으로써 이스라엘에게 한정된 옛 시내산 언약에 철저히 대립되는 새로운 언약 사상을 확언한다(비교. 고후 3, 6 이하 ; 갈 4, 24 ; 롬 11, 27).

바울은 그의 의인(義認) 소식을 전개한 로마서 3장 21절 이하의 대단원을 "그러면 자랑이 어디 있는가?"라는 승리의 부르짖음으로 끝냈다. "자랑은 있을 수 없다. 어느 법에 의해서인가? 행위(Werk)의 법인가? 아니다. 오히려 신앙의 법에 의한 것이다. 왜냐하면 우리는 율법의 행위 없이 오직 신에 의해서만 인간이 의롭게 되는 것으로 여기기 때문이다"(롬 3, 27-28). "사망아, 네 승리가 어디 있는가, 사망아, 네 쏘는 것이 어디 있는가"라는 고린도전서 15장 55절의 말도 유사한 승리의 환호이다. 이 승리를 얻은 자는 인간들이 아니라 신이다. 만인이 이 승리에 참여한다. 그만큼 신은 유대인의 신만이 아니라, 이방인의 신이기도 하다(롬 3, 29).

사도가 신의 은혜(롬 3, 24 ; 5, 2.15 ; 고후 8, 9 ; 갈 1, 6 ; 5, 4 등) 또는 신

의 사랑(롬 5, 8 ; 8, 35.39 ; 고후 5, 14 ; 갈 2, 20)에 관해 말할 때면 어디서나 그는 단순히 일반적인 신의 마음씨가 아니라 그리스도의 죽음에서 사건으로 나타난 신의 행위를 지적한다. 이 사랑은 그 사랑에 적합한 사람이 아니라 오직 약한 사람들과 반신적인 자들, 죄인들, 적들을 대상으로 한다(롬 5, 6-8). 사랑의 역설, 인간적인 이해에 모순되는 이 사랑(5, 7)은 그것이 신의 것임을 보여 준다. 법철학자 라트브루흐(G. Radbruch)는 다음과 같은 아름다운 말로 이 사랑을 말한다: "은혜는 이적에 아주 가깝다. 이적이 자연 법칙들을 꺾는 것같이 은혜는 법의 법칙을 꺾는다. 그리고 이런 은혜의 권유에 응할 수 있는 모든 사람에게 크고 과분한 행복을 가져다 주는 이 작용은 이 둘에게 공통된다." 은혜는 법의 질서를 어지럽히지 않는다. 그것은 선과 악 사이의 차이를 해소시키지 않고 무정부 상태에 인도하지도 않는다. 오히려 은혜는 새로운 질서, 새로운 언약을 세워 준다.

바울은 의인에 대해 같은 의미에서 '화해'라는 말도 사용한다(롬 5, 10-11 ; 고후 5, 18-19). 의인과 마찬가지로 화해도 오직 그리스도의 헌신에 의한 신의 행위일 뿐이다. 신이 그의 제물을 통해 화해된다는 것을 바울이 말한 바 없다. "신은 세상을 자신과 화해시켰다" (고후 5, 19). 그의 다음 말은 특수하다: "너희는 신과 화해되라!" (수동 명령형!). 이것은 곧 그리스도의 죽음에서 행해지는 신의 구원 행위가 세계를 포괄하는 의미를 지니고 있음을 분명히 해 준다. 이것이 특히 바울 이후 서신 골로새서와 에베소서의 주제가 되었다(골 1, 20 이하 ; 엡 2, 16). 구원하는 신의 행위는 구원의 상태, "우리가 처해 있는 은혜" 에 근거를 제공한다(롬 5, 1-2).

3. 신앙

신앙도 바울의 신학에서는 독자적인 주제가 아니다. 신앙이 종교적 마음씨 또는 경건한 태도처럼 말해진 일은 없다. 바울은 특유하게도 다른 신약 문헌들(히 11, 1은 예외)과 같이 신앙의 정의를 내린 일도 없다. 신앙은 그것이 향하고 있는 그것의 대상으로부터, 즉 신의 은혜로부터 그의 본질을 얻는다. 신앙은 결코 그 대상을 도외시하고 독자적 반성의 대상으로서 객관화되지 않는다. 신앙은 언제나 '…에' 대한 신앙(갈 2, 16 ; 롬 10, 14 ; 빌 1, 29 등), '…이다에' 대한 신앙(살전 4, 14 ; 롬 6, 8 ; 목적격으로서의 속격의 결합형도 자주 나온다)을 뜻한다. 이 의미에서 신앙은 복음에서 선포되는 신의 구원 행위를 순종하는 신뢰와 신뢰하는 순종으로 받아들이는 것이다(롬 1, 5 ; 6, 16 ; 고후 10, 5 등). 그런 것으로서 신앙은 구원의 조건이지만 미리 인간적인 결심에 의해 믿고 그 후에 구원에 참여하는 양식에 속하지 않는다. 여기서 조건이란 선행 조건과 선행 행위가 아니다. 그렇게 잘못 이해되면 신앙은 단지 다시 '공적'이 될 뿐이고 유대교인이 행함으로써 신의 인증을 받고 의로 여김을 받으려고 노력한 율법의 일들과 동일한 것이 될 것이다. 그것이 경건의 최고 단계로 이해되거나 영혼의 상태(Philo)로서 이해되든지, 신 앞에서의 인간의 무능을 변상하고 신으로 하여금 남은 범죄 행위를 좋은 것으로 간주해 주도록 하게 하는 일종의 보상물로서 이해되든지 차이는 없다. 업적과 신앙의 단호하고 배타적인 대립이 여기서는 해소되고 반신적인 자의 의인은 포기된다.

이미 유대교에서 아브라함은 단적으로 참 믿는 자의 모범형 자체이다. 말하자면 단지 도덕적인 모범형일 뿐 아니라 이스라엘의 조상으로서 그러했다. 신은 그를 민족들 중에서 불러내서(창 12장) 그와 그의 언약을 맺고 그의 모든 후손을 위한 언약의 표지로서 할례를 그에게 주었다(창 15 ; 17). 선택된 신의 백성으로서 이스라엘은 그를 의지했다. 이 전통은 원그리스도교에서도 계속되었다. 복음서들과 사도행전의 많은 구절들이 이 사실을 보여 준다. 아브라함의 자녀임과 그에게 주어진 약속의 상속자임을 원그리스도교도 자처했다. 그가 고백하는 신은 "아브라함과 이삭, 야곱의 신"(막 12, 26 병행절)이다. 메시아로서의 예수도 아브라함의 자손이라고 했다(마 1, 1-2 ; 갈 3, 16). 신앙이 무엇을 의미하는가 하는 것은 유대인을 위해서도, 그리스도인을 위해서도 같은 식으로 아브라함의 행동에 드러나 있다. 이 경우 인용되는 고전적인 구약성서의 구절들은 창세기 12장(신의 부름에 대한 아브라함의 순종)과 창세기 22장(신의 요구에 따라 자기 아들까지도 제물로 바치려는 그의 과감성), 창세기 15장(자손을 번창하게 하겠다는 약속에 대한 무조건적인 신뢰)이다. 이 신앙을 신은 그에게 의로 여겨 주었다. 히브리서 11장은 전에 이미 유대교가 행한 것과 같은 의미에서 그를 '구름같이 많은 신앙의 증인들'의 한 삶으로 지명하고 있다. 즉 히브리서는 그가 오직 그에게 임한 신의 말만을 따라 순종함으로써 알지 못하는 땅을 향해 떠난 것(히 11, 8)과 두 번째로는 이삭을 제물로 드린 것(11, 17 이하)을 회상시키고 있다. 야고보서도 아브라함의 신앙을 그의 행위와 함께 같은 방법으로 확인하고(약 2, 20 이하) 이 구절들을 창세기 15장 6절에서 얻은 다른 고전적인 구절과 결합해 신앙만이 아니라 신앙과 업적이 신에 의해 인정받았다는 것을 분명히 하고 있다.

바울도 신앙이 뜻하는 것을 아브라함에 의거해서 설명하고 있다. 그러나 그는 창세기 12장과 22장을 포기하고 오직 15장 6절("아브라함은 신을 믿었다. 그런데 그것이 그에게 의로 간주되었다," 롬 4, 3 ; 갈 3, 6)만 한정시켰다. 아브라함의 신앙과 신의 축복, 이에 의해 그는 '모든 민족의 조상'이 되었다는 포괄적인 진술들(롬 4 ; 갈 3)은 그 양식상 일종의 미드라쉬(Midrasch), 즉 신앙 개조를 설명하기 위한 유대교적 구약성서 해석이다. 내용상으로는 물론 철두철미 전통적 · 유대교적 사상들과 구별되지만 우선은 기이하게도 서기관적 해석같이 보이는 것은 사실 유대교적 신앙과 그리스도교적 신앙의 기본 요소들과 원칙에 대한 필사적인 싸움이라는 데 있다. 유대교적 신념에 의하면 — 그러나 야고보서의 해석에 의해서도 — 신에 의한 아브라함의 의인은 경건의 최고의 증거를 위한 적절한 보상이다. 그러나 바울은 그것을 '빚진 품삯'으로가 아니라 '은혜의 보상'으로 이해했다(롬 4, 4-5). 그는 이러한 인식을 아브라함의 사화(史話)에서 취하고, “신은 반신적인 자를 의롭다고 선언한다”(롬 4, 5)고 주장했다. 그것이 또한 신을 모독하는 것으로 들린 것은 유대교인의 귀뿐만이 아니다. 이 강한 표현은 약화될 수 없다. 구태여 말할 필요도 없으나 여기서 거론된 것은 아브라함의 도덕적 결함도 아니고 바울이 그의 흠을 꼬집어서 유대적 명성으로부터 그를 격하시키려는 것도 아니다. 그럼에도 불구하고 그는 여기서 본래부터 신에 이르는 길을 가지지 못한 자들이 아니라 죄인과 신의 적인 인간, 모든 인간의 원형으로 나타난다(비교. 롬 5, 6 이하). 이 인간을 신은 사랑하고 신앙에 의거해 그를 의롭다고 선언한다.

이로써 할례가 언약의 표지로 상징화되면서 동시에 옛 유대교적 언약사상도 치명적인 충격을 받게 된다. 서기관적인 방법이지만 지목된 내용에서 전혀 비(非)유대교적으로, 바울이 창세기 17장(할례의 표지의 제공)을 15장(그의 업적이 아니라 신앙에 의한 아브라함의 의인) 뒤에 배열함으로써, 언약의 표지는 아직 이방인의 신분에 있을 때 그에게 약속된 신앙의 의를 단지 나중에 추인해 확인하고 확증한 것에 불과하다는 결론을 내렸다(롬 4, 11). 그러므로 아브라함은 ‘많은 민족의 조상’ 즉 이방인의 조상도 된 것이다. 다른 말로 하면 이렇다: 구원은 단지 지상의 이스라엘에게만 주어진 언약과 결부되어 있지 않으므로 율법의 영역에서 찾을 수 있는 것이 아니라, 신의 은혜와 신앙만이 타당한 곳에서 찾을 수 있다(롬 4, 16 ; 비교. 갈 3, 6-18)는 것이다. 이 의미에서 아브라함의 ‘발자취를 따르며’ 그를 선구자로 여기는 것은 당연하다(롬 4, 12). 그런데 이것은 환상을 추구하는 유대교인들이 생각하는 길과는 정반대의 다른 길이다.

율법의 업적들과 정반대되는 이 신앙은 그 확고한 근거를 신의 약속에 두고 있다; 이것은 일반적인 신(神) 신앙만은 아니다. 인간적인 척도들에 의하면 신앙은 창조자 자신과 같이 허무한 것이다. 그러나 신앙은 “죽은 자들을 살리고 없는 것을 불러 있게 하는 자”(롬 4, 17)의 말을 고수한다.

그러므로 그것은 인간의 눈으로는 바랄 수 없는 곳에서 바라는 신앙이다('소망에 거슬린 소망,' 롬 4, 18). 이것은 많은 민족의 조상이 될 자인 아브라함이 아무것도 보지 않고 바랐던 것과 같은 것이다. 신의 언약이 그것을 위한 유일한 보증이다. 이것은 그가 현실성에 대해 무지했고 환상에 사로잡혀 있었음을 말하는 것이 아니다: "아브라함은 그의 몸이 시들어 있음과 사라의 모태도 기능을 잃고 있음을 아주 잘 알고 있으면서도 신앙이 약해지지 않았다. 그러므로 그는 의심과 불신앙에 떨어지지 않고 신앙에서 강했으며 신이 약속한 것을 이룰 수 있다는 확신 중에서 그에게 영광을 돌렸다"(롬 4, 19 이하). 이 신앙이 신에 의해 의로 간주되었는데 이것이 아브라함의 미래의 언약을 대망한 신앙이고 이것으로 믿는 자들은 지금 그리스도의 죽음과 부활에서 그 언약의 성취에 근거를 갖게 된다(롬 4, 23 이하).

아브라함과 신의 백성의 참된 의미, '구원의 역사', 영원한 구원을 위한 유대교와의 투쟁은 로마서 4장에서 극히 집요하게 전개되고, 유대인이 이방인과 구별하면서 자신을 위해 요구하는 모든 것을 유대인과 이방인 중에서 나온 믿는 자들에게 약속한다.

원그리스도교적 · 바울적인 신앙 개념은 구약성서적 · 유대교적인 그것과 많은 점에서 공통적이다. 구약성서에서 이미 신앙은 타당하고 확고하며 신빙성 있는 것 — 신의 언약, 율법, 약속들에 의지하는 것을 뜻한다. 여기서 히브리어 동사 '헤에민(häämin: 우리의 종교적 언어가 된 '아멘'과 같은 어간)'이 그리스어 어군 '피스티스(pistis: 인간의 인간에 대한 성실)'와 '피스튜에인(pisteuein: 신뢰하다, 신뢰를 증명하다)', '피스토스(pistos: 신실한 혹은 신뢰할 만한, 신뢰함직한)'에 가깝다. 이렇게 원래는 전혀 종교적 의미를 지니지 않은 것인데도 이 그리스어 어군은 헬레니즘계 유대교와 그리스도교에 침투해 비로소 종교적 중심 개념들이 되고 '신앙'을 표시하게 되었다. 신앙은 자체 안에 집요한 인내와 확고한 희망을 포함하고 있고, 인간이 스스로 '만든' 공허한 추측과 희망 혹은 일반적인 견해나 신념과는 전혀 무관한 것이다. 우리의 언어가 이 말을 격하시켜 이런 것들로 만들어 버렸다.

그러나 그리스도교 신앙이 이로부터 이렇게 많은 요소들을 받아들였을지라도 이 신앙이 그것에서 다 표현된 것은 아니다. 신앙은 무엇보다도 그리스도 소식의 받아들임을 표시한다. 이 경우에 그리스도 안에서의 신의 행위 자체가 신앙의 내용이다. 구약성서적 · 유대교적 신앙도 이스라엘에서 일어난 신의 행위들(가령 이집트로부터의 구출, 광야에서의 야웨의 이적 행위들, 이스라엘의 적들에 대한 승리, 약속된 땅에의 입주)에 근거를 두고 있다. 그러나 이것들 자체가 신앙의 내용은 아니다. 오히려 이것들은 증명할 수 있고 전해질 수 있는 민족사와 세계사의 사건들이다. 원그리스도교와 바울에게서는 다르다: 여기서는 복음에서 선포된, 구원을 일으키는 사건, 즉 그리스도의 죽음과 부활, 올리움의 사건 자체가 신앙으로 받아들여지고 채용되어야 한다. 그러므로 "신앙은 설교에서 오나 설교는 그리스도의 말에서 온다"(롬 10, 17). 말과 신앙의 이 직접적인 결합에서 신의 의는 신앙의 의가 된다. 받아들임과 순종으로서의 신앙은 이 점에서 하나이다. 이와는 반대로 바울은 불신앙과 불순종을 같은 말로 사용하는 경우도 많다(롬 1, 8과 16, 19 ; 살전 1, 8과 롬 15, 18 ; 롬 10, 3과 10, 16 ; 고후 10, 5-6 ; 롬 10, 21 ; 11, 30 이하 ; 15, 31 등).

결정적인 것은 여기에서 신과 믿는 자 사이의 어떤 조건적이고 중개적인 연결점이 없어진 것이다. 율법이 이미 신과 인간 사이에 서 있지 않는 것같이 신과 자신 사이에 자신의 공적과 지혜에 대한 환상을 세우는 과오도 인간에게서 탈취되고 금지되었다. 은혜와 마찬가지로 신앙도 무조건적이다(롬 3, 24 ; 갈 2, 21). 신앙은 선행 공적일 수 없으며, 오히려 자신의 공적의 포기이고, 결코 '자랑', 즉 신 앞에서의 자기 주장의 근거일 수 없다.

그러므로 두말 할 것 없이 자기 포기는 신앙에서의 신에 대한 헌신에 속한다. 이 자기 포기는 주제넘게 또는 절망적으로 이른바 옛, 자연적인 인간의 피(血) 속에 자리잡고 있는 자기 이해의 포기와 신의 은혜에 의해 열린 새로운 자기 이해를 수용하는 것이다(롬 5, 3 ; 14, 14 ; 고전 15, 10 ; 갈 2, 20 ; 빌 1, 19). 이런 의미에서 신앙은 옛 실존의 마지막인 동시에 새로운 실존의 시작이다. 이 실존에서 믿는 자는 이제 비로소 바로 '설' 수 있고 자신이 입증될 수 있으며(고전 16, 13 ; 갈 5, 1 ; 빌 1, 27 ; 4, 1 ; 살전 3, 8) 움직일 수 있게 된 것이다. 그러나 이미 목표에 이른 것이 아니다: "내가 이미 얻었다 함도 아니요, 온전히 이루었다 함도 아니라, 오직 내가 그리스도 예수께 잡힌 바 된 그것을 잡으려고 좇아가노라" (빌 3, 12).

이런 신앙은 모든 그의 개별적인 상황 및 가능성들과 함께 개인의 구체적인 실존 전체와 관련되어 있다. 그러므로 이런 의미에서 신앙에는 커짐(고후 10, 15)도 약해짐도 결함(롬 14, 1 : 살전 3, 10)도 신앙의 각기 다른 '분수' (롬 12, 3)도 있다.

4. 구원 사건과 구원사

우리가 지금까지 말한 것에서, 구원 사건이 마치 단지 개인에게만 관계된 것같이 거론된 것은 우연이 아니었다. 신앙이 거론되는 곳에서는 언제나 사실 반드시 개인과 그의 자기 상실성, 그의 구원에 관해 말하게 된다. 신앙은 결코 집단의 일이 아니라 개인의 일이다. 그러므로 바울은 그의 소식의 진리와 함께 개인의 '양심' 앞에 나타나려고 했다(고후 4, 2 ; 5, 11). 이것은 현대적 의미에서의 주관주의 및 개인주의, 실존주의와 무관하며, 결코 바울의 의인 소식을 세계적 · 역사적인 지평으로 제한하지 않는다. 반대로 오히려 구원의 보편성(Universalität)을 가능하게 하고 근거 있게 하는 것은 바로 신앙에서의 개별화이다.

특별히 종교개혁자들에 의해 시작된, 외견상 개인화하는, 사도의 구원 소식에 대한 해석은 근세의 바울 연구에서 심한 저항에 부딪쳤다. 이 경우에 논쟁이 된 것은 신의 의에 관한 가르침의 중심 의미가 아니다. 그러나 그 비판은 바울에 의해 선포된 신의 의가 세계 및 미래적 차원을 포기하고 그것의 묵시 문학적 차원을 이해하지 못하고 각 개인에 한정시켰다는 데에 집중되었다. 이 사실은 거의 배타적이 아니면 주로 인간에 대한 은사(Gabe)로 이해했다는 데서 드러난다는 것이다. 실제로 바울은 신의 의로 "종말적으로 그리스도 안에서 계시되는 신의 세계 지배"를 주장한다는 것이다. 즉 그것은 "신이 자신으로부터 이탈한, 그러나 피조물로서는 끊을 수 없는, 그에게 속하는 세계에서 자신을 관철시키는 신의 권리(Recht)를 뜻한다"(E. Käsemann)는 것이다. 신의 의는 무엇보다도 권세(Macht)로 이해되어야 한다는 것이다. 그리고 오직 그것이 모든 피조물에게 알려지고 만인, 즉 이스라엘의 언약의 백성뿐 아니라 이방인도 구원 영역에 함께 포함되는 한, 그것은 은사로서도 표시될 수 있다는 것이다. 바울은 개인이 아니라 새로운 인간성과 새로운 피조물에 집중하고 있기 때문에 그는 이 해석에 의해 그의 의인론과 함께, 아니 바로 이것으로도 여전히 묵시 문학자로 남아 있다는 것이다.

그러나 이 주제들에 의해 그 역점은 현저하게 잘못 옮겨졌다. 왜냐하면 바울에게 결정적인, 그리고 유일하게 그에 의해 타당성을 얻은 신의 의와 신앙의 관계가 확실히 그 주제들 중에서 후퇴했기 때문이다. 이 관계는 구약성서와 묵시 문학 본문들 중에서 본받은 것이 아니고 순수한 바울의 창작물이다. 그가 분명히 유대교 전통에 예속되어 있을지라도 그는 이 관계와 함께 묵시 문학적 사유에 단적으로 반대하게 된다. 묵시 문학은 주로 그리고 본질적으로 우주적 방향을 가지고 특별히 세계 과정을 주목함으로써 개인은 단지 저주 혹은 구원의 행렬의 한 부분에 불과할 뿐이다. 바울은 이런 관찰에서 인간을 해방시킨다. 즉 그는 인간을 책임적인 죄인으로서, 용서받은 신의 피조물로서 상대한다. 그는 이로써 신정론(神正論) 문제의 무서운 미로로부터 신앙과 신학을 해방시켰다. 이 문제는 특히 제4 에스라 묵시록이 보여 주는 바와 같이 이미 유대교적 묵시 문학도 끝내고 좌절시키며 항상 신앙을 위협하는 것이었다.

그 낱말의 의미에 의해 신정론이라는 말도 바울이 '신의 의'를 통해 말하는 것 외의 다른 것을 뜻하지 않는다고 생각하면 안 된다. 물음 및 사유의 거점과 내용이 역시 양자간에 전혀 다르다. 왜냐하면 신정론의 물음은 신의 의를 세계 사건들과 개인의 역사에서 탐구하고, 결코 인간의 수중에 들어오지 않는 자리를 얻으려고 한다. 이에 반해 바울의 의인 소식 – 그의 율법론과 같이 – 은 인간을 그의 현실에 고정시키고, 신이 그를 이 현실에서 찾고 구한다는 것을 말한다.

바울의 율법론에서 우리는 율법이 얼마나 신과 세계에 관한 모든 세계관적인 사유와 반대되는가를 주목했다(참조. 위 S. 186). 이것은 반대로 구원에 대한 이해와 특히 의인론에도 일치한다. 율법은 인간을, 이른바 복음에서 신앙을 위해 계시된 신의 의의 빛 안에 가두고, 인간이 신과 만날 때 구원의 한계를 넘지 못하게 한다.

이것은 바울이 신의 인간에 대한 관계와 인간의 신에 대한 관계를 '개인적인 것으로 하고' 세계와 역사의 차원들을 가렸다는 것을 의미하지 않는다. 개인을 넘어서 파악되는 그의 백성과의 **신의 역사**에 대한 이해는 옛부터 구약성서적 · 유대교적 신앙의 대주제였던 바 이것을 바울은 그의 의인론에서 결코 포기하지 않았다. 그러나 그는 '구원사(救援史)'를 어떻게 이해하는가? 이미 거론된 아브라함 사화(롬 4)가 이 물음에 대답한다. 사도에 의해 사용된 풍부한 구약성서의 구절들이 단지 무시간적인 교리문답서와 신탁의 책으로부터의 인용이 아닌 만큼 아브라함의 신앙도 단지 경건한 행동의 무시간적 표본으로서 인용된 것은 아니다. 바울은 그를 로마서에서 '우리 조상'(롬 4, 1)이라고 부르고 신의 명령에 따라 이집트에서 광야를 향해 떠난 이스라엘에 관해 '우리 조상'에 관한 것으로 (이방인계 그리스도 교인인!) 고린도인들에게도 말할 수 있었다(고전 10, 1). 그러므로 여기서도 거기에서와 같이 믿는 자들은 이스라엘과의 역사적 연관성 안에 들어 있는 것이다. 이 '구원사'는 물론 아주 역설적 의미에서 역사적이다. 흔히 역사가 뜻하는 것, 경건한 유대교인이 역사로서 이해하는 것도 조상과 자손들 사이의 지상적 · 자연적인 연속성과 세대들의 증명 가능한 계승에 의해 규정되었다. 이렇게 이해된 역사는 사람들과 민족들 사이에 경계와 차별을 두고 오늘에 이르기까지 유대인을 위한 뚜렷한 특권을 비유대인 앞에 제시했었다. 바울이 생각한 역사에서는 신 자신과 그의 언약과 그의 말을 신뢰하는 신앙이 유일한 연속성이다. 다른 연속성은 여기에는 어떤 것이든 없다. 왜냐하면 신은 가시적인 역사를 보장하는 것이 아니라 "죽은 자들을 살리고 없는 것에서 있도록 불러내는 자"이기 때문이다(롬 4, 17). 그러면서도 바울은 역사, 실제적인 역사를 생각하고 있다. 왜냐하면 옛날의 아브라함과 오늘의 믿는 자들 사이는 확고한 활(弓)형으로 연결되어 있기 때문이다. 그 첫 화살은 아브라함에게 적중된 은혜이고, 그 둘째 화살 역시 신의 은혜로서 신앙에 의해 만인에게 부여되는 은혜이다.

바울에게 역사와 구원사의 문제는 특별히 이스라엘의 이방인에 대한 관계로 인해 긴박하게 제기된다. 이스라엘의 선택과 그의 완악함, 그의 최종 구원에 관한 광범한 서술들이 이 문제를 다룬다(롬 9-11장). 사람들은 이 서술들을 곧 로마서 전체와 바울의 하나님의 의인론에 대한 단서로 이해하려고 했다. 그러나 이것이 서신의 서두에 있지 않고 먼저 율법과 그리스도, 업적과 신앙의 대립 명제하에 1-8장에서 의인 소식이 다루어진 후에 – 물론 이스라엘의 특별한 운명과 아직 남아 있는 세계 사건에 언급함이 없이 – 비로소 다루어진 것은 우연이 아니다. 물론 이 주제는 이미, 이스라엘의 특별한 구원사적 '위치'에 관해 물었을 때 로마서 3장 1절에서 시사되고 있다: "그런데 유대인의 우월함이 무엇이며 할례의 유익함이 무엇인가?" 그리고 반복되는 다음 표현에서도 볼 수 있다: "첫째로 유대인에게, 그 다음에 그리스인에게"(롬 1, 16 등), 그러나 이것으로써 제기된 문제의 총괄적인 자세한 거론은 9-11장에서 비로소 수행된다. 여기의 사상 줄기와 진술들은 사도가 여기서 선행된 장들의 기본 사상들을 이스라엘의 특수 문제에 적용하려고 시도한 것을 보여 준다. 그러므로 로마서 9-11장은 선행하는 것을 해명하고 선택된 백성의 현재와 미래를 위한 결과들을 끌어내는 가능성을 얻고 있다. 우리는 이 서술들에서 볼 수 있는 서로 조화를 이루지 못하는 긴장감과 당혹함을 은폐하면 안 된다. 이러한 것들은 바울이 한편 역사적 · 경험적 이스라엘을 선택된 신의 백성으로 말하며, 그에게 역사적으로 제공된 약속을 승인하면서(롬 9, 4 이하 ; 11, 28-29 ; 비교. 이미 롬 3, 1), 다른 한편 전래적인 유대교적 신의 백성 사상을 무너뜨린 데서 볼 수 있다. 왜냐하면 참 신의 백성은 지상적 · 자연적인 연속성이 아니라 오직 자유로운 신의 은혜에 의해서만 그 본질을 얻기 때문이다(비교. 이미 롬 2, 28-29). 이로부터 역사적 이스라엘은 어떤 결과에 이르는가? 이에 대한 대답은 오직 역설적으로만 주어질 수 있다. 즉 지상적인, 증명 가능한, 이른바 고발 가능한 역사 현상이 아니라 철두철미 신의 말씀의 저항 불가능성, 다시 말해서 신의 자유롭고 전권적인 선택의 능력에 의해 살아야 하는 것은, 처음부터 그리고 언제나 경험적 · 역사적 이스라엘의 특유한 본질이면서 동시에 운명이라는 것이다. 이스라엘 역사의 근거인 이 선택은 로마서 9장 7절 이하에서 이삭 사화에 의해 설명되는 바와 같이 시초에만 일어나고 후에 다시 지상의 역사 법칙이 되는 것이 아니다. 그것은 항상 이스라엘의 기본율과 생활률로 **계속된다**(에서가 아닌 야곱의 자유로운 선택이 후세를 위해서 이것을 분명히 하고 있다, 롬 9, 11 이하).

로마서 9-11장의 주도적 사상은 이스라엘에게 임한 신의 말, 즉 자유로이 긍휼을 베푸는 은혜의 말 – 그 반대편은 완악함과 버림이다(바로 ; 롬 9장) – 이 '효력을 잃지' 않았다는 명제이다(롬 9, 6). 이로부터 결정권은 인간의 '원함과 노력'이 아니라 신의 긍휼에만 있게 된다(롬 9, 16). 여기서 아주 단호하게 진술된 **예정 사상**은 바울의 의미에서 숙명론적으로 오해되어서는 안 된다. 인간이 마치 자신 위에 맹목적으로 군림하는 운명의 꼭두각시처럼 이해되어서는 안 된다. 오히려 바울은 순수한 은혜가 무엇인가를 엄밀하게 묘사하고 창조주와의 송사는 언제나 오만으로 변하는 인간의 자리를 지적해 준다. 그리고 예정 사상도 사람들의 운명을 주사위로 결정한 저 태고에 소급시켜 묻지 않고, 오히려 일어난 은혜의 말에 엄격하게 부착되어 있다(롬 9, 22). 이 말은 네게 아주 '가까이' 있으므로 네가 그것을 믿고 고백하면 구원과 의를 얻을 수 있다(롬 10, 8 이하)는 것이다. 신은 이 말에 아무것도 부족한 것이 없게 하고 구원의 사자들을 파견한다; 그들은 이 말을 선포하고 이 말은 울려 퍼진다. 그러나 이스라엘은 최선을 다한 진정한, 그의 백성을 위한 신의 노력에도 불구하고 이 말을 믿지 않으며, 날마다 그를 향해 그의 손을 펴고 기다리는 신을 불순종으로 반역했다(롬 10, 14-21).

그럼으로써 이스라엘은 그의 선택을 영원히 상실했는가? 바울은 이 질문을 분명히 부인했다(롬 11, 29). 그러나 바울에게 이스라엘은 복음에 대한 그의 몰이해와 좌절에서 모든 사람의 상실성과 신의 긍휼에 대한 그들의 신뢰를 위한 하나의 예로서의 의미를 가지고 있다. 이스라엘은 그의 현재의 완악함에서도 아직 언약을 지니고 있으며 예기치 못할 간접적인 길이기는 하지만 이스라엘에게도 구원은 올 것이다. 그가 복음을 버림으로써 버림을 받았기 때문에, 이스라엘에게 자극적인, 바울 자신에 의해 강조된 "첫째로 유대인에게, 그 다음에 그리스인에게"라는 서열이 뒤바뀜으로써 이제 구원은 먼저 이방인들에게 주어지므로 이스라엘은 '시기한다'(롬 10, 19 ; 11, 11). 여기서 구원은 다시 그 근원에 돌아오고 이스라엘은 최종 구원에 참여한다. 사도 자신의 선교의 길도 이에 일치하는 것이다. 그는 이 마지막을 대망하고 이 마지막은 임박한 도래(롬 11, 26-27)와 올

'죽은 자들로부터의 삶'(롬 11, 15)까지는 짧은 시간임을 대담하게 약속한다. 역사에 관한 그의 사상들은 여기서도 분명히 그의 가까운 대망의 확인을 지니고 있다(비교. 아래 S. 265-266). 그러나 결정적인 것은 '구원사'에 대한 그의 이해의 주도적 주제가 그의 의(義)의 주도 사상과 다른 것이 아니라는 사실이다.

5. 신앙에서의 삶

죄의 용서는 예수의 선포에서뿐 아니라 원그리스도교 신앙에서도 중심역할을 했으며, 바울의 경우 의인 또는 화해가 뜻하는 것에 역시 아주 가깝게 보이는데도 불구하고, 바울이 그것에 관해 거의 거론하지 않는다는 데에 놀라지 않을 수 없다. 그는 단지 산발적으로 시편 인용과 함께 의인의 사건을 용서로 바꾸어 쓰고(롬 4, 7-8), 화해를 과오들이 없다고 간주해 줌으로써 설명한다(고후 5, 19). 그 사정은 의인을 과거에 일어난 죄들뿐 아니라 노예화적 세력인 죄로부터의 해방에도 연결시킨 점에 근거를 두고 있다.

그러나 의인의 개념도 그 자체로서는 구원, '우리가 처해 있는 은혜'를 충분히 — 의인이 믿는 자의 '구원된 신분'에 근거를 줄 뿐이라는 점에서 — 말해 주지 못한다(롬 5, 1). 그러므로 바울은 그리스도 안에서의 현재적 구원을 위해 무조건 그의 의인론으로부터 유도될 수 없는 다른 규범들을 자주 사용한다. 그것들은 본래 법적 규범에 속하지 않고 '존재'의 진술들이다. 여기에 속하는 것은 로마서 6장과 갈라디아서 3장 26절 이하의 성례전적인 진술들과, 그리스도를 '옷입음'(갈 3, 27 ; 롬 13, 14), '그리스도의 몸'과 그의 지체(고전 12, 12 이하 ; 롬 12, 4-5), 그리스도 안에 있는 '존재'에 관한 말들이다. 이 규범들은 아주 자주 사용되고, 이것들 중에서 바울의 소식과 신학의 핵심을 찾으려고 할 수 있을 만큼 중요하다. 그러나 이것들은 그의 의인 소식에 반대되거나 그것에서 분리되지도 또는 그것에 첨가되는 것도 아니다. 저 신화적 · 존재론적 표상들과 표현들의 진술력이 강할 때면 그 때마다 그의 의인론도 교정되지 않고는 그것들을 거의 용납하지 못한다. 의인론은 구원의 이해에서 모든 자유주의와 자율주의를 막는 데 이용된다. 의인론은, 묵시 문학적 시대 표상들의 사유 형식에서 유래했든, 유대교적 아담 사변에서 왔건, 이방인계 그리스도교적 성례전주의와 열광주의 또는 굳어버린 이스라엘의 선택 신앙에서 추론된 것이든 그런 사유들에 반대한다.

신앙에서의 삶은 바울에게는 우리를 자신과 화해시킨 신과의 평화에서의 삶이다(롬 5, 1 이하 ; 고후 5, 17 이하). 이것은 믿는 자는 이미 고난들을 모른다는 것을 뜻하지 않는다. 오히려 반대로 인간은 믿는 자로서 비로소 고난들을 올바로 경험한다. 그러나 그는 고난들을 '자랑'할 수 있다(롬 5, 3); 왜냐하면 그것들은 신앙의 희망에 모순되지 않고 그것에 상응하며 믿는 자를 미래의 영광, 신의 자녀의 결정적 해방에 굳게 결합시키기 때문이다(롬 8, 18 이하). 그리스도가 우리를 위해 관여하기 때문에 신과 믿는 자들 사이에는 이미 어떤 적대적인 고발과 벽이 있을 수 없다. 그들은 신의 사랑을 받는 자로서, 그러므로 승리자로서(롬 8, 31-39) 세계와 그 적대적인 세력들에 저항한다. 이것은 믿는 자들이 지금은 이미 세계를 직접 경험하지 않고 그리스도 안에서 신의 사랑을 통해 간접적으로 경험한다(롬 8, 37 이하)는 것을 의미한다. 그것이 뜻하는 바는, 바로 저 직접성 즉 알려진 바와 같이, 불신앙이 주장하는 저 생활 경험의 가상적 직접성에 상반되는 데서 분명해진다. 불신앙은 환상 없이 세계와 삶의 실제성들(Realitäten)을 고수하며 신의 사랑에 관한 말을 드러나게 하는데, 정확히 말하면 그 경험들을 무색하게 하며 그 경험들에 의해 신의 '사랑'을 거부할 것을 주장한다. 그러나 신앙은 우선 그리스도 안에서의 신의 사랑에 관한, 신앙에 약속된 말 중에 그 근거를 두고 그 다음에 삶과 세계를 로마서 8장 28절의 의

미에서 경험한다: "우리가 아는 바 신을 사랑하는 자 곧 그 뜻대로 부름을 받은 자들에게는 모든 것이 합해 선(善)을 이룬다."

믿는 자들은 의롭다 함을 받은 자로서 그리스도의 죽음에서 세례를 받은 자로서 **죄에서 죽었다**(롬 6, 2). 이것은 그들에게는 이미 죄가 없다는 것이 아니다. 신에 의해 거세된 세력도 아직 믿는 자들을 점유하고 섬기도록 강요한다. 바로 그러므로 죄의 권세로부터의 해방을 선포하는 직설법(Indikativ)에서 그것이 무리하게 빼앗는 죄의 지배권에 저항하는 명령법(Imperativ)이 따라나온다(롬 6, 12 이하 등). 그러나 믿는 자들은 이미 죄에 의해 노예가 된 자, 그것에 굴복하는 자로서가 아니라 신에 의해 자유롭게 된 자로서 그러한 자유에서 신과 결합된 자로서 죄와의 투쟁에 돌입한다(롬 6, 12-23). 그들은 이어 해방된 자유 안에 계속 있기 위해 그렇게 부름을 받은 것이다(갈 5, 1.13).

신앙에서의 삶은 동시에 **율법에서의 자유**를 뜻한다(롬 7, 1 이하 ; 갈 3, 1 이하 등). 바울은 이 자유의 오용을 막아야 했었는데 그것은 결코 믿는 자들을 다시 율법의 지배하에 되돌려 보낸 것을 뜻하는 것일 수 없다. 만일 그랬다면 그것은 인간이 갇혀 있는 감옥의 벽을, 인간을 신에게 인도해야 할 가교로 바꾸어 세우는 것을 뜻할 것이다. 이 경우에 인간은 역시 이 벽의 돌들을 이용해 오히려 반대로 자신의 오만한 기세를 위해 의문스러운 기지를 세우는 데 불과하게 될 것이다.

갈라디아서 5장 6절에 의하면, 신앙은 **사랑에서 일어난다**. 이것은 신앙의 포괄적인 의미, 이미 우리가 말한 바이지만 모든 실존을 규정하는 신앙의 전체성을 표시한다. 그럼에도 불구하고 특히 가톨릭 신학에서 때로는 개신교 신학에서도 야기되는 오해, 즉 사랑에 의해 완성된 신앙만이 의인에 이르게 한다는 오해를 막아야 할 것이다. 이것은 신앙**과** 사랑**과** 의인의 관계를 아주 잘못 이해한 것이다. 바울은 의인에 관해 말할 때 신앙**과** 그리고 사랑에 관해 말한 일이 없으며 **오로지** 받아들이는 신앙에 관해서만 말한다. 즉 사랑은 구원을 받기 위한 부대 조건도 아니며 본래 신앙의 본질적인 성격도 아니다. 오히려 반대로 신앙이, 사랑 안에서 작용하는 사랑의 생존 요소이다. 그러므로 사랑은 다른 '영의 열매들'(갈 5, 22 이하)과 함께 의인의 조건들로 이해될 수 없으며, 바울에 의하면 오히려 의인이 그것들의 조건이고 뿌리이다. 그러므로 루터가 갈라디아서 주석(1535년)에서 갈라디아서 5장 6절에 대해 다음과 같이 말한 것은 옳다: "신앙의 업적들은 사랑에 의해 일어나지만 인간은 사랑에 의해 의롭다 함을 받지 못한다." 그러므로 바울은 신앙과 업적을 의인의 조건으로 만든 야고보서(약 2, 14 이하)와 성급하게 조화될 수 없다. 왜냐하면 야고보서에서는 , '죽은' 신앙에 대한 그의 정당한 공격에 관계 없이 믿는 자는 그리스도 안에서 신의 은혜로 새로운 삶을 위해 해방을 받고 부름을 받았다는 바울의 핵심 사상이 상실되었기 때문이다.

끝으로 신앙에서의 새로운 삶은 바울에 의하면, 믿는 자들이 날마다 죽음에 던져지더라도 **죽음에서의 자유**를 포괄한다(롬 8, 36 ; 비교. 고후 4, 10). 노예화하는 죽음의 세력은 거세된 것이다(고전 15, 55 이하).

이 모든 것이 신앙에 관련되어 언급되었다. 그러나 신앙은 오직 신이 그리스도 안에서 행한 것과 그리스도의 지배하에서 현재인 것에 의해서만 산다. 오직 이것 때문에 신앙은 신앙일 수 있다.

바울은 신의 의(義)의 능력에서의 삶을 자주 신앙, 희망, 사랑, 이 셋으로 종합했다(고전 13, 13 ; 살전 1, 3 ; 5, 8 ; 갈 5, 5-6 ; 롬 5, 1-5 ; 비교. 골 1, 4-5 ; 벧전 1, 21-22 ; 히 10, 22-24). 이 셋은 "모든 것이 새롭게 된" 삶을 표시한다. 아마 바울이 받아들인 이 표현 형식은 때(時)의 3중 차원을 표시한 것이다. 즉 우리가 나온 과거는 지금은 이미 우리의 죄책이 아니고 우리 모두를 위해 그의 아들을 제공한 신의 행위이다. 신앙은 이 위에 세워진다. 현재는 이미 우리를 저 과거의 사슬에 비끄러매고 우리에게 장차 올 신의 진노의 심판을 선포하는 율법의 감옥이 아니고, 신이 우리 편에 있으며 그리스도가 신의 우편에서 우리를 대신한다는 확신이다. 그러나 미래에 관해서는 이렇게 말한다: "높은 것도 깊은 것도 어떤 다른 피조물이라도 우리를 우리 주 그리스도 예수 안에 있는 신의 사랑에서 끊을 수 없다" (롬 8, 38-39).

6. 그리스도 안에서

특별히 자주 바울에게서 볼 수 있는 '그리스도 안에서'는 위의 단락에서 서술된 바, 믿는 자들의 새로운 실존을 표현한 존재 진술에 속한다. 여러 상이한 문맥에서 사용되었다는 것이, 이미 그것의 의미가 다양함을 말해 준다. 이 표현은 단순히 우리말로 '그리스도교적', '그리스도인으로서' 등을 의미하는 것을 대신해 자주 사용되었다. 원그리스도교와 바울의 언어 중에는 이러한 말이 – 거의 "다행하게도!" – 아직 없었다. 그것이 표시하는 것은 말하고, 사유하고, 활동하고, 고난을 당하고, 서로 행동하는 그리스도인됨에 적합한 존재 방식이다. 이것은 단지 교회의 지체를 표현할 경우도 자주 있다. 이것으로써, 이런 표현들 중에서 심오한 신학적 의미, 가령 '신비적인' 의미를 강요해서는 안 된다.

그러나 이 표현이 그리스도에 의해 믿는 자들에게 일어나는 것과 구원에 근거를 주는 것을 종합하는 경우도 잦다. 신은 그리스도 안에서, 그리스도를 통해 그의 사랑을 증명했다(롬 8, 39). 그 안에서, 그를 통해 믿는 자들은 부름을 받아 의롭게 되고, 화해되었으며 해방되었고 거룩해졌다(빌 3, 14 ; 고전 1, 2 ; 6, 11 ; 고후 5, 21 ; 갈 2, 4). 그 안에서 즉 구원 사건에 의해 바울은 자신의 선교 사업을 '자랑하고'(롬 15, 17 ; 고전 15, 31), 믿는 자들의 일이 헛되지 않음을 안다(고전 15, 58).

이렇게 '그리스도 안에서'라는 표현에는 새로운, 저력 있는, 포괄적인, 그리고 믿는 자들이 파멸의 세력권으로부터 탈취되어 옮겨진 현실의 완전한 의미가 포함되어 있다. 여기에 속하는 것은 믿는 자들이 그리스도를 '옷 입'고(갈 3, 27-28), 세례에 의해 그의 몸의 지체가 되었다(롬 12, 5 ; 고전 12, 13. 27)는 것 같은 구절들이다. 그러나 반대로 바울은 믿는 자들 가운데 있는 그리스도 또는 그의 영의 '거처'에 관해서도 말할 수 있었으며(롬 8, 9-10), 또 말하고 있다: "이미 내가 사는 것이 아니라 내 안에 있는 그리스도가 산다"(갈 2, 20 a). 이것은 하늘적인 영역에 몰입함으로써 일어나는 일이 아니고 믿는 자들의 지상적인 실존에 해당하는 것이다: "그러나 이제 내가 몸으로 사는 것은 나를 사랑하고 나를 위해 자기를 버린 신의 아들에 대한 믿음으로 사는 것이다"(갈 2, 20 b).

이 진술과 다른 비슷한 것들이 신비주의적 언어에 가까운 곳에서일지라도, '신비주의'와 공통된 것일 수 없다. 왜냐하면 신비주의의 본질은 신과 인간 사이의 한계의 철폐와 이 둘의 합일이기 때문이다. 그러나 여기서는 이 둘의 질적인 차이가 계속 존속한다. 그리스도는 주(主)이고 믿는 자는 그의 소유이다(롬 8, 9 ; 14, 7 이하 등). 그리고 자유를 주는 그와의 합일은 믿는 자의 봉사에서 일어난다(롬 6, 15 이하).

외견상 의인론에 관한 '신비주의적'인 그리고 '법적'인 진술이 긴밀하게 연결되어 있는 적절한 예로는 무엇보다도 로마서 8장을 들 수 있다. 이 장은 선행하는 장들에 크게 대립된다(죄와 율법, 죽음 밑에서의 육적인 인간). 주목해야 할 것은 여기서 해방시키고 생명을 제공하는 영의 '법'이 어떻게 노예화하는 죽음의 법에 대립되었는가, 그리고 모든 선행하는 것이 집중되는 표제어인 그 '저주'가 어떻게 '그리스도 예수 안에' 있는 자들을 위해 거부되었는가(바흐[J. S. Bach]의 음악 "내 친구 예수" 안에 잘 표현되었다!)이다. 이 밖에 이 두 큰 단락의 내용도 말하자면 죄인의 의인이라는 의미에서 대립적으로 포괄되어 있다. 바울은 오직 그리스도의 사명과 길, 일을 묘사하면서만 영에 관해 다음과 같이 말할 수 있었다. 즉 신은 그리스도를 인간의 상실을 위해 내주면서, 율법이 죄 때문에 실현할 수 없었던 것, 즉 나의 자립성의 보루를 파괴하고 해방시키면서 우리 마음에 침입하도록 해 주었다(롬 8, 3 이하)는 것이다. 신은 이로써 새로운 강력한 움직임을 시작했다. 즉 '영에 의한 삶'을 시작하게 한 것이다(롬 8, 9 이하).

로마서 8장에서 '육체적인 것'의 생각 및 노력에 대한 큰 저항과, 영에서의 시작이 분명하게 거론되고 이에 바울의 의미에서 '윤리'를 뜻하는 것이 분명하게 표현되어 있는데도, 우선 여기에 명령법에 관한 말이 전혀 없는 것은 기이하게 느껴질 것이다(참조. 아래 S. 270). 아주 거친 또는 고상한 가능성들에서이든 간에 인간 고유의 의지에 관계되는 한, '육체적인 것의 의지'는 신에 대항하는 강력한 전쟁('적대적 행위') 외에 다른 것이 아니며 다른 것일 수 없다(롬 8, 7). 신은, 인간이 스스로 자신을 안전하게 하려는 삶에서 저항이고 위험이다. 이것이 인간의 원래적인 '무신론'이다: 이 무신론은 신의 존재에 대한 이론적 부정이 아니라 신이고자 하는 신의 권리를 거부하려는 것이다. 그러나 그리스도는 우리의 죽음의 영역에 들어와서 신의 삶의 영역으로 우리를 옮겼다. 그래서 그의 영은 '삶과 평안'을 지향한다(롬 8, 6).

제4장

구원의 현재

1. 말씀

소식과 고백은 시간과 더불어 영원히 어제에 머물러 버리는 옛 시대의 사건들을 내용으로 가지지 않는다. 이 둘은 인류 역사의 대사건들에 대한 회상도 아니다. 그리스도의 역사는, 그것이 일회적인 것이라는 점에서 구원 사건으로서 현재와 미래를 규정한다. "그리스도가 죽은 자들로부터 일깨워져서 다시 죽지 않는다는 것을 우리는 안다. 죽음이 다시 그를 지배하지 못한다; 이는 그가 그의 죽음으로 죄에 대해 단번에 죽고 그의 삶으로 그는 신에 대해 살아났음이다"(롬 6, 9-10; 비교. 14, 9). 복음은 구원 사건을 진정한 의미에서 현재화하고 이 사건에 스스로 속한다; 복음은 단지 이 사건에 관한 차후적인 보도가 아니다(참조. 위 S. 169). 복음의 선포와 함께 새로운 창조의 날의 빛이 신자들의 마음에서 빛나기 시작한다(고후 4, 6). 그러므로 사도는 그리스도 안에서 일어난, 세계에 대한 신의 화해의 행위에 관해 말하면서 동시에 신이 '직책'을, 즉 '화해의 말'을 세웠다(고후 5, 18-19)고 말할 수 있었다. 선포가 단지 지나간 옛일의 회상만이 아닌 것처럼 그것은 미래에 대한 위로이다. 세대를 전환시키는 '오늘'과 '지금’이 선포에서 사건으로 일어난다. 그러므로 바울은 제2 이사야(사 49, 8)의 다음 말을 인용 해석했다: “내가 은혜 베풀 때에 네 간구를 듣고 구원의 날에 너를 도왔다. 보라, 지금은 은혜받을 때이고, 보라, 지금은 구원의 날이다”(고후 6, 2). 그러므로 그는 신앙에 의한 의에 관해 구약성서의 율법(신 30, 12 이하)을 과감하게 해석해 복음에 적용했다: 너는 그것들을 하늘로부터 혹은 땅 밑바닥으로부터 끌어올릴 필요도 끌어내릴 필요도 없다. 다시 말해서 그리스도 안에서 이미 일어난 사건을 다시 반복할 필요는 없다; – “말이 네게 가까이 네 입과 네 마음에 있다. 이것이 바로 우리가 선포하는 신앙의 말이다”(롬 10, 6-8).

말과 언어 자체에 관한 일반적인 반성과 이론, 그리고 힘을 내포한 말의 현상을 실제로 알고 있는 종교사의 유사한 것에서 바울의 이 놀라운 진술들을 충분히 설명하려는 것은 잘못을 유발시킬 것이다. 바울의 진술은 오로지, 그리스도가 가까이 있고 죽은 자들로부터 깨어나서 승천한, 현재의 “주로서 그를 부르는 모든 사람에게 부족함이 없다”는 점에 그 근거를 두고 있다(롬 10, 12). 이 말은 주의 말이다(롬 10, 17). 그의 죽음과 부활이 ‘우리를 위해’ 일어났고 그의 지배는 만인에게 타당하기 때문에 바울은 선포에 관해 그렇게 말할 수 있고 말해야 했다.

그러나 그것은 어떤 말에 해당하는가! 사도는 고린도전서에서 단호하고 배타적인 표현, 즉 ‘십자가의 말’이라고 그 내용을 종합했다(고전 1, 18).

바울은 이 말로써 어떤 경우에도 그리스도의 역사적인 죽음을 지적한다. 그리스도는 자기를 낮추어 강도처럼 부끄럽게 철저히 죽었으며(빌 2, 8 ; 고후 13, 4), 그의 죽음은 무시간적인 역설적 상징이 아니다. 고대의 어떤 사람도, 로마의 법정에서 오직 노예와 반란자들에게만 적용했던 가장 수치스러운 형틀인 십자가가 종교적 상징으로 승화되리라고는 생각하지 못했을 것이다. 그러나 바울은 지금도 그럴싸하게 생각되는 사상, 즉 근세에도 아직 숙고된 바, 무서운 잘못된 재판을 재심함으로써 파기하지는 못할지라도 적어도 사형수의 복권을 기대할 수 있다는 사상에서도 멀리 있다. 이를 통해서 어떻게 일회적이고 속죄적인 그리스도의 십자가의 의미가 추론될 것인가! 재판의 과오는 인류 역사를 메우고 있으며 십자가의 죽음도 옛날에 한 번 있은 것이 아니다; 무수한 사람이 제1 세기의 로마 · 유대전쟁 때 십자가의 죽음을 죽었다.

아들을 통해 세상을 향했으나 세상에 의해 증오와 무지로 거부당한 신의 좌절된 사랑의 비극에 관한 표상도 사도를 움직인 것이 아니다. 바울에 의하면, 신의 사랑은 그리스도의 죽음에서 좌절하지 않고 그 안에서 능력으로 나타났다. 신의 사랑의 비극은 아마 놀라움과 동정만은 일으킬 수 있을 것이다. 그러나 결국 바울을 위해서는 십자가에 달린 자 자신에 대한 동정의 주제도 거부되어야 한다. 특별히 중세기적, 그리고 후기의 수난 신비주의가 이 주제에 의해 아주 강한 영향을 받았는데, 이 신비주의는 그리스도의 수난에 마음으로 집착하는 것을 신조로 했었다. 바울이 거짓 교사에 홀린 갈라디아 사람들에게 보낸 서신에서 십자가에 죽은 예수 그리스도를 그들의 "눈 앞에 기록했다"(갈 3, 1)고 한 표현도 잘못 이해되었었다. 왜냐하면 그 진술은 수난당하는 자와 죽는 자의 '모습(像)'(루터의 번역 "눈 앞에 그렸다"가 오해의 도화선이 되었다)을 생각한 것이 아니고 공적인 선포, 유효한 것으로 고시된 명령에 관한 표상에서 연유된 것이기 때문이다.

바울을 실제로 움직인 것이 무엇인가에 대해서는 그가 고린도전서에서 '십자가의 말'을 '이 세상의 지혜'에 단호하게 대립시킴으로써 명백히 대답하고 있다(고전 1, 18-3, 20). 이 '세상 지혜'는, 바울에 의하면 단순히 독자적인, 신에 관한 문제를 배제한 지혜가 결코 아니라 신에 관련된 지혜이다. 이 지혜는 유대인들의 경우 그들이 신으로부터 능력의 증명('표지')을 요구하는 데서, 그리스인들의 경우 그들이 고상한 지혜를 받아들일 준비를 하기 전에 신에 관한 모든 지식으로부터 그 지혜의 근거들을 기대하는 데서 볼 수 있다. 그러나 이들이 모두 받아들여야 할 책임이 있고 이들의 척도들에 의해서는 증명될 수 없는 바울의 소식은 유대인들에게는 '거리낌'(걸림돌)이 되고 그리스인들에게는 '어리석은' 것이 된다(고전 1, 22-23).

그러므로 바울의 복음에 대한 조롱은 이미 고대에서도 모면될 수 없었다. 첼수스(Celsus)와 포르퓌리우스(Porphyrius)와 같은 제1세기의 그리스도교의 적들은 그리스도교적 신앙을 부조리, 무지, 어리석음이라고 비난하고, 괴테(J. W. von Goethe)도 바울의 말(고전 3, 19)을 다음 글로 일축했다 : "만일 세상의 모든 지혜가 신 앞에서 어리석은 것이라면 70년씩이나 애써 살 필요가 없을 것이다"(Maximen und Reflexionen 2).

고린도전서 1-4장의 큰 문맥에서 바울이 예리하고 신중하게 행한 변론은 그가 어디서나 마찬가지로 이성 자체에 도전하거나 구원 사건과 신앙에 관한 자신의 진술들이 허망한 일에 대한 비밀스러운 탐닉에 의한 것이 아님을 보여 준다. 그는 '맹목적인' 신앙을 요구하지도, 이해와 사유 자체의 희생을 말하지도 않는다. 십자가의 말이 뜻하는 것은 오히려 신이 이 '어리석은' 소식에 의해 '세상의 지혜'를 어리석게 만들었다는 것이다. 세상 지혜의 특징은 그것이 신을 자신의 척도로 가늠하려는 데 있다. 그러므로 이 지혜는 자기를 스스로 신 앞에서 주장하려는 인간의 시도로서 나타난다. 신의 심판은 불신앙이 신에 관해 말하는 판단과 함께 동시에 선언된다. 이에 반해 구원은 바로 십자가의 말에서 그의 은혜로만 살려고 하는 믿는 자들에게 일어난다. 이 극도의 역설적인 의미에서 십자가에 죽은 그리스도는 신의 능력이고 지혜이다. "이는 신의 '어리석음'이 인간(의 지혜)보다 더 지혜롭고 신의 '약함'이 인간(의 강함)보다 더 강하기 때문이다"(고전 1, 25).

바울이 고린도전서에서 말해야 했던 특수한 사정으로 인해 '십자가의 말'이라는 표현의 엄격성을 약화시키거나, 한갓 상황 조건적인, 지나치게 편협한, 불완전한 표현으로, 그의 서신들 역시 풍부하게 말하고 있는 그리스도의 부활과 지배같이 다른 '구원 사실'들도 보충적으로 '자연스럽게' 암암리에 첨가되어야 할 표현으로 이해되는 데로 잘못 인도되면 안 된다. 바울이 여기서도 그리스도의 부활과 지배를 잊고 있지 않음은 자명하다. 이것들은 '십자가의 말' 안에 함께 포함되어 있으며, 제2, 제3의 부가물로서가 아니라 오히려 외견상 편파적인, 생략된 저 표현에서 해석되는 방식으로 포함되어 있다. 이것으로써 말하는 것은, 그리스도의 부활과 승천에 의해 그의 죽음이 해소되지 않고 오히려 확고하게 되며, 심판하고 구원하는 구원 사건으로서 힘을 얻으며 선포의 내용이 되었다는 것이다(H. Conzelmann). 고린도의 열광주의자들은 다른 부활 신학에 매혹되어, 그리스도의 영을 지닌 자들로서 이미 시간과 죽음 저쪽에 있는 생명의 새로운 세계에 자신들이 옮겨졌다고 믿었었다. 고린도전서 4장 8절의 반어적인 격분된 말은 이에 관련된 것이다: "너희는 이미 배부르고 이미 부유하다. 우리 없이 너희는 권세를 부리고 있다! 그렇다, 우리도 너희와 함께 권세를 부리도록 너희가 권세를 부렸으면 좋겠다!" 그러나 신은 사도들을 "사형 선고를 받은 자 같은 아주 미천한 자로, 세계와 천사, 인간을 위한 구경거리로 세웠다." "우리는 그리스도를 위해 어리석고 너희는 그리스도 안에서 현명하다. 우리는 약하나 너희는 강하다; 너희는 존귀하나 우리는 비천하다. 우리는 이 시각까지 배고프고 목마르며 헐벗고 매맞으며 정처없고 스스로 노동을 해야 한다; 우리는 욕을 당하면서 축복하고, 쫓기면서 참고, 욕설에 좋은 말로 대한다. 우리는 지금까지 세상의 속죄양이 되었으며 모든 사람을 위해 찌꺼기가 되었다"(고전 4, 9-13). 바울에게 사도됨은 '십자가의 말'에 의해 표시되고 낙인찍힌 존재(갈 6, 17), 나날의 수고와 죽음에서 아직 벗어나지 못한 존재를 뜻한다(비교. 다음 장).

그러나 고린도인 자신들도 그들 자신의 소명과, 그리스도인으로서의 그들의 현존에서 십자가의 말이 의미하는 것에 관한 증거를 눈앞에 가지고 있다. 그들의 교회의 사회적 구조가 뚜렷하게 모든 인간적인 지혜와 능력, 세상적인 지위에 대한 신의 거부와 동시에 자유로이 선택하는 신의 은혜와 새로 창조하는 구원하는 그의 능력을 증명하고 있다. 믿는 자들의 '자랑'의 근거는 오직 신에게만 있다(고전 1, 26-31).

여기서 십자가의 소식의 비판적인, 부끄럽게 만드는, 파괴적인 세력에 관한 말은 언제나(이미 고전 1, 26-31에, 그리고 그 후의 본문에도 자주 나오는 부정형의 표현들을 주의할 것이다!) 실제로는 창조자와 구원자의 능력을 선포하려는 말이다. 그러므로 신앙 소식은 사실 새로운 형태로 오직 창조에 관한 말만 반복한다(고전 1, 28 ; 비교. 롬 4, 17 ; 고후 4, 6). 이 소식은 그것으로써 분명하게 이전에 숙고된 바울의 '존재론적인' 표현들의 의미도 설명한다. 이 표현들은 바울이 자기 자신에 관해 말하는 바와 같이 현실적인 존재는 오직 누구에게 덕을 입고 있는 존재라고 할 수 있음을 보여 준다: "내가 나 된 것은 내가 아니라 나와 함께 있는 신의 은혜이다"(고전 15, 10). 그의 병든 몸의 약함에서 오직 이 은혜로만 산 것은 그에게 내려진 주의 지시에 의한 것이다 : "내 은혜는 네게 족하다. 이는 그 능력이 약함에서 완성됨이다"(고후 12, 9). 이렇게 그는 고린도의 열광주의자들의 자기 자랑을 깨부수고 그들을 힐난한다 : "네게 있는 것 중에 받지 않은 것이 무엇인가?"(고전 4, 7). 이것은 그가 로마서에서 몰락한 이스라엘을 비웃고 날뛰는 이방인들에게 호소한 것과 같다 : "그러므로 신의 인자함과 엄위를 보라, 넘어진 자들에게는 엄위가 있으니 네가 만일 신의 인자함에 거하면 그 인자함이 네게 있으려니와 그렇지 않으면 너도 찍히리라"(롬 11,22). 주를 자랑함은 자기 자랑의 포기이다.

모든 다른 자랑에 대한 이 포기는 — 비록 고린도인들이 잘못 의지한 인간적인 권위들에 의거한 것일지라도 — **자유**를 열어 준다. 그러므로 십자가의 말과 긴밀하게 연결된 저 훌륭한 바울의 찬양은 그리스도인의 자유를 노래한다 : "모든 것이 너희의 것이다/ — 바울, 아볼로 또는 게바/세계,

생명 또는 죽음, 지금의 것 또는 장래의 것/ 다 너희의 것이다/ 그러나 너희는 그리스도의 것/ 그러나 그리스도는 신의 것이다"(고전 3, 21 이하).

이 마지막 것("그러나 너희는 그리스도의 것")은 믿는 자들의 자유에 한계를 두는 것인가? 이러한 견해에도 일리는 있다. 그러나 바로 여기서 이것은 모든 것을 포괄하는 그들의 자유의 힘에 근거를 주고 있다.

십자가와 지혜에 관한 고린도전서의 중요한 논거들 중에는 해석하는 데 오늘날까지도 상당히 어려운 점들을 보여 주는 부분이 있다(고전 2, 6-16). 그 이유는 사도가 여기서 분명히 고린도의 '영지주의적' 적들의 선포 방법에 의지하면서, 이미 고정된 사상 자료를 받아들이면서 물론 여기서도 이 둘을 다시 수정하면서 새로운 의미로 말하고 있는 데 있다. 사실 그가 먼저 십자가에 죽은 그리스도를 그의 소식의 유일한 내용으로서, 그리고 그의 행동의 척도로서 분명히 강조하고난(고전 2, 1-5) 지금 외견상 이것을 넘어서는 '완전한 자들을 위한 지혜', 즉 그들의 분쟁이 보여 주는 것과 같이 고린도인들이 인간적이지도 않고 철두철미 '완전'하지도 않다면 바울도 선포할 수 있었을 지혜에 관해 말한 것은 기이하다. 그는 이 방식의 지혜에 관한 말을 실제로 곧바로 중단했다. 그 이유는 그 상대자들이 우유는 먹을 수 있으나 아직 굳은 음식은 감당하지 못하는 어린아이 같기 때문이라는 것이다(고전 3, 1-3). '완전', 이것은 분명히 고린도의 영(靈) 소유자들의 자랑스러운 자기 표지를 받아들인 것이고, 그들의 의미에서 (그것이 영지주의에서 흔했으며 옛 교회에 퍼져 있던 사유와 언어 형식에도 일치하는 바와 같이) 그들의 특별한 영 소유에 힘입어 단순한 신앙의 신분을 넘어서 신적인 계시의 더 깊은 인식에 도달한 그런 자들을 지적하는 것이었다. 그러면 이미 말한 모든 것에 의하면 바울에게 역시 신앙을 능가하는 것이 있었는가? 십자가의 말이 미치지 못하는 지혜와, '신의 깊음'도 탐지하고 인식하면서 침투해 들어오는 오직 소수의 사람에게만 제공되는 '영'이 있었는가? 그렇다면 사도는 그 자신의 특유한 의도들에 불충실한가?

그러나 분명한 것은 이 질문들이 다급하게 제기되는 만큼 바울이 그것으로써 오해받을 수 있다는 것이다. 그가 말하는 것은 그의 십자가의 소식의 한계를 넘어서지 않는다. 바울은 여기에서, 일찍이 이미 원그리스도교적 사유와, 분명히 고린도의 '신학자들'도 자기들의 것으로 만든, 거대한 구원 신화적 사변으로 영지주의자들에 의해 꾸며진 후기 유대교적 지혜 신학의 사상과 개념들을 받아들였다. 사도 자신이 이 문맥에서 영지주의에 의해 특별히 자주 사용된 묵시 문서의 말 – 그 근원은 이미 확실히 증명할 수 없다(엘리아 묵시록?) – 을 인용한 것은 우연이 아니다: "눈이 보지 못하고 귀가 듣지 못하고 사람의 마음에 들어오지 않은 것을 신이 그를 사랑하는 자들에게 준비했다"(고전 2, 9). 신의 '신비로운 저 지혜'가 망할 세상 권세들에게 숨겨져 있다는 것은 그들이 무지로 인해 '영광의 주'를 십자가에 못박았다는 데서 증명되었다(고전 2, 7-8). 그러나 그를 사랑하는 우리에게는 신이 그 영을 통해 그의 영원한 뜻을 계시했다(고전 2, 9-10). '우리'는 사도에게서 지금은 단순히 믿는 자들과 구별되는 '영' 소유자들만이 이미 아니다. 그리고 '신의 깊이'는 완전한 자들에게만 나타나는 그의 심오한 영원한 뜻들이 이미 아니라 모든 믿는 자들에게 '신으로부터 은혜로 선사된' 것이다(고전 2, 12). 이로써 그는 고린도인들의 신학에 의해 그렇게 기이하게 강조된, 그들의 자랑의 근거였던 교회 내에서의 성숙한 그리스도인과 미숙한 그리스도인 사이의 대립을 극복하고 그것을 다음과 같은 절대적인 대립으로 첨예화했다: 세상 권세들(우리와 세상의 영)과 신에 속하는 영, 인간의 지혜와 신의 지혜 – 이것은 믿는 자로서 (십자가에 죽은) 그리스도의 영을 가진 우리 모두에게 주어진 것이다(고전 2, 16). 그러므로 바울이 얼핏 고린도의 '영지주의자들'과 타협하고 자기 자신에게서 멀어지는 것같이 보이게 하는 바로 이 부분은 오히려 그가 '십자가의 말' 자체 안에 포함되어 있는 것보다 어떤 다른, 더 높은 혹은 더 깊은 신비들이 복음 저쪽에 전혀 전제하지 않는다는 것을 보여 준다. 그의 외견상 지나친 감이 있는 교훈적인 상론들은 이로써 다시 그 근원을 향하며 공격일 뿐 아니라 십자가 소식 자체의 극히 적극적인 전개로 볼 수 있다.

2. 사도의 직책과 수난

사도직의 주제는 바울의 역사와 서신들 중에서 현저하게 폭넓은 위치를 차지한다. 이것은 특히 그의 권위를 묵살하고 그의 사명을 부정하려는 사도의 적들이 있는 교회들에 대한 서신들에 해당한다(갈라디아서, 빌립보서, 고린도전 · 후서). 무엇보다도 이른바 고린도후서에 편수된, 수 개월에 걸친 교회와의 통신이 모든 부분에서 이 한 주제를 다루고 있다(비교. 보설 II). 그러므로 이 문제를 크게 특유하게 먼저 들고 나서서 사도를 강압한 것은 적들이었다는 가정을 불가피하게 한다. 그러나 이 인상은 잘못된 것이다. 이 문제의 긴박성은 결코 단지 상황 조건에 의한 것만은 아니다. 이 문제는 바울에게는 모든 논쟁들과 관계 없이 중요하다. '신의 뜻으로 부름을 받은 사도', '그리스도 예수의 종' 등과 같은 자기 표지는 서신들 서두에서 언제나 사용되고 그의 사도직과 행동에 관한 자세한 잦은 언급들이 그의 모든 교신들을 일관하고 있다. 이것들은 그의 복음의 선포와 긴밀하게 관련되어 있다. 데살로니가인들에게 보낸 바울의 최초의 서신에 기록된 특유하게 긴 감사의 말(참조. 위 S. 110-111)이 교회로 하여금 사도가 빌립보에서 쫓겨나 나그네로서 그들에게 와서 낮과 밤을 가리지 않고 힘든 일을 하며 겨우 생계를 유지하면서 선교했던 시초를 회상하게 하고 있다. 그 때 그는 어떤 위엄도 없이 구원의 소식으로 그들이 이방의 우상숭배로부터 돌이켜 "살아 있는 참 신을 섬기고, 신이 죽은 자들로부터 일깨운, 우리를 오는 진노의 심판으로부터 구원하는 그의 아들 예수를 하늘로부터 기다리게 했다"(살전 1, 9-10). 아주 미미한, 일상적인 상황에서 선포된 이 말을 "인간의 말로서가 아니라 진리의 말로서 너희 가운데 믿는 자들에게 활동하시는 하나님의 말로서" 그들이 받아들인 것이 바울에게는 감사의 이유이고 내용이다(살전 2, 13).

바울의 직책의 의미는 그에게 위임된 복음에 근거를 두고 있다(롬 1, 1-17). 그리스도 자신이 사자들의 입을 통해 말하고 그들의 설교에서 현재(現在)한다(고후 5, 20). 바울은, 갈라디아서 1장 15-16절에서 예언자의 말로서(비교. 렘 1, 5 ; 사 49, 1) 말하고 있는 바와 같이 신에 의해 "모태로부터" 택함과 부름을 받고 "모든 이방인을 위한 사도직의 은혜"를 받았기 때문에(롬 1, 5) 그의 직책은 그의 소식 자체에 속한다.

이미 반복해서 인용한 로마서 10장이 – 다시 구약성서의 말에 의지하면서 – 짜임새 있는 문장들로 이 떼려야 뗄 수 없는 연관성을 말하고 있다. "누구든지 주의 이름을 부르는 자는 구원을 얻으리라. 그런즉 그들이 믿지 아니하는 (자를) 어찌 부르겠는가? 그러나 그들이 듣지도 못한 (자를) 어찌 믿겠는가? 그러나 전파하는 자가 없이 그들이 어찌 듣겠는가? 그러나 그들(사자들)이 보냄을 받지 않았으면 그들이 어찌 전파하겠는가? 기록된 바와 같다. 아름답도다, 좋은 소식을 전하는 자들의 발이여"(롬 10, 13 이하).

여기에 인용된 제2 이사야서(사 52, 7)의 말은, 그것의 원래의 문맥에 의하면 포로로 잡혀간 사람들이 바빌론으로부터 돌아오기를 애절하게 기다리는 포로 시대에 황폐한 예루살렘에 남은 소수의 사람들의 상황을 묘사한 것이다. 감시인들을 두루 고지에 세우고, 포로된 자들이 돌아오는가를 지켜보게 했다. 마침 첫 사자들이 저 멀리 산 위에 나타나면 기다리던 자들이 기쁨을 터뜨린다. 입에서 입으로 소문은 퍼진다. 버림받은 도시에 환호성이 충천한다. 기쁨의 소식과 함께 예루살렘에서는 구원의 때가 동튼다.

바울은 세계 전체를 이 상황에서 보고 있다; 이제 그리스도에 관한 해방의 말은 세계의 끝까지 울려퍼질 것이다(롬 10, 18은 시 19, 5에서 온 말이다). 이 연쇄적 사건 – 그리스도의 말, 소식, 들음, 믿음, 고백 – 에 사자들의 보냄과 사명이 있으며 그 자신의 사도직은 뺄 수 없는 요소이다.

그러므로 바울의 경우 자신의 보냄에 관한 역설은 비난 때문에 자극받은 과격한 주관적 자기 의식 또는 은밀한 또는 공공연한 자기 변명의 욕구의 표현이 아니다. 한때 교회들을 박해하다가 후에, 그리고 그보다 먼저 된 다른 사도들과 달리 비상한 방법(‘팔삭둥이같이,’ 고전 15, 8)으로 사도에 부름을 받았다는 것을 회상하면서 변명하는 것도 아니다. 그가 이 사실에 침묵하지 않고 자신을 극력 ‘사도들 중의 가장 작은’ 자로서 표시하는 그만큼 그의 전권 역시 적은 것은 결코 아니다. 그보다 먼저 부름을 받은 자와 같이 그에게도 부활한 주가 나타났다(고전 9, 1 ; 15, 6 이하). 그리고 그의 교회들은 그의 사도직을 확인해 주는 날인이다(고전 9, 2.15 ; 고후 9, 3 등). 바울은 복음에 의해 교회들을 낳은 교회들의 아버지이다(고전 4,15). 그는 어머니처럼 교회들을 애지중지하고(살전 2, 7) “그리스도가 너희 안에서 형상을 얻기까지”(갈 4, 19) 교회들을 위해 해산(解産)의 고역을 치른다. 어떤 누구도 바울보다 교회들과 더 가까운 관계에 있을 수 없다(고전 4, 14 이하).

그러나 바울은 그의 사도직을 어떻게 이해하고 변호하는가? 얼마 안 가서 곧 고대 교회에 나타나고, 후에 계속 활발해진, 제도로서의, 권위에 근거를 주는 형식적 성격으로서의 이 직책에 대한 관심은 그에게서 아주 멀다. 우리는 어떻게 그가 갈라디아서에서 그의 비예속성과 독자성을 예루살렘 원사도들에 대해 강조했는가를 기억하고 있다. 이것은 그들이 사도가 된 전제 조건들, 그들의 인물됨과 지위, 즉 지상의 예수의 제자와 12제자단에 그들이 속해 있다는 것이 그에게 얼마나 무의미한 것인가를 뜻하기도 한다(갈 2, 6). 그러나 그 자신의 직접적인 소명 – 그가 이것을 신의 권위적 행위로 보고 있는 한 – 도, 이미 그의 그리스도 현시의 예외적인 상황 때문이 아니라 그에게 위임된, 모든 이방인을 위한, 율법에서 자유로운 복음 때문에 그에게 결정적으로 중요하다(비교. 위 S. 60-61). 이 하나밖에 없는 유일한 복음의 척도에서 그 자신도 모든 다른 증인들, 그리고 하늘에서 내려온 천사들일지라도 이처럼 가늠되기를 원한다(갈 1, 8 ; 비교. 고전 4, 1).

무엇보다도 빌립보서가 우리에게 다음과 같은 것을 보여 준다. 즉 감옥에 갇힌 사도는, 그가 매여 있기 때문에 복음이 위태롭게 되었다는 염려에서 해방되었다는 것이다; 복음이 서고 넘어지는 것은 그 자신의 운명에 달려 있다는 것이다(빌 1, 12-18 ; 참조. 위 S. 131). 이 논조는 그가 그의 가까운 동역자들과 다른 친구들을 교회에 추천하고 그들을 내세우고 자신은 그들 뒤로 물러서는 그의 서신들 중 많은 구절에서 특별히 훌륭하게 표현되었다. 가령 많은 것들 중에 한 가지만 예를 들면, 빌립보로 보낸 디모데에게 바울이 제시한 증언에서 "이는 뜻을 같이하여 너희를 위해 그렇게 성실히 돌볼 자가 그밖에 내게 없음이다. 저(다른 자)들은 자기 일을 구하고 그리스도 예수의 일을 구하지 않는다. 디모데의 성실함을 너희가 아는 바 자식이 아비에게 함같이 나와 함께 복음을 위해 수고했느니라"(빌 2, 20 이하 ; 이 구절이 얼마나 완곡한가를 주목하라. 우선 예기되는 바와 같이 사도를 위한 디모데의 봉사에 대해 말하지 않고 그들의 공동 업무에 대해 말한다). 그의 조력자들은 같은 일을 하는 그의 동료이다; 그들의 이름이 자주 서신의 서두와 말미에 기록된다. 그는 그와 공동체의 다른 지체들이 힘입은 것에 관해서도 반복해 힘주어 말하고(가령 ; 롬 16, 2.4), 그는 위로의 전달자일 뿐 아니라 교회 측에서도 위로와 중보 기도가 온다는 것을 확언한다(롬 1, 11-12 ; 15, 30 이하; 고후 1, 7.11,빌 1, 19). 그들의 상호 관계는 서로 주고받는 관계이다(빌 4, 15).

복음은 그 한 사람에게 달린 것이 아니다. 그가 고린도전서 3장 10-11절의 말과 같이 교회를 세우는 데 기초를 놓았을지라도 – 그는 다시 수정하고 신 자신이 세운 기초, 즉 그리스도를 지시한다 – 다른 사람들이 더 크게 확대시켰다. 그 자신의 권위나 다른 사람의 권위를 과대 평가한다는 것은 얼마나 무의미한 것인가! "그러므로 심는 이나 물 주는 이는 아무것도 아니로되 오직 자라나게 하는 이는 신이다"(고전 3, 7). "우리는 **서로** 신의 일꾼들이다"(역점은 '서로'에 있다. "우리는 신의 동역자이다"라는 루터의 번역처럼 신과 사도 또는 다른 증인들 사이의 협력에 있지 않다). "너희는 신의 밭이며 신의 건물이다"(고전 3, 9). 다음 구절들도 그의 권위에 대한 잘못된 평가를 방지한다. "우리가 너희의 믿음을 주관하려는 것이 아니고 오직 너희의 기쁨을 돕는 자가 되려 함이다"(고후 1, 24). 또는 "우리는 우리 자신을 전파하지 않고 그리스도 예수를 주로서 전파하며 우리가 예수를 위한 너희의 종임을 전파한다"(고후 4, 5).

이 진술들과 많은 비슷한 진술들을 감안하면, 바울이 자주 극단적으로 흥분한 적극적인 그의 서신들의 다른 부분, 즉 특별히 갈라디아서와 고린도서들 중에서 자신의 사도직을 승인시키기 위해 적들 및 교회들과 결투하고 그에 대한 비난들을 물리치며 적대적인 선동에 이미 압도된 교회들을 되찾으려는 정열과 열의에 우리는 더욱 놀라게 된다. 여기서는 그의 초연한 태도를 이미 느낄 수 없다. 그 대신 여기서는 모든 것이 동원된다: 흥분된 아픔의 눈물, 분노와 흥분, 비분과 호소, 차가운 풍자, 선동자와 배신자들에 대한 파멸적인 심판, 자기 변호들, 아니 자기 자랑에 이르기까지 동원된다. 이 자랑은 부득이 아주 역설적으로 피력되었는데 위협을 받고 오도된 자들을 놀라운 사랑으로 다시 얻으려는 그의 충심의 감격적인 발로였다.

이렇게 기이하게도 달리 피력된 진술들의 근거는 어디에 있는가? 이 진술들에서 단지 순간적인 침울한 기분과 자제성 없는 흥분과 모욕감을 과장되게 표현한 진술들만을 보면 그는 그것들을 확실히 오해하고 있다. 모든 것은 이 진술들에서도, 아니 바로 그것들에서 사도를 움직이고 있는 핵심적인 동기들을 찾을 수 있으며 인식하느냐에 달려 있다. 여하간 여기서 분명한 것은 바울에게는 복음의 진리가 적들과의 이 처절한 싸움, 그의 파견 및 그들에 의해 모욕당한 사도로서의 그의 행동과 함께 위험에 처해 있다는 사실이다.

그러므로 바울에게 인물(Person)과 내용(Sache)은 역시 어떤 의미에서 한 쌍이다. 이 신념에서 그는 그의 적들과도 하나를 이룬다. 철저한 대립에도 불구하고 얼마나 많은 점에서 – 설사 양자가 철저히 다르게 이해할지라도 – 그가 그들과 공통되었는가를 간과할 수는 전혀 없을 것이다; 그렇게 볼 때에 비로소 그들 사이의 깊은 차이는 이해될 수 있다. 적들도 자신을 사도라고도, '그리스도의 종' (고후 11, 23)이라고도 하며 '의(義)의 종'으로서 자신을 내주기도 한다(고후 11, 15). 선택된 신의 백성 이스라엘 출신이라는 점에서 이 둘은 일체감을 가지게 한다(고후 11, 22-23 ; 빌 3, 4 이하). 그리고 이 둘은 끈질기게 사도적이며 그리스도교적인 실존에서 소식을 증명한다. 그러므로 바울은 좋든 싫든 그의 적들과 같은 싸움터에 서서 그들과 자신을 비교해야 했다. 바울이 특별히 고린도후서 10-13장에서 – 물론 갈라디아서와 고린도전서에서도 – 여러 가지로 응수한 바, 그에 대한 그들의 비난들이 매우 거칠고 부당한만큼 그들을 우습게 생각할 이유는 없다. 그렇지 않았으면 그들이 어떻게 교회에 들어올 문을 찾으며 상당한 공감을 얻을 수 있었겠는가, 그렇지 않고 어떻게 바울이 그들을 그렇게 진지하게 받아들였겠는가!

우리는 이미 고린도의 '과장된 사도' 상(像)에 관해 거론한 바 있다(참조. 위 S. 123 이하). 그들은 자신이 그리스도의 영에 의해 초자연적인 능력들로 채워져 있음을 알고 있었다; 그러므로 예수의 죽음은 그들에게, 그것이 바울에게 뜻한 것, 즉 예수에 대한 모든 지상적이고 인간적인 관계들의 마지막은 물론(고후 5, 16), 세계와 신 사이에 적대적인 옛 세대의 마지막을 뜻할 수도 없었다. 그들이 그리스도의 죽음을 세계에 대한 신의 화해 행위로 이해하지 않은 것은 확실하다(고후 5, 18 이하). 마찬가지로 그들은 그의 부활도 '새로운 창조'의 근거와 시작으로, 즉 우리가 이미 '그리스도 안에서' 여기에 옮겨졌으나(고후 5, 17), 그리스도인의 지상적인 현존은 아직 십자가와 수난의 동참 표지 아래 지금 서 있는 방식으로 옮겨진 바로 그 새로운 창조의 근거와 발단으로 이해하지도 않았을 것이다. 바로 '이미'와 '아직'의 이 통일성은, 달리 말하면 그리스도교적 실존과 사도적 실존의 종말론적 긴장은 적들에게 타당하지 않은 것이었다. 그들 자신의 행동과 그들의 바울에 대한 비판은 그들이 그것을 이미 겪었다는 것을 뜻했다. 그러므로 그들은 영에 의해 작용된 그들의 행동들을 자랑하고 이 일들에 몰두하면서 그들이 그곳에서 행한 놀라운 일에 대한 다른 교회들의 '추천서들'도 기대했으며 그들 자신이 행할 수 있는 일과 비교함으로써 바울의 파견의 진실성을 거부했다.

고린도서들 중에는 바울이 참 사도임을 입증할 만한 여러 운명과 행동들을 예로 들고 있다(고후 4, 8 이하; 11, 23 이하 ; 12, 10 ; 비교. 고전 4, 9 이하). 이 예문들은 문체에 이르기까지 당시 적극적인 종교적, 그리고 대중 철학적 경쟁의 시대에 성행한 유랑 대중 연설가들의 자천서들 같은 것의 형식을 따르고 있다. 이들은 신의 사자로서 웅변적으로 불행한 운명과 생활 상황을 묘사하고(그리스어: peristaseis), '신의 사람'으로서 자신들의 우월성과 능력을 선전하거나 참 '현자'로서 자처하며 세상의 부대낌을 피해 영의 피난처로 피신했다.

바울의 경우에 이 예문들은 물론 극도의 역설적 의미를 지니고 있다. 그는 그의 수난과 그의 약함을 자랑한다. 그 안에서 그리스도의 능력이 완성된다고 본 것이다(고후 12, 9-10). 그러므로 그는 '현인들'의 동시대적 이상과는 달리, 그의 신의 능력이 그 자신으로 하여금 불행한 운명을 견디어내게 한다는 확실한 경험 이상의 것, 그것보다 다른 것을 생각했다. 바울은 그의 시련들을 다르게 이해했다 : "우리가 사방으로 둘러싸임을 당해도 싸이지 아니하며, 답답한 일을 당해도 낙심하지 아니하며, 핍박을 받아도 버린 바 되지 아니하며, 거꾸러뜨림을 당해도 망하지 아니하고, 우리가 항상 예수의 죽음을 몸에 짊어지고 돌아다님은 예수의 생명도 우리 몸에 나타나게 하려 함이다… 그런즉 사망은 우리 안에서 역사하고 생명은 너희 안에서 역사한다"(고후 4, 8-12). 이렇게 세계 경험과 세계 극복은 그에게 그리스도의 죽음과 부활 안에 그 근거와 그 필연성, 그 약속을 두고 있다. 유사한 구절인 고린도후서 6장 4-10절도 같은 것을 말한다:

"많이 견디는 것과 환난과 궁핍과 곤난과 매맞음과 갇힘과 요란한 것과 수고로움과 자지 못함과 먹지 못함과… 의(義)의 병기로 좌우하고 영광과 욕됨으로 말미암으며, 악한 이름과 아름다운 이름으로 말미암으며, 속이는 자 같으나 참되고, 무명한 자 같으나 유명한 자요, 죽은 자 같으나, 보라 우리가 살고, 징계를 받은 자 같으나 죽임을 당하지 아니하고, 근심하는 자 같으나 항상 기뻐하고, 가난한 자 같으나 많은 사람을 부유하게 하고, 아무것도 없는 자 같으나 모든 것을 가진 자로다."

그가 긴 문맥으로 그의 행동과 고난, 그의 사도적인 행위의 성공과 실패에 대해 열거한 것이 – 개별적으로 시편 118편의 말(루터: '아름다운 고백')에 여운을 두고 – 마지막 역설적 대구(對句)에까지 강하게 흐르는 숨가쁜 문장들로 표현되는데, 이것은 이미 어떤 영웅적인 행동상과 운명이 아니라 오히려 그리스도를 위해 사도를 고난과 죽음에 인도하지만 동시에 그를 죽음에서 끌어내고 슬픔을 기쁨으로, 가난을 부(富)로 변화시키는 신의 능력의 선포이다.

바울은 사도와 그리스도인들의 자유에 관한 이런 확신을 말투에 이르기까지 당시의 스토아 현인도 주창한 것과 아주 비슷하게 말하고 있다. 그러나 이 자유는 사도의 경우 전혀 다른 근거와 의미를 가지고 있다. 이 자유는 받은 것이고 신의 은혜로 얻은 선물이다. 그것은 단지 요청과 이상적 가능성이 아니라 믿는 자들이 피해 나온 현실이다.

이러한 자유의 묘사가 얼마나 스토아적 이상에 가까운가는 빌립보서의

갇힌 자의 말도 보여 준다:

"나는 배고픔에 처할 줄도 알고 풍요에 처할 줄도 안다. 나는 모든 것에, 배부름과 배고픔, 풍요와 궁핍에 (이방 밀의 종교의 신자처럼) '바쳐졌다'"(빌 4, 12).

'자족'(빌 4, 11)에 관한 이런 말은 에픽테트(Epiktet) 또는 세네카(Seneca)에서도 볼 수 있다. 그러나 바울의 다음 말은 이어지지 않는다: "나는 나를 강하게 하는 자를 힘입어 모든 것을 할 수 있다"(빌 4, 13). 이와 같은 것은 로마서에서 수난 명단 – 억압과 불안, 박해, 배고픔, 헐벗음, 위험, 칼 – 을 마무리한 결문 "그러나 우리는 이 모든 것에서 **우리를 사랑하는 자를 힘입어** 완전한 승리자가 되었다"(롬 8, 37)라는 질문에도 해당한다. 물론 에픽테트의 글에도 이렇게 기록되어 있다: "돈, 애정의 기쁨, 어두움, 명예, 수치, 칭찬, 아니 죽음인들 현인에게 무엇이랴! 그는 모든 것의 승리자가 될 수 있다"(Diss I, 18, 22). 그러나 양자의 경우 자유도 부자유도 마찬가지로 전적으로 다르게 이해되었다. 스토아적 가르침에 의하면 인간은, 그 고유한 본질에 아무런 해도 가하지 못하는 모든 "이질적인 것(생활 조건, 운명)이 자신을 지배하게 하고 그 욕정이 그것에 귀를 기울이게 하는 한 자유롭지 않은 반면 그의 고유성을 회고하면서 자신을 스스로 지배하는 한 자유롭다. 그러나 바울은 이렇게 말한다. 우리는 우리 자신을 스스로 지배하고 그리스도가 우리의 주가 되지 않는 한 **자유롭지 못하다**. 그러므로 그는 스토아적 사유에서와는 달리 인간의 이상적 천성에 관한 반성에서 시작하지 않고, 그의 현실에서 즉 그가 자연적으로는 벗어날 수 없는 책임적인 신 앞에서의 부자유와 신의 자유를 주는 행위에서 시작한다.

사도는 그의 소식과 그 자신의 실존을 가지고 십자가에 달린 자를 현재화한다. 그러나 이 신념은 바울의 경우 역시 그의 위대한 모방자 이그나티우스(Ignatius von Antichia, 제2 세기 초)에서같이 고양되지 않는다. 즉 후자의 경우 이 신념은 순교의 열망과, 육체적으로 당하는 순교가 비로소 신의 사자의 사명을 완수하며 그의 공동체를 위한 구원의 능력이 된다는 사상으로 승화되었었다. 이 주제는 여하간 이미 바울 후기의 골로새서(골 1, 24)에서 볼 수 있다. 이러한 종류의 사상을 바울의 빌립보서에서도 볼 수 있다. 사실 불확실한 재판의 결말 – 무죄 석방 혹은 유죄 판결 – 을 아직 앞에 둔 미결수인 그는 죽음을 차라리 동경했다:

"이는 사는 것, 이것은 내게 곧 그리스도를 뜻하니 죽음도 내게 유익하다… 나는 이들 사이에 끼어 있다: 나는 따라서 그리스도와 하나 되기를 기뻐한다. 이것이 더욱더 좋음이라. 그러나 다른 하나는 내가 육신에 남는 것이 너희를 위해 더 필요하다는 것이다. 이 확신에서 나는 내가 머물러 있을 것이고 내 이 머묾은 너희 모두에게 도움이 될 것임을 알고 있다…" (빌 1, 21-25).

아직 지상에서 살고 있는 자와 그리스도 사이의 마지막 담은 죽음과 함께 무너질 것이다. 그러나 이미 지상의 삶 역시 사실은 그리스도에 속해 있고(롬 14, 8), 그리스도 안에서 비로소 본래적인 '삶'을 의미한다. 그러므로 육체적인 삶이냐 죽음이냐의 양자택일의 문제는 이미 결정적인 중요함을 상실했다:

"나의 간절한 기대와 소망에 따라 무엇에서든지 부끄럽지 아니하고 허심탄회하며, 전과 같이 지금도 살든지 죽든지 내 몸에서 그리스도가 영화롭게 되게 하려 한다"(빌 1, 20).

그러므로 여기서 비로소 특징지어진 것은 순교의 죽음이 아니다. '순교'의 표지에는 오히려 사도의 전(全) 실존이 들어 있다. 또 있었을 법한 그의 '희생'(빌 2, 17)도 저 유일한 그리고 단번에 제공된 구원하는 그리스도의 희생의 죽음과 동일시될 수는 없다.

사도의 운명과 수난에 의한 그리스도의 현재화도 그의 교회들을 위해 무엇과도 비교할 수 없는 의미를 가지고 있다. 그러나 그가 겪은 수난은 배타적인 의미를 가지지 않고 그리스도인적인 현존 자체가 뜻하는 것, 즉 그리스도와 함께 죽고 다시 사는 것을 실례로 말해 줄 뿐이다. 그러므로 이미 제일 먼저 박해를 당한 데살로니가와 빌립보 교회를 바울은 직접 그 자신의 운명과 연대성에서 생각하며(살전 2, 14-15 ; 빌 1, 29-30), 고린도후서에서는 믿는 자들의 생명에 직접 속하는 파멸과 새로워짐을 분명하게 하기 위해 자신의 수난을 말한다:

"그러므로 우리는 피곤해지지 않는다. 오히려 우리 겉사람은 낡아지지만 속사람은 날로 새로워진다. 현재의 가벼운 환난의 짐은 비할 데 없이 큰 영광의 영원한 '짐'을 우리에게 가져다 줄 것이니, 이는 우리가 보이는 것이 아니고 보이지 않는 것을 바라봄이라. 보이는 것은 잠시뿐이지만 보이지 않는 것은 영원함이다"(고후 4, 16-18).

피상적인 첫눈에 그렇게도 기이하게 보이는, 사소한 개인적인 일상 생활의 다툼으로도 볼 수 있는 적들과의 바울의 대결들도 이 넓은 차원에서 보아야 할 것이다. 원그리스도교의 역사, 특히 바울의 역사를 아름다운 풍경으로 바꾸어 놓고 복음에 의해 얻은 승리들이 전쟁터에서 싸워 얻은 것임을 바로 보려고 하지 않는 사람은 물론 그의 서신들의 저 단락들에 놀랄 것이다. 실제로 이 싸움에서 바울 자신은 물론 그의 적들도 그들의 전 실존과 함께 신앙과 잘못된 신앙, 진리와 거짓, 예수 그리스도의 신과 "이 세상의 신"(고후 4, 4) 사이의 결단 문제에 전 실존을 투입했었다. 다시 말하면, 이 둘은 그리스도가 그들 가운데 현재한다는 신념으로 차 있었다: 그러므로 바울은 저 '과장된 사도들'에게서 복면을 벗겨내고 그들을 가리켜 거짓 사도, 사기꾼, 빛의 천사의 옷을 입은 사탄의 종(고후 11, 13-15), 다른 복음의, 다른 예수의 설교자, 다른 영의 소유자라고 비난했다(고후 11, 4). 그리고 그는 그들에게 맞서서 자신을 변호했다. 강제적으로 '어리석은 자'(고후 11, 1.16 이하 ; 12, 6.11)의 구실까지 연출하면서, 즉 저들이 하는 것같이 외견상 자신을 스스로 '자랑하면서'까지 자신을 변호해야 했으나 그의 말들은 말마다 그들의 자기 추천들과는 달랐다. 그의 자랑은 그리스도의 능력이 자신과 관계를 가지게 하는 자신의 약함이다(비교. 고후 12, 9-10 ; 비교. 빌 4, 12). '새로운 창조'와 '구원의 날'(고후 5, 17 ; 6, 2)은 바울에게서 오직 그리스도의 사자들이 현존의 구체적이고 일상적인 일에서 그의 십자가를 지고 그렇게 함으로써 세계와의 신의 화해의 현실성을 증명하는 곳에만 현재한다.

고린도전서의 중요한 구절들에서는, 바울이 사도로서 구원 사건과 구원 소식을 현재화하는 그의 사명을 어떻게 실존적으로 이해하고 실현했는가를 다른 관점에서 말하고 있다. 이 구절들은 바로 그의 모든 선교 활동과 행동의 원칙을 인식케 한다. 그는 고린도전서 9장 19-23절에 이렇게 쓰고 있다:

"내가 모든 사람에 대해 자유로우나 스스로 모든 사람에게 종이 된 것은 더 많은 사람을 얻고자 함이다 /유대인들에게 내가 유대인과 같이 된 것은 유대인들을 얻고자 함이고 율법 아래 있는 자들에게, 내가 율법 아래 있지 않으나 율법 아래 있는 자같이 된 것은 율법 아래 있는 자들을 얻고자 함이며 율법 없는 자에게, 내가 신 앞에서 율법 없는 자가 아니고 그리스도의 율법에 매인 자이나 율법 없는 자와 같이 된 것은 율법 없는 자들을 얻고자 함이다. /약한 자들에게 내가 약한 자와 같이 된 것은 약한 자들을 얻고자 함이다. /모든 사람에게 내가 모든 것이 된 것은 어떤 길로라도 사람을 더 구원하고자 함이다. 내가 복음을 위해 이 모든 것을 행함은 복음에 참여하고자 함이다."

이 구절들은 구조적으로 보면, 같은 형식으로 구성되었고 목표가 신중하게 설정되어 수사학적으로 대가적인 면모를 보이는데 그리스도교적 어휘 영역에서 유감스럽게도 계속 세속화되고 그리스도교적 선포와 그리스도교적 행동을 모든 시대와 모든 주변 사정에 순응시키려는 노력 때문에 자주 오용되었다. 기껏해야 이 말들은 대개 단지 자명하게 타당한 바울에 의해서도 극력 실천에 옮겨진 기본 명제, 즉 복음이 이해되려면 듣는 자들의 상이한 언어와 사유 형식으로 각기 말해져야 한다는 명제를 위한 고전적 예증으로 파악되었다. 그러나 바울의 진술의 놀라움은 이러한 일반화에서는 시야에 들어오지 않고 해소될 것이다. 특히 그것들이 단순한 선교사적인 적응술의 규칙으로 이해될 때 더욱 그럴 것이다.

특유하고 의미심장한 것은 바울의 이 구절들 역시 자유라는 주도 사상 아래서 엮어졌다는 것이다. 우리는 이 사상을 이미 그의 사도적인 자기 이해와 긴밀하게 연결시켜 거론한 바 있다(참조. 위 S. 234-235). 고린도전서 8-10장 전체 문맥에서 보는 바와 같이 여기서 자유는 권리가 아니라 다른 사람을 위한 자기 권리의 포기로 이해되었다. 이 자유는 복음에 숙명적으로 결합되어 자란 것이나 이 복음의 내용은 사도의 자유로운 재량에 달려 있는 것이 아니다(고전 9, 16). 바울은 그 자신의 실례를 들어 우상 제물을 먹는 문제와 이방 제의 식사 참여 문제로 분열된 고린도인들(참조. 위 S. 120 이하)에게 그리스도인의 자유의 본질을 명백히 했다. 그런 의미에서 루터가 그의 유명한 글 "그리스도인의 자유에 관하여"(1520년)의 첫 주제를 고린도전서 9장 19절에 의거해 분명하게 변증법적으로 표현한 것은 옳다: "그리스도인은 모든 것에 대해 자유로운 주인이고 아무에게도 예속되어 있지 않다. 그리스도인은 모든 것에 봉사하는 종이고 누구에게든지 예속되어 있다."

바울이 유대인과 이방인들, 율법 있는 자와 율법 없는 자들에 대해 실천한 자유는 자기 재량 활동 영역에 속한 것이 아니라 그에게 위임된 말에 대한 순종으로 이해되어야 한다. 이러한 의미에서 그는 유대인들에게는 유대인이, 율법 없는 자들에게는 율법 없는 자가, 약한 자들에게는 약한 자가 된 것이다.

그러나 이것은 무엇을 뜻하는가? 여기에 지칭된 대립적인 자세들은, 바울 시대의 어떤 세계 시민적인 현인이 개화된 종교와 도덕의 견지에서 민족들과 개인들 사이의 어떤 차별도 이미 무의미하게 본 것을 나타내지는 않는다. 오히려 이 대립들은 아주 예리하게 배타적으로 진지하게 받아들여져야 한다. 당시 유대교인은 모두 이것들을 진지하게 이해하고 있었으며 원그리스도 교회에서도 단순하게 처리된 것들이 아니었기 때문이다. 이렇게든 혹은 저렇게든 이것들은 모두 종교적 입장이었고 이 입장에는 여하간 구원의 문제가 결부되어 있었다. 구원을 위한 율법의 필요성과 그리스도인에게 역시 할례가 필요하다는 요구는 유대교도들의 교리였다. 반대 단체들은 이에 반해, 특히 고린도의 열광주의자들에게서 분명한 바와 같이 율법의 포기와 율법 없음을 그리스도인의 참된 증거라고 선언했다("모든 것이 허락되어 있다!"). 그러나 이른바 '강한 자'들에 의해 비방조로 '약한 자들'이라고 낙인이 찍힌 로마의 파벌들도 그들 나름으로 순수한 신앙의 순종을 증명한다고 확신했을 것이다; 그러므로 그들 역시 다른 사람들을 비방할 수 있었을 것이다(롬 14, 9 이하).

그러나 바울이 이 모든 종교적 입장들 자체를 인증한 것은 아니다. 그것들은 그에게 그리스도인의 구원의 길일 수도, 전제들일 수도, 조건들일 수도 없다. 그런 종류의 구원의 길을 선전하는 것은 그에게 신이 열어 준 구원의 길, 즉 모든 인간적인 입장들, 바로 종교적인 입장들까지도 끝장을 내며 동시에 유대인과 이방인 사이를 나누는 장벽들을 헐어버린 구원의 길을 헛되게 만드는 것을 의미했다.

그러나 중요한 것은 그가 이러한 인식에 의해 어떤 새로운 '입장'을 세우지 않고 이 모든 구별들을 넘어선 그의 행동으로 그들 모두와 함께 책임 연대된다는 것을 선언할 수 있었다는 사실이다. 이를 위한 근거는 그가 그 '입장들'에서 – 전혀 다른 의미이기는 하지만 – 부정할 수 없는 의미를 본 데 있다. 즉 이 입장들은 누구도 마음대로 넘을 수 없는, 구체적인 생활 현실을 특징지어 주는 것들인데, 이 안에서 복음은 모두를 찾고 만난다. 꼬집어 표현하면 그는 이렇게 또는 저렇게 선전되는 입장들에 가담하지 않고 그것들을 지상의 역사적 위치로서 진지하게 받아들였는데 이 위치에서 각자는 서로 다르면서도 믿는 자로서는 구별 없이 그리스도에 의해 이미 해방되어 있고, 이 자유는 그의 생활 환경의 변화에 의해 비로소 시작되는 것이 아니었다는 것이다. 그러므로 옛 유대교인이 그리스도인으로서 자신이 '선택된' 언약의 백성에 속해 있다는 증표를 벗어버려서는 안 되며, 옛 이방인도 그리스도인으로서 이것을 받아들일 필요는 없다는 것이다. 그뿐만 아니라 교회 안에서 노예들과 자유인들이 복음에 의해 부름을 받은 것은 그들의 지금까지의 사회적 질서로부터 벗어나기 위한 것이 아니다. 왜냐하면 '주 안에서' 노예는 말하자면 이미 주인으로부터 '자유롭게 된 자'이고, 자유인(사회적 의미에서)은 '그리스도의 노예'가 되었고 동시에 이 둘은 차별 없이 그들의 전 실존과 함께 그리스도의 소유이기 때문이다(고전 7, 17-24). 사도가 유대인과 이방인들에게 취한, 그리고 '모두에게 모든 것'이 되었다는 자유의 근거는 바로 여기에 있다.

이로써 바울이 교회 안팎에서 만나는 각계 각층의 사람들에게 단지 쉬운 길만을 열어 주자는 것이 결코 아니었음은 분명하다. 그런만큼 그가 이것으로써 많은 비판가에 의해 확고한 신념이 없고 이중적이며 무성격적이고 바람부는 대로 흔들리는 갈대이며 사람들의 눈치만 살피며 말한다는 비난을 받은 것도 확실하다. 갈라디아서가 보여 주는 바와 같이 그가 그의 선포에서 율법과 할례의 요구를 무시한 것은, 그렇게 함으로써 이방인들이 그의 설교를 쉽게 받아들이게 하려는 것이라는 비판을 유대교주의자들 측으로부터 그는 들어야 했다. 반대로 그의 동지들 중에서도 많은 사람들이 그의 연대 의식과 유대교인 및 그들의 전통들에 대한 그의 관용에 대해 불만을 한두 번 터뜨리지 않았을리 없음도 넉넉히 생각할 수 있다. 그러나 바울은 사람들의 비위를 맞춘다는 비난을 철저히 거부하면서(갈 1, 10 ; 비교. 살전 2, 4), 믿는 자들까지도 다시 율법에 결박하려는 적들이라고 분노하며 이 비난에 격돌했다(갈 5, 12 ; 6, 12). 그 이유는 그들이 이 불필요한 것(율법)으로 교회에 짐을 씌운다는 데 있지 않고 그렇게 함으로써 그들이 십자가의 거리낌을 제거하려는 데 있다(갈 5, 11). 그러므로 유대인과 이방인들에 대한 그의 행동은 그의 소식의 거리끼는 성격을 약화시키지 않고 오히려 분명하게 하는 것을 뜻했다. 그의 자유는 인간들이 신뢰하는 그들의 '입장들'에 대한 부정과 함께 그가 어디 있든 그곳에서, 그가 어떻게 있든 그대로 은혜에 의해 그리스도 안에서 새로운 피조물이 된 다른 사람에 대한 긍정을 선포한다.

이러한 자유를 확증해 주는 예증들은 그의 서신에서 그의 교회들의 분쟁에 대한, 즉 고린도 교회의 당파들의 대립 또는 고린도 교회와 로마 교회의 '강한 자'와 '약한 자'의 대립에 대한 그의 설명과 결단들이 분명하게 보여 준다. 아주 특유한 것은 그가 여기서 그 때마다 고백의 근거(causa confessionis)로서, 즉 신앙과 불신앙 사이의 분기점을 적수(敵手)들이 입증하는 것에서 인증하지 않고 신의 사랑에 의해 모든 사람에게 제공된 것을 근거로서 서로 책임질 것을 호소한 것이다.

3. 교회

그리스도의 구원 사건과 지배는 세계 한가운데서의 교회의 삶에 현재해 있다. 신의 구원 행위에 근거를 둔 교회는 오직 은혜에 의해서만 산다. 바울에 의하면, 교회는 신에 의해 시동이 걸린, 그리고 그의 영에 의해 무장된 움직임이다. 그러므로 바로 이해하면 교회도 독자적으로가 아니라 오직 간접적으로만, 즉 바울적인 구원 이해 전체에 관련시켜서만 적절히 거론될 수 있다. 그러므로 우리는 사도의 생애와 활동, 그의 소식과 신학의 역사를 서술할 때 이미 항상 교회와 함께 파악했었다. 그 때 교회에 대한 그의 이해의 기본 요소들은 이미 드러난 셈이다. 그러나 여기서는 그의 사유의 주제들과 의도들을 교회론적인 진술들과 한 초점에 모으고, 여러 상이한 관점에서 현실화하며 구체적으로 적용시킨다.

교회의 창시자와 설립자는 바울이 아니다. 교회는 그를 앞서 있었고 처음에는 그 박해자의 열심을 불러일으켰었다. 그가 교회를 만났을 때 교회는 이미 한 토막의 역사를 뒤에 두고 있었으며, 이 역사가 그에게 끼친 흔적과 영향은 여러 면에서 인식될 수 있다.

에클레시아

그에 의해서도 교회의 자기 표지로 여러 번 사용된 **신의 에클레시아**는 이미 바울 전에 생긴 개념이다. 그 의미는 에클레시아(Ekklesia)라는 단어가 세속적인 민족 회합을 나타내는 일반적인 용법으로 사용되는 세속 그리스어에서 직접 파악되는 것이 아니다. 이 말은 역시 그리스어 구약성서에서 선택된, 신 앞에 – 가령 시내산에서 – 모인 백성 이스라엘을 위한 고정된 표현들 중의 하나이다. 이로부터 이 말은 원그리스도교에 의해 받아들여졌으며 신의 백성, 즉 마지막 때에 세계 한가운데서 모일 신의 사람들의 집결체를 위한 표지로 되었다. 독일어 '게마인데(Gemeinde: 공동체, 교회)'는 이 충족된 종말적인 의미를 충분히 나타내 주지 못한다. 왜냐하면 교회(Kirche)는 개별 공동체(Gemeinde) 혹은 지역 공동체들과 그 교회의 신자들의 총체 이상이고, 그런 것과는 다르기 때문이다. 교회는 시간상으로도 내용상으로도 그것들보다 상위에 있어 설사 이 말이 이차적으로 개체 교회들을 위해서 사용될 수 있을지라도, 그것들에서 단지 구체적으로 역사적으로 현재할 뿐이다. 고린도전서 서두는 이 사실을 특징적으로 말해 준다: "고린도에 있는 신의 교회(본래 그것이 고린도에 있는 한) 곧 그리스도 예수 안에서 거룩해진 자들, 부름을 받은 성도들, 각처에서, 그들과 우리에게서 우리 주 예수 그리스도의 이름을 부르는 모든 사람들에게…"(고전 1, 2). 여기에서 특유한 것은 수많은, 역시 구약성서에서 취한, 일반적으로 원그리스도교적인, 대체로 수동적으로 사용된 교회론적 표현들이다. 이 표현들은 교회의 회원됨이 주어지는 것이지 인간 자신의 일이 아니라는 것을 말한다. 이미 여기서 교회가 원그리스도교적이고 바울적인 의미에서 인간에 의해 조직된, 특정한 종교적 전통들과 신념들을 키우고 확증하고 전파하기 위해 인간 자신이 조직한 단체로 이해될 수 없음이 드러난다.

여기서 현저하게 거부되는 것은 종교적 · 정치적 주변 세계의 모든 사회학적 유사형들이다. 교회의 본질은 유대교적 성전 동맹이나 민족 동맹의 특수성으로부터도, 디아스포라 유대교의 회당 공동체로부터도, 혹은 쿰란 공동체와 같은 일종의 엄격히 분리된 종파에 의해서도 파악되지 않는다. 그리고 고대 이방 영역에서 유지되어 온 제사 제의적 질서들에 의해서도, 헬레니즘계의 밀의 종교 단체들, 고대 사회의 동맹의 조직체들로부터도 또는 정치적 자치 조직 제도로부터도 파악되지 않는다.

교회는 확실히 예수의 지상 역사에서 시작되지 않고 십자가에 달려 죽은 자의 부활에서 시작되었다. 교회의 '창시자'는 '역사적' 예수가 아니다. 그의 소식의 내용은 임박한 신의 지배이다. 신의 지배는 그의 말과 활동에서 이미 선포되며 해방시키고 심판하는 권세를 가지고 현 세계에 침입하는데 바로 그들의 경건한 전통과 척도들도 지니고 있다. 예수 자신의 전권과 죄인 및 멸시받는 자를 위한 그의 구원 소식, 서기관 및 바리새인과의 그의 싸움, 그의 구원의 말, 제자로서 따르라는 그의 부름은 다가오고 있는 신의 나라의 권세에 근거를 두고 있다. 예수의 소식은 만인에게 해당된다; 그는 그의 시대의 다른 많은 운동들처럼 '거룩한 남은 자'를 모아들이지 않고 의인들의 특수 공동체를 세우지 않았다. 예수의 십자가의 죽음과 부활 후에 교회가 뜻하는 것을 위해서는 그의 지상의 역사에 자리가 없었다. 예수가 그의 교회를 세우겠다는 반석으로서의 베드로에 대한 저 개별화된, 유명한 말(마 16, 18-19)도 지상적인 것을 통한 교회 창립의 증거가 되지 못한다. 중요한 이유들로 인해 이 말은 오순절 이후의 공동체에 의해 비로소 그의 말로 여겨졌다는 것이 밝혀졌다.

그러나 부활한 자의 출현과 오순절 소식이 제자들에게 확실성을, 즉 사람들의 눈에 좌절과 종국으로 보이는 것이 신에 의해 발단되는 새로운 시작을 뜻한다는 확신을 일깨워 주었다. 이로부터 원공동체가 성립되었고, 약속된 메시아로서 예수를 믿음으로써, 심판과 구원을 위해 곧 올 인자(人子)로서 그를 기대함으로써 이루어졌다. 여기에 구원의 때의 공동체로서 신에 의해 '성별(聖別)된 자들'과 '선택된 자들'의 무리로서, 에클레시아로서의 교회의 근원이 있다. 이 의미에서 그들의 선포는 시작되었고, 다가오는 신의 나라를 위해 믿는 자들은 세례로 깨끗해지며, 신의 영을 받으며 경험하고 주의 도래를 동경하면서 유대교의 성찬 방식에 따라, 예수 자신이 세리와 죄인들과 함께, 그의 죽음 전에 그의 제자들과 함께 만찬을 베풀었던 것과 같이 종말 시대의 기쁨으로 만찬을 나누었다. 그러나 이 공동체는 유대교로부터 분리되지 않았었다. 이 공동체는 성전 예배에 함께 참여했으며 여전히 율법을 고수했다. 이스라엘에 주어진 약속이 예수와 그의 공동체에서 성취된 것이다. 그러므로 원공동체의 선포의 사명도 처음에는 이스라엘에 한정되었었다.

유대교적 신앙과 사유의 장벽들이 무너진 것은 — 처음에는 아직 같은 예루살렘 지역이지만 — '헬레니즘계'가 등장함으로써 비로소 이루어졌다. 이 긴장된 역사는 이 책에서 반복해 거론되었다. 이 역사는 유대교와의 극심한 분쟁 및 원그리스도교의 엄격한 율법주의 방향과의 대결로 발전했다. 그러나 이 역사가 비로소 다름아닌 승천한 주의 현재와 그의 영의 역사를 새로 경험하고 동시에 구원과 교회를 새롭게 이해하는 데로 이끌어 갔다. 여기서 이방인들에게도 구원과 교회에 이르는 길이 열렸다. 구약성서와 그의 언약들에 근거를 둔 명시된 역사는 헬레니즘 · 유대인계 그리스도교 운동과 이방인계 그리스도교 교회들 중에서도 포기되지 않았다. 구약성서의 권위는 여기서도 거부되지 않고 세례와 성만찬이 여기서도 베풀어졌으며, 교회는 종말적인 신의 백성으로서 본질상 단 하나이며 하나일 수 있다는 인식이, 설사 그 이해와 그 전승의 형성들, 그 예배의 형태, 그 제도의 형식들이 변했을지라도, 계속 남아서 그리스도교 전체를 규정했다. 원그리스도교의 사료들, 즉 신약성서에 수집된 전통들과 개작된 전통들이 교회의 다양성에 관한 인상적인 모습을 제공한다. 통일적이고 규범적인 교회론은 그것들 중에서 발견되지 않는다. 모든 것이 아직 유동적이다. 그럼에도 불구하고 원그리스도 교회의 유일성이 아니라 막연한 교회의 다수성을 논하는 것은 잘못일 것이다. 오히려 유일한 교회의 현실과 우월성은 그 형성과 교회론적인 개념들의 다양성에서 선명하게 구별되어야 할 것이다. 그러나 교회의 이 유일성이 이미 옛 시대부터 문제로 등장해야 했고, 이를 위한 투쟁은 이미 처음 10년 만에 일어났다는 데서도 그 사정은 이해된다. 바울은 이를 위한 아주 옛 증인들 중의 하나이며 물론 뛰어난 증인이다. 그의 역사와 그의 소식은, 그의 교회 사상의 근거들이 헬레니즘계 그리스도교에 있음을 보여 준다. 그러나 그는 그에게 주어진 힘으로 일관성 있게 받아들인 유산을 새로 철저히 생각하고 그 전에는 누구도 할 수 없었던 바 행위(Tat)가 되게 했다.

영(靈)

바울에 의하면, 이스라엘에 주어진 약속들은 그리스도를 믿는 유대인과 이방인들 모두에게 해당한다. 이방인들도 이제는 아브라함의 후손이고 상속자들이며(갈 3, 29), 이미 율법 아래서 노예가 된 지상의 예루살렘이 아니라, 자유로운 하늘의 예루살렘의 자녀이고(갈 4, 23-31), 신의 참 이스라엘이며(갈 6, 16), 그의 '밭'이고 그의 '집'이다(고전 3, 9). 이런 의미에서 그는 고린도에 이렇게 썼다: "너희는 너희 자신이 신의 성전이며 신의 영이 너희 안에 거하는 것을 알지 못하는가?"(고전 3, 16). 교회에 주어진 이 설명에서 볼 수 있는 초점은 세계 어디서나 신을 위해 세워지는 여러 종류의 이방 사원들과 신전들에가 아니라, 이미 구약성서와 유대교가 알고 있는 유일한 시온의 성전에 멎어 있다. 구약성서와 유대교에 의하면, 신은 오직 이곳에만 거주하면서 세계 어디에나 알려진다. 이 표상은 원그리스도교 어디에서도 받아들여졌다(비교. 벧전 2, 4 이하). 그리고 그것은 신이 세계를 위해 교회에 있다는 것을 뜻했다. 그러나 여기서는 이미 신이 지상적인 성화(聖化)된 장소에 결부되지 않고 오직 그의 영을 통해 활동하며, 그의 현재함을 드러내 보이고 새로운 세계의 능력으로 활동한다.

이 종말론적인 확실성은 바울과 함께 모든 그리스도교에 공통적인 것이다. 그러므로 신의 영을 신으로부터 믿는 자들 위에 임하는 촉발적인 세력이라고 경험한 점에서는 고린도의 열광주의자들과도 같다. 바울은 고린도인들이 이방적인 과거에서 이미 알고 있는 영감을 그들로 하여금 회상시키는 것까지도 주저하지 않았다(고전 12, 2). 그는 그러나 바로 그 까닭에 이런 현상의 이중성을 알고 있다. 성령의 순수성의 표지는 오직 '주 예수'(고전 12, 3)라는 고백뿐이다; 그러나 이것은 십자가에 달린 자에 대한 고백을 뜻한다. 영은 교회에 거하고 교회를 신의 성전으로 만든다. 왜냐하면 십자가에 죽은 자에 관한 말이 이 교회에 선포되고 이 말은 모든 인간의 지혜를 부끄럽게 만들며(고전 3, 18 이하), 율법의 일에 의해 의(義)를 얻으려는 모든 노력을 좌절시키기 때문이다(갈 3, 1-5). 그러므로 신의 영은 바울에게는 자신의 지상적 현존 한계를 넘어서는 초자연적인 힘이 아니라, 비천과 약함에서 자신을 힘있게 보여 주는 신의 능력이다.

특별히 고린도전서 14장의 예배에 관한 지시(참조. 아래 S. 253 이하)에서 사도가 얼마나 힘있는 말로 영주의자(靈主義者)들을 견제하려고 했으며, 역시 그들을 영적인 혼란에 내버려두지 않으려고 하면서도 불을 끄지 않고 이성과 질서로 대치시키기 위해 애쓴 것을 볼 수 있다. 이 장의 화법은 바울이 여기서, 고린도인들 자신의 입장에서 '영 받음'에 대한 자세에 관여하면서, 반복해 '영으로 말하는 것'과 '이성으로 말하는 것'을 예리하게 구별한 후에 고린도인들에 의해 신적인 영의 최고 현현으로 평가된 몰아적인 '방언'을 예언 및 다른 '이성적인' 화법에 비교해 철저히 격하시킨 사실로써 이 오해를 불식시킬 수 있을 것이다. 그러나 바울은 고린도에서도 사용되고 그 밖에 원그리스도교적 언어에서도 흔했던 통속적인 개념 '영'(및 '영의 은사')을 강하게 바로잡고 그것에 새로운 내용과 척도를 제공했다. 사실은 예언도 그에게는 하나의 영의 은사였는데, 말하자면 더 높은 은사였다. 즉 예언은 예배에 모인 모든 사람들과 아직 낯선 사람들, 아니 가령 이에 관련되어 있는 사람이면 불신자들에게도 이해될 수 있을 뿐 아니라 그들을 설득시키고 그들의 양심을 찔러 굴복시키며 "신은 참으로 너희 중에 있다"(고전 14, 24-25)고 고백하게 할 수 있기 때문이다. 그러므로 사도는 예배(선포, 기도, 찬송, 축복)에서의 흥분된 연설의 모든 형식에 대해 조심스럽게 비판했다. 즉 이런 것으로 연설하는 자는 자신의 신앙심을 깊게 할 수 있을지는 몰라도 이는 교회를 위한 것은 아니라는 것이었다. 이 경우에 중요한 것은 다른 사람, 즉 아직 영을 받지 못한 초신자를 위해 책임을 져야 한다는 것이다. 그러므로 신의 영과 이성은 단순히 상반되는 것만은 아니다. 이 둘이 바울에게서 추상적인 원리일 수는 전혀 없다. 열광주의자의 사유와 의식은 아마 훨씬 원리에 기울어져 있었을 것이다. 이에 반해 사도에게는 내용과 척도가 오직 모든 사람에게 타당하고 이해되는 구원의 말이었다.

영과 법

고린도전서 14장의 진술들에는 이미 많이 토론된 물음, 즉 바울의 교회 이해에서 **영과 법**의 관계에 관한 물음의 대답을 위한 중요한 시사가 들어 있다. 원리적으로 생각하고 직제, 교권, 계승 등을 확정하면서 이 둘을 조화시키고 결합하려고 노력한 것은 바울 후기에 비로소 일어난 일이다. 교회는 이렇게 제도화되고, 열광주의는 여러 가지 형태를 지닌, 이에 대한 반대 운동으로 등장했다. 교회법의 근대사에서 불꽃을 튀긴, 영이냐 법이냐의 양자택일에 관한 학계의 토론(R. Sohm)도 아직 이 영역을 벗어난 것이 아니다. 그러나 바울은 이 양자택일을 알지 못한다. 법과 영은 서로 모순되지 않는다. 그것들은 서로를 필요로 한다. 왜냐하면 "신은 무질서의 신이 아니라 평화의 신"이기 때문이다(고전 14, 33). 많은 그의 사도적 지시는 철저히 법적 성격을 지니고 있다. 그러나 바울은 이 지시들을 제공함으로써 영의 자유로운 지배에 대해 법에도, 지상의 교회가 좋든 나쁘든 피할 수 없는, 제동을 거는 그리고 수정하는 기능을 주어 유지하려는 것이 아니다. 오히려 그는 선포에서 그리고 영 자신의 활동에서 함께 제정된 법을 단호히 적용하려고 했다. 이를 위해 그는 고린도의 열광주의자들에 대해 스스로 영을 주장한다: "어떤 자가 만일 예언자 또는 영의 은사를 받은 자라고 주장하면 그는 내가 기록하는 것이 곧 주의 계명임을 인식해야 할 것이다"(고전 14, 37): "나도 또한 신의 영을 받은 줄로 생각한다"(고전 7, 40).

영의 능력에 의해 제정되고 시작된 이 법은 물론 특별한 종류의 것이다. 보통 불변적으로 법에 속하고 법 사회의 기초가 되는 요소들, 즉 조문화된 법률, 법을 제정하거나 그것을 책임 있게 해석하고 적용하는 존엄한 법정, 경우에 따라서는 법을 강제로 관철시키고 이에 저촉하는 자들을 처벌하는 권력은 바울에게서 어떤 역할도 하지 못하거나 잘해서 예속적인 것인 바여하간 결정적 역할은 하지 못한다. 극단적인 경우에 바울은 영에 의해 교회에 주어진 그의 훈계적 – 명백하게 악한 자의 경우 추방까지지도 사양하지 않았다 – 의무와 전권을 상기시키고(고전 5, 3 이하) 물론 사도로서 경우에 따라서는 '매를 가지고' 갈 것이라고 함으로써 교회를 위협할 수 있었다(고전 4, 21); 그러나 그에게는 아직 통일성과 구속력 있는 법 기능들과 법적 권리들을 조정하는 교회법이 없었다. 우리는 가끔 사람들이 순종하며 수고를 덜어 주어야 할 교회의 어른에 관해(살전 5, 12), '감독들'과

'집사들'에 관해(빌 1, 1), 교회 지도의 은사에 관해(고전 12, 28 ; 롬 12, 8) 듣는다. 그러나 이 빈약한 표현들은 서로 교차되고 오히려 실제적인 돕는 일을 뜻하며, 어디서도 상하 계급적으로 배열된 제도화된 직종들의 경우는 결코 없다. 회당에서 유래된 부족장제적인 장로 제도도 순수한 바울 서신에 따르면 그의 교회에서 아직 멀리 있으며 그의 후기 교회에서 비로소 받아들여졌다. 사도행전과 제2 바울 서신인 목회 서신들은 이 제도를 바울 자신에게 소급시켰는데 이는 물론 잘못된 것이다. 특히 후기의 전제적인 감독 제도도 마찬가지이다.

그러므로 사도가 그의 지시들에 근거를 주는 법의 원천들과, 기본 명제들에 대한 문제는 더욱더 심각해진다. 그는 개별적으로 **주의 말**들을 인용한다. 이것들은 그에게서 무조건적 권위를 가진다. 그러나 그것들이 법조문의 성격을 지니고 있는가? 그가 인용한 것은 소수에 불과하지만 그 중에서 예수의 이혼 금지령은 여하간 법적 성격을 가지고 있다(고전 7, 10). 그러나 그것도 오직 조건적인 의미에서만 그렇다. 왜냐하면 바울은 주의 말을 유효한 것으로 인용했으나, 동시에 그리스도인과 비그리스도인의 혼합 결혼인 경우에 불신자 쪽이 이혼을 요구하면 이혼을 허락하라고 했기 때문이다. 다른 데서는 일한 사람은 품삯을 받을 수 있다(고전 9, 14)는 예수의 말을 인용했으나 같은 내용의 일련의 다른 규율도 들어서, 단지 그 자신의 생계에 대한 교회의 의무를 확인했을 뿐 그 자신은 역시 자진해서 이 권리를 행사하지 않았다. **구약성서**도 그에게는 법의 원천이 아니다. 그것이 그와 그의 교회에 성서임은 자명하며 유대교적 성서 해석법에 따라 자주 인용되었다. 그러나 이것은 그 스스로를 위해 있지 않고 미리 "말세를 만난 우리의 경계를 위해 기록된 것이다"(고전 10, 11 ; 비교. 롬 15, 4). 그것이 자체를 벗어나서 성취와, 그리스도 교회가 살고 있는 종말론적인 '오늘'을 지시하는 한 동시에 구약성서에 중요한 기능이 인정되었으나 이른바 믿는 자들의 삶을 규제하는 구약성서의 의미는 극도로 상대화되었다. 구속력 있는 율법으로서의 구약은 그리스도에 의해 거세되었고, 최선의 경우에 믿는 자들의 상황을 밝혀 주며, 복음에 의거할 때 타당한 것을 확인해 주는 데 이용될 수 있었을 뿐이다. 이것은 바울이 자주 **자연**과 일반적인 **윤리**의 질서로부터 인용한 논증들과 교회마다 각기 가지고 있는 **관습**과 **질서**를 위한 그의 지시들에도 마찬가지로 해당한다. 이것들도 단지 보조적 증언들일 뿐으로 교회의 근거가 되거나 교회를 바로잡는 것이 아니며 오히려 경우에 따라서는 교회를 부끄럽게 하면서, 세계 어디서도 법과 질서는 승인된다는 것을 교회로 하여금 의식하게 한다. 가령 고린도 교인들이 묵묵히 참아온 한 교인의 뚜렷한 비행(非行), 즉 아버지의 아내(계모를 뜻하는데, 비교. 고전 5, 1 이하)와의 결혼의 경우가 그런 것인데 이것은 '이방인들 중에서조차' 용납되지 않는다는 것을 그 지시들이 알려준다.

이 모든 주제들은, 아주 상이하면서 각기 그 나름의 중요성을 지니고 있으나 바울의 지시들이 힘을 얻는 본래의 근거, 즉 **구원의 소식과 그리스도 안에서의 새로운 존재** – 믿는 자들은 그들의 행함 없이 신의 은혜에 의해 여기에 옮겨져 있다 – 에 부가된 것에 불과하다. 이것이 새로운 삶의 현실이고, 그들은 그들이 들은 복음에 상응하든 않든 구별 없이 이 현실에 근거를 두고 있다. 바울이 갈라디아 사람들을 힐책해 "너희는 영을 어디서 받았는가?"(3, 2)라고 물을 수 있었던 바와 같이 고린도전서에서는 – 물론 그들의 뜻에 영합하는 의미에서만은 아니다 – 교회가 신의 은혜에 의해 부유해진 것과, 그리스도의 증언이 그들에게서 뿌리를 내린 데 대해 감사하고 있다(고전 1, 4 이하). 설사 그들에게서 지독한 윤리적 과오가 일어났을지라도 영은 그들에게서 활동한다. 그럴수록 그는 더욱 열심으로 교회에 관여하고 바로잡으려고 한다. 그러나 그는 결코 어떤 교회를 전부 혹은 그들 중의 한 교인과 절교한 일이 없다. 물론 그는 신의 영이 모든 불의에 대해 세우는, 확고한 담벽들과 영에 포함되어 있는 법적 권세를 엄격한 문장들로, 아니 저주의 표현 형식으로 강력히 교회에 의식시키기는 하면서도(고전 3, 17 ; 14, 38 ; 16, 22 ; 갈 6, 7-8) 절교한 일은 없다.

바울의 지시 명령의 결정적인, 모든 것을 지탱하는 원동력은, 교회로 하여금 그의 근원을, 즉 복음에서 선포되는 그리스도 안에서의 신의 구원의 행위를 회상시키는 데 있다. 믿는 자들이 '부름을 받는 것'은, 교양과 권력, 명성, 자신의 의에 따른 특별 대우에 의한 것이 아니다. 그들은 무(無)에서 생명의 존재로 불러내는 창조자(고전 1, 26 이하 등)에 의해 그리스도 안에서 새로운 실존을 받은 것이다. 사라져 가는 세계의 권세로부터 해방되었으며(갈 5, 1.13 ; 롬 6 등), 그들은 이미 사람들과 자기 자신에게 속하지 않고 신의 소유이다(고전 6, 19-20 ; 7, 23-24 ; 롬 14, 7 이하). 옛날에는 밤과 어두움에 빠져 있었으나 지금 그들은 빛과 낮의 자녀이고(살전 5, 5 ; 롬 13, 11-12), "주 예수 그리스도의 이름과 우리 신의 영으로 깨끗이 씻기웠고 성결하게 되었으며 의로워졌고"(고전 6, 11), "그리스도 안에서 새 피조물이 되었다"(고후 5, 17). 이것은 이미 구원의 소식이 교회에 약속하고 신앙이 받아들이는 은혜에 의한 교회의 현실이다. 오직 여기에 그 자신의 사도적 권위도 근거를 두고 있음을 바울은 안다(고전 4, 15; 롬 12, 1.3 등).

십자가의 말에 결부되면서 영은 인간적인 신뢰가 근거로 삼으려는 모든 외적인 현상과 보장들에 대한 최고의 비판적인 법정으로 간주되기도 했다. 바울은 그의 교회들이 유대교와 열광주의에서 오는 이러한 유혹에 의해 사경(死境)에 이르렀다고 보았다; 여기에서 바울의 모든 역사는 양면으로부터 협공을 받은 것이다. 이 둘은 얼핏 서로 다르게 보이지만 사실은 분명히 관련된 관계를 가지고 있으며, 그러므로 바울의 적들은, 고린도와 갈라디아, 빌립보에서 보여 주는 바와 같이 서로 연관되어 있다. 한쪽은 율법과 할례, 제의적 의식을 받아들이면서 특권적인 구원의 백성에 관여하면서 그의 절망적인 길을 다시 타개하려는 시도이고, 다른 쪽은 외견상 반대 방향을 가는 노력같이 보이는데, 즉 모든 지상적인 제약들로부터 벗어나서 – 파렴치하게 선전되고 실천되는 윤리적 자유주의에 이르기까지 – '영에서' 새로운 실존을 보려는 것이다. 율법성에 되돌아가는 것과 영적인 체험에 심취하는 것 – 바울은 이 둘에 대해, 함께 십자가의 말을 부끄럽게 하고 무력하게 하는 것(갈 5, 11 ; 빌 3, 18 ; 고전 1, 17)이며, 여하간 복음이 믿는 자들을 찾고 만나고 붙잡는 지상적이고 역사적인 현재를 상상적인 과거 또는 환상적인 '완성'에 넘겨 주는 것이라고 했다. 이렇게든 혹은 저렇게든 그의 소식에 만족하지 않는 그의 적들과 비판가들은 함께 절망적인 시대 착오에 빠졌으며, 참된 오늘과 지금을 탈취하는 데 그리고 이와 함께 그의 상대자, 즉 그 말이 상대하면서 해방시키려는 인간을 은혜의 말에서 탈취했다.

예배

고린도전서에 있는 바울의 지시들 중 많은 것이 예배에 관한 것임은 우연이 아니다. 에클레시아는 무엇보다도 사실은 예배를 위해 모인 교회이다. 교회의 본연의 자세가 예배에서 보존되지만 비본질적인 것이나 잘못된 것도 예배에서 구체적으로 드러난다. 사도의 지시들 중에서 중요한 것이 무엇이며 그렇지 않은 것이 무엇인지도 여기에서 다시 특징지어진다. 우리는 원그리스도교의 예배에 관해 신약성서 중 어디서보다도 바울에게서 훨씬 더 많은 것을 들어 알지만, 유대교적 또는 이방적인 제사 영역에서 일반적으로 예배에 속하는 것들, 즉 성스러운 공간과 시간들, 의식들과 제사 시설물에 관해서는 거의 아무것도 듣는 바가 없다. 우리는 물론 말의 선포와 축복, 응답으로서의 교회의 아멘, 주를 부르는 소리, 교회가 자신의 현재와 세력을 확인하는 선언들, 주를 기리는 찬양, 세례와 성만찬 같은 예배 의식에 관해 듣는다. 디아스포라 유대교의 회당 예배가 헬레니즘적 밀의 종교들의 여러 의식 및 표상들과 함께 바울의 교회들의 예배에 영향을 끼친 것도 분명히 인식된다. 그러나 여기에는 많은 문제들이 미해결로 남아 있다. 가령 어느 정도라도 통일성 있는 예배 양식을 그의 서신들을 통해서 재구성하기는 어려울 것이다. 설교 예배와 성만찬 예배가 언제나 어디서나 통일성을 유지했는가에 대한 물음에조차 그 대답은 확실치 않다. 아무래도 그것들이 고정된 규칙은 아니었던 것 같으나 그렇다고 서로 분리되어 있었던 것 같지도 않다. 여하간 고린도전서 16장 2절의 부수적인 메모에서 교회가 그 주의 제1일, 즉 그리스도의 부활의 날을 축제일로 삼은 것을 알 수 있다. 전체적으로 볼 때 큰 융통성과 다양성이 지배했다고 보아야 할 것이다. 그러나 일반적으로 다른 곳에서 예배를 형성하는 요소들 중 많은 것이 바울의 교회들의 예배에는 아직 없었음은 확실하다.

이 의식(儀式)들의 의미에 관한 사도의 진술들과 모든 예배에서의 사건을 잴 수 있는 척도는 그만큼 더 설득력이 있고 더 분명하다. 척도는 오직 교회에 '덕이 되는 것' 뿐이다. 이 말은 이미 여러 번 언급한 고린도전서 14장에 일곱 번이나 나온다. 바울은, 우리가 회상한 바와 같이 여기 고린도 교회의 영적인 폭발과 작용에 대해 입장을 취해야 했다. 이것들은 파도처럼 교회를 위협했고 그 교회의 예배를 혼란시키는 현상들로 나타났다. '덕이 되는 것'이라는 이 말은 이 맥락에서 거듭 사용되었다. 이 말은 우리 전통적 교회 언어에서 유감스럽게도 아주 심하게 축소되고, 공허하게 되었으며 비바울적인 의미로 변조되었기 때문에 그 원래의 의미를 다시 찾아야 하게 되었다. 바울의 경우 이 말은 개인의 주관적 · 종교적 체험을 의미하지 않는다. 이 말을 그렇게 오해한 것은 고린도의 열광주의자들이다. 그러나 사도는 '자기의 덕을 세움'을 풍자적이며 비판적으로 말하고(고전 14, 4 ; 비교. 8, 10), 단지 교회의 덕이 되는 것을 인정했을 뿐이다(고전 14, 3-5.12. 17. 26). 특별한 영의 은사들에 의해 구별되지 않은 다른 사람과 동시에 교회가 전체적으로 덕을 세울 수 있는가? 그러므로 이것은 바울이 방언과 예언을 평가할 때 제기한 비판적 물음이다. 바울은 덕을 세우다와 계속 세우다라는 말로 그 자신의 교회 설립 행위와 그의 후계자들의 활동도 표시했다(고전 3, 5 이하 ; 고후 10, 8 ; 12, 19 ; 13, 10). 교회 안에서 서로 같은 책임을 지되(살전 5, 11 ; 고전 8, 11-12 ; 고전 14 ; 롬 14, 19 ; 15, 2) 다른 사람을 위해서도 죽었으며(고전 8, 11-12 ; 롬 14, 15) 모든 사람을 받아들인(롬 15, 7) 그리스도의 도량과 모범을 따라 책임을 져야 할 것이다. 자신의 권리를 포기하는 희생과 봉사가 지금은 교회의 '덕을 세우는' 율법이다. 이 의미에서 바울은 "율법 없는 자이지만 신 앞에서는 율법 없는 자가 아니라 그리스도의 법에 매인" 자로서 자신을 표시하고(고전 9, 21) 교회에 이렇게 호소한다 : "내가 그리스도를 본받는 자인 것같이 너희는 나를 본받는 자가 되라!"(고전 11, 1 ; 비교. 갈 4, 12 ; 빌 3, 17 ; 살전 1, 6 ; 2, 14).

이 진술에서 분명해지는 것은 예배를 위한 바울의 지시들이 곧 적용되고 실천된 '십자가의 신학' 외에 다른 것이 아니라는 것이다. 그러나 동시에 예배가 바울에게는 결코 독특한 제의적 의식에 한정된 행사가 아니라 믿는 자들의 온 생애를 포괄한다는 것도 분명해졌다: "형제들아, 내가 신의 긍휼에 힘입어 권하는 바 너희 몸을 산, 거룩한, 신이 기뻐하는 제물로 드리라. 이것이 너희의 '영적 예배'이다"(롬 12, 1). 로마서의 마지막 생활윤리 부분은 이 권고에 의해 주도된다. 이 권고는 '영적 예배'라는 표현과 함께 후기 고대의 밀의 종교의 경전들에서 알려진 표현을 받아들인 것이다. 이미 그리스의 계몽주의가 민속 종교의 희생 제의에 대해, 참 경건은 이성의 바른 이용에서 나타난다는 사상을 발전시키기는 했으나 헬레니즘적 신비주의에 와서 비로소, 신 예배의 최고 형식이 몰아적인 찬양에서, 즉 신적 만유와 예배자의 일치에서 신의 영광에 도달한다는 사상으로 발전했다. 이 의미에서 – 영적이고 이성적인 행동뿐 아니라 신의 영에 의해 작용된 행동의 의미에서 – 바울은 이 주제를 받아들였으나 철두철미 달리 그리고 비판적으로 사용했다. 즉 몸과 생명으로 일상적인 일을 행하는 너희 자신이 신이 받아들이는 유일한 제물이라는 것이다.

사도는 이로써, 이미 시간과 역사 저쪽에 옮겨져 있다고 믿는 열광주의자들을, 서로 책임을 져야 하는 인간적 실존의 시간성과 역사성 안으로 끌어내린 것이다. 왜냐하면 교회가 살고 있는 시대는 아직 완성된 새 세대가 아니라 십자가에 죽은 자의 부활과 그의 도래 사이의 긴장된 마지막 시대이기 때문이다. 교회는 아직 십자가 죽음의 표지인 약함에 있으면서 이미 부활한 자의 능력에 의한 생명 안에 있다(고후 13, 4). 바울도 자신의 경험으로 알고 있고 교회에 대해 무조건 금하지 않은, 수없이 찬동을 받고 경탄된 영의 현상들에 최후의 완성의 성격을 제공하는 것을 바울은 이로써 거부하고 이 현상들을 십자가의 말과 사랑의 계명으로 평가했다.

세례와 주의 만찬

비슷한 사상이 세례와 주의 만찬에 관한 바울의 진술들 중에서 다시 나타난다. 사도는 여기서도 교회가 이미 알고 있는 것에 연결시킬 수 있었다(롬 6, 3 ; 고전 10, 15). 그러나 그는 어떻게 이 둘을 이해하는가? 우리가 이 둘을 한데 묶어 파악하는 신학적인 개념 '성례(聖禮)'는, 바울이 설사 이 둘을 가끔 함께 지칭했을지라도(고전 10, 1-4) 그에게는 아직 낯선 말이다. 그리고 이 개념은 본래 사도의 시야에 들어 있지 않은 제의적 행위에 대한 관심에 쉽게 결부되기 때문에 고려의 여지가 있다. 물론 이 둘은 바울에게서도 인간들에 의해 연출되는 장면이 아니라, 은혜의 능력이 작용하는 의식 행위였고, 그러한 것으로서 원그리스도교 전체에서와 같이 그의 교회에서도 전제되어 있었으며 큰 의미를 지니고 있었다. 그럼에도 불구하고 그는 이것들을 훨씬 더 실례적인, 설명하는 의미에서 다루거나 또는 '성례'의 도움 없이 직접 그리스도 소식 자체와 이미 형성된 신앙의 고백들을 통해서 얻는 인식들을 이것들로부터 얻어낸다.

세례에 관한 그의 진술들은 우선 회상적인, 실존적인 적용의 의미를 가진다. 성례로서의 세례는 그 전부터 원그리스도교에서 예수의 이름으로 실시되었고 실제적으로 작용을 일으키는 의식 행위, 즉 세례를 받은 자들을 주에게 넘겨 주고 그들에게 죄의 용서를 중개하고 영을 제공하며 그들을 주의 보호하에 두고 그렇게 함으로써 종말적인 구원의 공동체의 일원이 되게 하는 행위였다. 바울도 세례에 관해 다른 것을 말하지 않고 이 경우에 이미 이루어진 원그리스도교적 전통의 표현들을 사용했다: 그것들은 씻어내다, 거룩하게 하다, 의롭게 하다(고전 6, 11); 그리스도에게 매다, 기름붓다, 봉인하다(=표를 주다), 영의 은사(고후 1, 21-22) 등의 표현들이다. 그도 얼마나 세례의 실제적인 작용을 계산에 넣었는가는 그가 가끔 고린도에서 행해지던 이른바 대리 세례라는 기이한 관습에 대해 언급한 사실이 말해 준다(고전 15, 29). 이 관습은 고린도인이 믿지 않고 죽은 이방인들을 위해, 그들이 구원에 참여하도록 중재하기 위해 대리로 세례를 받는 것을 뜻했다. 바울은 영지주의적인 밀의 종교들에서도 알려진 이 관습을 받아들이고 추천하지는 못하면서도 단순히 배척하지도 못했다. 그는 이 관습이 죽은 자의 부활을 거부함으로써 그 고유한 세례 실천도 어리석은 것으로 만든다는 것을 고린도인들에게 증명하고자 그 관습에 대해 언급했다.

그러나 세례를 통해 현재화되는 구원 사건에 대해 열거된 언급들에서 세례의 의미가 충분히 논해진 것은 아니다. 그리스도의 '옷입음'(갈 3, 27)과 '그리스도의 몸으로 세례를 받고, 한 영을 마심'(고전 12, 13)과 같은 다른 바울의 진술들은 그리스도와 세례를 받은 자의 완전한 합일을 더 강렬하고 특별하게 묘사한다. 무엇보다도 로마서 6장 3절에서 보는 표상은 세례가 그리스도의 죽음과 부활에 참여한다는 것을 말한다. 종교사학적 유사형들은, 큰 수는 아니지만 충분한 바 다음과 같은 것을 지시한다. 즉 이 표상은 먼저 밀의 의식 참가자들이 그들의 제의신(祭儀神)의 운명에 참여하고 의전적으로 수행되는, 같이 죽고 다시 사는 의식을 통해 사망의 운명에서 구원을 받게 하는 이방적인 밀의 의식의 영향하에 비로소 헬레니즘계 그리스도 교회들 안에 들어온 것이다. 그러나 바울이 이러한 표상을 사용하고 방향을 돌리는 방법은 독특하다. 즉 이방적인 밀의 종교의 유사형들에 의해 예측되며 그의 교회들이 이해한 것과는 분명히 다르다. 그의 교회들에서 세례는 그리스도의 부활에 힘입어 죽음 너머에 있는 새롭고 초자연적인 삶에 이미 옮겨진 이전을 의미했다. 이에 반해 바울은 수세자(受洗者)들과 신자들의 현존에 관련시켜 그들이 그리스도와 함께 십자가에 달리고 죽었으며 매장되었다는 것만을 말한다. 그와 함께 부활했다는 것, 즉 생명은 그에게는 일차적으로 기대의 대상이다(롬 6장 2-8절에 있는 동사의 과거형과 강한 미래적 표현들 사이의 차이에 주의하라!). 현재는 역시 그리스도의 죽음의 표지 안에 있다. 아직 신자들은 그와 함께 십자가에 달린 자들로서 '낮아진 몸'을 지니고 있다(빌 3, 21, 비교. 3, 10. 롬 8, 17 등). 이것은 이미 종말론적 실존도 의미한다. 왜냐하면 수세자들은 파괴적인 죄의 권세로부터 탈취되었으며 죄의 지배는 지나갔기 때문이다. 그들에게는 그리스도와 함께 죽은 자로서 죽음이 이미 앞에 있지 않고 뒤에 있다; 그리고 그들은 그리스도에 속해 있다. 그러나 육체적 부활이라는 물리적인 의미에서가 아니다. 오히려 그들은 새로운 존재와 삶을 위해 해방되고 부름을 받았으며 "우리가 그의 죽음과 합해 세례를 받음으로써 그와 함께 장사되었으니, 이는 아버지의 영광으로 인해 그리스도를 죽은 자 가운데서 살림과 같이 우리로 또한 새 생명 가운데서 행하도록 함이다"(롬 6, 4). 이 의미에서 새로운 존재는 물론 수세자의 현재에 의해 이미 이런 것을 뜻할 수 있다: "이와같이 너희도 너희 자신을 죄에 대해서는 죽은 자요, 그리스도 예수 안에서 신에 대해서는 산 자로 여기라"(롬 6, 11).

죽음과 부활, 현재와 미래, 이미와 아직 아님에 대한 이러한 구별을 가지고 – 이 둘은 서로 긴밀하게 결합되어 있다 – 바울은 세례에 대한 밀의적인 사유를 철저히 타파했다. 그러나 동시에 저 결정적인 변증법을 약화시키고 평행하게 한 헬레니즘계 교회들의 통속적이고 일반적인 이해도 타파했다.

세례에 대한 바울의 진술에 일치하는 주제들이 그의 '주의 만찬'에 대한 설명에서도 나타난다. 우리는 여기에서 원그리스도교적 제의 의식의 근원들과 세부적으로 아직 완전히 해명되지 않는 이전의 역사를 더 면밀하게 다루고 원교회에서 계속된 발전을 추구하는 것을 필요로 하지 않는다. 그것이 예수의 마지막 만찬에 소급된다는 것은 의심할 수 없을 것이다. 바울 자신도 주로부터 전해진 전승에 의거해 성만찬 의식의 말을 인용해 말한다(고전 11, 23). 그러나 마찬가지로 분명한 것은 만찬의 형태와 해석이 특별히 헬레니즘계 그리스도교 영역에서 상당한 변화를 겪었다는 사실이다. 여기에서도 사도는 교회에 알려진 전통을 교회로 하여금 상기시키고 그에게 근원을 두지 않은 최후의 만찬 행위를 이해할 것을 교회에 호소한다(고전 10, 15). 그것은 잔의 축복과 포도주를 마심으로써 성찬에 참여한 자들이 그리스도의 피에 '동참'하고 이와 똑같이 빵을 뜯고 먹음으로써 우리를 대신해 죽음에 던져진 그의 몸에 '동참'하는 것을 의미한다(고전 10, 16 이하 ; 11, 23 이하). '주의 만찬' (고전 11, 20)이 실제로 공동식사로 베풀어졌었다는 것이 전제되어 있는 것이다. 처음에 감사의 말과 함께 빵을 뜯고 '식후에' (고전 11, 25) 마지막으로 잔을 돌렸다. 이 때 식사 시간에 의해 분리되는, 그리고 주의 만찬에 관한 말들을 인용함으로써 일어나는, 빵을 나누고 잔을 나누는 이 두 행위가 고린도전서에 이미 언급된 바 10장 16절 이하에서 특별한 의미, 즉 '성례전적' 의미를 확언했었다. 이 의미는 "나를 기념해 그것을 행한다"는 성만찬의 말 형식에 모순되지 않고 오히려 그것에 일치한다; 왜냐하면 이 표현은 우리가 그런 것에 관해 다른 데서도 아는 바 죽은 자를 단순히 회상하는 기념 식사만을 의미하는 것이 아니라, 말 그대로 그리스도의 구원의 죽음을 '현재화'하는 것을 의미하기 때문이다.

그러나 '참여'라는 개념으로 특징지어진 주의 만찬의 성례전적 의미는 확실히 바울 특유의 것이 아니지만—항상 공관복음서(막 14, 22 이하, 병행) 기자들에 의해 전승된 성만찬 의식의 말들도 어디서 인용되었든지 그것은 헬레니즘계 그리스도교의 것으로 간주될 수 있으나—바울이 성례전 사건에 제공한 표현은 바울 특유의 것이다. 그는 "떡이 하나이기 때문에 우리는—많지만—한 몸이니, 이는 우리가 다 한 떡에 참여함이다"(고전 10, 17). '몸'이란 말은 이 때 한 진술에서 다른 진술로 옮겨지면서 그 의미가 바뀌었다. "그것은 너희를 위한 나의 몸이다"라는 예수의 빵에 관한 말에 상응하면서 그 말은 우선 베풀어진 빵에서 먹는 자들을 구원에로 중재하고 받아들이는 예수의 죽은 몸을 가리킨다. 그러나 만찬에 참여한 자들은, 그를 받아들이면서 자신을 그리스도의 몸으로서 증명하는 바, 급기야는 새로운 현실적인 의미에서 그리스도의 몸으로서, 즉 교회의 성체(聖體, corpus mysticum ecclesiae)로서, 공동체로서 존재하며 증명한다. 그것은 단지 비유적으로 생각된 것만은 아니다; "이것이 내 몸이다"라는 말의 현실적 진술은 "우리는 그의 몸이다"라는 다른 말의 실제성에 상응한다.

믿는 자들이 구원을 받으며 그리스도의 지배권 안에 받아들여지는 것과 그들에게 의무로서 지워진 통일, 이 둘은 주의 만찬에 대한 바울의 이해에서 결합되었다. 여기에서 사도가 성만찬을 베풀 때 일어나는 과오들을 감안하며 그의 서신 11장에서 엄격하게 교회를 책망할 때 도입된 주제들과 논증들이 특징을 얻는다. 고린도에서도 사람들은 공동 식사 때 주의 만찬을 베풀되 명백히 원래 일반 식사 시간과 분리되었던 성례적 행사들, 즉 빵을 뜯고 잔을 공동으로 마시는 행사들을 합치고 전체 행사의 마지막에 행함으로써 특별히 드러나게 했다. 이 관습은, 바울과 누가(눅 22, 20)에 보존된 옛 '식사 후에'라는 문구가 마가복음서 14장 22절 이하와 마태복음서 26장 26절 이하의 보도들에서 볼 수 없는 바와 같이 이미 일찍부터 발전되었다. 바울도 저 더 오래된 의전적인 질서를 다시 도입하는 데는 관심을 가지지 않았다. 그러나 그는 정력적으로 이 발전 과정에서 형성된 공동 식사를 거부하며 일그러지게 하고, 참 성례전적인 주의 만찬에 관한 오해를 지적하는 일에는 적극적으로 개입한다. 왜냐하면 고린도 교회에는 이제 식사 자체를 앞세우고 끼리끼리 모여서 즐기는 식도락의 악습이 침투해 있었으며, 그로 인해 부자들은 잘 먹으며, 제때에 저녁 공동 식사에 참여할 수 없는 가난한 자들, 가령 노동자들과 노예들을 기다릴 필요가 없게 되었다. 공동 식사는 이렇게 교회 내부의 무서운 사회적 분열을 조장하는 구경거리로 변질되었다. 그러므로 바울은 그들과 함께 "주의 만찬을 전혀 먹을 수 없게 되었다"(고전 11, 20)고 심하게 책할 수밖에 없었다. 우리는 이 모든 것에도 불구하고 고린도인들 자신이 그들 자신의 태도의 결과들을 본래 의식하지 못했었다고 생각해야 할 것이다 ; 그들은 사실 언제나 늦게 오는 자들 역시 본래의 성례에서 제외될 수 없다고 주장할 수 있었을 것이다. 그러나 바울은 거기에 찬동할 수 없었다. 왜냐하면 그가 알기로는 성례전에서 받아들인 그리스도의 죽은 몸과, 그리스도의 한 몸으로서의 공동체, 그리고 그리스도의 피, 즉 그의 죽음에 참여하는 것과 '새로운 구원 질서'('새 언약' 고전 11, 25)는 교회에서 서로 서술되면서 불가피하게 하나가 되어 있기 때문이다. 그러나 고린도인들은 그들 상호간에 배려하지 않음으로써 그들의 모임이 주의 만찬을 경멸하게 되었으며, 신의 징계를 받게 되었었다(고전 11, 27 이하). 그러므로 바울은 그들에게 성찬을 '합당하게' 즉 그 창설의 의미에 맞게 행하고 '몸을 분별함이 없이'(고전 11, 29)는, 즉 우리와 합해 그의 몸이 되게 하는 그리스도의 몸으로서 경외하지 않고는 그것을 먹지 말라고 당부해야 했다.

이 모든 것에서 드러나는 것은 고린도 교회의 사람들에 대해 가끔 주장된 바와 같이 단순히 주의 만찬의 성례적인 의미를 망각하고 그것을 환락적·세속적인 향연을 만든 것이 아니라는 것이다. 오히려 반대로 고린도인들은 매우 순수한 승화된 성례주의를 주장했으며, 성례전에서 중재된 부활한 그리스도에 참여함으로써 구원의 더 높은 차원에 이미 옮겨졌음을 확신했다고 보아야 할 것이다. 이러한 잘못된 신앙에 대해서 바울은 이미 고린도전서 10장 1-13절에서 신의 은사로 축복을 받았으나 완고해져서 무서운 심판을 받은 광야에서의 이스라엘 민족의 모습을 그들 눈앞에 그려 주었다: "그러므로 서 있는 줄로 생각하는 자는 넘어지지 않도록 조심하라" (고전 10, 12).

성만찬 문제에 관한 바울의 논술도 예언이나 방언에 관한 것과 마찬가지로 현실화된 한 토막의 십자가 신학이다: "너희는 이 떡을 먹으며 이 잔을 마실 때마다 주의 **죽음**을 그가 올 때까지 전하라" (고전 11, 26). 환상적 피안으로 옮겨진 광신적인 성만찬이 이것으로써 그리스도의 죽음과 도래 사이의 시간과 역사 안에서 그 자리를 차지하게 된 것이다. 그리고 그 공동체는 환상적 모임을 탈피하고 가장 구체적이고 지상적인 이웃 관계로 변했다.

그리스도의 몸

예배와 특히 성례전에 대한 바울의 진술의 맥락에서 우리는 이미 여러 번 교회가 **그리스도의 몸**으로 표시된 것을 보았다. 바울은 이로써 고대에 잘 알려지고, 많이 사용된 사회학적인 전형을 받아들이고 그것을 분명하게 사용했다(비교. 고전 12, 14 이하). 그러나 통일적인 유기체이면서도, 지체로서 전체를 위해 각기 기능을 가지고 있으며, 이 지체가 없으면 전체가 살 수 없게 되는 다양하게 조직된 유기체에 관한 이 통속적인 모습으로는 바울의 사상이 온전히 표현되지 못한다는 것을 곧 알게 된다. 중요한 구절들, 말하자면 성례전들과 관련된 문맥에서 볼 수 있는 구절들(고전 12, 13; 10, 17)은 교회에 대해 비유적으로만 말하지는 않는다 : 교회는 몸과 같은 어떤 것이 아니라 오히려 더 현실적인 것으로서 그리스도의 몸이며(고전 12, 27, 비교. 12, 12), 그리스도 안에 있는 **하나의** 몸이고(롬 12,

5), 어떤 지상적인 다른 공동 사회와 비교될 수 없으면서도 지상적인 현실이며, 몸으로 죽음에 던져졌으나 교회 안에서 현재하는 그리스도에 근거를 둔 것이다. 교회는 주로 그 지체의 다수성이나 다양성이 아니라 이 한 사람 안에 '몸'으로서 그 본질을 가지고 있다. 지상적이고 인간적인 울타리와 한계들, 즉 유대인과 헬라인, 노예와 자유인, 남자와 여자 사이의(고전 12, 13; 갈 3, 28) 한계들은 여기에서 이미 타당성을 잃는다. 그러므로 엄격히 말하면 여기에서는 자연적이고 인간적인 의미에서의 유기체가 아니라 오히려 — 오해를 초래할 수 있을지라도 — 그리스도 자신이 이용해 그의 주권을 세우고 그의 영을 통해 현실이 되게 하는 한 기관, 즉 중재와 수단을 논해야 할 것이다. 교회는 비로소 되어야 할 것이 아니다; 교회는 그의 죽음과 부활에 힘입어, 그에 의해 해방되고 선사되어 이미 있다. 그리고 예외는 없다. 바로 이 때문에 바울은 고린도 교회에서 일어난 바와 같이 교회를 어떤 사람은 감복하게 하고 어떤 사람은 소진하게 하는 종교적 영웅들의 경기장과 투기장으로 만드는 것을 허락하지 않으며 또한 인간적인 현존의 지상적 · 역사적 현실로부터 이른바 피안적 · 신적인 세계에로 탈출하려는 열광주의자들을 위한 특정 지역으로 교회를 만드는 것도 허락하지 않는다. 바울에 의하면, 영은 개인들의 특권이 아니며 영은 예외적인 현상들에서만 나타나는 것이 결코 아니기 때문이다. 이 현상들은 분명히 고린도 교회에서 어떤 사람에게는 오만을, 어떤 사람에게는 자포자기적인 낙망을 불러일으켰었다. 영은 모든 사람에게 주어진 것이며 모든 사람에게서 여러 모양으로 작용하고 겉으로 보기에 사소한, 일상적인 상호 관계에서의 아주 냉철한 봉사들과 예배 행위에서도 작용한다. 고린도 교회에서는 분명히 이런 것들을 '영의 은사들'로 간주하지 않았을 것이다. 그러므로 바울은 예언과 방언, 방언을 알아듣게 번역하는 것, 영(악마와 신)의 작용들을 구별하는 은사, 사도적인 선포와 가르침, 병 고치는 은사와 함께 교회 치리(治理)와 서로 위로하며 서로 염려하는 직책도, 영의

역사 또는 바울 자신의 언어에 알맞게 말하면 '은혜의 은사들'로 간주했다. 바울이 이것들을 열거하면서 교회 제도적인 서열 또는 체제의 정비를 기하려고 하지 않은 것은 분명하다(비교. 고전 12, 9 이하, 28 이하 ; 롬 12, 7 이하). 결정적인 것은, 은혜의 역사(役事)가 각각 다르게 예외 없이, 한 하느님, 한 주(主), 한 영(靈)이 각 사람에게 신앙의 정도에 맞게 나누어 준 대로 모든 사람에게서 구체화된다는 것이다(롬 12, 5 ; 고전 12, 4 이하).

오로지 은혜의 역사들과 은사들을 이렇게 관련시켜서만 사도는 한 몸에 많은 지체가 붙은, 위에 언급한 고전적 모습도 이용할 수 있었다. 그러나 몸이라는 주제어를 비유적으로 이용한 이 둘째 것은 저 첫 번 것에 예속되어 있고 그 자체가 교회의 본질을 정의하는 것은 확실히 아니다. 그러나 그리스도의 몸에 관한 극히 현실적으로 생각된 진술들에 근거를 두고 바울은, 고린도전서 12장 15절 이하에서 초현실적이라고는 못하더라도 격한 묘사라고는 할 수 있는 교회의 황폐화를 극복하기 위해 저 유기체의 모습을 이용한 것이다. 교회는 이제 비대해진 지체들과 위축된 지체들이 서로 분쟁을 일으키고 경쟁하며 한쪽은 오만하고 안하무인이고 다른 한쪽은 위축되고 소외되었다. 바울은 이것으로써 한쪽은 비판하며 다른 한쪽에는 용기를 주면서, 교회의 지체들에게 당부한다. 자신도 자신의 자리를 지키며 다른 사람도 그의 자리를 지키게 하고, 그의 가능성들과 한계들을 분명히 알게 하며, 서로 자신의 고집으로 억압하지도, 지나치게 요구하지도 말고, 서로 의존하는 존재임을 인식함으로써 '그리스도의 법' (갈 6, 2) - 교회는 이 법으로 산다 - 을 이루라고. 이 법 아래에서는 이미 고난이 쓰러뜨리는 일도 둔화시키는 일도 없으며 영광과 영예가 질투를 일으키는 일도 없다. 그리스도의 몸의 지체들은 고통과 기쁨을 함께 당한다(고전 12, 26).

제5장

미래와 현재(종말론과 윤리)

1. 신앙의 때

바울의 이해에 의하면 신앙의 때는, '무엇이 일어났는가?', '무엇이 일어나는가?', '무엇이 일어날 것인가?'라는 세계사의 도식으로 계산되지는 않는다. 그의 선포에서, 세계를 위해 그리스도 안에서 일어난 사건이 얼마나 현재적인 것인가는 우리가 앞의 장들에서 이미 다루었으며, 바울이 지상적 실존의 '아직 아님(Noch-nicht)'을 끊임없이 첨예화하면서, 동시에 열려 있는 미래도 적지 않게 거론하고 있는 것을 본다. 그러나 미래와 현재의 관계가 이하에서 좀더 자세히 숙고되어야 할 것이다. 문제는 바로 상반된 것으로 보이는 바울 사상들이 병행되어 있다는 것에 의해 제기된다: 그는 그리스도의 임박한 도래에 직면하여 빌립보인들이 기뻐할 것을 촉구하며(빌 4, 4-5), 이 세계의 사라짐을 주의시키고(고전 7, 29), 곧 일어날 죽은 자들의 부활과 생존자들의 변화를 가르친다(고전 15, 50 이하). 그러나 이같이 바울은, 때는 찼다(갈 4, 4), '새 창조'는 그리스도 안에서 현재한다(고후 5, 17), 믿는 자들에게는 "때의 마지막이 왔다"(고전 10, 11)고 선포한다. 여기서는 실제로 변하는 기분들과 상황들에 의해 제약된, 오로지 해결될 수 없는 평행이 확인될 뿐인가? 아니면 이 모순은 역시 이른바 양적인 의미에서, 즉 하나는 지금 이미 신앙에 주어져 있으나 다른 하나는 아직 남아 있다는 의미에서 해결될 것인가? 바울이 설사 거듭 그렇게 말할 수 있었으며 특히 열광주의에 직면해 그렇게 말할 수밖에 없었을지라도 (비교. 고전 4, 8-13 ; 15 ; 고후 13, 4 등) 역시 이 두 진술 계열은 긴밀하게 연결되어 있고, 그리고 그 근저에 놓여 있는 사유 형식은 '그렇다-그러나', '그렇다-그럼에도 불구하고'의 형식으로 충분히 해결되지 않는 것이다. 실제적인 정황은 오직 '왜냐하면-그 때문에'에 의해서만 재현되는 것이다 (비교. 롬 5, 1-11 등). 왜냐하면 그리스도 증언이 고린도 사람들의 교회에서 확고해지고 그들은 그 증언에서 넘치도록 풍부해졌기 때문에 그들은 그의 미래적인 계시를 기대했다(고전 1, 4 이하). 왜냐하면 바울은 그리스도에게 잡혔기 때문에 자신에 관해 이렇게 말했다: "내가 이미 그것을 얻었다 함도 아니며 이미 온전하다 함도 아니다. 나는 그것을 얻고자 그를 좇아가노라" (빌 3, 12), "이는 우리가 구원되어 있으나 – 소망으로…" (롬 8, 24). 이것은 사실, 그리스도의 죽음으로 세례받은 자와 미래에 비로소 그리스도와 함께 주어질 생명을 기다리는 자의 현재적 구원 상태에 관한 인용문(롬 6, 1 이하)에서 지적된 것인 바, 여기서 사도는 분명히 자신을 교회의 그리스도 고백에 연결시키고 있다(롬 6, 8 이하). 고린도전서 15장의 경우도 다른 것이 아니다: 사도는 여기서, 신앙의 근거인(고전 15, 3 이하) 그리스도 사건으로부터 미래적인 죽은 자들의 부활 대망에 근거를 주려고 논증했다.

바울의 소식은 종말론에 의해 다음과 같은 것이, 즉 종말론을 – 후기 교회의 가르침에서 계속 이의 없는 것으로 된 것같이 – "마지막 일들에 관하여"라는 독자적인 주제로 종합해서 이것을 말단에 첨가해 마지막 결문으로 만들고, 여기에 개인의 죽음과 세계의 종국에 관한 바울의 모든 사상들과 진술들을 수집해 놓았다. "마지막 일들에 관하여"라는 전통적인 표지가 이미 바울에게는 맞지 않는다; 근본적으로 '마지막 것들'은 '시초'의 일들이다. 그러므로 그의 종말론을 유기적인 전체로서 시초에 거론하는 것이 더 적합하지 않은가라는 문제가 긴박하게 제기된다. 왜냐하면 종말론 없이는 그의 율법론도, 그의 의인론, 구원론, 십자가의 말씀, 세례, 성만찬, 영의 역사, 교회의 본질에 관한 그의 진술들도 생각될 수 없기 때문이다. 그러나 그렇게 하는 것으로도 역시 그의 사유와 활동의 종말론적인 기본 성격을 맞힌 것은 아니다. 적지 않은 바울 연구서들이 범하고 있는 바와 같이, 그의 종말론은 유대교적 그리고 원그리스도교적 묵시 문학에서 받아들인 표상 영역의 것과 같은 것이라는 잘못된 인상이 너무 쉽게 드러날 것이다. 설사 그것이 바울이 가령 이미 주어진 종합체에 했듯이 그리스도 소식을 삽입한 아마도 상당히 변한 표상 영역이었을지라도 그랬을 것이다. 그리고 종교사적 관점에서 이 인상을 위해 몇몇 타당한 것을 찾을 수 있고 실제로 묵시 문학적 유산과 바울적인 구원 소식 사이의 교류가 있었다고 할지라도 그 반대가 정당할 것이다. 즉 바울이 복음을 위해 전래된 종말론을 쓸모 있게 만들었다고 본다. 다시 말하면, 그리스도 소식이 먼저 묵시 문학적인 전통에 의해 새로 이해된 것이 아니라 후자가 구원 사건에 의해 새로 이해된 것이다. 현재에 관한 바울의 진술들의 타당성도 결코 격하될 수 없다. 이 진술들은 결코 열광주의적인 과장이 아니다. 다음 말은 그대로 타당하다: "누구든지 그리스도 안에 있으면 그는 새로운 피조물이다. 옛것은 지나갔다. 보라 새것이 되었다"(고후 5, 17). 유대교적이고 원그리스도교적인 묵시 문학이, 미래의 것으로 대망하면서 여러 가지 모습들로 묘사한 것(비교. 계 21, 5)이 세계에 대한 그리스도 안에서의 신의 화해 행위에 의해 이미 일어난 사건으로 선포된 것이다. 이로써 종말론이 포기되었거나 세계내적 역사 신학과 역사 철학에 의해 대치된 것이 아니다. 이렇게 헤겔적 의미에서 이해한 학자는 원그리스도교 역사 연구가인 튀빙겐의 바우르(F. Chr. Baur, 1792-1860)인데, 그는 갈라디아서 4장에 연결시켜 다음과 같이 표현하고 있다: "인간이 철없는 소년과 젊은이에서 자립적인 성숙한 남자로 되고, 부자유에서 자유롭게, 노예로부터 아들로 되는 것이 인간적 자연의 본성인 것같이 그리스도는 이를 위해 정해진 시간에, 다시 말하면 인류가 이를 위해 성숙해진 때에 아들로서 등장했다. 이렇게 볼 때 그리스도교는 내적인, 인류에 내재하는 원리(!)로부터 생겨난 종교적 발전의 한 단계이며 정신이 자아 의식의 자유를 향하는 발전이다"(신약성서신학, 1864, S. 173). 그러나 바울은 때가 스스로 성숙에 도달했다거나, 구원 사건이 이른바 그것의 세계사적 추수기라든가, 그리스도의 등장시에는 그를 바로 세계사 해결의 '도구로서의 신(deus ex machina)'이라고 부를 수 있는 정도로 사람들의 구원에 대한 갈망이 극도에까지 상승했었다든가를 말하지 않았다. 오히려 구원의 시간은 신의 은혜의 자유로운 시간이다. "이는 시간이 아들의 보냄을 촉구한 것이 아니라 반대로 아들의 보냄이 시간을 채웠기 때문이다"(M. Luther). 그러면 여기서 말하는 종말론은 무엇인가? 세계 시계가 정지된 것만을 뜻하는 것이 아님에는 분명하다. 바울이 후기 유대교적 그리고 원그리스도교적 묵시 문학과 함께 아주 특수한, 그리고 특유하게 순수한 세계 종국에 관한 표상들을 공유한 것도 확실하다. 그러나 그는 이것으로써 다른 의미에서 세계에 관계되는 사건, 즉 신이 홀로 실현하고 완성하는 사건을 생각하고 있다. 이 사건은 내재적 인간 역사의 차원과 가능성들을 파기하고 이 역사를 그 종국에로 이끌어 가는 바 - 신의 역사는 지상 역사에 대한 철저한 반대 운동이다. 이 경우에 시간과 역사, 세계는 현대적 의식에서와는 달리 이해되었다. 현대 의식에서의 이것들은 확증될 수 있는 인간의 관찰과 반성에서 드러나는 소여성(所與性)들이다. 즉 시간은 이리저리 기복을 일으키며 흐르는 현재와 과거, 미래의 흐름으로서, 역사는 시간 안에서 끊임없이 변하는 것으로서, 세계는 이 둘을 포괄하는 지속적인 구조로서 이해된다. 신학적 관점에서이기는 하지만, 묵시 문학도 달리 이해하지 않았다. 그것은 시간의 흐름을 관찰하고, 역사의 과정을 구분하며, 세계를 그의 종국과 새로운 신의 세계의 서막을 향해 해석했다.

묵시 문학의 언어와 표상들이 바울 신학에 끼친 영향은 강하나 이 신학에서 심오한 변화를 일으켰다. 그것의 사변들과 구상들, 골조들이 바울에게서 완전히 거세되거나 분명하게 제거되고(살전 5, 1 이하), 대개 단편적으로 또는 통일성 없이 산재할 뿐이다. 그의 종말론에서 근본적으로 새로운 것은 무엇보다도 예수 그리스도의 보냄에서, 십자가의 죽음과 부활에서 세대의 전환이 일어났다는 것이다. 바울의 신학에서 이것에 긴밀하게 연결된 것은 그 전에 전혀 없었던, 그에 의해 철저히 생각되고 전개된 통찰, 즉 신 앞에서 상실된 인간이 세계의 특징으로 확인되고 신의 구원의 행위는 시간과 역사 안에서 이 인간에게 일어났다는 통찰이다. 신앙의 때는 이렇게 그리스도의 죽음과 부활과 그의 도래 사이의 때로 된 것이다.

바울은 이로써 유대교적인 그리고 원그리스도교적인 형식의 묵시 문학적 대망을 극복하고 그것을 떠나 그의 교회의 광신자들에 대한 신앙의 입장을 분명하게 해명했다. 그들은 너무도 성급하게 때의 성취와 구원의 시작에 관한 소식을 탐욕적으로 받아들이고 새 시대를 그들 자신의 실존에서 연출시키되 낮아지고 고난받는 그리스도교적 현존의 나그네됨을 스스로 감내할 각오 없이 실현할 수 있다고 믿었었다. 바울 서신의 수많은 공격적인 진술들에서 우리는 다음과 같은 것을 듣는다. 즉 저 열광주의자들이 얼마나 심하게, 이미 실현된 구원과 약함 및 모순으로서 아직 남아 있는 완성의 동시성 및 일치성을 사도에게서 해소시키고, 그들의 일시적인 허공에 뜬 사유와 행동의 거짓된 힘으로 교회들을 교란시켰던가. 그들의 눈에는 바울의 사유가 무의미한 중간시(中間時)와 이미 극복된 허공으로 다시 떨어지는 것으로 보였을 것이다. 그래서 그들도 그들 나름으로 그의 소식을 극복하고 떠날 수 있다고 생각했다. 그러나 아직 남아서 계속되는 시간성에 대한 바울의 이해는 사실 어떤 결핍이 아니라 적극적으로 그리스도 소식에 의해 규정된 것이며, 이 시간성은 부득이 감내해야 할 지상의 잔여물이 아니라 십자가에서 죽고 부활한 그리스도가 의미와 내용을 제공한 구원의 상황이다. 시간성과 역사성은 신앙을 움직이게 하고 확증해 주는 장소이다.

우리는 흔히 이 인식을, 유일한 것은 아니지만 특별히 특징적인 방법으로 바울의 윤리라고 표시하곤 하던 것이다. 이 개념은 오해받기 쉬운 것으로서 바울에게는 맞지 않는 표상이다. 즉 이것은 사도의 '신학'과 구별되는 특별한, 그리스도인의 바른 행동을 위한 명제들과 지시들의 체계라는 표상을 쉽게 불러일으키며 동시에 이 둘(신학과 윤리)은 '이론'과 '실제'라는 표제로 다루어지는 경우도 있다. 설사 그의 서신들 중에 있는 권고들이 독자적인 자리를 차지할지라도, 아니 그것들의 독자적인 형식만을 차지할지라도 바울은 그와 함께 근본적으로 잘못 이해된 것이다. 마찬가지로 이것들이 플라톤적이고 스토아적인 혹은 어떤 현대적인 윤리에서와 같이 이런 혹은 저런 종류의 이념, 즉 인간과 국가, 사회 혹은 세계에 관한 이념으로부터 추론되는 것도 잘못이다. 그의 권고들은 유대교에서와 같이 어떤 고정된 율법, 즉 여러 상이한 생활 관계들과 상황들을 위해 해석되고 적용되는 율법에서 방향을 설정한 것도 아니다. 이에 반해 바울은 "너희는 율법 아래 있지 않고 은혜 아래 있다"(롬 6, 14)고 말한다.

2. 은혜에 의한 삶

은혜에 의한 삶이란, 신이 먼저 그리스도 안에서 행한 행위에서 믿는 자들의 모든 행동이 시작되고 끝난다는 것을 의미한다. 믿는 자들의 행위는 추상적이고 이상적인 가능성이 아니라 현실에서 비롯된다. 이 현실은 믿는 자가 현실에 무엇인가를 첨가해야 할 것이 아니라, 오히려 자기 자신의 실존을 순종적으로 포기함으로써 받아들이며 승인해야 할 현실이다. 그러므로 사도의 권고들 역시 그의 구원 소식의 다른 일면일 뿐이다. 그러므로 로마서(롬 12-15)의 '생활률' (권고)은 선행하는 서신 전체의 소식에 근거를 둔 이미 인용된(참조. 위 S. 255-256) 포괄적인 선포와 단호한 말로 한 번 더 그 소식을 상기시킨다: "그러므로 형제들아, 내가 신의 자비함으로 너희에게 권하노니…" (롬 12, 1). 다른 전형적인 예는 빌립보서 2장 1절 이하에 있는 바, 다른 사람에 대한 사랑(겸손)에서 자신을 포기할 것을 권하는 권고에서 나타난다. 바울은 이 때 초기 공동체의 시가(詩歌) 자료에서 유래된 그리스도 찬가를 인용한다(우리에게 보존된 가장 옛 교회의 노래!). 그 내용은 그리스도가 자신의 신적 존엄을 스스로 포기했다는 것, 인간의 깊이에까지 내려와서 십자가에 죽기까지 순종함으로써 자기를 버리고 낮추었다는 것, 바로 그것 때문에 신이 그를 모든 세력들과 권세들의 지배자(Kyrios)로 삼았다는 것이다(빌 2, 6-11). 이 서언은 지상 예수의 모범적인 겸손한 마음씨만을 지시하지 않고 이 사건을 향해 이렇게 말한다. 이것은 루터의 번역("각 사람은 예수 그리스도와 같은 마음을 품으라")이 알려 주는 것 이상의 것이다: "너희의 생각을 예수 그리스도 안에서 일어난 일을 향하게 하라" (빌 2, 5). 즉 현실로서 우리를 감싸는 그 안에서 일어난 사건을 향하라는 것이다.

그런데 이 현실을 받아들이고 승인하는 일 자체는, 공로와 업적은 아닐지라도 최고의 행동이며, 그러므로 은혜는 믿는 자들에 대해 자연적인 강압으로 작용하는 것이 아니다. 그리고 은혜를 받는 자는, 조각가에게 하나의 죽은 대상에 불과한 돌과 같은 것이 아니다. 그러므로 바울은 언급된 구절에 직접적으로 연결시켜 매우 역설적으로 이렇게 계속 말한다: "그러므로 나의 사랑하는 자들아… 두려움과 떨림으로 너희의 구원을 이루라. 이는(!) 신이 (그의) 뜻을 이루기 위해 너희에게서 소원과 성취를 완성하도록 하는 자임이라" (빌 2, 12-13). 주의할 것은 여기에서 이 행위가 신과 인간 사이를 나누어 놓음으로써 두 명제가 서로 보충되어야 한다는 것이 아니라는 사실이다. 가령 너희 모든 노력을 기울이라. 그러면 신이 그 때에 자기의 것을 첨가하고 너희 수고를 완성시키리라는 것이 아니다. 또는 그가 시작했으니 너희는 그것이 유종의 미를 거두도록 힘쓰라는 것이 아니다. 결코 그런 것일 수 없다. 이 두 명제는 서로서로에게 근거를 제공한다. 즉 신이 모든 것을 하기 때문에 너희도 모든 것을 해야 한다. "두렵고 떨림으로" – 이것은 구약성서와 신약성서에서, 신이 만나는 자, 그의 활동의 결투장에 세워진 자, 그의 길을 지키려는 노력과 그의 은혜를 헛되게 하지 않으려는 노력으로 가득한 인간의 경악과 불안을 특징짓는 표시이다(고후 6, 1). 믿는 자들은 이렇게 그리스도로부터 오면서 그리스도의 '날들'을 향해 도중에 있고 일그러지고 거꾸로 된 세대 한가운데서 "생명의 말을 지키는 자들로서, 세상에 빛을 나타내는 자"로서 "신의 흠없고 귀한 순진한 신의 자녀"가 되도록 부름을 받았다(빌 2, 15-16).

구원 약속과 순종하라는 부름, 초청과 요구의 상호 관계는 바울에게는 특별하다. 이 관계는, 물론 잘못은 아니라 할지라도 너무나 퇴색된 '은사와 사명'이나 '너인 것이 되라'라는 말투들로 설명되는 경우가 잦다(언어는 그의 일상적인 정확성을 통해 자주 일의 정황을 왜곡시킬 뿐 아니라, 질문과 이해를 환기시키는 대신에 일의 정황을 자명한 것으로 만든다!). 직설법과 명령법에 관한 이 공존 및 혼합 관계는 바울 서신들에서 다양한 형태들로 나타난다(비교. 롬 6, 2 이하 ; 6, 11 이하 ; 8, 1 이하 ; 8, 12 이하 ; 15, 1 이하 ; 갈 5, 1.13 등). 이 관계는 약속과 요구가 가끔 내용상 일치하는 데서도 천명된다: "너희는 그리스도로 옷 입었다"(갈 3, 27)와 "주 예수 그리스도로 옷 입듯 하라"(롬 13, 14), "우리는 죄에 있어서 죽었다"(롬 6, 2)와 "너희는 너희 자신을 죄에 대해 죽은 자로, 그리스도 예수 안에서 신에 대해서는 산 자로 여기라. 그러므로 죄로 하여금 너희 죽을 몸을 다스리지 못하게 하라…"(롬 6, 11-12). 혹은 바울이 유월절과 누룩 없는 빵을 먹는 유대교의 관습에 연결시켜 다음과 같이 비유로 말하는 고린도전서 5

장 6절 이하를 들 수 있다: "너희가 실제로 '누룩 없는 자' 인 것과 같이 (순결과 진리의) 새 덩어리가 되기 위해 (비행과 악의의) 낡은 누룩을 내어 버리라." 갈라디아서 5장 25절에는 "만일 우리가 영으로 살거든, 또한 영으로 행하라" 고 고전적으로 표현되어 있다. 여기에서는 어디서나 권고들의 움직이는 범위가 구원 진술들의 범위를 넘지 않는다. 새로운 삶은 은혜를 통해서 믿음에 선사된 것을 넘어서지 않는다. 그러므로 권고들에서 그리스도인에게 환기시키는 생명을 단지 신앙에 뒤따르는 결과로만 이해하는 것으로써 만족할 수 없다; 이 생명 자체가 신앙의 일면이며 신에 의해 약속된 것의 획득이다. 믿는 자의 행동은 신의 행위에 의해 살고 순종의 결단은 신이 이미 그리스도 안에서 세상을 위해 결단한 것에서 산다. 그래서 '은혜로 사는 것' 과 '삶을 은혜에서' 는 둘 다 동등하게 접근한다.

사도의 권고에서 주어지는 모든 역점은 역시 목표가 정해진 운동의 근원으로서의 믿음의 근원에 있다. 바울이 순종에서의 삶을 위해 ("우리가 새로운 존재와 새로운 생명에서 거닐기 위해," 롬 6, 4) 이미 유대교에서 익숙한 활보라는 표현들을 반복해 사용한 것은 우연이 아니다. 가르침과 교시를 '길(들)' 로서 표현하고 있는 것도 마찬가지이다(고전 4, 17 등).

인간의 행동 방식들의 다양성은 이 경우에 – 새로운 긴박성과 동시에 단순성으로 – 신의 구원 행동을 자주 상기시키면서 '낡은' 존재와 '새로운' 존재를 쐐기처럼 서로 갈라놓는 옛과 지금의 양자택일로 축소시킨다(비교. 갈 5, 19 이하와 고전 6, 11 등). 이 사실은 사도의 권고가 그리스도인이 선택해야 할 가능성들로 논증하지 않고 그가 해방되고 다시 얻는 세력권과 지배권의 영역들, 즉 율법과 은혜(롬 6, 14), 죄와 의(롬 6, 16 이하), 육과 영(롬 8, 5 이하; 갈 5, 16 이하), 죽음과 삶(롬 8, 6)으로 논증하는 데서도 역시 드러난다.

그리스도인들의 그러한 생활이 '순종', '봉사', '책임' 에서 구체적으로 뜻하는 것을 예로 드는 데서, 바울은 그의 권고들에서 새로운, 특별히 그리스도교적인 가치 계층(Werteskala)을 찾아내는 노력을 기울이지 않고 곧바로 보편적으로 타당한, 이해 가능한 개념들과 화법들을 의도적으로 사용했다. 이것은 특별히 유대교적 격언 전통과 헬레니즘계의 통속 윤리의 '미덕 목록과 악덕 목록'에서, 형식과 내용상으로 그 직접적인 유사형들을 보는 바, 수많은, 짜임새 없이 비체계적으로 나열된 그의 권고의 배열들에서 명백히 드러나 있다(비교. 롬 1, 29-31 ; 12, 8-21 ; 13, 13 ; 고전 5, 10-11 ; 6, 9-10 ; 고후 12, 20-21 ; 갈 5, 19-23). 그가 로마서 12장 8절 이하에서 격언집을 잠언집과 다른 구약성서 문헌들로부터뿐 아니라 원그리스도교 전통으로부터도 격언 자료를 얻어 나열한 것과 같이, 그는 어떤 수정도 구별도 없이 이방의 합리적인 윤리로부터도 도덕적인 교시들을 이용할 수 있었다. 가령 로마서의 생활률에서 유명한 그리스적인 개념인 신중함이라는 개념을 개괄적이며 수사적으로 다음과 같이 표현했다: "이는 내게 준 은혜를 힘입어 너희에게 말하는 바, 마땅히 생각할 그 이상의 생각을 품지 말고 오직 신이 각 사람에게 나눠 준 믿음의 분량대로 신중하게 생각하라"(롬 12, 3). 빌립보서 4장 8절의 극히 그리스적으로 종합 파악된 교시도 특징적이다: "끝으로 형제들아, 무엇에든지 정결하며 무엇에든지 사랑할 만하며 무엇에든지 칭찬할 만하며 무슨 덕이든지 무슨 기림이든지 이것들을 생각하라." 여기에서 전통은, 구체적으로 행해야 할 것이 무엇인가는 누구나 원칙적으로 알고 있으며 이해하고 있거나 아니면 그것을 알 수 있고 반드시 안다는 것을 뜻한다. 신의 뜻은 언제나 이미 그리고 계속 타당한 것, 양심과 마음, 이성에 씌어 있는 것, '선한 것, 기뻐하는 것, 온전한 것'으로 언제나 새롭게 검토되며 확증되는 타당한 것을 지향한다(롬 12, 2).

여기에서 새로운 것은 권고의 내용이 아니라 문맥이다. 즉 그리스도인들이 가고 있는 길이 어디서 와서 어디로 가는가 하는 방향이다: 시발점은 그들의 삶의 근원, 즉 그들이 힘입어 새로이 봉사하고 순종하는 은혜이다. 그리고 그들의 방향은 그들이 부름을 받고 구원을 얻을 그리스도 도래의 날이다(살전 4, 7 ; 5, 9). 그들도 그 '날'에 신(神)인 재판장 앞에서 자신을 변호해야 한다(롬 14, 12 ; 고전 4, 5 ; 고후 5, 10 등).

우리가 편지를 일일이 뒤져가며 생활률적인 부분들을 훑어보면, 놀랍게도 바울이 얼마나 다양하고 차이 있게, 언제나 철두철미 도식적으로 하지 않고 상투적으로 하지 않고 논증하되, 바꿔 말하면 그의 청중들과 독자들의 이해에 호소했으며 선포나 명령만을 일삼지 않았다는 것을 볼 수 있다. 말 그대로 그의 논증은 '동기를 부여하고' '움직임'의 근거를 주는 것이다. 특정한, 중심적인 주제들은 빈번하게 반복되며 서로 엉켜 있으나 다른 것들은 더 보충해 주고 확인해 주는 성격을 지니고 있다. 그럼에도 불구하고 바울이 믿는 자들의 행동을 위해 그리스도 안에서의 신의 구원 행위의 의미와 의의를 얼마나 유효하고 다양하게 변조하며 전개했는가는 간과할 수 없다. 즉 바울이 그들로 하여금 그리스도의 죽음에 의한 그들의 세례를 회고하게 하고(롬 6, 3-4 ; 고전 6, 11), 그들이 그리스도의 몸의 지체들임을 알게 한다(고전 11, 17 이하 ; 12, 12 이하 ; 롬 12, 5 이하). 그리고 그들에게 그들의 자유를 정당하게 사용할 것을 환기시킨다. 이 자유는 자신의 권리를 주장하는 것이 아니라 다른 사람, 즉 약한 자를 위해 과감히 자신의 권리를 포기하는 자유이다(고전 8, 1 이하 ; 10, 23 이하 ; 비교. 롬 14, 15). 혹은 바울은 공동체에 대해 잘못된 자기 평가와 안전을 경고하며(고전 10, 1 이하), 열방과 이방 세계에서도 그리스도의 지배에 관한 복음이 작용하고 승인되도록 그들이 함께 책임질 것을 호소하고(롬 15, 7 이하), 또는 그들에게 주의 임박한 도래를 경고한다(빌 4, 5 ; 롬 13, 11 이하).

그러나 엄밀한 의미에서 신학적이 아닌 저 다른 주제, 즉 마땅한 것(고전 11, 13, 14, 34), 관례(고전 11, 17). "자연이 가르치는 것"(고전 11, 14 이하 ; 비교. 롬 1, 26 ; 2, 14), 또는 모든 교회들의 좋은 관습들(고전 11, 16 ; 비교. 이 책 S.250)에 대한 호소들도 주도 사상과 결합되었다. 그리고 이 사상에는 물론 기회에 따라, 가령 사도가 예배에서의 여인들의 열광주의적인 해방 운동 경향들에 반대한 기이할 만큼 모호한 부분인 고린도전서 11장 2-16절에서와 같이 창조 질서에 관한 특유한 사변들도 연결될 수 있다.

바울이 일일이 그의 권고들을 어떻게 설명하고 어디서나 승인되는 것을 어떻게 받아들였던 간에 그것이 세상에 대한 바울의 타협을 뜻하지는 않는다. 반대로 그런 구절에는 바로 다음과 같은 지시가 따른다: "너희는 이 세상의 태도를 받아들이지 말고 너희의 마음을 새롭게 함으로써 변화를 받으라"(수동적 명령법!)(롬 12, 2).

이렇게 바울의 지시들은 종말론적인 동시에 세상에 언제나 이미 있는, 언제나 있을 가치들에 의해 설명되는, 외견상 모순된 사태로 나타난다. 이 둘은 그리스도인의 세상에 대한 관계를 규정한다.

3. 그리스도인의 신분과 삼가야 할 것

바울에 따르면, 그리스도인의 삶은 세계 도취에서도 세계 도피에서도 멀리 있다. 신앙은 세계에서 해방시켜 독립시키며, 동시에 세상 안에 존속할 의무를 지운다. 세상에 대한 이 독특한 이중적인 관계는 바울에게서 다양하게 표현되었다. 그들에게 열린 새로운 삶에 힘입어 믿는 자들은 더 이상 이 세상과 그 권세들과 계략들에 속하지 않고(갈 1, 4) 십자가에 달려 죽었다가 부활한 주(롬 14, 7 이하)에 속해 있다. 그리스도의 십자가를 통해서 세상은 바울에 대해 십자가에 못박히고 바울 또한 세상에 대해 그러하다(갈 6, 14). 이것은 갈라디아의 유대교주의자들이 집착했던 율법 행위의 형태로 세상에 더 이상 빠지지 않아야 한다. 그러나 세상에 대한 도취는 세상과의 일상적인 불안한 거래의 형태로도 적지 않게 위협한다. 그러므로 모든 지상적 조건들로부터 거리를 두라는 사도의 외침은 이렇다:

"아내 있는 자들은 없는 자같이 하며,

우는 자들은 울지 않는 자같이 하며,

기쁜 자들은 기쁘지 않은 자같이 하며,

세상 물건을 쓰는 자들은 쓰지 못하는 자같이 하라.

이는 이 세상의 형태는 지나감이니라" (고전 7, 29-31).

이 명제들은 그 자체로 보면 지상의 모든 인연에서 벗어나 좋고 나쁜 운명에 대한 경험들과 생활 사정들에 대해 태연하라는 견유 스토아 철학파의 생활 이상에 대한 고전적 풀이로 볼 수 있다. 이 철인을 둘러싸고 있는 것, 그가 경험하는 것 – 조국, 우정, 가정, 건강과 질병, 존경과 멸시, 부(富)와 빈곤, 사랑의 기쁨과 죽음 – 이 무엇이든지 그것은 참 현자의 고유한 본질에는 아무런 해를 끼치지 못한다; 그는 이 모든 것에서 자유롭고 그것에 상처를 입지 않는다(에픽테트).

고린도전서 7장 29-31절도 속담적인 생활 지혜처럼 모든 지상적인 것의 덧없음을 가지고 논증한다. 그러나 이것으로써 시간이 빠르다는 일반적 · 인간적인 체험만을 표현하는 것이 아님은 더 말할 필요도 없다. 시간이 축소되고 충분치 않게 된 것은 그리스도의 가까운 재림 때문이며 임박한 세계 종말이 더 가까워졌기 때문이다. 현 세대 가운데 많은 사람들이 살아서 그것을 경험할 만큼 가까워졌다(살전 4, 15 이하; 고전 15, 51 이하, 비교. 빌 4, 5). 그 때와 시간을 아는 사람이 없으며 '주의 날'이 '밤에 도둑처럼' (살전 5, 1-2) 온다고 하더라도 그것은 바울이 기대한 가까운 대망의 확신을 변경시키지 못한다. 고린도전서 7장의 바울의 지시들과 충고들도 이 문맥에 의해 해소될 수 없다. 그러나 이것은 바울에게 '네가 죽는다는 것을 기억하라'는 일반적 명제와는 전혀 무관하게, 믿는 자들이 부름을 받고 그리스도 안에서 이미 새로운 존재가 되었다(고전 7, 17 이하)는 것과 그럼으로써 그들의 근심은, 영에서 현재하며 구원과 심판을 위해 오고 있는 주에게 맡기라는 것을 뜻한다.

사도가 이러한 종류의 종말론적이며 기독론적인 축소된 시간 전망으로 고린도전서 7장에서 자세히 논의한 결혼의 문제들은 고린도인들이 서신으로 그에게 제기한 것이며(고전 7, 1), 특별히 특정한 그룹이 교회 안에서 과장 선전한 열광적 · 금욕적인 사상들을 근거로 제기한 것이다. 여기에도 역시 모든 세속적이고 인간적인 관계들에서 벗어나 그것들을 버리고 새롭고 초지상적인 현존의 실현을 향해 해방되라는 경향을 볼 수 있다. 그리고 이것은 아마도 바울 자신의 말, 즉 "여기에는 유대인이나 헬라인도, 종이나 자유인도, 남자나 여자도 없고 모두 그리스도 예수 안에서 하나이다" (갈 3, 28, 비교. 고전 12, 13)라는 말에 의거한 것일 수 있다. 사람들이 이 말에서 추론한 결과는 결혼의 폐기와 성적 교제의 포기였다. 이와 같은 열광주의가 어떤 상반된 결과를 초래할 수 있었는가를 볼 수 있다. 즉 그것은 창녀들과 성적 충동을 거칠게 소진시키는 것을 허용하는 것이었다. 왜냐하면 이와 같은 천박한 일들은 그리스도인들의 본래성에 해를 가할 수 없고(고전 6, 12 이하), 그래서 모든 성적인 관계들의 포기도 물론 마찬가지이다. 그리스도인들이 결혼을 해야 하는가, 안 해야 하는가, 성립된 결혼이 계속되어야 하는가, 그렇다면 어떻게 계속되어야 하는가 또는 갈라져야 하는가, 그렇다면 어떻게 갈라져야 하는가, 약혼자는 신부와 결혼을 해야 하는가라는 등의 질문에 대한 독특하고 모호한 대답은, 우리에게 거의 이해되지 않으나 원그리스도교적 전제들로부터는 확실히 이해될 수 있는 이 모든 문제들에 대해 사도가 어떤 어려운 처지에 있었는가를 보여준다. 그 자신이 '금욕적인' 대답에 기울어지고 있었다는 것은 이 장 첫 구절이 증명해 준다: "남자가 여자를 가까이 아니함이 좋다" (고전 7, 1.8)든가, 사도 자신과 같이 결혼하지 않고 지내는 것이 더 좋다(고전 7, 8.26 이하, 비교. 7, 36 이하). 그러나 그러한 처세에는 누구에게나 부여되는 것이 아닌 '은사'가 전제된다(고전 7, 7); 바울은 자연적인 충동적 욕망을 감안한 어떤 율법도 만들려고 하지 않는다(고전 7, 2.9). 결혼 상대자가 죽으면 결혼이나 재혼은 죄가 아니다(고전 7, 28.36.39-40). 성립된 결혼은 상대자가 비기독교인인 경우 그가 고집하지 않는다면(고전 7, 12-13) 예수 자신의 말과 같이 갈라지지 않는 것이 좋다(고전 7, 10 이하). 그것은 그러나 결혼과 결혼 생활이 바울에 의해 전체적으로 볼 때 설사 그것이 신적으로 합법화된 것일지라도 단지 간음과 사탄의 유혹들(고전 7, 2.5.9.36 이하)에서 보호하기 위해 인간의 성적 충동의 위력에 대처하는 불가피한 조처로 간주되었다는데는 역시 변화를 가져다 주지 못한다. 무엇보다도 바울은 절박한 세계 종말에 직면해 교회의 지체들을 돌본다는 의도에서, 즉 결혼에 의해 특별한 '근심'(고전 7, 28)과 '염려'(고전 7, 33-34)로 반드시 초래되는 번거로움들을 모면하게 하려는 의도에서 그렇게 본 것이다.

누구도 결혼에 대해 바울이 편파적이며 축소시키는 것이 종말론적으로 한정되어 있고 또한 오늘의 우리에게 순전히 부정적으로 비치는 것을 부정할 수 없을 것이다. 이성들 사이의 사랑 또는 결혼과 가족 안에서의 풍부한 인간적인 경험에 대한 적극적인 가치 평가를 고린도전서 7장에 대한 자세한 연구에서 찾는 것은 헛수고일 것이다. 사도는 불신자와 결혼한 그리스도인들에게 자기 쪽에서 이혼을 강요하지 말라고 권고할 때, 혼인에서 그리스도인 쪽으로부터 비그리스도인 쪽, 즉 한쪽 부모와 (세례받지 않은) 아이들에게 미치는 '성결케 하는' 힘들을 거의 마술적인 표현으로 단지 부수적으로만 언급한다(고전 7, 14).

그럼에도 불구하고 바울의 판단에서 매우 냉철한 사실주의를 간과할 수 없을 것이며, 무엇보다도 바울이 고린도의 금욕적 열광주의자들과 후기 교회에 만연되어 있던 경향들에 대해 결혼과 성생활을 원칙적인 이원론의 의미에서 일반적으로 거부하지 않았다는 사실에 주의해야 할 것이다. 그러한 관점들과는 달리 사도에게서 논제가 된 것은 먼저 변화를 받아야 하는 **상태들** – 이것은 어떤 구원의 의미도 가지고 있지 않다 – 이 아니라 그것들 가운데서 행해지는 그리스도인들의 **행동**이다. 바울의 지시의 주요 동기와 척도는 오직 도래하는 주에 대한 믿는 자들의 관계에 있다. 믿는 자들이 어떻게 구체적으로 그리스도인됨을 실현하고 수호하는가의 결단을 바울은 개인에게서 탈취하지는 않는다. 바울은 이를 위해 오로지 지표들만을 제시하며 동시에 자신의 능력에 대한 모든 자기 기만을 경고한다. 여기에 그의 권고의 특유한 변조됨의 근거가 있다. 이것은 그에게 제기된 문제들에 대해 황당한 표현이 아니라 오히려 매우 특정한 핵심에 근거를 둔 조심성, 즉 자기 검토에서 '영'(고전 7, 40)과 신앙에 의해서만 결단이 내려져야 할 때 율법적으로 평가하는 조심성의 표현이다 : "내가 이것을 말함은 너희의 유익을 위함이고 너희에게 올무를 놓으려 함이 아니며 오직 너희가 성실하고 신실하여 비뚤어짐이 없이 주 안에 머물도록 함이다"(고전 7, 35).

이 모든 것과 함께 – 말 그대로의 의미에서 시간에 결부된 – 고린도전서 7장은 세상과의 그리스도인의 관계를 위해 실례적 의미를 가진다. 사도가 믿는 자들이 세상에 대해 거리를 두라고 강조한 만큼, 고전적으로 표현하면 다섯 번 변형된 표현으로 "마치 가지지 않은 것 같은 소유"(고전 7, 29-31)를 분명하게 강조한 만큼 그는 동시에 세상에서의 모든 그리스도인의 신분에도 기본적인 의미를 제공한다. 이것을 가장 분명하게 보여 주는 것은 결혼 문제들의 검토에 삽입된, 더 넓은 의미에서 고린도인들에 의해 제기된, 다음 질문에 관한 간략한 논술이다. 즉 그리스도인됨은 종교적·사회적인 신분들을 교회에서 지양함으로써 표시되어야 하지 않는가, 즉 이전 유대교인들은 할례의 언약 표시를 무시할 것인가, 또는 이방인들도 그것을 받아들일 것인가, 또는 종들과 주인들 사이의 차별도 표면적으로 없앨 것인가(고전 7, 17-24) 하는 것이다. 사도의 대답은 기이하게도 '보수적'이다: "각기 부름을 받았을 때의 신분에 그대로 머물라"(고전 7, 20), 아니 종들은 자유로울 수 있는 가능성이 주어질 때에도 그것을 이용하지 말라(고전 7, 21). 이 이질감을 주는 지시를 이해하기 위해 물론 주의해야 할 것은, 첫째는 그 지시가 교회 내부 사정에 관련된 것이지 사회 구조의 문제성에 관련된 것이 아니라는 것과, 둘째는 우리 현대인의 개념인 '신분'

이, 의도적은 아니라 할지라도 일반적인 보수적 계급론의 표상들에 잘못 관련되기 쉽다는 것이다. 바울의 지시에서 이런 것을 생각할 수는 결코 없다. 여기에서 실제로 세속 그리스어 화법을 감안하면서 '신분'으로 번역될 그리스어는 바울 서신 다른 곳에서는 (신의) '소명(klēsis)'을 표시하는 말이다. 고린도전서 7장 17절 이하에서는 역시, 믿는 자들이 신의 '부름'에 의해 서로 다르게 믿게 된, 각기 다른 구체적인 종교적 또는 사회적 상황을 강조하는 것이 분명하다. 이 때 바울은 이 둘에는 똑같이, 즉 이런저런 어떤 종류의 생활 사정이든지 그것 자체에는 이미 아무런 의미도 없다는 것을 힘주어 말한다; 그것들은 믿는 자들의 구원에 관한 한 철저히 상대화되고 세속화된 것이다. 그럼에도 불구하고 그것들은 결정적인 의미를 가지고 있고 계속 의미를 가질 것이다. 그것들은 그리스도가 새로운 실존을 위해 믿는 자들을 이미 해방시킨 지상의 역사적 · 구체적인 장소를 표시하기 때문이다: 종은 그를 통해서 '주의 풀려난 자'가 되었고, '자유인'은 '그리스도의 종'이 된 것이다(고전 7, 22 이하). 이 사실은 '각자가 부름을 받고 머물러 있는' 신분에서 증명되어야 한다.

4. 관권에 복종하라!

많이 다루어진, 문체와 내용상으로 서신들 여기저기에 흩어져 있는, '관권(官權)에 복종하라'는 사도의 권고(롬 13, 1-7) — 소수의 성서 텍스트들이지만 얼마나 역사에 길이 영향을 끼쳤으며 또 이 역사로 인해 그 이해의 어려움도 가중되었다 — 도 그리스도인의 세계 관계에 대한 중요한 단면을 보여 준다. 그 내용은 우선 그리스도인에게도 해당하는 단순한 요구, 즉 국가 권력들에 복종하라는 요구, 그러므로 시민적 성실을 위한 권고 이상도 이하도 아니다.

이 텍스트 자체는 그렇게 '옛날식으로' 표현하는 것과 집요한 모든 의혹과 이의(異議), 혁명의 윤리적 가능성 및 정당성에 대한 문제들과 많이 토론된 그리스도교적 순종의 한계에 관한 문제들을 주저없이 이 텍스트에 개입시키는 것을 금한다. 이 문제들은 여기에서 바울에 의해 의도적으로 제거되었다고 말하고 싶을 정도이다. 또 뚜렷한 것은 그가 국가에 대해 요구된 행동에 모든 특수한 그리스도교적 근거들을 제공하는 것을 여기에서 단념한 것이다. 이 텍스트 중에서는 어느 구절에서도 그리스도라는 이름과 신앙이라는 말조차 발견할 수 없다. 사도는 오히려 단적으로 누구에게나 해당하는 의무를 그리스도인에게도 지우고 있다 : "누구나 이미 제정된 권력들에 복종하라" (롬 13, 1). 로마 · 헬레니즘계의 법용어 및 행정 용어의 수많은 예증들에 의해 잘 알려진 어휘가 증명하는 바와 같은 이 '권력들'과 그 대표자들이 국가와 도시의 현직 집권자들 및 관원을 가리키는 것은 분명하다. 그들은 질서를 수호하며 반란을 막는다. 그들은 – 같은 시대에 많은 텍스트들 역시 같은 것을 말하는데 – 선한 시민적 행동을 '표창'하고 반항자들을 벌한다. 여기서 '선'과 '악'은 일반적으로 타당한, 어떤 설명도 불필요한 의미에서 생각된 것이다(롬 13, 3-4). 그러므로 다스리는 자들에게는 무력(武力, jus gladii), 다시 말하면 특별히 황제에게 속하지만, 그러나 그의 총독들에 의해서도 집행되는 자산 재판권이 주어졌다(롬 13, 4). 시민들이 지불해야 하는 '세금'과 '관세'들과 다스리는 자들에게 베풀어야 할 합당한 존경('명예')을 말한 것도 이에 일치하는 것이다(롬 13, 6).

이미 그리스도 이전 유대교와 동시대의 유대교가 말한 바와 같이 로마서 13장은 국가 권력을 신에 의해 제정된 '질서'라고 부르고 있다. 이 개념이 어느 정도 전체 권고를 지배하는가는 그것을 둘러싼 수많은 그리스어 표현들이 보여 준다: '복종하다', '신에 의해 제정된', '신의 질서', '질서에 저항하다.' 그러므로 지배자들은 '선을 위한 신의 종', '범법자를 처벌하는 대항자'를 뜻한다(롬 13, 4.6). 그들은 형벌의 두려움뿐 아니라 '양심 때문에도' 순종해야 한다(롬 13, 6).

바울은 (이방!) 지배자가 그 권력을 오용할 수도 있다거나 그 때문에 그리스도인은 인간보다 신을 더 순종해야 할 처지에 처할 수도 있다(행 5, 29) — 이것은 알려진 바와 같이 그리스도교의 문제만은 아니다(안티고네!) — 는 등을 시사조차 하지 않고 이 모든 것을 말하고 있다. 이렇게 로마서 13장은 바로 '문제성 없는 성격 때문에' 계속 문제시되어 왔다. 그러므로 우선 이 텍스트의 특수성과 지향성을 좀더 정확히 주목하고 그 특수한 문제성을 다루는 일은 우선 보류해야 할 것이다. 이 텍스트는 그 양식과 내용상으로 헬레니즘계 유대교에서 먼저 다져진 것이며 사도에 의해 받아들여진 전형적 생활률의 한 토막이다: 거의 자명한 이 확인이 정확히 말해 주는 것은, 여기서는 '모범적 지배자' 형(型)을 예로 들어 지배자들이 그 직권을 어떻게 바로 집행해야 하는가를 그들에게 가르치고 있지 않다는 것이다. 오히려 여기서 상대가 된 자들은 로마에 있는 그리스도인들이며 또한 그들이 이 지시를 받은 것인데, 이 지시는 흔히 고대 및 그리스도교의 생활률들이 역시 그렇듯이, 단순하고 언제나 타당한 행동률을 좀더 인상적으로 표명하기 위해 현실적인 상황들과 분규들을 설명하는 것을 포기한 지시 양식에 속한다. 이러한 관점에서 볼 때 로마서 13장에서 일반적인 국가론과 계급론 또는 창조 질서 및 보존 질서들의 신학을 이끌어내면 안 된다는 것을 알 수 있다. 그런데 교회사는 유감스럽게도 그런 예들로 가득 차 있다. 바울의 권유들에 대한 이해는 그렇게 취급됨으로써 잘못된 방향을 걸었으며, 그 목표는 전도되어 사도와는 완전히 이질적인 종교·형이상학적 사유 도식의 희생물이 되었었다.

로마서 13장을 위해서도 결정적으로 중요한 것은 전후의 문맥이다. 이미 언급된 바, 그것들은 모든 것을 위해 계속 방향을 제공하는 권유들(롬 12, 1-2)이다: 그리스도인으로서 자기 자신을 신에게 '제물로 드리고', '세상에 영합하지 말라'는 권유들; 임박한 마지막 '날'의 '때'와 '시간'을 인식하고 '빛의 무기들'로 무장하라(롬 13, 11 이하)는 선언이다. 이 두 권고는 신에 의해 임명된 지배자에게 복종하고 '신의 섭리'에 반항하지 말라는 지시 또한 포함되어 있다. 바울이 이 종말론적 관점에 따라 그리스도인들을 향한 순종 요구를 상대화하거나 국가에 대한 관계를 중요하지 않은 것으로 평가 절하하려고 했다고 보기는 어렵다. 그럼에도 불구하고, 분명히 표현된 바는 아니지만 이로써 정치적 생활이 지상적인 시한부의 자리를 차지하게 되었다. 그러나 동시에 바울은 이 세계의 일상 생활에서, 즉 그리스도인에게서도 모든 사람들에게 이미 주어져 있는 확정된 세계 외에 다른 것이 아닌 세계의 일상성에서 '때'의 인식을 통해(롬 13, 11) 고양된 긴박성과 오로지 신앙으로만 이해되는, 권유의 차원 자체를 넘어서, 첨예화된 근거(롬 13, 1 이하)를 그리스도인됨의 확증에 제공한다. 여기에서 다시 한 번 제시되는 것은 국가 기구 자체 또는 각 관직자들이 얼마나 그 직무에 충실하는가라는 문제가 아니라 여기에서는 오로지 그리스도인의 실존만이 다루어졌다는 것이다.

이 장의 역사적 평가를 위해, 이 서신이 기록된 시대에는 계획적인 그리스도인 박해들이 국가 편에서 아직 시작되지 않았었다는 사실을 기억하는 것도 유익할 것이다. 물론 바울의 시대에 이미 여기저기서 유대인들의 선동에 의해 또는 국가 및 지방관청 관리들의 자발적인 합세로 인해 지역에 한정된 것이지만 그리스도인 증오와 학살 행위들이 자주 일어났었다. 사도 자신이 이런 것들을 실감하고 있었다(비교. 가령, 살전 2, 2 ; 고전 15, 32 ; 고후 1, 8 이하 ; 11, 26 ; 빌 1, 12 이하). 가령 빌립보의 교회들(빌 1, 29-30)과 데살로니가 교회들(살전 2, 14 이하 ; 참조. 위 S. 107 이하) 역시 그러했다. 그러나 그의 마지막 감옥 생활과 네로 치하의 순교(참조. 위 S. 159-160), 그리고 네로(Nero)의 로마 그리스도인들에 대한 잔인한 행위(아마 몇 년 후인 64년의 일일 것이다)조차도 그리스도인 박해들로 확실하게 간주되지 않는다. 왜냐하면 이 때 그리스도인들은 그들의 신앙 때문이 아니라 로마 대화재 후에 방화자로 몰려 고난을 당했기 때문이다. 우리는 어디에서도 이미 황제와 국가 권력이 바울에게 '반그리스도'로 보였다는 흔적을 찾을 수 없다. 그에게서는 요한계시록 필자가 도미티아누스(Domitianus) 시대(81-96년)에 큰 환상으로 그것을 묘사한 것 같은 것을 찾지 못한다(계 13). 물론 바울이 아직 예견할 수 없었던 이러한 상황의 전개조차도 국가 권력이 로마서 13장에서 지적된 기능들에 의한 그의 사명을 통해 신의 뜻을 수행한다는 신념에 차질을 가져오게는 하지 못했을 것이다. 그는 이 장의 권유에서 한 마디 말도 취소하지 않았을 것이 확실하다. 후기 원그리스도교 문헌들의 필자들도 국가에 대한 충성 의무를 버리고 반국가적 역할을 하도록 하지 않은 것은 확실하다(사도행전, 베드로전서, 디모데전서, 히브리서, 클레멘스 1서).

생활률적인 부분들은 이미 그 유형 때문에도 그것들을 현실적인 이유들과 특정한 교회 상황들에 관련시켜 검토할 수 없다. 이것은 로마서 13장에도 해당한다. 그러나 다른 어떤 서신에서도 바로 이 권유의 유사형을 볼 수 없다는 사실이 로마 교회가 특별히 위험에 즉 공공연한 반도들로 화하지는 않을지라도 다른 방식으로, 시위적으로 국가를 이탈하고 그 시민적 의무를 등한히 할 수 있는 유혹에 들어 있었다는 사실을 추측하게 한다. 이 사실은 로마서를 기록하기 직전, 몇 년간에 일어난 그리스도교의 소식의 침투로 인해 로마의 유대인들 중에서 반란이 야기됨으로써 글라우디오(Claudius) 황제의 추방령이 내렸다(49년)는 사실이 관련되었을 수 있다. 그 중간 시대의 그리스도교 교회는 물론 주로 이방인계 그리스도교인으로 채워졌었다(참조. 위 S. 139 이하). 그러나 로마서 13장의 역사적 배경에 해당하는 이 추측은 확실히 가설들의 영역에 속하는 것으로, 바울이 같은 의미에서 다른 공동체들에는 쓸 수 없었을 것이라는 것을 말해 주는 것일 수는 없다.

이 장의 바울의 지시들은 그 명백성 및 동시에 아주 현저하게 구별되지 않는 일방성과 함께 많은 관점에서 후기 그리스도교에 문제로 작용했다.

이 작용은 이미 이 유명한 장을 바울의 윤리의 연관성에서 분리시켜 절대화하고 이 독립된 텍스트에 타당하지 않은 무게를 제공했다는 데서 볼 수 있다. 여기서 검토된 문제가 오늘에 이르기까지 후세의 교회에서 가지는 의미를 감안하면 그것은 물론 이해되지만 이 사태의 의심스러운 결과들은 분명하다. 알려진 바이지만 로마서 13장은 계속 맹목적 복종의 사유를 촉진시켰을 뿐 아니라 반대로 격정적인 항거도 촉발시켰으며, 적어도 대답보다는 문제들을 더 많이 일깨웠다. 근세 이래 정치 생활의 형성을 위해 그리스도인도 역시 함께 책임을 져야 한다는 것이 바울에 비해 달라진 세계에서는 특히 격정적인 항거가 자명해졌다. 이러한 반작용들에 직면해서 사도의 지시들의 시대적 제약성들을 회상하는 것은 유익할 것이다. 다시 말하면, 이 지시들 위에 영원히 불변하는 무조건적인 국가 보수주의를 세우는 것도, 반대로 바울이 이 양식으로는 알지 못했던 문제들의 대답들을 그것들에서 요구하는 것도 마찬가지로 부당하다는 것이다.

로마서 13장의 역사적 자리를 고려할 때 비로소 그리스도인의 생활을 위한 그의 근본적인 중요한 의도들이 가늠될 수 있다. 예수가 바리새인들과 나눈 유사한 세금 대화에서(막 12, 13-17 병행) 짓궂게 그에게 제기된 유도 질문, 즉 가이사에서 지불해야 할 것에 대한 질문을 신에게 마땅한 것에 대한 문제에 예속시킨 바와 비슷하게 바울도 다루고 그렇게 함으로써 정치적인 또는 사회적 반란을 향한 모든 경향들을 극복했다. 물론 이때 그리스도인의 존재와 행동에 대한 문제가 아마 세계 상황들의 불가변성에 대한 모든 문제들에 대해 절대적인 우위성을 얻었을 것이다. 그러나 혁명적인 세계 전환적인 구원 사건의 힘 자체를 바울의 의미에서 파악할 수도, 하려고도 하지 않는 사람은 여기에서 그리스도교 신앙의 '사유화(私有化)'를 발견할 것이다. 사도는 이로써, 고린도전서 7장에서와 같이 믿는 자에게 선사된 세계 비예속성, 세계와 그 가치에 대한 '거리 둠', 동시에 세계 즉 구체적인 일상적 신앙 확증의 장소인 세계 중심에서의 그의

'위치'도 제공했다. 이 둘이 그 때마다 어떻게 일치할 수 있는가를 위해서는 계획도 세목적인 처방도 있을 수 없다. 여하간 그리스도인에게는 보편성 있는 국가 지상주의도 절대적인 국가 악마화도 있을 수 없으나 지상적으로 시간적으로 한정된, 신에 의해 제정된 질서로서 그것에 존경을 베푸는 일이 있을 뿐이다. 현대적으로 말하면 이데올로기적으로 미친 자들의 단결도, 광신적인 오만한 자유주의도 그리스도인에게는 없다.

로마서 13장을 해석하는 많은 사람들이 끝맺는 다음 권유를 지적하면서 사랑의 계명을 바울의 지시의 주요 계기로 내세운다: "너희는 서로 사랑하는 것 외에 누구에게도 빚지지 말라"(롬 13, 8). 사실 바울에 의하면 사랑이 새로운 그리스도교적 실존의 기본 규정이기 때문에(비교. 롬 12, 9 이하) 국가에 대한 관계도 사랑으로부터 단순히 분리시킬 수 없는 것은 확실하다. 그럼에도 불구하고 복종과 시민적인 준법, 관청 조례, 양심성, 국세, 지방세, 존경 등이 주요 문제로 등장하는 이 영역에서 사랑을 그 본래의 주요 계기로 도입할 수는 없을 것이다. 바울은 오히려 뒤처지지 않고 또 미해결의 의무들로 얽어매지 않는 것이 타당한 생활 영역으로서 정치적 생활을 이해한다. 바울의 권유는 영원히 끝나지 않는, 이 무상한 세계를 그의 책임들로 극복하는 사랑의 빚에 대해 자유로우려고 사랑을 재빨리 산뜻하게 성취하는 것을 지향한다.

이것은 고린도 교회에서 야기된 불행, 즉 교회 구성원이 이방인 법정에 제소해 법적 분쟁을 해결하려고 한 불행한 사건에 대해 사도가 취한 태도가 확인해 준다(고전 6, 1-11). 바울은 이 사건에서 그리스도인의 수치스러운 행동을 보고 이미 유대교의 묵시 문학에서 취한 사상들과 표현들로 이를 반대한다: 언젠가 '성도들'로서 세상을, 아니 천사들까지도 심판할 그리스도인이 사소한 지상의 일들로 인해 '불신자들'과 '불의한 자들'의 법정에 선다는 것이 웬말인가! 너희 중에 중재하는 자가 있거든 어찌해서 너희 고린도 사람은 교회의 구성원을 재판관으로 세우지 못하는가? 그의 말은 한층 더 고조된다. 아니 어찌해서 너희는 자신의 권리 위에 서지 못하며 당면한 불의를 그리스도인으로서 차라리 참지 못하는가? 유대교 전통에서 흔히 볼 수 있는 '불신자들'과 '불의한 자들', '공동체에 적합치 않은 자들'에 대한 멸시 평가에도 불구하고 이 바울의 진술들은 세속 법정들에 대한 일반적인 회의를 겨누지 않고 오히려 종말론적 신의 지배에 참여하도록 부름을 받고 이미 새로운 실존을 위해 자유롭게 된 그리스도인을 겨누고 있다. 여기서 만나게 되는 반복된 '형제됨'에 대한 인상적인 호소(고전 6, 5-6. 8) – 이 형제됨에서는 싸우며 다투면 그것은 어떤 경우에도, 누가 옳고 그른가에 관계 없이 이미 '패배'이다(고전 6, 7) – 와 자신의 권리를 관철시키는 것보다 차라리 불의를 감내하라는 권유, 믿는 자들이 은혜로 얻은 새로운 존재임을 반드시 회상시킨 결문(고전 6, 9-11) 등 이 모든 것은 결국 사랑의 계명을 돌려 말한 것일 뿐이다. 이로써 고린도전서의 이 부분은 로마서 13장에 근접하는 바, 여기서도 마찬가지로 사랑의 계명이 그리스도인의 국가 권력들에 대한 관계에 해당하는 권유를 포괄하고(롬 12, 9 이하 ; 13, 8 이하) 능가한다. 물론 하나는 '누구'에게나 타당한 동일한 정치 생활에서의 법 준수를 문제시하는 반면 다른 하나는 그 규범을 그들에게서 일어난 구원 사건에서 얻고 단순한 시민성의 한계들을 뛰어넘는 그리스도인들의 상호 관계를 다룬다는 점에서 다를 뿐이다.

5. 사랑

바울은 사랑을 무엇으로 생각했는가? 그의 서신들은 이 물음을 숙고하도록 많은 동기를 제공해 준다. 특별히 이 말처럼 그리스도교 언어에서 무한히 자주 사용되나 오용되면서 계속 그 내용과 힘을 상실하고 있는 말도 없다.

바울은 로마서 13장 8절 이하에서 이웃 사랑의 계명으로 모든 율법을

종합적으로 파악했다: "다른 사람을 사랑하는 자는 율법을 이루었다"(비교. 갈 5, 14 역시). 이것으로도 이미 다져진 전통, 즉 직접 구약성서의 토라(Tora: 율법)에 소급되지 않으나 옛 이스라엘의 동족에 한정된 옛 이스라엘적 '이웃'의 의미가 다른 사람들 일반에게까지 확대된 헬레니즘계 유대교에 소급되는 전통에 바울이 서 있음을 알 수 있다. 예수도 이웃 사랑을 달리 이해하지 않았다. 그리고 원그리스도교 교회 역시 그를 따랐다(마 5, 43 ; 19, 19 ; 22, 39 ; 막 12, 30-31 ; 눅 10, 27 ; 약 2, 8).

'사랑하다(agapān)'와 '사랑(agapē)'이라는 말들은 이미 헬레니즘계의 디아스포라 유대교가 받아들인 것인데, 이것들은 전혀 알려지지 않은 것은 아니나 중요하지 않았던 그리스어의 낱말들이다. 이 낱말들은 eros(에로스)와 philia(우애) 같은 다른 고상한 말들이 표현할 수 있는 것과 같이 평가될 수 없는 것이었다. 그런데 구약성서의 그리스어 번역(70인역)과 헬레니즘계 유대교의 문헌, 그리고 특별히 원그리스도교에 와서 비로소 저 대수롭지 않은 말들은 신과 인간 사이의 결정적인 관계 차원(사랑의 이중 계명)을 말해 주며 그렇게 되면서 중심적인 의미를 차지하게 되었다. 사랑의 이해를 위한 바울의 특별한 공헌은 이 배경에서 비로소 헤아릴 수 있을 것이다.

사랑은 신이 그리스도를 보내어 희생하게 함으로써 전혀 무가치한 무신적인 반신적 인간인 우리에게 그의 사랑을 보여 주었고(롬 5, 8 이하), 그렇게 함으로써 '의롭게 된 자', 그와 '화해한 자'로서, 집요하게 공격해 오는 세계 세력들에 맞서서 승리한 자로 우리를 만들었다는 데 그 근거를 두고 있다. 그의 사랑에서 우리를 끊을 것은 아무것도 없다(롬 8, 31 이하 ; 특히 37-39). 사랑은 우리에게 행한 신의 행위이며 동시에 우리 중에서 작용하는 그의 힘이다: "신의 사랑은 우리에게 주어진 성령에 의해 우리 마음속에 부어졌다"(롬 5, 5), "그리스도의 사랑이 우리를 강권[촉진]시킨다"(고후 5, 14)는 등의 말도 이에 일치한다. 사랑은 개개인을 감싸며 다른 사람을 포용한다. 이 성격, 이 움직임은 사랑의 본질에 속하며 사랑을 신앙의 생활 및 활동 영역으로 만든다: "그리스도 안에서는 유대인됨도 이방인됨(할례/무할례)도 없고 사랑으로 작용하는 신앙이 유효하다"(갈 5, 6). 바울 이전에 이미 자유주의적인 헬레니즘계 유대교가 비슷한 것을 가르쳤다. 이것은 사도 자신이 다른 곳에서, 분명히 이전에 이미 새겨진 다음 격언을 인용한 것과 같은 것이다: "유익한 것은 할례도 무할례도 아니고 신의 계명들을 지키는 일이다"(고전 7, 19). 상술한 갈라디아서 5장 6절의 파악에서는 물론 같은 서신 중 다른 곳(갈 6, 13 이하)에서도 이 말은 역시 중요하게 변했다: 즉 신의 계명들에 대한 순종 대신 여기서는 사랑으로 작용하는 신앙과(그리스도 안에서의) '새로운 창조'가 거론된다. 인간이 비로소 실현해야 할 가능성이 이로써 신에 의해 해결된 열려진 현실이 된 것이다: 즉 사랑은 새로운 실존의 표지가 된 것이다.

고린도전서의 사랑에 대한 대찬가(13장)는 '은혜의 은사들' (고전 12-14장)에 관한 사도의 진술들과 관련된 것이다. 여기서 사랑은 비교할 수 없이 높은 길로서, '제일 좋은 길'로 표시된다(고전 12, 31b); 사랑은 원그리스도교적 이해에서 원그리스도교적 은사의 최고 가능성에 해당하는 모든 생각할 수 있는 '은사'들보다 훨씬 더 큰 것이다. 황홀경에서 일어나는 말과 영으로 작용된 말 역시 사랑이 없으면 무의미한 쓸데없는 소음이다; 예언도, 이적을 행하는 신앙도, 소유와 재물을 희사해 가난한 자를 주는 일도, 순교를 위한 과감성도 사랑이 없으면 헛것이다(고전 13, 1-3).

바울이 고린도전서 13장에서 행동의 주체로서 사랑을 말하고 사랑하는 인간을 말하지 않은 것은 시적(詩的) 문체 형식 이상의 것이다. 바울은 사랑을 신의 능력으로 이해한 것이다. 사랑의 작용은 자연인이 행하는 것에 철저히 저항하고 자신의 실제적 가능성들을 파괴한다.

그러므로 처음과 마지막의 모든 부정문들이 사랑의 본질과 작용을 긍정적으로 표시하는 것으로 둘러싸여 있을지라도, 이 찬가의 둘째 부분(13,

4-7)이 예리한 반대 명제들(부정문을 주목하라)로 서술된 것은 우연이 아니다. 이 둘째 단락의 짧은 문장들(15개의 능동형의 단어들!)이 제시하는 것은 역시 그 작용이 구체적 일상 생활의 상호 관계에서 어떻게 수행되는가이다: 사랑은 '참고', 오래 견디며, 다른 사람을 기다리며, 정열로 들뜨지 않으며, 자랑하지 않고, 허풍떨지 않으며, 예절의 한계를 넘지 않고, 자신의 이익을 구하지 않으며, 화를 내지 않고, 사람 사이를 이간하지 않는다; 사랑은 기쁨으로 차 있으나 이것은 자기 자신을 돋보이기 위해 세상 죄악을 탄식하는 독소적인 엉큼한 바리새적인 기쁨이 아니다; 사랑은 진리를 기뻐하며 다른 사람에게 도움이 되는 것을 기뻐한다. 사랑의 힘은 끊을 수 없는 신뢰이며("사랑은 모든 것을 믿고 모든 것을 바란다"), 다른 사람을 넘어지게 하지 않고("사랑은 모든 것을 담당한다"), 스스로 체념과 절망에 빠지지 않는다("사랑은 모든 것을 참는다").

이 거대한 장의 결문은 영의 작용에 의한 은사들일지라도 '조각난 일'에 불과한데 비교해 사랑의 영원함을 찬양한다(고전 13, 8-13). 이 때 감안된 것은 지상의 불완전한 현실과 결코 이룰 수 없는 이상 사이의 무시간적 상반성이 아니라 '지금'과 '그 때'의 시간적 · 종말론적 상반성이며 원함과 몽상에 의해 촉발된 어린아이의 말과 노력, 생각, 그리고 환상에서 해방된 성년의 사유 사이의 상반성에 비교되는 것이다(11절). 그리고 좀더 분명하게 조각난, 간접적인 '거울을 통한 것 같은' 인식과 '얼굴과 얼굴을 마주대는' 직접적인 인식 사이의 대조라고도 할 수 있다(12절). 전자는 편견에 사로잡혀 시간성의 한계들에서 끝나나 후자는 이 한계들을 극복한다. 그것은 신만이 간직하고 있는 미래의 완성이다(비교. 고후 4, 18 ; 5, 7 ; 롬 8, 24). 이 때 현저하게 나타나는 것은 바울이 동시대의 밀의 종교와 헬레니즘계의 신비주의처럼 단계적인 종교적 신격화 과정의 이념을 보여주는 것이 아니라는 점이다. 물론 바울도 그들의 언어로 '영광에서 영광에 이르는 변화'를 말할 수 있었고(고후 3, 18), 그가 미래의 완전한 인식을

"신에 의해 알려짐"으로 표현한 것도 그들의 언어에 가까운 것이다. 그러나 이것은 바울에게 이미 변형된 시제가 보여 주는 바와 같이 신의 은혜에 의한 '선택됨'을 뜻한다(비교. 고전 8, 2 ; 갈 4, 9).

인간의 신 인식과 신에 의한 인식됨은 지상 시간적 신앙의 실존에서는 역시 일치되지 않는다. 신만이 그것들을 일치시킬 수 있고 일치시킬 것이다. 완성에서도 인간은 역시 신에 대한 신뢰를 멈추지 않을 것이다. 그러므로 시간성의 한계들을 넘어서 계속 '있는' 것은 신앙과 희망에도 해당한다. 그러나 '그 중에서 가장 큰 것'은 사랑이다(13절). 이것은 윤리적 가치 색조의 의미에서 이해될 수 없다. 이 색조들 중에서 사랑이 최고의 덕으로서 종교적 자세인 신앙과 희망을 넘어서는 것이 아니다. 가치와 덕 자체로서가 아니라 신이 행한 것 위에 근거를 둔 신앙과 신이 행할 것을 향한 희망을 병렬시키면서 사랑은 이미 지금 사라질 수 없는 구원의 현재이면서 그것들 중 가장 큰 것이다. 이 의미에서 신앙, 소망, 사랑 이 셋은 신에 의해 생긴 그리스도 안에서의 존재의 총체 개념이다(비교. 살전 1, 3 ; 5, 8 ; 갈 5, 5-6 ; 골 1, 4-5 참조. 위 S. 215). 어느 한 가지도 이 총체 개념에서 탈취되어서는 안 된다; 그러므로 사랑은 어떤 사람에게 선사되고 어떤 사람에게는 선사되지 않는 모든 '영의 은사들'보다 더 큰 것이다.

6. 희망

고린도전서 13장의 사랑의 찬가와 바울에게서 자주 마주치는 신앙, 소망, 사랑의 세 개념들에서와 같이, 미래에 대한 대망은 그 밖의 사도의 소식과 지시들 중에도 깊이 그리고 확고히 새겨져 있다. 희망은 이 장 서두에서 이미 본 바와 같이 그의 신학에서 도외시하고는 생각할 수 없으며 그의 특수성은 좀더 자세히 숙고되어야 할 것이다. 이 미래적 · 종말론적인 진술들을 전체적으로 개관하면 곧 특정한 특징적인, 그 이해를 위해 본질적인 성격들이 드러날 것이다. 그것들이 일찍이 이미 주목된 바와 같이 그의 대부분의 서신들 중에 흩어져 있음을 알 수 있다. 물론 양식과 내용상으로 편지마다 각기 다르다. 상당한 수가 단편적이고 중요한 진술들 중에서 간략하게 처리되었으며 대개 상세한 소개들을 단념하고 때로는 당시 묵시 문학적인 모습(像)들로 되어 있을 뿐이다; 그것들은 언제나 교훈적이며 생활률적인 종류의 특정한 문맥에 자리잡고 있다. 그것들은 그러나 독자적 전체상을 만들게 하지 않는다. 전체상이 되기 위해서는 그것들은 내용상 너무도 차이가 심하다. 그것들을 서로 연결시키려는 노력은 극히 드물게만 볼 수 있을 뿐이다. 이것은 그 진술들이 이른바 불확실한 전(前) 단계들과 사도의 시도들로서, 지상 역사적 경험들의 피안에 관해 진술하려는 것으로 평가된다는 것을 뜻할 수 없다. 그 진술들은 바울 자신이 이런 또는 저런 상황에서 감행했다가 곧 그것들을 무용지물로서 다시 버린 것들이 아니다. 바로 이 영역에서 자주 분명하게 강조하는 표현들을 볼 수 있다: "그러나 우리는…안다"(롬 8, 28 ; 13, 11), "나는 그것으로써…생각한다"(롬 8, 18), "나는…확신한다"(롬 8, 38), "이는 썩을 것이 썩지 않을 것을 반드시…입어야 한다"(고전 15, 53). 바울이 미래를 위한 특정한 신의 구원의 결심을 예고하거나(롬 11, 25 ; 고전 15, 51) 전승된 '주의 말'을 위로의 근거로 삼은 예언자적 화법도 여기에 속한다(살전 4, 13 이하).

이 종말론적인 명제들 중 많은 것이 간결한 표현으로 오로지 모든 지상 인간적인 역사의 피안에 있는 미래를 위해 그리스도가 죽었다가 다시 깨어났다는 신앙 고백만을 결론으로 이끌어 내려고, 그것으로써 신이 그리스도 안에서 이미 믿는 자들을 위해 그리고 세상에서 행한 것에 확고하게 근거를 둔 희망을 확언한다. 거의 모든 서신들을 일관하는 이 무수한 진술들을 위해 몇 가지 개별적인 예들을 지시하는 것으로 족할 것이다: '우리는' 그리스도와 함께 죽음에 던져진 자로서 '살 것이다'(롬 6, 5 이하 ; 빌 3, 10-11 ; 고후 4, 10-11 ; 13, 4 등). 우리는 아들 신분을 받고 '약조금'(담보)으로서 영을 선사받음으로써(고후 1, 22 ; 5, 5 ; 비교. 롬 8, 23) '상속인'과 그리스도와 '공동 상속인'이 되었으며 '그와 함께 영화롭게 될 것이다'(롬 8, 17). 우리는 그의 아들의 죽음으로 의롭게 되고 화해되었으며 '(올) 진노의 심판'에서 구원을 받을 것이다(롬 5, 9-11 ; 비교. 8, 11 ; 갈 5, 5).

자주 나오지 않지만 어떤 다른 구절들에서는 미래의 대망들이 장황한 묵시 문학적인 모습들과 사상들로 확대되었다. 이것들에서는 거의 어디서나 바울이 그의 교회들에서 당면하고 있는 문제들, 불안들, 의혹 또는 표상들에 대해 대답해야 했던 것과 이를 위해 대개, 그 나름으로 새로 강조하고 그의 그리스도 이해에 의해 자주 변조하기도 하면서 유대교적 원그리스도교 묵시 문학의 사상 및 표상 자료를 받아들인 것을 볼 수 있다. 표상들과 세계상이 그것들의 시대적 제약성을 분명히 드러내 보여 주며 이질적인 견고함과 우리에게는 거의 이해되지 않는 것도 자주 볼 수 있다. 가령 예로서 사도가 외경적인, 확실히 오순절 후의 공동체의 소산인 주의 말을 근거로 재림 전에 죽은 자들의 운명에 관해 데살로니가 교인들을 안심시키고 이미 죽은 자들은 미래의 구원에 참여하지 못한다는 그들의 근심을 덜어 주려고 노력한 위로를 들 수 있다. 그는 확언한다. 그들은 살아 있는 자들 뒤로 밀려나지 않고 주가 최후의 심판날에 하늘로부터 내려올 때 첫째로 부활해 아직 살아 있는 자들과 함께 "구름을 타고 공중으로 올려지고 주는 그들을 맞을 것이다"(살전 4, 13-18).

바울은 고린도전서에서 죽은 자의 부활을 부인하는 자들에 대해 죽은 자들이 '단체적으로' 부활하리라는 기대를 변호한다 : 그리스도는 첫 익은 열매로서 부활하고, 그 다음에 믿는 자들이 부활한 후에 세상의 결정적 종국이 올 것인 바(고전 15, 23-24) '육체의 몸'이 아니라 '영적인', 살아남은 자들도 '취할' '하늘적인' 몸으로 부활한다(고전 15, 51-52). 이미 분명히 조로아스터교의 영향하에 후기 유대교에서 새겨진 이 표상들이 얼마나 현실적으로 생각되었는가는 그 자신의 전제들에 의할 때 의혹적인 그리고 문제성을 안은 사도의 시도, 즉 '어떻게' 죽은 자가 부활하는가에 대한 고린도인들의 의혹적인 물음에 대답하고 지상 창조물과 천체 영역의 다양한 형태들과 실체들을 유비시켜 그들의 사유 가능성을 분명하게 하려는 시도에 잘 나타난다(고전 15, 35-49). 여기에서 인식할 수 있는 것은 미래의 존재 양식이 그에 의해서도 마찬가지로 실체적(substanzhaft)으로 생각되었다는 것이다. 그는 그리스도 재림의 수반 현상들에 관해서 역시 극히 사실적으로 말한다(비교. 살전 4, 16 ; 고전 15, 52). 임박한 이 종말 때까지 이방인들이 돌아온 후에는 지금까지 아직 불신앙으로 고집을 부리는 이스라엘 백성도 모두 신앙에 돌아오리라는 특정한 대망(롬 11, 11-32)도 이 사상 영역에 속한다.

미래를 향한, 특별히 '묵시 문학적인' 바울 서신들의 진술의 성격과 상이성은 말한 바와 같이 그것들을 이른바 평면화해 단독적인 전체상으로 종합하는 것을 금한다. 그렇게 하면 그것들이 얼마나 철저하게 일반적이고 세계상적인 의미에서뿐 아니라 극히 구체적인 의미에서 시대적으로 제약되고, 시간과 함께 자라면서 변천한 것인가를 잘못 이해하게 될 것이다. 바울의 종말론을 빈틈없이 발전된 것처럼 재현하는 것은 이미 사료상으로 불충분한다. 그러나 개별적인 전승 단계들과 변형들이 적어도 개략적으로는 인식된다. 각 구절들의 문맥에 의해, 바울이 무엇 때문에 그것들을 기록했으며, 어떤 구체적인 상황들—그것이 교회의 문제들 또는 곤경들이든, 그의 광신적 적들의 구호들과 사상들이든 간에—을 향해 그가 말했는가라는 문제에 대답하려고 하면 그것들은 뚜렷해질 것이다.

가장 옛것인 바울의 데살로니가서가 이미 많은 것을 시사해 준다. 이 서신은 사도 자신으로 인해, 시기와 시간을 계산할 수는 없을지라도 아주 가까운 장래에 일어날 그리스도의 도래에, 그리고 동시에 세상 종말에 모든 기대를 걸고 있었던 교회를 우리에게 알려 준다(살전 5, 1-2). 그들의 주장은 분명히 자신들의 세대가 아직 생존하는 동안에 마지막이 오고 믿는 자들에게는 구원이 체험된다는 것이었다. 몇몇 공동체 구성원들의 이른 죽음에 의한 그들의 동요는 오로지 이렇게만 이해된다. 그러므로 모든 사람이 죽은 자들로부터 부활한다는 사상이 이 바울의 교회에 처음에는 아직 생소했던 것이 확실하다. 그리고 이 사상은 영으로 채워진 어떤 예언자의 입을 통해 이런 상황에 선포된 승천한 주의 신탁으로 새겨진 것임이 분명하고 바울은 공동체를 고무하기 위해 이것을 이용했다. 그러므로 유대교 묵시 문학에서 유래한 죽은 자들의 부활에 관한 표상은 여기서 생명과 사상, '깨어남'과 '잠듦' (살전 5, 10) 사이에 결코 건널 수 없는 틈을 열어 놓지 않고, 살아남은 자들과 잠든 자들은 곧 함께 주와 영원히 결합하리라는 특정한 약속에 관련되어 있다(살전 4, 17 ; 5, 10).

바울은 약 5년 후에 고린도전서에서 다른 식으로 죽은 자들의 부활을 변호했다. 여기서도 물론 같은 신념에서 "우리는 모두 잠들지 않으리라" (고전 15, 51)고 말한다. 그러나 그의 진술의 강조점이 달라지고 있다. 즉 사도는 올, 그러나 아직 실현되지 않은 완성을 신에게만 달려 있는 전적으로 새로운 인간 전체의 창조로서 개서(改書)해야 했던 것이다. 여기서는 살아남은 자들과 잠든 자들 사이의 차이가 어떤 경우에도 생명이 변화를 얻는 것으로밖에는 달리 얻어질 수 없다는 것으로 완전히 상대화되었다. 바울은, 본 바와 같이 고린도 교회 역시 이미 알고 있는 그리스도의 죽음과 부활에 대한 신조(고전 15, 1-11) 위에 이 사상을 확고하게 세웠는데, 그것은 미래의 죽은 자들의 부활을 부인하는 자들이 옳다면 복음과 신앙이 모두 무의미하다(고전 15, 12-19)고 말할 정도로 강력한 것이었다.

이 반격적인 신념은 자주 그렇게 다루어지는 바와 같이 영혼의 불멸에 대한 그리스적 이념과 동일시되면 안 된다. 이 신념은 죽은 자들로부터의 그리스도의 부활을 부인하는 데 그 근거를 둔 것도 아니다. 이 신앙은 오히려 바울과 열광주의자들에게 공통된 기본 요소이다. 그러나 이 둘이 이로부터 내린 추론들에는 그들 사이에 큰 차이가 있음을 말해 준다. 즉 죽은 자의 부활을 부인하는 자들이 그들의 영적인 체험들에서 완성을 이미 현재의 것으로 소유했다고 주장하는 데 차이가 있다(비교. 딤후 2, 18). 미래에 비로소 기대되는 신에 의한 새로운 창조를 성급하게 앞당겨 그들의 열광적 경험들과 동일시하는 주장에 대해 바울은 극도로 흥분해, 아니 분노의 풍자로 고린도전서 15장에서 맞섰으며(비교. 이미 고전 4, 8 이하), 오순절 증인들의 연속은 그 자신에게서 끝났고(고전 15, 8), 영원히 계속되는 것이 아님을 힘주어 말했다. 그러므로 만일 죽은 자들의 미래적인 부활이 이미 있을 수 없는 것이 되었다면 그는 자신의 소식과 가르침에 대해 던져진 환상주의라는 비난을 저 광신자들에게 돌려 주고 차라리 지금 당장 불신자들과 이방인들에게 다시 돌아가기를 원했던 것이다. 이들은 적어도 '건전한 인간 이해'의 경험들을 지키고 있으며, 그것들을 종교적 환상들로 속이지는 않는다(고전 15, 19. 32).

여기서 확언된 것은 무엇인가? 그것은 물론 신앙은 그 스스로의 힘, 그 내적 활력에 의해 살지 않고 그 밖에서, 인간의 가능성 피안에서 신이 믿는 자들에게서 세상을 위해 행한, 행한 일에 의해 산다는 것이다. 그러므로 모든 시간적 · 인격적 · 개인적인 경험들을 넘어서는, 신의 행위의 피안을 지시하는 그의 진술들은 믿는 자들을 바로 차안의 한계들 중에서, 시간성과 역사성의 아직 아님을 지키게 하는 데 필요하다. 달리 말하면, 바울은 묵시 문학적 표상들과 모습들로 '신앙'과 '관조' 사이의 질적 차이(고후 5, 7)를 바로 세우려고 한 것이다; 그리스도의 '날'에 대한 예고는 인간적 · 시간적인 날들과 그 날을 혼동하는 것, 신과 인간 사이의 차이, 그리고 바로 신앙과 종교적 경험들에 의해 평준화하는 것을 금한다. 그러므로 이미 일어났으며, 장차 일어날 신의 행위가 일으킨 너무나도 편협한 개인적이고 주관적인 '영적' 체험들에 대해 사도는 '객관적'인 묵시 문학적 진술들로 도래와 믿는 자들의 부활에 의해 비로소 완성될, 그러나 그리스도의 부활을 근거로 이미 시작된 구원 사건을 우주적인 범위로 전개했다. 즉 완전한 극복의 일이 완수되고, 창조적이며 주인 신에게 속하지만 지금은 아직 '마지막 원수'인 사망에 의해 특정지어지는 세계를 신에게 넘겨줌으로써 '모든 것이 홀로 신의 것'이 될 때까지 그리스도는 세계의 세력들을 지배하고 이길 것이다(고전 15, 20-28).

다른 표상들과 구상들에 의한 것이기는 하지만 고린도후서 5장 1-5절도 비슷하게 믿는 자들은 그들이 아직 되지 않은 것이지만 기대하는 것에서 산다는 것을 말한다. 사도는 직접 또는 간접적으로 이 주목되는 서신 부분에서도 분명하게 모든 육체에서의 해방에 대한 영지주의 · 이원론적 동경에 반대하고 우리가 옮겨지는 새로운 하늘의 '집'과 우리가 입어야 할 새로운 '옷', 다시 말하면 새로운 몸, 살아남은 자들이 도래할 때 변화하고 잠든 자들이 부활할 전체 인간의 새로운 창조에 대한 희망을 저 동경과 대치시켰다. 여기서도 바울은 긴장을 잃지 않는다: 즉 신이 우리에게서 구원 사건을 관철시키는 것이 확실한 만큼 우리가 아직 그와 함께, 아직 '주와 같이 있지' 않다는 것도 동시에 타당하다(고후 5, 8).

이 모든 진술들에서 하나의 표상 체계를 만들어 낸다는 것은 불가능하다. 그것들이 한 체계를 이루기에는 너무도 다양하고 산만하며 조화되기 어렵다. 또 그러한 노력은 사도의 의도들에도 어긋날 것이다. 균형이 잡히지 않는 것은 무엇보다도 개인이 죽은 후에 곧바로 이루어진다는 그리스도와의 영원한 결합에 의한 완성에 관해 말하는 다른 구절들(빌 1, 23)과 그리스도 및 세계 종국의 '날'에 관한 예고도 포함되어 있는 우주적 종말대망(고전 4, 5 ; 고후 5, 10 ; 롬 14, 12 등)이 병행하는 것이다. 같은 빌립보서에서 바울은 역시 그리스도의 '날'에 관해 말하지만(빌 1, 6. 10 ; 2, 16) 이 두 가지의 세계상적이며 표상적인 조화에 대해서는 아무런 관심도 보여 주지 않는다.

현저한 것은 바울이 이전 서신들로부터 일련의 중심적인 신학적 사상들은 다시 받아들이고 새로운 방식으로 진지하게 반성하면서도(참조. 위 S. 145 이하) 데살로니가전서 및 고린도서들, 빌립보서에 서술된 부활 진술들과의 직접적인 유사형들을 마지막 편지인 거대한 로마서에서 찾을 수 없다는 것이다. 물론 로마서에서도 미래의 구원과 세계 심판의 임박한 대망이 결코 사라졌거나 거세된 것은 아니다(롬 13, 11 이하 ; 2, 3 이하 ; 14, 12 ; 15, 12-13). 그러나 종말론적 · 묵시 문학적 계기들의 포괄적인 전개는 여기서 전혀 다른 방향을 가고 있다: 하나는 이스라엘의 종국적 숙명에 관한 구원사적 상술에서(롬 9-11) 시간과 역사 안에서 성취되는 희망으로 바뀌고 그것에 전용되었으며, 다른 하나는 전체 피조물의 구원을 향해 방향을 돌리고 있다(롬 8, 19-23). 바울은 피조물을 인간에게서 분리된 것으로 보지 않고 인간과 함께 무상(無常)에 버려져서 함께 탄식하며 신의 자녀들이 최종적으로 해방되는 것을 기다리는 것으로 보았다. 세계도 언젠가는 이 해방에 참여하되 지금은 고통과 곤경에서이기는 하지만 미래를 향해서, 헤아릴 수 없는 때가 아니라 헤아릴 수 있는 때를 바라보며, 희망의 표지 아래 있다.

바울 서신들의 미래에 대한 이 모든 진술들은, 언제나 주목받는 바와 같이, 다양한 중에서도 사도의 신학의 매우 특정한 기본 주제들, 즉 존엄과 스스로 시작한 일을 홀로 완성하는 신의 영원한 승리를 전체적으로 다시 인식시켜 준다. 그러므로 고린도전서 15장은 사망에 대한 승리의 말로 끝난다. 이 말의 대담한 도전적인 성격을 스스로 받아들일 수 있는 사람은 없을 것이다. 이것을 스스로 입에 담으면 그것은 곧 과장적인 환상으로 화할 것이다. 그러나 자신을 신의 승리의 노획물로 신의 손에 맡긴 믿는 자들은 이 승전가에 반드시 동참해야 할 것이다:

> "죽음은 승리에 삼켜졌다.
> 사망아, 네 승리가 어디 있는가?

사망아, 네 쏘는 것이 어디 있는가?" (고전 15, 55).

얼핏 시간적으로 제약된 묵시 문학적 사변들로 해소되는 것같이 보이는 것에 이르기까지 바울의 이런 모든 종말론적 사상들은 인간과 세계에서의 일반적인 경향이다. 그것들은 물론 인간과 세계를 그들의 시간성의 한계들 안에 매어두고 고난과 죽음 또는 다른 사람들을 위한 책임까지도 열광적으로 과장해 말하는 것을 믿는 자들에게 금한다. 그럼에도 불구하고 이 모든 것들은 용기를 주며 또는 권유하면서, 구원 사건에 근거를 둔 희망, 환난조차도 신의 구원에 대한 모순으로서가 아니라 이른바 환난, 인내, 확증, 희망의 확고한 고리를 이루면서(롬 5, 3 이하) 구원에 상응하는 것으로서 경험하는 희망에 의해 새겨진 것이다. 왜냐하면 '이 세상의 고난들'의 무게는 '우리에게 나타날 영광에 거슬려' 일어나는 것이 아니기 때문이다(롬 8, 18). 그러므로 환난들일지라도 찬양의 이유, 신을 향한 찬양의 이유를 가지고 있다(롬 5, 2. 11).

바울의 종말론적인 명제들이 이로써 신이 행한 것, 믿는 자들이 옮겨진 새로운 존재에 대한 의무적인 회상들을 촉진시키는 바울의 생활률의 촉진력 외에 다른 것이 된 것은 아니다. 즉 이것은 언제 올지 모르는 그리스도의 도래에 직면하면서 동터 오는 햇볕에 서서 깨어 있으며 더 이상 어두움에 속하지 않게 하고 냉철해 밤의 자식들과 같이 취하지 않게 하는 촉진력이다(살전 5, 1-11 ; 롬 13, 12 이하). 그러므로 바울의 종말론적인 선포는 선명하고 단순하게 근심과 소심성, 무기력에 대해(빌 4, 4-9) '남자답고' (고전 16, 13), '굳건히 서서' '강해지며' 일상 생활에서도 '너희 하는 일이 주 안에서 헛되지 않다'는 확신을 가지라고 호소하는 데 집중한다(고전 15, 58). 이것은 믿는 개인의 개인주의적 실존과 그 특유의 어제, 오늘, 내일을 감안할 뿐 아니라 개인을 포괄하는 신의 때와 그에 의해 열린 차원, 즉 세상도 자체와 파멸에 맡겨 두지 않고 오히려 세상을 감싸며 그것이 기다리는 자유를 향해 열어 주는 차원에서 그의 미래를 바라보게 한다(롬 8, 18 이하).

우리의 논술을 회고하면, 적지 않은 사람들이 아마 사도가 인간들과 민족들 사이를 분리시키는 장벽들을 헐고 자유를 주는 은혜의 힘을 혁명적으로 통찰한데도 불구하고 그 통찰들을 통해서 생활 및 세계 형성에 대한 긴박한 문제들을 위한 많은 힘있는 특정한 결론들을 아직 내리지 않은 데 대해 놀라고 불만을 말할 것이다. 바울 신학에서 직접 이 과제들을 위한 설계와 구상을 얻어내려고 한다면 그는 사실 실망할 것이다. 물론 그런 노력은 이 책에서 반복해 화제에 올린 바울의 사유의 시대 및 역사적 제약성을 바로 보지 못하는 비역사적인, 낡은 그러므로 헛된 시도일 것이다; 그것은 동시에 사도의 소식에 대한 신학적 오해일 것이다. 그가 그리스도를 선포한 세계를 무조건 우리의 세계와 동일시하면 안 된다. 그러나 그의 신앙에는 물론 수시로 새로이 발굴되고 밝혀져야 할 인식들과 힘들이 숨겨져 있다. 바울은 그리스도 안에서 일어나는 해방에 관한 그의 복음으로 절망적인 환상과 함께, 인간 스스로 세계의 질서를 바로잡고 세상을 낙원으로 개조할 수 있는 대담하고 그릇된 환상에도 종지부를 찍었다. 그는 언제나 변장하는 세계의 율법에 새로 노예가 되는 위협적인 위험을 정열적으로 방어했다. 그러나 그는 자유를 토대로 한, 변한 세계에서, 또는 바로 인간의 상호 관계에서 영의 능력으로 확증되려는 가능성들과 척도들을 분명하게 보여 주려는 노력도 적지 않게 했다. 어떻게 어디서 그것이 구체적으로 일어날 수 있으며 일어나야 하는가를 위해 언제나 타당한 것을 그는 미리 규정하지 않았으나 신앙에서 자유로워진 검토들과 판단들에 의지했으며 기대했다. 이것이 곧 사랑에서 작용하는 신앙 외에 다른 것일 수 없다는 그의 말이다.

결론

바울과 예수

설사 문제가 있는 대답이기는 하지만 예수와 바울 사이의 비교 문제를 그 둘의 상호 관계에 대한 신학적 내용의 문제, 다시 말하면 그리스도교의 본질 자체에 대한 문제로 발전시킨 것은 금세기 초의 프로테스탄트계의 연구의 공로라고 할 것이다. 말하자면 이 연구는 이 둘을 단순히 역사, 즉 종교사의 인물들로서 가령 이미 헬레니즘계 고전 시대에 플루타르크(Plutarch von Chaironea, 대략 주후 45-125년, 거의 바울과 같은 시대의 인물이다)가 그의 고전적 작품 『비교 전기(*Bioi Paralleloi*)』에서 그리스와 로마 고전의 영웅과 정치가, 군인, 웅변가를 각기 둘씩 대조시킨 그런 식으로 비교하지 않았다. 알려진 바와 같이 이런 관찰 방법은 오늘에 이르기까지 자주 사용되고 사상가들, 예술가들과 종교 창시자들, 종교 개혁자들, 종교사의 어떤 인물들을 막론하고 그들에게 적용되었다. 그런 연구가 역사의 중요한 인물들에 대한 이해를 촉진시키고 각기 비교된 인물들의 공적의 크고 작음에 대한 판단을 분명하게 할 수 있는 것은 분명하다. 그러나 우리의 경우 그러한 시도는 예수와 바울에 의해 대표되는 신학적 내용의 전(前) 단계에 머물 뿐 아니라 그것에 이르는 길을 열어 주기보다는 오히려 막는 일이 될 것이다. 이 둘의 배열과 상호 관계가 그 방법으로는 시야에 들어오지 않을 것이다.

저 비판적인 프로테스탄트계의 연구 결과는 물론 주로 소극적이었다. 이 연구는 무엇보다도 이 둘 사이의 심한 간극을 보여 주었고, 그의 모든 특수성에도 불구하고 유대교의 전제들에 의해 이해되는 역사적 예수가 아니라 참 의미에서 바울이 처음으로 그리스도교를 창시하고 유대교의 사유 형식은 물론, 특히 헬레니즘계의 밀의 종교들 속에 퍼져 있던 것과 같은 근동 · 헬레니즘계의 사상들과 신화들의 영향을 분명히 받으면서 구속 종교를 만들었다는 것을 보여 주었다. 이 인식들 중 무엇이 옳고 무엇이 수정되어야 하는가에 관한 자세한 토론은 여기서 이루어질 수 없을 것이다. 종교사학적 연구를 바탕에 둔 우리 선배들의 신학적 입장들과의 자세한 대결도 여기서는 소개될 수 없을 것이다. 그들 중의 대부분이 교회적 · 교의적 전통에 대해 비판적인 자유를 누리면서 역사과학적 작업에 한정하고 그 엄격성이 역사적 필연성에 대한 문제, 아마 내적 합법성 또는 예수로부터 바울에 이르는 발전의 숙명과 타락에 대한 문제까지도 철저하게 논술하는 데 결정적으로 공헌했다. 신학 연구의 이 문제들은 당시 학자층에서 다루어졌을 뿐 아니라 평신도층에서도 아주 광범하게 파급되어 있었다. 그 이후 많이 거론된 구호, 즉 "예수에게 돌아가고 바울에게서 벗어나라"는 구호는 다시 작동하기 시작했다. 이 구호는 그 후 다시 냉각되어 순수하게 신학자 차원의 일로 변했으나 적어도 수면에 가라앉은 채 부풀어 있었으며, 이미 명시적으로는 아닐지라도 그리스도교 전통에 다시 결부된 것들과 그리스도교에 이질적인 것들 및 적대적인 것들 사이의 경계 표지가 되어 왔었는데 근자에는 공공연한 투쟁의 구호로서 다시 등장했다.

바울과 그의 소식의 평가에 관한 문제는 물론 매우 오래된 것이다. 이미 그가 살아 있을 때 그는 우리가 본 바와 같이 그의 적들에게는 불법적인 사도와 그리스도교 소식의 위조자에 해당했었다. 그 이후의 초기 교회사에서도 그에 대한 평가는 극히 분열적이었다. 예부터 유대인계 그리스도교 측에서는 그를 베드로와 주의 형제 야고보의 적으로서 용서 없이 버렸다. 아니 이 그룹들에서는 그를 모든 이단자의 두목인 시몬 마구스(Simon Magus)와 동일시하는 데 서슴지 않았다(위[僞] 클레멘스서). 1세기 말에는 그를 높이 존경하고 그의 서신들을 인용하는 교회의 문필가도 몇 있었다(클레멘스 1서, 안디옥의 이그나티우스, 폴리갑). 그러나 이 밖에 그를 자기 편에 둠으로써 그로 하여금 교회의 의심을 받게 하는 영지주의자들과 소종파의 두목들, 특히 마르시온(Marcion) 같은 사람이 곧바로 등장했다. 그러므로 그는 수십 년 동안 침묵 속에 파묻히거나 위조된 베드로후서(2세기 중엽)에서와 같이 '사랑하는 형제'로 호칭은 되지만 역시 주저하면서만 언급되었다. 왜냐하면 그의 서신들의 난해성 때문에 '무식하고 굳세지 못한 사람들'이 그의 가르침으로 인해 '스스로 멸망에 이르렀기'(벧후 3, 15-16) 때문이다. 사도행전에서와 같이 그를 위대한 선교사로서 찬양하는 곳에서도 사도의 유산을 보존하려고 힘쓴 목회 서신들이나 그 밖에 그를 극구 찬양하는 고대 교회의 문헌에서도 신학의 발전은 대교회가 그를 분명하게 결정적으로 — 비록 단순화되고 변조되기는 했을지라도 — 이단자들로부터 구분해 자기 편에 독점하기 전까지 완전히 다른 궤도를 달리고 있었다.

지난 세기 이후 그리스도교와 그의 적들 사이의 대결에서 밝혀진 바울의 적이 많은 소리를 내면서 다시 공공연히 등장했는데 이 소리는 대개 그것이 설사 반교회적일지라도 예수의 인품에 대한 찬양과 결부되어 있다. 가령 라가르드(P.de Lagarde)에게서 그러한데, 이 사람은 '독일 종교'와 '국가 교회'의 선구자로서, 그리스도교의 불행한 발전의 책임을 '전혀 소명을 받은 일이 없는 자(바울)가 교회에 영향을 끼친' 데에 돌린다. 니체(F. Nietzsche)는 그의 저서『적그리스도(*Antichrist*)』에서 한층 더 분개한 어조로 그리스도교의 역사 전체를 가리켜 '저지 불가능한 부패'의 역사라고 다음과 같이 종합해 역설했다: "결국 그리스도인은 한 사람뿐이었다.

그는 십자가에 달려 죽은 자였다. '복음'은 십자가에서 죽었다. 이 순간부터 '복음'이 뜻하는 것은 이미 그가 산 것에 반대되는 것이다. 즉 그것은 '악한 소식'이며 병적 소식이다." "'기쁜 소식'에 뒤쫓아 나온 것은 가장 악한 소식인데 그것이 곧 바울의 것이다." 바울은 이 과정을 '랍비의 논리－견유학파 철학으로 완성시켰다. 그에게서 '기쁜 소식'의 반대 전형이, 증오의 현재가 구체화된 것이다. 이 증오의 천재… 이 병적 복음의 전달자가 얼마나 모든 것을 증오로 희생시켰는가! 그는 제일 먼저 구세주를 희생시켰다. 즉 그는 그를 십자가에 매달아 죽였다. 그는 전체 복음의 생명과 본보기, 가르침, 죽음, 의미, 권리를 모두 십자가에 달아 죽였다－남은 것이라면 그것은 이 허위 조작자의 증오의 산물, 그만이 이용할 수 있는 것뿐이다." 쓰라린 회상이지만 로젠베르크(A. Rosenberg)의 『20세기의 신화(*Mythus des 20. Jahrhunderts*)』와 함께 경솔한 사람들의 이름에 의한 이러한 주장을 이 밖의 문헌에서 얻어내는 것은 어렵지 않다.

최근에는 '바울이 아니라 예수'라는 구호로 축소되었는데 이것은 유대교와 그리스도교 사이에서 새로 점화된 논쟁에서 양자를 분리시키는 분기선을 간략한 양식으로 뚜렷하게 한다. 이 신앙 대화가 제2차 세계대전 이래 다시 시작되어 유대교 측의 주도권으로 유대 민족의 말할 수 없는 수난에 대한 책임에 직면해 자명한 것으로만 볼 수는 없다. 지난 수십 년간의 처참한 유대인 증오의 폭발이 물론 그리스도교 전통뿐 아니라 동시에 많은 다른 어두운 비그리스도교적 또는 반그리스도교적 근거들에 의해 그 촉발력을 준비한 것일지라도 그리스도 교회들은 이 고난을 거의 천 년의 옛 역사를 통해 함께 자신 위에 쌓아올린 것이었다. 그러므로 유대교와 그리스도교 이 둘은, 그 둘을 결합하고 분리시키는 신앙에 대한 거친 공격이 적나라하게 드러났을 때 그 정도에서 전혀 비교될 수 없을지라도－기이하게도 역시 같은 처참한 운명의 동반자가 되었었다. 이 토대에 의해 아직 단편적이기는 하지만, 가령 부버(M. Buber)가 그의 최근의 책들에서 이들은 서로 토로되지 않은 것을 토로해야 하고 거의 생각할 수 없는 도움을 서로 제공해야 할 것이라고 천명한 희망 속에서 대화가 생겨난 것이다.

이 최근 대화 단계의 문제들은 여기서 자세히 언급될 수 없을 것이다. 그러나 그 주요 표지를 말하자면 분명히 이런 것이다. 즉 이 대화에서 유대교의 대표자들(M. Buber, L. Baeck, H. J. Schoeps, Schalom ben-Chorin 등)은 예수를 메시아로 표시하지는 않을지라도 유대교의 대예언자들 중의 한 사람 또는 그들의 형제로 간주하는 반면 바울은 비정상적인 묵시 문학적 헬레니즘계 유대교, 그러나 아주 이방적인, 그리스 · 근동적 신화와 사상들에 희생되었으며 동시에 유대교와 그리스도교의 불행한 대립과 예수 자신의 설교 및 순수한 유대교를 변질시킨 교회의 교리 전통에 대해 본래의 책임을 져야 한다는 것이다. 이 때 옛날의 많은 알려진 논증들 – 지금은 세분화되고 완전히 변한 전제들이기는 하지만 – 이 새로 활기를 띠게 되었다. 즉 그들은, 율법과 할례의 제거, 예수의 신앙을 예수 그리스도에 대한 신앙으로 변질시킨 것, 그에게서 이미 현재한다는 종말론적 구원의 시대에 대한 선포 – 이것은 세계와 역사 안에서 날마다 겪는 모든 경험들에 반대되는 것이다 – , 그리고 이로써 이스라엘의 희망의 포기, 끝으로 개인을 민족과 역사, 세계의 숨은 보호에서 분리시킨 것, 아니 그것들을 피조물로 인정하지 않고 악마화한 것 등을 바울의 책임으로 지적한다.

그러면서도 바울 신학의 유대교적 배경과 동족에 대한 사도의 애절한 사랑은 거부되지 않는다. 그러나 이전에 바울의 책임으로 돌려 비난하던 예수의 소식을 '다시 유대화' 하는 대신 지금은 유대교에서 엄격히 수호된 경계들의 파괴를 그의 책임으로 돌리며 그를 비난한다; 이것이 바로 그로 하여금 이방인들을 위해 이방적인 절충주의의 희생물이 되게 했다는 것이다.

최근 블로흐(E. Bloch, *Atheismus im Christentum*, 1968)도 이 합창에 가담했는데, 물론 그는 신앙 수호자로서가 아니라 그것의 정열적인 파괴자로서 가담했다. 그도 성서를 가지고 예수를 '반도의 두목과 이단자의 수령'으로서 적극적으로 자기 편에 세운다. 그는 지금까지 거의 발견하지 못한 파괴적인 세력들, 인간과 세상을 위해 '야웨'와 사제적으로 수호된 신정 체제적 전통과 질서들에 저항하는 힘들을 두 성서에서 발견하고 이 힘들의 수호자로 예수를 추대한다; 예수는 단호한 무신론적 대변인으로서 마르크스(K. Marx)의 의미에서의 이 세계에 해당하는 묵시 문학적 유토피아를 선호한다. 구상과 해석에서 폭력적인 만큼, 그의 많은 표현들과 임박한 신의 나라에 관한 예수의 설교의 종말론적 기본 성격을 추적하는 과정에서 천재성을 보여 준다. 예상되는 바와 같이 여기서는 베크(L. Baeck)와 부버(M. Buber) 등 유대교 사상가들에게서 보는 기준과 슬기를 볼 수 없다. 마르크스주의 철학도들의 특징인 무분별과 야비한 야유들로 바울에 대해 분노를 퍼붓는다: 바울은 인류의 죄의 빚을 탕감하기 위해 자신의 아들의 희생을 요구하는 괴물적인 태고적 신을 숭배하는 자이다; 바울은 사회적 위기에 대처한 예수의 묵시 문학적 대망들을 환상적인, 내면성과 피안성으로 단축된, 동시에 제사 의전적인 구원의 현재로 대치했는데, 그는 이 때 그 자신의 희생의 죽음 이론과 이방적인 자연 신화에 의존된 부활 신비를 이용했다. 이로써 예수의 왕국 소식은 중립화되고 그 힘은 거세되었다는 것이다. 십자가의 지표가 이제는 믿는 자들에게 오로지 참을 것과 지배자에게 대한 인내와 동시에 순종만을 요구하는 것이다. 이 모든 것이 곧 '그리스도교'인데 여기서 종말론은 그 근원이 '말라' 버렸다. 그리스도교는 이제 이 세상의 눈물의 골짜기에 세워진 것이 되었고, '무상성과 영원성의 기묘한 혼합 관점'에서 정치적 · 경제적 · 사회적 사정들과 평화롭게 공존할 수 있게 되었다. '나라를 향한 돌진 또는 그 길을 향한 의지'는 이제 바울의 보수주의에 의해 중단되었다. '인자(人子)'는 이제 '신의 아들'에 의해 해소되고, 이제는 바울에 의해 이방적인, 아니 비잔틴적인 퀴리오스(Kyrios) 신학 및 '궁중 신학이 예수를 제쳐놓고' 등단했다.

오늘에 다시 등장한 예수와 바울의 문제 상황은 대략 이렇다. 이 마지막 장의 틀 안에서 끝으로 언급된 블로흐의 견해, 그리고 또 그 전에 열거한 바울에 대한 반박들과 공격들을 자세히 변호적으로 다시 검토하는 것은 역시 불가능하고 가망 없는 일일 것이다. 이 책에 제시된 논술이 이미 적어도 사도에 저항하는 논증들 중 일부를 거세했고 명확하게 지적했다면 그런 변호적 노력은 지금 이미 너무 늦다. 여하간 가라앉지 않는 바울에 대한 저항은 그것이 부드러운 것이든 난폭한 것이든지 간에 그 자신에 의해 깨우쳐진 불안을 강력하게 보존하고 원그리스도교의 소식 일반의 이질성과 특별히 '유대인들에게는 거리낌이고 그리스도인들에게는 어리석음'이라는 '십자가에 관한' 바울의 '말'(고전 1, 23)의 이질성을 생생하게 지킴으로써 복음을 항상 위협하는 증오감을 건전하게 의식하게 하는 것이 되어야 할 것이다. 여하간 이 저항은 신앙이 증명으로 대처할 수 없는 것이며, 그리스도 소식은 그 근거들을 그 자체 안에 가지고 있고 밖으로부터 도입하지 않는다는 것을 밝혀 준다. 모든 것은 원그리스도교에서와 같이 바울에게도 십자가게 달린 자와 부활한 자 자신이 대답이 된 물음에 달려 있다. 그것은 세계와 우리를 심판했고 심판하는 영원히 타당한 신의 행위로서의 예수 그리스도의 인물됨과 역사의 의미에 대한 물음이었다.

곧 분명해지겠지만 지상의 예수의 선포 및 활동과, 우리가 바울 신학에 관한 서술 서두에서 이미 논한 바 후기 공동체의 그리스도 소식 사이에서 문제되는 차이점은 부활 이후의 단호한 표현에 의해 결정적으로 다져진 것이다. 바울 비판이 예부터 이 차이점을 겨냥했으며 이로부터 그리스도의 신앙 자체의 합법성에 대한 물음이 항상 새롭게 제기된 것은 물론 적합한 일이다. 신앙 자체는 그의 근거와 정당성을 찾는 과정에서 불신앙 측에 의해 그의 정당성이 거부되는 곳 외에 다른 곳에서 그 입장을 찾을 수 없다. 예수의 소식과 후기 교회의 케리그마 사이의 차이는 실제로 명백하다. 복음서들 중에 수집 개작된 예수 전승은 이미, 후에 회고적으로 케리그마적 주제들이 지상 예수의 선포에 삽입된 흔적을 충분히 보여 줄지라도 분명하다.

이 변천이 숙명적인 타락 및 변질 과정으로서 서술되어야 한다면 그것은, 우선적으로 오로지 예수의 선포와 후기 증인들의 선포 중에 있는 무시간적 이념 및 사상에서 방향이 설정된 관찰을 위해 불가피한 것이다. 그러나 그러한 사유 방식은, 그것이 오랜 전통에 의해 그렇게 자명한 것으로, 바람직한 것으로 우리에게 보일지라도 이미 '역사적' 예수 연구에서 좌절된다. 현재 지배적인 전통들과 마찬가지로 그의 백성의 교훈 및 종교 행위에 대한 혁명적인 비판에서도 예수는 그의 설교의 사상 내용에 따르면 이미 그 이전의 예언자들의 소식과 후기 유대교의 지혜 문학적 전승에서 다져진 것에, 오랫동안 생각해 온 것보다 훨씬 더 가깝게 서 있기 때문이다. 전적으로 옳은 이 인식이 오늘의 유대교 대표자들로 하여금 이유 없이 그들 자신의 민족의 예언자로서 예수를 자기 편에 추대하게 한 것이 아니다. 누구보다도 예수가 세례 요한과 가장 밀접한 관계에 있었다. 그의 소식과 전권, 의미를 예수 자신이, 그를 단순한 '선구자'로 격하시키지 않고 그의 여러 말에서 분명하게 승인한 사실을 마태복음서는 극히 적절하게 두 사람의 소식을 같은 말로 종합해 표현했다(마 3, 2을 4, 17과 비교). 그 소식은 세례 요한과 예수 이 둘이 임박한 신국에 대한 예고와 회개하라는 권유에서 역시 서로 일치한다는 것이다. 그러나 세례 요한은 확실히 그 소식에 대한 그 백성의 분노의 거부를 결코 경험하지 못하고 오히려 그들의 경청을 얻었었다. 그 소식만이라면 예수도 물론 적대감과 십자가의 죽음을 면했을 것이다. 그런데 확실한 것은 이 적대감이 그 자신에게서, 그의 말과 행동에서 오늘 이미 그리고 지금 구원과 심판의 때가 시작되었다는 선포에서 점화되었다는 것이다. 사탄의 세력을 멸하고 그에게서 노략물을 빼앗을 더 강한 자가 이미 여기에 나타났다(막 3, 27); 그러므로 "내가 신의 손가락으로 악마들을 축출한다면 신의 나라는 이미 너희에게 도달한 것이다"(눅 11, 20)라고 주장했다. 세상 종말과 신의 나라가 임박했다는 소식은, 후기 유대교의 묵시 문학이 증명하는 바와 같이 대대적인 신학적 구상들에 의해 개작되고 그 대표자들 중 누구 한 사람도 악평을 받지 않았다. 은혜로운 신에 관한 개념과 가르침도 그 시대의 유대교의 신학에 의해 이의 없이 잘 받아들여질 수 있는 것이다. 그러나 "아이야, 네 죄들이 용서를 받았다"(막 2, 5)는 사실이 예수의 말과 행동에서 실현되었다면 그것은 어떤 사제적인, 성서학자적인 권위에 의해서 유지되거나 확인된 '전권'이 아니며 그러므로 그것은 곧 신의 모독을 뜻했다. 모든 성별(聖別)된 전통들과 질서들에 대해, 단지 설교된 것만이 아니라 오히려 실현된, 참으로 혁명적인 문제 제기와 그리고 청결과 불결, 의인들과 악인들 사이의 경계들의 철폐, 임박한 신의 나라의 세대 전환적인 종말론적 차원 아래의 이 '오늘'과 '지금'의 선포가 예수의 적을 격동시켰으며, 그에게 반역자의 판결을 내렸던 것이다(블로흐와 몇몇 학자들은 강력하게 왜곡시키며, 무신론적인 유토피아로 해석하긴 하지만 이 사실을 특유의 격렬함으로 거론하고 있다).

예수의 적들에게서 이 '여기'와 '오늘'이 매우 빠른 속도로, 반복할 수 없는 '어제'와 '저기'로 변했으며, 유대인들과 로마인들에게는 하나의 삽화 내지 거슬리는 돌발 사건이 된 것은 더 물을 가치조차 없다. 그러나 예수의 제자들에게는 그것이 엠마오의 제자들의 이야기가 전하는 바와 같이(눅 24, 13 이하) 심각한 문제였다. 즉 그것은 그들의 백성의 희망이 무너지고 항성의 시간이 소멸되는 순간이었다. 도래한 것은 이스라엘의 구원이 아니었다. 오히려 여전히 남아 있는 것은 세상과 그 역사의 무자비한 진행이었다. 이 경험에 직면한 그들에게 대답은 부활절, 즉 십자가에 죽은 자, 부활한 자 그리고 현재하는 주 자신이었다.

이 사실이 후기 공동체의 신앙 고백들에서 어떤 그리스도론적인 칭호들로 표현되었으며, 어떤 변천 단계와 과정들에 의해 예수의 설교와 역사가, 그 자신이 개입된, 그 내용과 근거가 된 오순절 이후의 그리스도 소식으로 변했는가는 역시 여기에서 자세히 검토될 수 없을 것이다. 이것은 충분한 또는 유혹적인, 시간적으로 제약된, 그리고 오늘날 우리에게는 거의 이해할 수 없게 된 사유의 표상들과 범주들에는 물론, 극히 적절한, 포기될 수 없는, 원그리스도교의 신앙이 매우 다양하게 확언하고 전개한 그것들에도 해당한다. 설사 그것들이 여하간 항상 새로이 번역되고 해석되어야 할 것일지라도 그렇다. 바울의 역사와 소식이 명시한 바이지만 신학의 역사도 오늘에 이르기까지 바울이 얼마나 적극적으로 원그리스도의 케리그마 해석가로서 이 이해 과정에 참여했으며, 그 자신이 얼마나 그의 신학으로 해석과 이해를 항상 새로이 촉구했는가를 보여 준다. 그 자신이 직면해 있다고 생각하고 그 자신이 미래를 위해 일깨운 구원 사건의 바른 이해에 대한 물음들은 조용해지지 않았으며, 조용해진다는 것은 무서운 일이다. 그러므로 바울이 오늘에 이르기까지 불꽃 튀는 비판적 대결들의 대상이 되고 또 언제나 그러기를 바라는 것은 놀라운 일이 아니라 당연한 일이다.

지금까지 말한 것이 예수의 선포와 바울의 소식의 비교 연구의 정당성과 중요성을 부정하는 것은 아니다. 그러나 이런 비교 연구는 지금은 이미, 사도의 소식 중에 예수의 설교에 있는 것과 같은 사상 내용이 들어 있는가 또는 얼마나 들어 있으며 보존되었는가를 묻는 것만은 아니다. 오히려 여기서 처음부터 철저히 숙고되는 것은 역사적 입장과 십자가에서의 예수의 종말을 통해 그리고 영(靈)으로 살아 있는 주의 현재에 의해 이루어진 새로운 시대 및 세계 상황 — 이것을 바울처럼 철저히 생각하고 전개한 사람은 바울 이전에도 이후에도 원그리스도교 안에는 없었다 — 이다. 내용과 사유 형식 및 언어에서 그렇게도 제약된 상이성에도 불구하고 이 둘의 소식은 그것이 인간과 세계를, 다시 말하면 신 앞에서의 인간 및 세계와 세계에 대한 신의 행위를 겨냥한다는 점에서 일치한다.

인간이 이 때 바울의 소식에서 단순히 도덕적으로 괴물로만 이해된 것은 아니다. 세계 역시 단지 영지주의적 · 이원론적으로 악마의 왕국처럼 평가 절하된 것은 아니다. 사도가 그의 열광주의적 적대자들에게서 충분히 경험한 이런 경향들에 대해 그는 인간과 그의 역사와 그의 현재 및 미래와 함께 성쇠(盛衰)에 결부된 신의 피조물로서 세계를 변호했다. 물론 바울은 인간이 신에게서 벗어나지 못하면서도 반신적(反神的, asebēs)이고, 신에게서 생명으로 부름을 받았으나 신 앞에서 참 생명을 얻는 데는 무능하다는 것을 잘 알고 있다. 바울에 의하면, 이것은 모든 사람에게, 특히 '공로들' 또는 '지혜'에 의해 돌파구를 찾을 수 있다고 잘못 생각하는 자들에게 예수의 설교에서와 마찬가지로 사랑의 계명으로 종합된 율법을 말한다. 그러나 신이 인간을 버리지 않고 찾아서 해방시킨다는 것은 바울의 소식이 비로소 옳게 말하고 있다. 이 해방은 신앙으로 일어난다. 이 신앙은 자신의 역량과 '자랑'의 포기를 뜻한다. 미리 조건들을 내세우지도 선행하는 공로들을 요구하지도 않는다. 또 그것은 신의 실존과 유대교적 또는 그리스도교적 세계관에 대한 특정한 신념들도 요구하지 않는다.

이로써 분명해진 사실은 오로지 은혜로만 의로움을 받는다는 바울의 소식이 반신적인 사람들과 상실된 사람들을 향한 예수의 약속에서 그 상응성을 볼 수 있다는 것이다. 이 때 여기서도 저기서도 중요한 것은 신 개념, 용서하는 신의 이념이 아니라 지금 일어나는 일, 시간이 알려 주는 일, 즉 신의 나라는 "이미 너희 중에 있다"(눅 17, 20), 또는 "시간이 찼다"(갈 4, 4)는 등의 말 – 그대로의 의미에서 – 의 실천과 현재화이다. 예수의 선포와 활동에서처럼 바울에게서도 마찬가지로 구원은 사건과 이적으로서의 해방을 뜻한다. 예수를 둘러싸고 그를 만나는 사람들은 물론 각양각색이지만 철저히 속박되어 있다는 점에서 차이가 없다: 그들은 하나같이 모두 질병과 귀신들림, 범죄에서 그리고 또 그들의 종교적 관습들과 전통들 중에, 그들의 신앙심과 미래의 꿈들 중에 갇힌 부자유한 자들이다. 예수가 그들을 만나는 곳에서는 어디서나 비로소 그들의 부자유가 참 모습으로 드러나고, 그가 말하고 행동하는 곳에서는 어디서나 그들의 과거의 무거운 짐으로부터, 그들의 염려와 정력을 다 쏟고 있는 그들의 미래로부터의 해방이 사건으로 일어난다. 임박한 신의 나라는 피안이 아니라(이 점에서 블로흐의 견해는 옳다) 지상에서 이미 이렇게 시작되었다. 그러므로 본래 위협을 받은 자들과 상실된 자들은 예수의 소식에서도 회개를 필요로 하지 않는 '경건한 자들'이며, 성전에 서 있는 저 바리새인이고(눅 18, 9 이하), 잃은 아들 중 불평하는 형이며(눅 15), 일을 많이 하고 그 공을 근거로 더 많은 것을 주인에게 요구한 포도원의 일꾼들이다(마 20, 1 이하).

바울은 지상의 예수의 이 말들 또는 비슷한 말들에도 직접 자신을 결부시키지 않았다. 그의 모든 말은 오히려 그가 그런 것들을 알지조차 못했다는 것을 말해 준다. 우리는 자신 있게, 많은 사람들에게 아마 놀랍고 역설적으로 들릴 주장, 즉 거의 2천 년의 거리를 둔 오늘의 우리가 아마 역사적 예수에 관해 바울보다는 더 많은 것을 알고 있다는 주장을 확언할 수 있을 것이다. 그럼에도 불구하고 바울은 그가 예수에 관해 아는 것, 즉 그의 십자가의 죽음과 그의 부활을 근거로 그리스도의 해방의 일을 선포하고 신의 약속을 확인하는 '예(Ja)와 아멘'으로서 예수 자신을 이해했다(고후 1, 17 이하). 이로써 예수는 죄인들과 세리들에 대한 그의 약속으로, 바울은 이방인들을 위한 그의 소식과 그의 선교 활동으로, 공로들과 잘못 생각된 특권들의 장벽을 헐어 버렸다.

예수와 바울, 이 둘의 소식에 의하면 '신의 자녀들의 자유'는 아직 숨겨져 있다; 완성은 아직 남아 있다. 그러므로 그들 둘의 설교는 깨어 있으라는 부름과 고난과 시련에 대비하라는 것으로 일관되어 있다. 그러나 깨어 있음과 대비는 불확실성과 묵시 문학적인 유토피아의 설계, 또는 인간이 '무덤 직전에서도 가질 수' 있는 희망에 있지 않고, 예수 그리스도와 함께 시작된 새로운 날의 빛 중에 근거를 두고 있다.

이 모든 것에 의하면, 바울이 근본적으로 잘못 이해했다는 비난, 즉 그가 그의 신학으로 예수와 그리스도교 사이를 갈라 놓았으며, 그의 '복잡한' 구원론으로 신과 인간 사이에 새로운 장벽을 세웠다는 비난은 거의 일고의 가치도 없다. 에베소서의 필자는 바울의 소식의 의도들을 좀더 적절하게 이해했다. 그에 의하면, 이 소식은 그리스도가(신과 사람 또는 유대인들과 이방인들 사이의) "막힌 담을 헐었다"(엡 2, 14)는 것을 선포하려는 것 외에 다른 것을 겨누지 않는다.

여기서 천명된 사상들에서 바울과 그의 신학이 단순하고 빈틈없이 정리되었다고 생각하는 것은 잘못일 것이다. 그 인물됨과 신학에서 해결 안 되는 것과 수수께끼 같은 것은 너무나도 많다. 이런저런 것을 지적하고 부각시킬 수 있을 것이다: 가령 율법과 구원에 관한 그의 가르침과 관련된 많은 전통 및 시대 제약적인 표상들, 끝내 이루어지지 않은 그의 임박한 대망의 기이성, 나락으로 몰고 가는 듯한 빈번한 그의 신학적 사유, 난해하기보다 기교에 가까운 여러 곳에 산재하는 성서 해석(여기서도 그는 물론 그 시대의 산물이다), 이 밖에 극도로 조화되지 못한 그의 인간성, 즉 냉혹하고 집요하며 가차없는 비평 정신의 단호성, 그의 서신들에 나타나는 폭발적인 격정, 아마 한 번 이상의 그의 적들에 대한 부당한 평가, 폭풍 같은 그의 돌진력, 그의 목표들의 환상적인 거대성 등 바로 이 사도의 역량과 한계야말로 서로 밀접하게 관련되어 있다. 그의 구석구석이 모든 성인상(聖人像)의 모형과 윤곽을 파괴한다. 그러나 이 모든 것에서 드러나는 것은 그 자신의 다음 말의 진리 외에 다른 것이 아니다: "그러나 우리는 이 보물을 질그릇에 가지고 있다"(고후 4, 7). 질그릇 – 보물에서 질그릇도 보물도 참 모습을 드러낸다.

보설 I

순수한 바울 서신들과 그렇지 못한 것들

A. 이 책의 사료가 된 바울 서신들의 순수성은 오늘의 연구 상황에 의하면 변호가 불필요하다. 그것들은 전부 약 6~7년 동안 계속된 소아시아 지역, 즉 갈라디아, 마게도냐, 그리스 지역, 에베소(아시아), 그리고 다시 마게도냐와 그리스 지역(고린도)에서의 사도의 선교 활동 중에 기록되었다(연대는 일부는 명백하나 일부는 불분명하다).

a) 바울의 고린도 처음 체류 시기에 : **데살로니가전서**. 비교. 2, 17-3, 8 (50년 초).

b) 에베소와 그 주변에서의 활동 시기에 :

1) **갈라디아서**, 갈라디아 **지방** 여러 공동체에 보낸 것, 그러나 사도행전 13, 14에 지칭된 지역으로 보기는 어렵다(추측 54년).

2) **고린도와의 교신**의 큰 부분(비교. 보설 II ; 때 54/55년쯤).

3) 옥중 서신인 **빌립보서**와 **빌레몬서**. 이 둘에서는 생생한 소식 교환이 전제되어 있다. 그러므로 바울의 구금지와 수신인의 거주지 사이가 비교적 가까웠음을 추측할 수 있다. 즉 그것은 에베소를 말하고 로마일 수도 가이샤라일 수도 없다. 사도행전이 바울의 에베소 구금을 보도하지 않고 서신들 역시 구금 장소를 분명히 말하지 않으나 고전 15, 32와 고후 1, 8 이

하는 에베소(아시아)에서 철저히 겪어야 했던 박해와 죽음의 위험을 전한다. 때 : 54/55년(?)

c) 바울의 마지막 마게도냐, 그리스(고린도) 체류시 : 고린도와의 교신의 마지막 부분인 고후 1, 1-2, 13 ; 7, 5 이하 ; 8, 9와, 롬 15, 25 이하와 로마서 16장(비교. 보설 II).

B. 바울의 이름으로 기록된 비바울 서신들은 고대 교회의 문헌에서 상당수가 증명된다. 가령 라오디게아에 보낸 것과 제3 고린도서, 이 밖에는 원교회의 주도적 인물들의 이름으로 된 서신들이 있다. 베드로전 · 후서, 야고보서, 유다서. 이 위서(僞書) 현상은 성급히 현대적 판권의 척도로써 평가될 수 없다. '정신적 소유', '저작권과 판권' 등의 개념들이 고대에는 아직 없었다. 그러므로 '위서'라는 격하된 개념으로 대하는 것을 주의할 것이다! 날조된 필자는 특히 교회의 출판계에서 권위 있는 교리 전통을 떠맡은 제일인자들이었다. 특별히 거짓 가르침에 저항하며 공동체들의 신앙과 질서의 확립을 위한 싸움에서 그러했다. 이 책에서 제2 바울 서신으로서 수시로 인용된 것들을 여기에 소개한다(여기의 열거는 역사적 순서에 의하지 않고 오늘의 연구에서의 일치 또는 불일치 혹은 그의 비순수성과 순수성에 따랐다).

a) 목회 서신들(디모데전 · 후서, 디도서) : 이 서신들에는 사도행전에 의해서도, 다른(이의 없는) 바울 서신들에 의해서도 설명될 수 없는 전기적 사정들과 사도 후기의 공동체 질서, 이단의 특징, 어휘들과 신학적 증명들이 들어 있다. 때 : 약 2세기의 10년대.

b) 에베소서 : 수신처는 텍스트에서 확인되지 않는다. 바울이 이곳에서 가장 오랫동안 활동했지만 이 공동체에 대한 구체적인 세부 사항들이 어디에도 없다(비교. S. 128 이하). 서신이라기보다는 신학적인 문서이다. 문체도 바울적이 아니다. 신학적으로도 바울과 다르다(특별히 가령 교회를 우주적 몸으로, 그 '머리'를 그리스도로 본 것을 들 수 있다). 영지주의

의 영향을 받은 세계상; 독자적으로 발전되었을지라도 골로새서의 사상에 예속되어 있는 것 등이 다르다. 때 : 약 100년.

c) **골로새서** : 매우 편협한 문체와 신학적 수법이 이 서신을 에베소서에 접근시킨다(물론 어느 정도의 차이에도 불구하고). 그것들이 골로새서를 바울에게서 멀어지게 하는 것과 같다(그 차이들은 그리스도론, 교회론, 세례 및 사도직, 종말론의 이해에 있다). 순수한 바울적 사상 내용이 분명하게 이용되고 필자가 분명히 구금된 사도의 상황에 정통한 만큼 '바울 학파'(비교. 위 S. 137-138)의 신학적 연속 작업의 흔적이 이미 이 서신에서 인식된다. 자세한 것, E. Lohse, *Die Briefe an die Kolosser und an Philemon* (Meyer K IX, 2, 14판), 1968 ; 여기에 많은 문헌이 실려 있다.

d) **데살로니가후서** : 데살로니가전서에 긴밀히 의존된 기록이다(사소한 용어들에 이르기까지). 서신의 (허구적) 상황도 같다. 만일 순수하다면 이 서신은 데살로니가전서 직후에 기록되었을 것이다. 그러나 자신의 옛 서신을 바울 자신이 문헌적으로 이용했다면 그것은 정상적이 아니다. 그리고 무엇보다도 세계 종말과 그리스도의 도래에 대한 문제가 세밀한 묵시문학적 가르침의 도움을 받아 대답된 것은 기이하게 보인다(마지막 전에 반드시 일어난다는, 마지막을 늦추는 사건들의 열거, 비교. 2, 1-12). 이 서신이 이미 주의 날의 임박함을 예고하는 '이른바 자칭하는' 바울 서신들(2, 2. 살전)에 반대하고 바울로 하여금 데살로니가후서의 '순수성'의 표지로 그 서신에 스스로 서명하게 한 것(3, 17)도 예사롭지 않다.

보설 II

고린도전 · 후서와 빌립보서, 로마서의 문헌 비평학적 문제들

고린도전 · 후서와 빌립보서, 로마서에 대한 우리 서술에서의 평가는 다음 문헌 비평학적 관찰들에 의존한 것이다.

1. **고린도인들**과의 바울의 교신(참조. 위 S. 123 이하)은 여하간 두 편 이상이었을 것이다(고전 5, 9 ; 고후 2, 4 ; 7, 8). 몇몇 학자들은 고려할 만하기는 하지만 내 생각에 일관성 없는 논증들로 다음 가설을 주장한다. 즉 이미 고린도전서 5장 9절에 언급된 서신(A)은 단순히 상실된 것이 아니라 중요한 단편들로서 정경인 고린도전서(B) 속에 후에 개작 편집되어 보존되었다는 것이다. 이에 반해 이 책에서는 고린도전서의 순수성이 전제되었다. 이 문제는, 있을 법한 분류 작업이 본질적인 역사적 인식들을 거의 제기할 수 없을 만큼 A와 B가 시간적으로 밀접하게 서로 관련되어 있기 때문에 도외시할 수 있었다.

고린도후서를 위해 매우 확실성 있게 가정할 수 있는 것은, 그것이 하나의 일관성 있는 서신으로 씌어지지 않고 오히려 안팎으로 매우 다른 조건들 속에, 그리고 각기 다른 때에 기록된 여러 서신 단편들로 편집됨으로써 사건들의 순서에 부합하지 않는다는 것이다.

a) 가장 분명하게 드러나는 것은 10-13장과 1, 1-2, 13 ; 7, 5-16 단락 사이

의 관계의 부조화이다. 이 단락들은 이 책 123면 이하에서 서술된 바 그 사이에 생겨난 공동체와의 갈등을 회고하면서 기록한 것이다. 그런데 10-13장의 상황은 전혀 다르다. 여기서는 그의 사도직의 합법성에 대한 고린도인들과의 싸움이 그 극에 달한다('거짓 사도' 에 대한 가차없는 폭로, 그들에게 유혹당한 교회에 대한 날카로운 말들, 극심한 야유적인 바울의 자기 변호). 이 두 서신 부분에서는 억양과 분위기뿐 아니라 필자와 교회의 구체적인 상황도 서로 다르다. 10-13장의 지금의 위치가 옳다면 1-2장 및 7장의 영향력은 거세된다. 그 때문에 100년 전부터 많은 학자들이 마지막 장들 중에서 2장 4절과 7장 8절에서 언급된 '고통의 편지' (D)의 핵심 부분들이 포함되었다고 가정해 왔는데 이는 옳다고 생각된다(이른바 네 개의 장 가설).

b) 둘째로, 뚜렷이 드러나는 단절은 자주 주목된 바이지만 2장 13절과 14절에서 볼 수 있다. 2장 13절은 참지 못하고 고린도에서 돌아와 기다리는 디도를 마게도냐에서 만나기 위해 바울이 드로아에서 마게도냐로 출발한 것을 보도한 후 돌연 중단되었다가 7장 5절에서 비로소 계속된다. 이 두 구절은 '떨어진 고리의 두 부분처럼' (J. Weiß) 아주 잘 맞는다. 그 사이에(2, 14-7, 14) 독자적으로 바울의 사도직에 대한 첫 대대적인 변호(C)가 들어 있는 바 이전 단락(1, 1-2, 13)에도, 후의 단락(7, 5-16)에도 아무런 관련이 없다. 이 부분 역시 지금의 위치가 원래의 자리일 수 없다. D에 대한 내용상의 근사치에도 불구하고 C에는 분명히 아직은 극단에까지 이르지 않은 사도와 적들 및 교회 사이의 싸움의 그 전(前) 단계가 반영되어 있다. 그러므로 C는 바울에 대한 새로운 책동의 소식이 전해졌으나, 아직 그 교회의 통찰력과 성실에 의지하고 있을 때 기록된 것이다(6, 11 이하 ; 7, 4를 11, 16-21 ; 12, 11 이하 등과 비교). 다시 말하면 중간 방문과 '고통의 편지' 직전에 씌어졌다.

c) 헌금에 관한 두 장, 즉 8장과 9장 역시 확실히 같은 시기에 기록되지

않았다. 이 둘도 확실히 예루살렘을 위한 모금을 말하나 각기 독자적이며 서로 관련도 없고 상황도 다르다. 8장에서는 전에 시작한 모금을 계속하기 위해 디도가 다른 사람들과 함께 바울에 의해 다시 고린도로 파견되고 교회에 추천된다. 그러므로 여기서는 교회와의 완전한 화해가 전제되어 있다. 그러므로 8장(F)은 디도를 위한 짧은 독자적인 추천서로서 또는 그에 의해 전해진 화해의 서신 1, 1-2, 13 ; 7, 5-16(E) 단락의 부록으로서 간주될 수 있다. ―9장은 모금에 관한 사도의 후기에 기록된 마지막 서신이다. 이 때 바울은 아직 마게도냐 지방에 머물면서 그 자신이 곧 고린도에 갈 터인데 그 때까지 성공적으로 진행되는 모금을 끝내 줄 것을 부탁한다(G).

열거된 이 서신 단편들의 순수성을 의심할 이유는 아무것도 없다(물론 용어와 신학적 내용상으로 뚜렷이 비바울적이고 권고적인 적은 수의 구절, 즉 6, 14-7, 1절은 예외인데, 이것들도 문맥을 깨뜨린다; 이 부분은 쿰란 텍스트들과 매우 가까운 데 반드시 후기의 부가문일 것이다).

우리의 정경인 고린도후서가, 이에 따르면 서로 다른 서신들(C에서 G)을 모은 것이 된다. 그렇다면 그것들의 목적과 성립 시기에 대한 문제가 제기된다. 그러나 특별한 것은 편집자가 왜 '고통의 편지' 단편(D)을 마지막에 실었으며, 그렇게 함으로써 화해의 서신(E)의 인상을 외견상 착각하게 했는가라는 문제이다. 그러나 그의 편집 작업은 다른 곳에도 있는 원그리스도교적 문헌에서 많이 증명되는 표현 법칙에 의해 설명된다. 즉 그 법칙에 의하면, 마지막 시대를 예고하는 위험으로서의 이단에 대한 경고들은 문헌들 또는 문헌 단편들의 마지막에 수록한다. 편집인은 분명히 '거짓 사도들'과 '사탄의 사자들'에 대한 바울의 공격을 이런 의미에서 이해시키려고 한 때문에 그것을 결문으로 삼았다. 이 밖에 그는 E를 근거로 해서 아주 옛, 특히 중요한 단편 C를 그 속에 삽입했으며, 그렇게 성립된 전체에 시간적으로 또 내용상으로 적합한 F와 G를 첨가했다.

후기 수집으로 보는 가설은, 알려진 바 정경인 고린도전서와 이것만이 1세기 초에서 2세기 초에 이르는 속(續)사도적 교부들(클레멘스 1서, 이그나티우스서, 폴리갑서)에 의해 많이 인용되지만 고린도후서는 아직 인용되지 않는다는 사실에 의해 유지된다. 고린도후서의 편집은 1세기 마지막 90년대에 사도 교회적 교훈서로서 고린도에서 이루어졌으며 이로부터 유포되었는데, 그 때는 클레멘스 1서가 가리키는 바와 같이 고린도 교회가 다시 선동자들에 의해 위협을 받았을 때였다(자세한 것, G. Bornkamm, *Die Vorgeschichte des sogen. Zweiten Korintherbriefes*, Sitzungsberichte der Heidelberger Akad. D. Wissensch 2판 1965 = Ges. Aufs IV 162-164. 여기에 해당 문헌들이 수록되어 있다).

2. **빌립보서**(참조. 위 S. 134 이하)도 추측컨대 적어도 두 서신, 그렇지 않으면 세 서신의 편수물일 것이다. 시간적으로는 4, 10-20절이 서두에 속한다. 이것은 빌립보인들에게 보낸 짧은 감사 편지이다. 빌립보인들은 구금된 사도에게 공동체의 지체인 에바브로디도를 보내어 돕게 하고 그를 통해 선물을 보냈다(A). 여기서는 그의 구금 기간이 오래된 것 같은 흔적을 찾을 수 없다. 그것은 1, 1-3, 1(B)에 처음으로 전제된다. 즉 에바브로디도는 여기서 성실을 보여 주었으나 병들어 죽게 되고 빌립보인들이 이것을 근심하나 다시 회복된다. 그러나 그는 집으로 돌아가고 싶어하기 때문에 그를 돌려보낸다. 그리고 사도 자신도 짧은 기간 안에 석방되어 빌립보에 갈 수 있기를 기대한다(2, 19-30). 1장의 상황도 이에 일치한다. 즉 바울의 석방이 지연되어 그 만료도 박두했으나 아직(석방 일지 또는 사형 일지, 1, 12-26 ; 2, 17) 확실치 않다. 가장 날카로운 공격적 서신 부분, 3, 2-4, 9절(C)은 직접 공격하면서 평화의 인사로 마무리하고 이 모든 것에 대해서는 (또는 아직?) 아무런 시사도 하지 않는다. 이 부분은 물론 사도의 석방을 전제하지만 A와 B에 비해 달라지지 않은 수신인의 위협적 상황도 전제한다(근래의 연구들, G. Bornkamm, "Der Philipperbrief als paulinische

Briefsammlung", O. Cullmann 기념 논문집, *Neotestamentica et Patristica*, 1962, S. 192-202 = Ges. Aufs. IV 195-205).

3. 오래 전부터 수많은 학자들에 의해 이 책 130면에 지적된 이유들에 의해 로마서 16장의 긴 인사 명단 역시 로마서 마지막에 잘못 첨가된, 원래는 에베소에 보낸 서신에 속하는 단편으로 간주되었다; 여기에는 교회의 이단적 위협에 관한 지식들도 전제되어 있는데 이것들은 로마서 중 다른 곳에서는 어디서도 볼 수 없다(16, 17-20은 빌 3장과 극히 유사하다). 이 가정이 옳다면 에베소서의 이 부분이 대략 로마서와 같은 때, 즉 고린도에서 예루살렘으로 가는 바울의 마지막 여행 직전에 기록된 것이다. 이 명단이 본래의 그러나 상실된 서신에 속한 것인지, 아니면 바울이 에베소에 보낸 로마서의 복사에 첨가된 것인지(T.W. Manson)는 여기서 다루지 않을 것이다. 에베소와 동방 지역에 이주했던 사람들이 로마로 다시 이주했다(대략 글라우디오 추방령이 네로 때 폐기된 후)는 상상적인 가설보다 우리의 가설이 더 확실성 있게 로마서 16장을 설명해 준다고 나는 생각한다; 이것은 작은 '민족 이동'에 방불한 것이었다고 한다. 어떤 시점에서 사도가 로마서와 로마서 16장을 기록했는가(참조. 위 S. 130)를 숙고하면, 에베소 교회에서의 작별 상황이 그 명단의 예외적인 길이를 이해하게 해 줄 것이다. 바울은 어디에서보다도 오랫동안 이 교회에서 방금까지 활동했었다. 16, 25-27은 이미 불확실한 텍스트 증언과 특히 비바울적 용어가 증명하는 바와 같이 바울이 쓰지 않은 서신의 결문임을 알 수 있다.

보설 III

그리스도론과 의인론
(롬 1, 3-4와 1, 16-17; 비교. 이 책 S. 171 이하)

롬 1, 3-4와 1, 16-17은 구원 소식의 내용을 매우 상이하게 종합하고 있다.

a) 롬 1, 3-4에서 바울 이전 신조가 받아들여졌다는 가설에는 다음 이유들이 근거로 되어 있다. 1. 원그리스도교 신앙 개조문들의 특징인 분사 문체와 문장 구조의 (종합적) 대비법, 2. '육에 의하면' / '영에 의하면'이라는 그리스도론적 사유 도식(비교. 딤전 3, 16 ; 벧전 3, 18 ; Ign Eph 18, 2 ; Tr 9 ; Sm 1, 1), 3. 바울 어디에서도 볼 수 없는 예수의 다윗 자손됨, 4. 비바울적인 표현들 : '…로 임명되었다'; '능력에 의한 신의 아들'; '성결의 영'; '죽은 자들로부터의 〈그의〉 부활 이후'(비교. R. Bultmann, *Theologie des Neuen Testament*, 5판, 1965, 52, 473(번역. S. 47, 485) ; E. Schweizer, *Erniedrigung und Erhöhung*, 1955 ; 동 저자, pneuma와 sarx 항목(Theol Wörtb, z.N.T. VI 415 ; VII 125-126) ; F. Hahn, *Christologische Hoheitstitel*, 1963, 251-258 W. Kramer, *Christos Kyrios Gottessohn*, 1963, 105-108). 그 자체로 보면 이 신조는 초기(유대인계 그리스도교) 공동체의 그리스도론을 수록한 것이다. 즉 자신의 다윗 혈통에 의해 메시아로 승인된 예수는 자신의 부활에 의해 '신의 아들'로 높여졌다는 것이다. 이 신앙 어투는 그

의 죽음의 구원 의미를 말하지도 의인 소식을 목표로 하지도 않는다.

b) 롬 1, 16-17은 비바울적이며 순수한 그리스도론적 신조와는 달리 구속론적으로 표현되었다("신의 능력은 믿는 모든 사람의 구원이 되었다"; "믿음에서 믿음에 이르게 하는 신의 의"; "믿음에 의해 의로운 자는 살리라."; '신의 아들', '퀴리오스(主)' 같은 그리스도론적 존칭은 물론 '그리스도'라는 이름조차도 볼 수 없다). 이 두 표현은 완전한 내용 제시이다; 이 둘은 하나는 이것을, 다른 하나는 저것을 복음에서 찾아내지 않는다.

이 둘의 관계는 서로 어떤 것인가? 바울이 전통적인 이 말투로 그의 바른 신앙성만을 미지의 로마 공동체에 증명하고 그 후에 비로소 그의 소식을 말하려고 했다는 결론은 충분치 못하다. 이 결론은 바울 신학에서의 그리스도론과 의인론의 떼려야 뗄 수 없는 연관성을 말해 주지 못한다. 어떤 가교들이 첫 내용 제시에서 둘째 것에 인도하며, 어떤 길이 둘째 것에서 첫째 것에 되돌아가게 하는가? 그 대답은 예수가 다윗 자손이라는 (전통적) 주제에서 얻을 수 없다. 이 주제는 바울에게 거의 아무런 역할도 하지 못한다(비교. 이사야서 인용인 롬 15, 12). 오히려 그 대답은 바울과 엄격히 말하면 그 신조에도 적합하지 않은(왜냐하면 그것은 그 말투의 하반부에만 부합되기 때문이다.), 서두에 힘주어 싣고('그의 아들에 의해', 1, 3 ; 비교. 1, 9), 결문으로 1, 4절에서 그가 자주 사용하는 퀴리오스 칭호로 대치한('우리 주 예수 그리스도에 의해') '신의 아들' 칭호에서 얻을 수 있을 것이다. 그의 서신들에서 드물게 보는 것이지만 '신의 아들'도 바울의 경우 중요한 의미를 가진다. 인용된 교회의 신앙 고백과는 달리 그것은 그의 경우 신이 구원을 위해 세상에 '보낸' 선재적 그리스도를 표시한다(롬 8, 3 ; 갈 4, 4). 바울은 이 때 영원한 그리스도의 신적 본질 자체에 관해 성찰하지도, 예수의 초자연적 출생을 그 칭호에 함축시키지도 않는다(요한복음서와 히브리서에서도 마찬가지이다). 그는 세계 내재적인 구속 사건이 아니라 오히려 신에 의해 시작된 것을 지시한다. 즉 "신은 그의 아들을 아끼지 않고 우리 모두를 위해 내주었다"(롬 8, 32). 그는 "신이 우리를 위해 있다"는 것을 확언한다(롬 8, 31). 이 사실은 바울에게는 이스라엘의 구원사적 특권에 한정되지 않고 우주적으로 해당한다. 이 존칭이 바로 바울의 의인론에서 그 확고한 자리를 차지하며(갈 1, 15-16 ; 3 ; 4 ; 롬 8), 그리스도의 죽음과 그의 부활의 구원 의미를 그 안에 포함한다(롬 5, 10 ; 8, 29)는 것도 이로써 이해된다. 그리스도의 신의 아들됨의 구속론적 의미는 '아들'의 보냄에서 믿는 자들의 신의 아들됨의 근거를 보고 그의 영에 의해 그들에게 증명된다는 점에서도 분명하다. 그들은 그를 통해 '그리스도들'과 '퀴리오스들(주들)'이 되지 않고 '자녀들'과 '상속자들'이 된다(롬 8, 14-17 ; 갈 4, 4-7). 이 연관성들이 이미 로마서 1장에서 확언되지 않고 바울의 이해에 따라 이 의미에서 1, 3-4가 1, 16-17을 앞서 지시하고, 반대로 후자는 다시 바울에 의해 새로 이해된 신조를 지시한다.

문헌

(7판에 G. Theißen의 문헌 추가)

I. 일반적인 것들

바울 연구사

A. Schweitzer, Geschichte der Paulinischen Forschung von der Reformation bis auf die Gegenwart, 1911, ^{2}1933; R. Bultmann, Neueste Paulusforschung, in: ThR N.F.6(1934) S.229-246; 8(1936) S.1-22; O. Kuss, Die Rolle des Apostels Paulus in der theol. Entwicklung der Urkirche, in : MThZ 14(1963) S.1-59; 109-187; B. Rigaux, Paulus and seine Briefe, 1964; A. Suhl, Paulus und seine Briefe, 1975; K. H. Schelkle, Paulus, 1981, ^{2}1988; (W. Wrede 이후) 선별 논문들: Das Paulusbild in der neueren deutschen Forschung, 발행 K. H. Rengstorf, 1964; H. Hübner, Paulusforschung seit 1945, ANRW II.25.4, 1987, S.2649-2840; O. Merk, Paulus-Forschung 1936-1985, ThR 53(1988), S.1-81

개론 문제들

비교. M. Dibelius, Geschichte der urchristlichen Literatur, 1926, 재판 1975; W.G. Kümmel, Einleitung in das N.T., 개정 ^{17}1973, ^{21}1983; W. Marxsen, Einleitung in das N.T., 1963, ^{4}1978; E. Lohse, Entstehung des N.T., 1972, ^{3}1991; Ph. Vielhauer, Geschichte der urchristlichen Literatur, 1975, 재판 1978; G. Lüdemann, Paulus, der Heidenapostel, Bd. 1 1980, Bd. 2 1983; G. Strecker, Literaturgeschichte des

N. T., 1992;
이 밖에 개별 문서들에 대한 논문들
Die Religion in Geschichte und Gegenwart (RGG), [3]1957ff; Theologische Realenzyklopädie(TRE), 1977ff; Aufstieg und Niedergang der römischen Welt (ANRW), 1972ff., 특히 Bd. II.25.4

근래의 전체적인 서술들

바울의 생애와 소식

M. Dibelius/W.G. Kümmel, Paulus, 1951, [4]1970; K. Stendahl, Der Jude Paulus und wir Heiden, 1978(Paul among Jews and Gentiles, 1977 번역 출판) ; H. Merklein, Studien zu Jesus and Paulus, 1987; J. Ch. Beker, Der Sieg Gottes, 1988(Paul the Apostle, 1984, [2]1987 축소 번역); J. Becker, Paulus. Der Apostel der Völker, 1989; W. Feneberg, Paulus-der Weltbürger, 1992

신학

A. Schweitzer, Die Mystik des Apostels Paulus, 1930, 재판 1981; H.J. Schoeps, Paulus. Die Theologie des Apostels im Lichte der jüdischen Religionsgeschichte, 1959; R. Bultmann, Theologie des N.T., 1953, [9]1984, S.187-353; H. Conzelmann, Grundriβ der Theologie des N.T., 1967, [2]1992, S. 175-314; W. G. Kümmel, Die Theologie des N. T. nach seinen Hauptzeugen, 1969, [3]1976, S. 121-227; E. Lohse, Grundriβ der ntl. Theologie, 1974, [4]1989, S. 74-111; E. Käsemann, Paulinische Perspektiven, 1969, [3]1992; 비교. 동 저자, An die Römer (Handbuch zum N.T. 8a), 1973, [4]1980

유대교, 헬레니즘, 원그리스도교

E. Schürer, Geschichte des jüd. Volkes im Zeitalter Jesu Christi, I-III, [4]1901ff; 개정 신판: E. Schürer, The History of the Jewish People in the Age of Jesus Christ, 1973, 1979; W. Bousset/ H. Gressmann, Die Religion des Judentums im späthellenistischen Zeitalter, [3]1926([4]1966, E. Lohse에 의해 서언과 최근 문헌이 보충되고 사진 제판됨); J. Weiβ, Das Urchristentum, 1917; R. Bultmann, Das Urchiristentum im Rahmen der antiken Religionen, 1949, [3]1963; H. Conzelmann,

Die Geschichte des Urchristentums, 1969, [6]1989; E. Lohse, Umwelt des N.T., 1971, [8]1989; J. Maier, Zwischen den Testamenten. Geschichte und Religion in der Zeit des Zweiten Temples, 1990

II. 이 책의 각 장들에 관해

이 책에 있는 서술들에 대해 더 상세한 근거를 제시하기 위해 아래에서는 보른캄 자신이 제시한 제목으로 저자 자신이 쓴 논문들을 참조한다 in: Das Ende des Gesetzes. Paulusstudien, 1952 (Ges. Aufs. II, 1959, [3]1970); Geschichte und Glaube. Zweiter Teil(Ges. Aufs, IV, 1971)

서론: 바울 서신에 나타난 바울과 사도행전에 나타난 바울

"바울 기록"(2세기 말 저작)에 나타난 바울의 생애와 순교에 대한 후기의 소설 같은 서술들은 이 책에서 고려하지 않는다 Texte in: E. Hennecke/W. Schneemelcher, Neutestamentliche Apokryphen, [3]1964, Bd. 2, S. 221-270; 개정 [5]1989, S. 193-243

사도행전에 나타나는 모든 문제들에 대한 기본적인 것

M. Dibelius, Ausfsätze zur Apostelgeschichte, 1951, [5]1968

사도행전의 바울상

Ph. Vielhauer, Zum „Paulinismus" der Apostelgeschichte, in: Aufsätze zum N.T., 1965, S.9-27 (우선 출간 in: EvTh 10 [1950/51], S. 1-15); U. Wilckens, Die Missionsreden der Apg, 1961, 확대. [3]1974; H. v. Campenhausen, Die Entstehung der christlichen Bibel, 1968, S. 47-62; Ch. Burchard, Der dreizehnte Zeuge, 1970

주석서들

E. Haenchen, 1956, [7]1977; H. Conzelmann, 1963, [2]1972; 서평 Ph. Vielhauer, in: GGA 221(1969), S. 1-19; J. Roloff, Die Apostelgeschichte, 1981, [2]1988; G. Lüdemann, Das frühe Christentum nach den Traditionen der Apostelgeschichte. Ein Kommentar, 1987

제1부 생애와 활동

제1장 출생과 주변. 회심 이전의 바울

J. Juster, Les Juifs dans l' Empire Romain, I-III, 1914; D. Georgi, Die Gegner des Paulus im 2. Korintherbrief. Studien zur religiösen Propaganda in der Spätantike, 1964, S. 83-187; 개정, The Opponents of Paul in Second Corinthians, 1986; M. Simon/A. Benoit, Le Judaisme e le Christianisme Antique, 1968, 특히 S. 69-74; Religions in Antiquity, ed. J. Neusner, 1968; 특히 E. R. Goodenough, Paul and the Hellenization of Christianity, S. 23-68; M. Hengel/U.Heckel (발행), Paulus und das antike Judentum, 1991, 특히, M. Hengel, Der vorchristliche Paulus, S. 177-294; K.-W. Niebuhr, Heidenapostel aus Israel, 1992

제2장 교회의 박해자. 회심과 소명

D. Lührmann, Das Offenbarungsverständnis bei Paulus und in den paulinischen Gemeinden, 1965, S. 67-81; Ch. Dietzfelbinger, Die Berufung des Paulus als Ursprung seiner Theologie, 1985, ^{2}1989

제3장 첫 선교 활동

R. Riesner, Die Frühzeit des Paulus, Habil, Tübingen, 1991

제4장 예루살렘 사도회의

D. Georgi, Die Geschichte der Kollekte des Paulus für Jerusalem, 1965, 특히 S. 13-33; 내가 보기엔 예루살렘에 대한 바울의 관계를 잘못 그리고 있는 E. Stauffer, Petrus und Jakobus in Jerusalem, 기념논문집, O. Karrer, 1959, S.361-372; 다른 방식이긴 하나 마찬가지인 J. Munck, Paulus und die Heilsgeschichte, 1954; A. Weiser, Das „Apostelkonzil"(Apg 15,1-35), BZ 28(1984), 145-167

제5장 제1차 구브로 및 소아시아 여행. 안디옥 분쟁

J.D.G.Dunn, What was the Issue between Paul and „Those of the Circumcision"?, in : M.Hengel / U.Heckel, Paulus und das antike Judentum, 1991, 295-318

제6장 바울 선교의 세계적 지평

S. 101 인용 : A. v. Harnack, Mission und Ausbreitung des Christentums, I, [4]1924, S. 79f; W. A. Meeks, Urchristentum und Stadtkultur. Die soziale Welt der paulinischen Gemeinden, 1992 (=The First Urban Christians, 1983)

제7장 그리스 땅에 세워진 최초의 교회들(빌립보, 데살로니가, 아덴)

W. Elliger, Paulus in Griechenland : Philippi, Thessalonike, Athen, Korinth, 1987, [2]1990

제8장 고린도

W. Schmithals, Die Gnosis in Korinth, [2]1965 개정 신판, [3]1969 개정 보충판; D. Georgi(위의 1장 참조); G. Sellin, Hauptprobleme des Ersten Korintherbriefs, in: ANRW II.25.4, 1987, S.2940-3044

제9장 에베소

W. Stegemann, Zwischen Synagoge und Obrigkeit, 1991, S. 197-211; P. Lampe, Acta 19 im Spiegel der ephesischen Inschriften, BZ N.F. 36(1992), 59-76

제10장 바울의 유서로서의 로마서

G.B., Der Römerbrief als Testament des Paulus, Ges. Aufs. IV, S. 120-139; 비평적인 글, G. Klein, Der Abfassungszweck des Römerbriefs, 동 저자, Rekonstruktion und Interpretation, Ges. Aufs. zum N.T., 1969, S. 129-144; M. Kettunen, Der Abfassungszweck des Römerbriefes, 1979; A.J.M. Wedderburn, Reasons for Romans, 1988

제2부 소식과 신학

제1장 바울과 원교회의 그리스도 소식

R. Bultmann, Theologie (위의 I. 참조), S. 34-66, 특히 S. 45-56; F. Hahn, Christologische hoheitstitel, 1963, [3]1966, 여러 곳; W. Kramer, Christos, Kyrios, Gottessohn, 1963; K. Wengst, Christologische Formeln und Lieder des Urchristentums, 1972; M. Hengel, Der Sohn Gottes, 1975, [2]1977

제2장 상실된 인간과 세계

1. 율법

G. B., Wandlungen im alt- und neutestamentlichen Gesetzesverständnis, Ges. Aufs. IV, S. 73-119, bes. S. 103ff; 동 저자, Die Offenbarung des Zornes Gottes. Röm 1-3, Ges. Aufs. I, S. 9-33 (동일 이름의 논문으로 개정 ZNW 34 [1935]); 동 저자, Gesetz und Natur. Röm 2,14-16, Ges. Aufs. II, S. 93-118; E.P. Sanders, Paulus und das palästinische Judentum, 1985 (번역: Paul and Palestinian Judaism, 1977); H. Hübner, Das Gesetz bei Paulus, 1978, [3]1982; H. Räisänen, Paul and the Law, 1983, 개정 확대 [2]1987; O. Hofius, Paulusstudien, 1989; P.v.d.Osten-Sacken, Die Heiligkeit der Thora. Studien zum Gesetz bei Paulus, 1989

로마서 5, 12-21에 관해

G.B., Paulinische Anakoluthe, Ges. Aufs. I, S. 76-92, 특히 S.80ff; E. Brandenburger, Adam und Christus, 1962; E. Jüngel, Das Gesetz zwischen Adam und Christus, ZThK 60, 1963, S. 42-74

로마서 7, 7-25에 관해

W.G. Kümmel, Römer 7 und die Bekehrung des Paulus, 1929(신판: Römer 7 und das Bild des Menschen im neuen Testament, 1974); R. Bultmann, Römer 7 und die Anthropologie des Paulus, Exegetica, 1967, S. 198-209 (우선 출간 : Imago Dei. FS G. Krüger, 1932, S. 53-62); G. B., Sünde, Gesetz und Tod, Ges. Aufs. I, S. 51-69 (우선 출간 : Der Mensch im Leibe des Todes, in WuD 2[1950], S. 26-44); H. Lichtenberger: Studien zur paulinischen Anthropologie in Römer 7, Habil, Tübingen, 1985

2. 인간과 세계

R. Bultmann, Theologie, S. 191-270; H. Conzelmann, Grundriβ, S. 195-206; U. Schnelle, Neutestamentliche Anthropologie. Jesus - Paulus -Johannes, 1991

제3장 구원 사건

1. 신의 의

E. Käsemann, Gottesgerechtigkeit bei Paulus , in : Exegetische Versuche und Besinnungen II, 1964, S. 181-193 (우선 출간: ZThK 58 [1961], S. 367-378); P.

Stuhlmacher, Gerechtigkeit Gottes bei Paulus, 1965, 개정 신판 1966; R. Bultmann, Theologie, S. 271-287; H. Conzelmann, Grundriβ, S. 236-243; G. Klein, Gottesgerechtigkeit als Thema der neuesten Paulus-Forschung, Ges. Aufs. (위의 1부 10장 참조), S. 225-236 (우선 출간: VF 12, 1967/2, S.1-11); G. B., Theologies als Teufelskunst (Röm 3,1-9), Ges. Aufs. IV, S. 140-148

2. 은혜

E. Käsemann, Zum Verständnis von Röm 3, 24-26, in : Exegetische Versuche und Besinnungen I, 1960, S. 96-100 (우선 출간: ZNW 43[1950/51], S. 150-154); Zitat S. 150 aus: G. Radbruch, Rechtsphilosophie, [6]1963, S. 343; U. Wilckens, Was heiβt bei Paulus „Aus Werken des Gesetzes wird kein Mensch gerecht"? : 동 저자, Rechtfertigung als Freiheit. Paulusstudien, 1974, S. 77-109

3. 신앙

A. Schlatter, Der Glaube im N. T., 1885, [6]1982, S.323-418; R. Bultmann, Theologie, S. 315-331; A. v. Dobbeler, Glaube als Teilhabe, 1987; K. Haacker, Art. Glaube II, TRE 13, S. 289-304

4. 구원 사건과 구원사

E. Dinkler, Prädestination bei Paulus, in: ders., Signum Crucis, 1967, S. 241-269 (우선 출간: FS G. Dehn, 1957, S. 81-102); 동 저자, The Idea of History in Earliest Christianity, S. 313-350, 특히 S. 322ff (우선 출간: The Idea of History in the Ancient Near East, 1955, S. 169-214); U. Luz, Das Geschichtsverständnis des Paulus, 1968; N. Walter, Zur Interpretation von Römer 9-11, ZThK 81 (1984), S. 172-195 ; O. Hofius, Das Evangelium und Israel. Erwägungen zu Römer 9-11, in : Paulusstudien, 1989, S. 175-202 (우선 출간: ZThK 83 [1986], S. 297-324)

5. 신앙에서의 삶

C. Breytenbach, Versöhnung, 1989; S. Vollenweider, Freiheit als neue Schöpfung, 1989

6. 그리스도 안에서

M. Bouttier, En Christ, 1962; H. Conzelmann, Grundriβ, S. 232-235

제4장 구원의 현재

1. 말씀

U. Wilckens, Weisheit und Torheit, 1959; R. Bultmann, Theologie, S. 306-315; H. Conzelmann, Grundriβ, S. 266-268; O. Hofius, Wort Gottes und Glaube bei Paulus, in: M. Hengel/ U. Heckel, Paulus und das antike Judentum, 1991, S. 379-408

2. 사도의 직책과 수난

E. Güttgemanns, Der leidende Apostel und sein Herr, 1966

3. 교회

(에클레시아) W. Klaiber, Rechtfertigung und Gemeinde, 1982; J. Hainz, Koinonia. "Kirche" als Gemeinschaft bei Paulus, 1982

(영) F. W. Horn, Das Angeld des Geistes, 1992

(영과 법) H. v. Campenhausen, Die Begründung kirchlicher Entscheidungen beim Apostel Paulus, in : Aus der Frühzeit des Christentums, 1963, S. 30-80

(예배) F. Hahn, Art. Gottesdienst III. N.T., TRE 14, S. 28-29

(세례와 주의 만찬) N. Gäumann, Taufe und Ethik, 1967; R.C.Tannehill, Dying and Rising with Christ, 1967; G.B., Taufe und Neues Leben bei Paulus, Ges. Aufs. I, S. 34-50; 동 저자, Herrenmahl und Kirche bei Paulus, Ges. Aufs. II, S. 138-176; H. J. Klauck, Herrenmahl und hellenistischer Kult, 1982, ^{2}1986; A. J. M. Wedderburn, Baptism and Resurrection, 1987

(그리스도의 몸) H. Merklein, Entstehung und Gehalt des paulinischen Leib-Christi-Gedankens, 동 저자, Studien zu Jesus und Paulus, 1987, 319-344(우선 출간: Im Gespräch mit dem dreieinen Gott, FS Wilhelm Breuning, 1985, 115-140)

제5장 미래와 현재 (종말론과 윤리)

R. Bultmann, Das Problem der Ethik bei Paulus, in : Exegetica, S. 36-54 (우선 출

간: ZNW 23 [1924], S. 123-140); H. Schlier, Vom Wesen der apostolischen Ermahnung nach Römerbrief 12,1-2, in : Die Zeit der Kirche, 1956, [4]1966, S. 74-89 (우선 출간: Christus, des Gesetzes Ende, 1941); E. Käsemann, Gottesdienst im Alltag der Welt, in : Exegetische Versuche und Besinnungen II, 1964, S. 198-204 (우선 출간: Judentum, Urchristentum, Kirche, FS J. Jeremias [BZNW 26] 1960, S. 165-171); W. Schrage, Die konkreten Einzelgebote in der paulinischen Paränese, 1961; O. Merk, Handeln aus Glauben, 1968; W. Schrage, Ethik des N. T., 1982, [2]1989, S. 169-248 ; S. Schulz, Neutestamentliche Ethik, 1987, S. 290-432

1. 신앙의 때

F. Laub, Eschatologische Verkündigung und Lebensgestaltung nach Paulus, 1973; F.-J. Ortkemper, Leben aus dem Glauben, 1980

2. 은혜에 의한 삶

D. Zeller, Charis bei Philon und Paulus, 1990

3. 그리스도인의 신분과 삼가야 할 것

K. Niederwimmer, Askese und Mysterium, 1975; W. Schrage, Zur Frontstellung der paulinischen Ehebewertung in 1 Kor 7,1-7, in : ZNW 67 (1976), S. 214-234; N. Baumert, Ehelosigkeit und Ehe im Herrn, 1984, [2]1986

4. 관권에 복종하라!

A. Strobel, Zum Verständnis von Röm 13, in : ZNW 47(1956), S. 67-93; 동저자, Furcht, wem Furcht gebührt, edb. 55(1964), S. 58-62; H. v. Campenhausen, Zur Auslegung von Röm 13, in : Aus der Frühzeit (참조. 위 IV, 3), S. 81-101; E. Käsemann, Grundsätzliches zur Interpretation von Römer 13, in : Exegetische Versuche und Besinnungen II, 1964, S. 204-222 (우선 출간: Unter der Herrschaft Christi, BEvTh 32, 1962, S. 37-55); J. Friedrich/W. Pöhlmann/P.Stuhlmacher, Zur historischen Situation und Intention von Röm 13,1-7, in : ZThK 73(1976), 131-166

5. 사랑

G. B., Der köstlichere Weg. 1. Kor. 13, Ges. Aufs. II, 93-112 (우선 출간: JThSB 8 [1937], S. 132-150); O. Wischmeyer, Der höchste Weg. Das 13. Kap. des 1. Kor, 1981 ; Th. Söding, Das Liebesgebot bei Paulus, (NTA 시리즈 출간)

6. 희망

H. Conzelmann, Grundriβ, S. 207-214; E. Brandenburger, Die Auferstehung der Glaubenden als historisches und theologisches Problem, in : WuD 9 (1967), S. 16-33; G. Nebe, "Hoffnung" bei Paulus, 1983; G. Sellin, Der Streit um die Auferstehung der Toten, 1986

결론: 바울과 예수

R. Bultmann, Jesus und Paulus, in : Exegetica, 1967, S. 210-229 (우선 출간: BEvTh 2, 1936, S. 68-90); E. Jüngel, Paulus und Jesus, 1962, ^{6}1986

고대 교회에서 바울의 위치에 관해

H. v. Campenhausen, Die Entstehung der christlichen Bibel, 1968, S. 169-172; A. Lindemann, Paulus im ältesten Christentum, 1979; G. Lüdemann, Paulus, der Heidenapostel, Bd. 2, 1983

현대 유대교에서 바울과 예수에 대한 판단에 관해

W. G. Kümmel, Jesus und Paulus. Zu Joseph Klausners Darstellung des Urchristentums, in : Heilsgeschechen und Geschichte, 1965, S. 169-191 (우선 출간: Jud. 4 [1948], S. 1-35); 동 저자, Jesus und Paulus, ebd., S. 439-456; M. Buber, Zwei Glaubensweisen, 1950; L. Baeck, Paulus, die Pharisäer und das N. T., 1961, S. 7-37; A. F. Segal, Paul the Convert, 1990; 인용들 S. 236.: P. de Lagarde, Über das Verhältnis des deutschen Staates zu Theologie, Kirche und Religion, in : Deutsche Schriften, 1886, S.47-98; F. Nietzsche, Der Antichrist, in : Werke in drei Bänden, II, 1955, 1161-1235

색인 I

1. 내용과 이름
(색인 보충)

[ㄴ]

[ㄷ]

[ㄹ]

[ㅁ]

[ㅂ]

[ㅅ]

[ㅇ]

[ㅈ]

[ㅊ]

[ㅋ]

[ㅍ]

[ㅎ]

색인 II

2. 성서 색인(발췌)

[고전]

[고후]

D. 성서 외의 자료들

바울(개정판)

펴낸날 1판 1쇄 1978년 10월 30일
2판 1쇄 2006년 9월 30일
3쇄 2018년 1월 5일
지은이 권터 보른캄
옮긴이 허혁
펴낸이 권은미
펴낸곳 이화여자대학교출판문화원
주소 서울특별시 서대문구 이화여대길 52(우03760)
등록 1954년 7월 6일 제9-61호
전화 02) 3277-2965(편집), 362-6076(마케팅)
팩스 02) 312-4312
전자우편 press@ewha.ac.kr
홈페이지 www.ewhapress.com
디자인 정혜진
찍은곳 네오프린텍

ISBN 978-89-7300-704-2 93230
값 13,000원

* 잘못된 책은 바꾸어 드립니다.